高等职业教育系列教材

SMT 基础与工艺

主　编　何丽梅

副主编　杨彦飞　管湘芸

参　编　方　涛　刘　伟

主　审　黄永定

机械工业出版社

本书主要包括表面组装元器件、表面组装基板材料与 SMB 设计、表面组装工艺材料、表面组装涂敷与贴装技术、表面组装焊接工艺、表面组装清洗工艺、表面组装检测工艺等内容。具有很高的实用参考价值，适用面较广，编写中强调了生产现场的技能性指导，特别是印刷、贴片、焊接、检测等 SMT 关键工艺与关键设备使用维护方面的内容尤为突出。为便于理解与掌握，书中配有大量的插图及照片。

本书可作为高等职业院校或中等职业学校 SMT 专业或电子制造工艺专业的教材；也可作为各类工科学校器件设计、电路设计等与 SMT 相关的其他专业的辅助教材。

本书配套授课电子教案，需要的教师可登录 www.cmpedu.com 免费注册、审核通过后下载，或联系编辑索取（微信：13261377872，电话：010-88379739）。

图书在版编目（CIP）数据

SMT 基础与工艺/何丽梅主编 . —北京：机械工业出版社，2011.7（2025.2 重印）
高等职业教育系列教材
ISBN 978 - 7 - 111 - 35230 - 3

Ⅰ.①S… Ⅱ.①何… Ⅲ.①印刷电路—组装—高等职业教育—教材 Ⅳ.①TN410.5

中国版本图书馆 CIP 数据核字（2011）第 130832 号

机械工业出版社（北京市百万庄大街 22 号　邮政编码 100037）
责任编辑：王　颖　版式设计：张世琴
责任校对：潘　蕊　责任印制：单爱军
北京虎彩文化传播有限公司印刷
2025 年 2 月第 1 版第 11 次印刷
184mm×260mm · 15.75 印张 · 387 千字
标准书号：ISBN 978 - 7 - 111 - 35230 - 3
定价：49.90 元

电话服务
客服电话：010- 88361066
　　　　　010- 88379833
　　　　　010- 68326294
封底无防伪标均为盗版

网络服务
机 工 官 网：www.cmpbook.com
机 工 官 博：weibo.com/cmp1952
金 书 网：www.golden-book.com
机工教育服务网：www.cmpedu.com

高等职业教育系列教材
电子类专业编委会成员名单

出版说明

《国家职业教育改革实施方案》（又称"职教20条"）指出：到2022年，职业院校教学条件基本达标，一大批普通本科高等学校向应用型转变，建设50所高水平高等职业学校和150个骨干专业（群）；建成覆盖大部分行业领域、具有国际先进水平的中国职业教育标准体系；从2019年开始，在职业院校、应用型本科高校启动"学历证书＋若干职业技能等级证书"制度试点（即1＋X证书制度试点）工作。在此背景下，机械工业出版社组织国内80余所职业院校（其中大部分院校入选"双高"计划）的院校领导和骨干教师展开专业和课程建设研讨，以适应新时代职业教育发展要求和教学需求为目标，规划并出版了"高等职业教育系列教材"丛书。

该系列教材以岗位需求为导向，涵盖计算机、电子、自动化和机电等专业，由院校和企业合作开发，多由具有丰富教学经验和实践经验的"双师型"教师编写，并邀请专家审定大纲和审读书稿，致力于打造充分适应新时代职业教育教学模式、满足职业院校教学改革和专业建设需求、体现工学结合特点的精品化教材。

归纳起来，本系列教材具有以下特点：

1）充分体现规划性和系统性。系列教材由机械工业出版社发起，定期组织相关领域专家、院校领导、骨干教师和企业代表召开编委会年会和专业研讨会，在研究专业和课程建设的基础上，规划教材选题，审定教材大纲，组织人员编写，并经专家审核后出版。整个教材开发过程以质量为先，严谨高效，为建立高质量、高水平的专业教材体系奠定了基础。

2）工学结合，围绕学生职业技能设计教材内容和编写形式。基础课程教材在保持扎实理论基础的同时，增加实训、习题、知识拓展以及立体化配套资源；专业课程教材突出理论和实践相统一，注重以企业真实生产项目、典型工作任务、案例等为载体组织教学单元，采用项目导向、任务驱动等编写模式，强调实践性。

3）教材内容科学先进，教材编排展现力强。系列教材紧随技术和经济的发展而更新，及时将新知识、新技术、新工艺和新案例等引入教材；同时注重吸收最新的教学理念，并积极支持新专业的教材建设。教材编排注重图、文、表并茂，生动活泼，形式新颖；名称、名词、术语等均符合国家有关技术质量标准和规范。

4）注重立体化资源建设。系列教材针对部分课程特点，力求通过随书二维码等形式，将教学视频、仿真动画、案例拓展、习题试卷及解答等教学资源融入教材中，使学生的学习课上课下相结合，为高素质技能型人才的培养提供更多的教学手段。

由于我国高等职业教育改革和发展的速度很快，加之我们的水平和经验有限，因此在教材的编写和出版过程中难免出现疏漏。恳请使用本系列教材的师生及时向我们反馈相关信息，以利于我们今后不断提高教材的出版质量，为广大师生提供更多、更适用的教材。

机械工业出版社

前　言

　　SMT（表面组装技术）是电子先进制造技术的重要组成部分，SMT 的迅速发展和普及，变革了传统电子电路组装的概念，为电子产品的微型化、轻量化创造了基础条件，对于推动当代信息产业的发展起到了重要作用，成为制造现代电子产品的必不可少的技术之一。目前，SMT 已广泛应用于各行各业的电子产品组件和器件的组装中。而且，随着半导体元器件技术、材料技术、电子与信息技术等相关技术的飞速进步，SMT 的应用面还在不断扩大，其技术也在不断完善和深化发展之中。近年来，为了与 SMT 的这种发展现状和趋势相适应，与信息产业和电子产品的飞速发展带来的对 SMT 的技术需求相适应，我国电子制造业急需大量掌握 SMT 知识的专业技术人才。

　　SMT 包含表面组装元器件、电路基板、组装材料、组装设计、组装工艺、组装设备、组装质量检验与测试、组装系统控制与管理等多项技术，是一门新兴的先进制造技术和综合型工程科学技术。要掌握这样一门综合型工程技术，必须经过系统的专业基础知识和专业技能的学习和培训。

　　为了更好地满足 SMT 专业技术人才培养的系统性教学、培训所需，我们编写了本书。在编写过程中，我们参考了部分院校师生的意见与建议，考察了 SMT 电子产品生产企业，并对相关电子行业的用工需求进行了调研。在编写中注意了教材的实用参考价值，强调了生产现场的设备使用与维护技术，尤其充实了 SMT 工艺中的印刷、贴片、焊接、检测等关键工序的应用指导。

　　本书可作为高等职业院校应用电子技术专业或与电子产品制造、维修等有关专业方向的教学用书；也可用做器件设计、电路设计等与 SMT 相关的其他专业的辅助教材。同时，还可供从事 SMT 产业的企业员工自学和参考。

　　本书由吉林信息工程学校何丽梅任主编，吉林教育学院杨彦飞、无锡商业职业技术学院管湘芸任副主编。参与编写的还有长春大学方涛和吉林化工学院刘伟。其中，方涛编写第 1 章～第 3 章，杨彦飞编写第 4 章～第 5 章，刘伟编写第 6 章～第 7 章，管湘芸编写第 8 章，何丽梅编写第 9 章及附录 A、附录 B 并统稿。

　　吉林信息工程学校黄永定担任本书主审。

　　本书在编写过程中参考了大量有关 SMT 技术方面的资料，同时也得到了吉林华微集团、吉林永大公司等企业工程技术人员的大力协助与指导，在此一并表示感谢。

　　由于编者水平、经验有限，错误与不当之处在所难免，恳请读者在阅读与使用中提出宝贵意见，以便及时改正。

编　者

目　　录

第1章 概　　论

本章要点

- SMT 的基本概念
- SMT 的现状与发展
- SMT 与 SMT 生产系统的基本组成

SMT（Surface Mounting Technology）是表面组装技术的英文缩写，国内也常叫做表面装配技术或表面安装技术。它是一种直接将表面组装元器件贴装、焊接到印制电路板表面规定位置的电路装联技术，是目前电子组装行业里最流行的一种技术和工艺。

SMT 在计算机、通信设备、投资类电子产品、军事装备领域、家用电器等几乎所有的电子产品生产中都得到了广泛应用。SMT 是电子装联技术的主要发展方向，已成为世界电子整机组装的主流技术。

SMT 是一门包括元器件、材料、设备、工艺以及表面组装电路基板设计与制造的系统性综合技术；是突破了传统的印制电路板通孔基板插装元器件方式而发展起来的第 4 代组装方法；也是电子产品能有效地实现"短、小、轻、薄"，多功能、高可靠、优质量、低成本的主要手段之一。

1.1　SMT 的发展及其特点

1.1.1　SMT 的发展过程

1. 表面组装技术的产生背景

目前，电子应用技术的迅速发展表现出 3 个显著的特征。

1）智能化：使信号从模拟量转换为数字量，并用计算机进行处理。

2）多媒体化：从文字信息交流向声音、图像信息交流的转化发展，使电子设备更加人性化、更加深入人们的生活与工作。

3）网络化：用网络技术把独立系统连接起来，高速、高频的信息传输使整个单位、地区、国家以至全世界实现资源共享。

这种发展趋势和市场需求对电路组装技术的要求可归纳为以下几点：

- 高密度化：单位体积电子产品处理信息量的提高。
- 高速化：单位时间内处理信息量的提高。
- 标准化：用户对电子产品多元化的需求，使少量品种的大批量生产转化为多品种、小批量的生产体制，必然对元器件及装配手段提出更高的标准化要求。

这些要求迫使对在通孔基板 PCB 上插装电子元器件的工艺方式进行革命，电子产品的装配技术必然全方位地转向 SMT。

2. 表面组装技术的发展简史

表面组装技术是由组件电路的制造技术发展起来的。从 20 世纪 70 年代到现在，SMT 的发展经历了 3 个阶段。

第 1 阶段（1970 ~ 1975 年）：主要技术目标是把小型化的片式元件应用在混合电路（我国称为厚膜电路）的生产制造之中，从这个角度来说，SMT 对集成电路的制造工艺和技术发展做出了重大的贡献；同时，SMT 开始大量使用在民用的石英电子表和电子计算器等产品中。

第 2 阶段（1976 ~ 1985 年）：促使电子产品迅速小型化、多功能化，开始广泛用于摄像机、耳机式收音机和电子照相机等产品中；同时，用于表面组装的自动化设备大量研制开发出来，片式元器件的组装工艺和支撑材料也已经成熟，为 SMT 的高速发展打下了基础。

第 3 阶段（1986 年至今）：主要目标是降低成本，进一步改善电子产品的性能价格比。

随着 SMT 技术的成熟，工艺可靠性提高，应用在军事和投资类（汽车、计算机、工业设备）领域的电子产品迅速发展，同时大量涌现的自动化表面装配设备及工艺手段，使片式元器件在 PCB 上的使用量高速增长，加速了电子产品总成本的下降。

表面组装技术的重要基础之一是表面组装元器件，其发展需求和发展程度也主要受表面组装元器件 SMC/SMD 发展水平的制约。为此，SMT 的发展史与 SMC/SMD 的发展史基本是同步的。

20 世纪 60 年代，飞利浦公司研制出可表面组装的纽扣状微型元器件供手表工业使用，这种元器件已发展成现在表面组装用的小外形集成电路（SOIC）。它的引线分布在元器件两侧，呈鸥翼形，引线的中心距为 1.27mm，引线数可多达 28 针以上。20 世纪 70 年代初期，日本开始使用方形扁平封装的集成电路（QFP）来制造计算器。QFP 的引线分布在元器件的四边，呈鸥翼形，引线的中心距最小仅为 0.65mm 或更小，而引线数可达几百针。

美国所研制的塑封有引线芯片载体（PLCC）元器件，引线分布在元器件的四边，引线中心距一般为 1.27mm，引线呈 "J" 形。PLCC 占用组装面积小，引线不易变形。

20 世纪 70 年代研制出无引线陶瓷芯片载体（LCCC）全密封元器件，它以分布在元器件四边的金属化焊盘代替引线。该阶段初期 SMT 的水平以组装引线中心距为 1.27mm 的 SMC/SMD 为标志，80 年代逐渐进步为可组装 0.65mm 和 0.3mm 细引线间距 SMC/SMD 阶段。进入 90 年代后，0.3mm 细引线间距 SMC/SMD 的组装技术和组装设备趋向成熟。

20 世纪 90 年代初期芯片尺寸封装（CSP）以其芯片面积与封装面积接近相等、可进行与常规封装集成电路（IC）相同的处理和试验、可进行老化筛选、制造成本低等特点脱颖而出。1994 年，日本各制造公司已有各种各样的 CSP 方案提出，1996 年开始，已有小批量产品出现。

为适应 IC 集成度的增大使得同一 SMD 的输入/输出数，也即引线数大增的需求，将引线有规则分布在 SMD 整个贴装表面而成栅格阵列型的 SMD 也从 20 世纪 90 年代开始发展并很快得以普及应用，其典型产品为球形栅格阵列（BGA）元器件。

现阶段 SMT 与 SMC/SMD 的发展相适应，在发展和完善引线间距 0.3mm 及其以下的超细间距组装技术的同时，正在发展和完善 BGA、CSP 等新型元器件的组装技术。

由此可见，表面组装元器件的不断缩小和变化，促进了组装技术的不断发展，而组装技术在提高组装密度的同时又向元器件提出了新的技术要求和齐套性要求。可以说二者是相互依存，相互促进而发展的。

MCM 是 20 世纪 90 年代以来发展较快的一种先进的混合集成电路，它是把几块 IC 芯片组装在一块电路板上，构成功能电路块，称之为多芯片模块（Multi Chip Module，MCM）。由于 MCM 技术是将多个裸芯片不加封装，直接装于同一基板并封装于同一壳体内，它与一般 SMT 相比，面积减小为 1/6～1/3，重量减轻为 1/3。

可以说 MCM 技术是 SMT 的延伸，一组 MCM 的功能相当于一个分系统的功能。通常 MCM 基板的布线多于 4 层，且有 100 个以上的 I/O 引出端，并将 CSP、FC、ASIC 器件与之相连。它代表了 20 世纪 90 年代电子组装技术的精华，是半导体集成电路技术、厚膜/薄膜混合微电子技术、印制电路板电路技术的结晶。MCM 技术主要用于超高速计算机、外层空间电子技术中。

为了适应更高密度、多层互连和立体组装的要求，目前 SMT 已处于国际上称之为微组装技术（Microelectronic Packaging Technology，MPT）的新阶段。

以 MCM、3D 为核心的 MPT 是在高密度、多层互连的 PCB 上，用微型焊接和封装工艺将微型元器件（主要是高集成度 IC）通过高密度组装、立体组装等组装方法进行组装，形成高密度、高速度和高可靠性的主体结构微电子产品（组件、部件、子系统或系统）。这种技术是当今微电子技术的重要组成部分，特别是在尖端高科技领域更具有十分重要的意义。在航天、航空、雷达、导航、电子干扰系统、抗干扰系统等方面都具有非常重要的应用前景。

作为第 4 代电子装联技术的 SMT，已经在现代电子产品，特别是在尖端科技电子设备、军用电子设备的微小型化、轻量化、高性能、高可靠性发展中发挥了极其重要的作用。

3. 表面组装技术的发展动态

SMT 技术自 20 世纪 60 年代问世以来，经 50 多年的发展，已进入完全成熟的阶段，不仅成为当代电路组装技术的主流，而且正继续向纵深发展。

表面组装技术总的发展趋势是：元器件越来越小，组装密度越来越高，组装难度也越来越大。当前，SMT 在以下 4 个方面正取得新的技术进展：

1）元器件体积进一步小型化。在大批量生产的微型电子整机产品中，0201 系列元器件（外形尺寸 0.6mm×0.3mm）、窄引脚间距达到 0.3mm 的 QFP 或 BGA、CSP 和 FC 等新型封装的大规模集成电路已经大量采用。由于元器件体积的进一步小型化，对 SMT 表面组装工艺水平、SMT 设备的定位系统等提出了更高的精度与稳定性要求。

2）进一步提高 SMT 产品的可靠性。面对微小型 SMT 元器件被大量采用和无铅焊接技术的应用，在极限工作温度和恶劣环境条件下，消除因为元器件材料的线膨胀系数不匹配而产生的应力，避免这种应力导致印制电路板开裂或内部断线、元器件焊接被破坏成为不得不考虑的问题。

3）新型生产设备的研制。在 SMT 电子产品的大批量生产过程中，焊锡膏印刷机、贴片机和再流焊设备是不可缺少的。近年来，各种生产设备正朝着高密度、高速度、高精度和多功能方向发展，高分辨率的激光定位、光学视觉识别系统、智能化质量控制等先进技术得到推广应用。

4）柔性 PCB 的表面组装技术。随着电子产品组装中柔性 PCB 的广泛应用，在柔性 PCB 上组装 SMC 元器件已被业界攻克，其难点在于柔性 PCB 如何实现刚性固定的准确定位要求。

4. 世界各国表面组装技术的发展概况

美国是世界上 SMD 和 SMT 最早起源的国家，并一直重视在投资类电子产品和军事装备领域发挥 SMT 高组装密度和高可靠性能方面的优势，具有很高的水平。

日本在 20 世纪 70 年代从美国引进 SMD 和 SMT 应用在消费类电子产品领域，并投入巨资大力加强基础材料、基础技术和推广应用方面的开发研究工作，从 80 年代中后期起加速了 SMT 在产业电子设备领域中的全面推广应用，仅用 4 年时间使 SMT 在计算机和通信设备中的应用数量增长了近 30%，使日本很快超过了美国，在 SMT 方面处于世界领先地位。

欧洲各国 SMT 的起步较晚，但他们重视发展并有较好的工业基础，发展速度也很快，其发展水平和整机中 SMC/SMD 的使用效率仅次于日本和美国。20 世纪 80 年代以来，新加坡、韩国等国家不惜投入巨资，纷纷引进先进技术，使 SMT 获得较快的发展。

据飞利浦公司预测，到 2010 年全球范围插装（THT）元器件的使用率将由目前的 40% 下降到 10%，反之，SMC/SMD 将从 60% 上升到 90% 左右。

我国 SMT 的应用起步于 20 世纪 80 年代初期，最初从美、日等国成套引进了 SMT 生产线用于彩电调谐器生产。随后应用于录像机、摄像机及袖珍式高档多波段收音机、随身听等生产中。

进入 21 世纪以来，我国电子信息产品制造业每年都以 20% 以上的速度高速增长，规模从 2004 年起已连续 3 年居世界第 2 位。

以通信设备为例，移动通信产品（手机等）是一种使用量大而又品种多的产品；又是一种体积小、重量轻、功耗低的产品，它要求用先进的自动化加工技术，实现低成本、高速度、高质量来增强市场竞争力。SMT 技术生产的产品不仅体积小、重量轻、成本低，而且信号处理速度快、可靠性高，非常适合移动通信产品高速、高频的特点。这些优点使当前几乎 100% 的新一代移动通信产品都采用了 SMT 技术。

在我国电子信息产业快速发展的推动下，表面贴装技术（SMT）和生产线也得到了迅猛的发展，表面贴装生产线的关键设备——自动贴片机的保有量已位居世界前列。

2006 年底，我国约有近两万条 SMT 生产线，拥有自动贴片机约 5 万台，其中 90% 是 2001 年以后购买的。至今，我国自主开发的自动贴片机还处于试用期，市场上用的自动贴片机几乎全部是从国外进口的。从 2001 年至 2006 年的 6 年中，我国自动贴片机市场以年平均 27.2% 的速度增长。到 2006 年共进口自动贴片机 10351 台，进口金额达到 17 亿美元，我国的自动贴片机市场已占全球市场份额的 40% 左右。2009 年，我国进口自动贴片机 5636 台，价值达 8.5 亿美元。

一个产业的发展和一个企业的发展有类似的过程。一个成功的企业发展过程，一般要经历早期的开始探索，原始的积累，起步的上升，中期快速的发展，调整充实，积蓄力量后实现后期的跨越发展。我国的 SMT 产业，已经经历了 20 世纪 80 年代开始的初期学习吸收和技术探索；90 年代开始正常发展，产业逐步扩大规模，技术积累日益提高；1999 年开始进入中期的快速发展，产业规模急剧扩张，从业人员大量增加，技术趋于成熟，产能迅速扩大；2005 年开始步入调整充实阶段。经过这个阶段的积蓄能量，迎来了后期的跨越式发展新阶段。再经过 5 年左右的高速发展，到 2015 年前后，完全有可能实现把我国建成 SMT 强国的目标。

1.1.2 SMT 的组装技术特点

SMT 工艺技术的特点可以通过其与传统通孔插装技术（THT）的差别比较体现。从组装工艺技术的角度分析，SMT 和 THT 的根本区别是"贴"和"插"。二者的差别还体现在基板、元器件、组件形态、焊点形态和组装工艺方法各个方面。

THT 采用有引线元器件，在印制电路板上设计好电路连接导线和安装孔，通过把元器件引线插入 PCB 上预先钻好的通孔中，暂时固定后在基板的另一面采用波峰焊接等软钎焊技术进行焊接，形成可靠的焊点，建立长期的机械和电气连接，元器件主体和焊点分别分布在基板两侧。采用这种方法，由于元器件有引线，当电路密集到一定程度以后，就无法解决缩小体积的问题了。同时，引线间相互接近导致的故障、引线长度引起的干扰也难以排除。

所谓表面组装技术，是指把片状结构的元器件或适合于表面组装的小型化元器件，按照电路的要求放置在印制电路板的表面上，用再流焊或波峰焊等焊接工艺装配起来，构成具有一定功能的电子部件的组装技术。SMT 和 THT 元器件安装焊接方式的区别如图 1-1 所示。在传统的 THT 印制电路板上，元器件安装在印制电路板的一面（元件面），引脚插到通孔里，在印制电路板的另一面（焊接面）进行焊接，元器件和焊点分别位于板的两面；而在 SMT 印制电路板上，焊点与元器件都处在板的同一面上。因此，在 SMT 印制电路板上，通孔只用来连接电路板两面的导线，孔的数量要少得多，孔的直径也小很多。这样，就能使印制电路板的装配密度极大提高。

之所以出现"插"和"贴"这两种截然不同的电路模块组装技术，是由于采用了外形结构和引脚形式完全不同的两种类型的电子元器件。为此，可以说电路模块组装技术的发展主要受元器件类型所支配。PCB 级电路模块或陶瓷基板组件的功能主要来源于电子元器件和互连导体组成的电路，而组装方式的变革使得 PCB 级电路模块或陶瓷基板组件的功能和性能得以大幅度提高、体积和重量也大幅度减小。

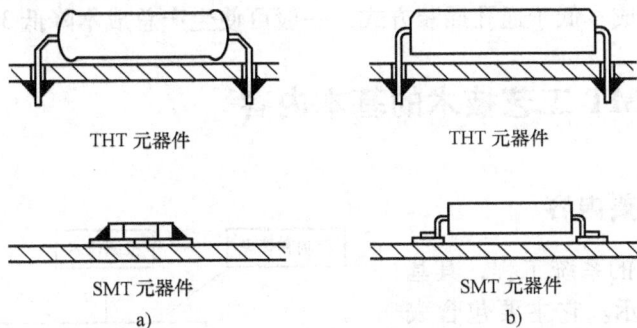

图 1-1 SMT 和 THT 元器件安装焊接方式的区别
a) 安装方式　b) 焊接方式

表面组装技术和通孔插装元器件的方式相比，具有以下优越性：

1）实现微型化。SMT 的电子部件，其几何尺寸和占用空间的体积比通孔插装元器件小得多，一般可减小 60% ~ 70%，甚至可减小 90%；重量减轻 60% ~ 90%。图 1-2 是采用 SMT 技术组装的具有 24 个元器件的电路板与一角硬币的比较。

图 1 - 2 采用 SMT 技术组装的电路板与一角硬币的比较

2）信号传输速度高。结构紧凑、组装密度高，在印制电路板上双面贴装时，组装密度可以达到 5.5 ~ 20 个/cm² 焊点，由于连线短、延迟小，可实现高速度的信号传输。同时，更加耐振动、抗冲击。这对于电子设备超高速运行具有重大的意义。

3）高频特性好。由于元器件无引线或短引线，自然减小了电路的分布参数，降低了射频干扰。

4）有利于自动化生产，提高成品率和生产效率。由于片状元器件外形尺寸标准化、系列化及焊接条件的一致性，使 SMT 的自动化程度很高。由于焊接过程造成的元器件失效大大减少，提高了产品可靠性。

5）材料成本低。现在，除了少量片状化困难或封装精度特别高的品种，由于生产设备的效率提高以及封装材料的消耗减少，绝大多数 SMT 元器件的封装成本已经低于同样类型、同样功能的 THT 元器件，使得 SMT 元器件的销售价格比 THT 元器件更低。

6）SMT 技术简化了电子整机产品的生产工序，降低了生产成本。在印制电路板上组装时，元器件的引线不用整形、打弯、剪短，因而使整个生产过程缩短，生产效率得到提高。同样功能电路的加工成本低于通孔插装方式，一般可使生产总成本降低 30% ~ 50%。

1.2 SMT 及 SMT 工艺技术的基本内容

1.2.1 SMT 的主要内容

SMT 是一项复杂的系统工程，其基本组成如图 1 - 3 所示。它主要包含表面元器件、基板、材料、工艺、设计、检测技术、组装和检测设备、控制和管理等技术。其技术范畴涉及诸多学科，是一项综合性工程科学技术。

1）表面组装元器件。

① 设计。结构尺寸、端子形式、耐

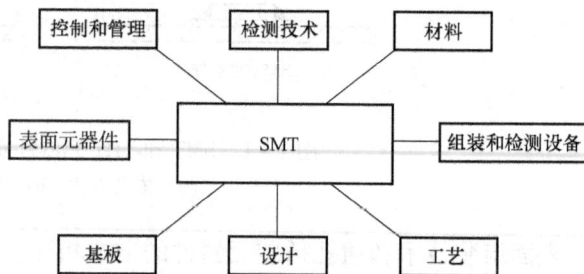

图 1 - 3 SMT 基本组成

焊接热等。

    ② 制造。各种元器件的制造技术。

    ③ 包装。编带式、管式、托盘、散装等。

    2）电路基板。单（多）层 PCB、陶瓷、瓷釉金属板等。

    3）组装设计。电设计、热设计、元器件布局、基板图形布线设计等。

    4）组装工艺。

    ① 组装材料。粘结剂、焊料、焊剂、清洗剂。

    ② 组装技术。涂敷技术、贴装技术、焊接技术、清洗技术、检测技术。

    ③ 组装设备。涂敷设备、贴装机、焊接机、清洗机、测试设备等。

    5）组装系统控制和管理。组装生产线或系统组成、控制与管理等。

1.2.2 SMT 工艺技术的基本内容

    SMT 工艺技术的主要内容可分为组装材料选择、组装工艺设计、组装技术和组装设备应用 4 大部分，如图 1-4 所示。

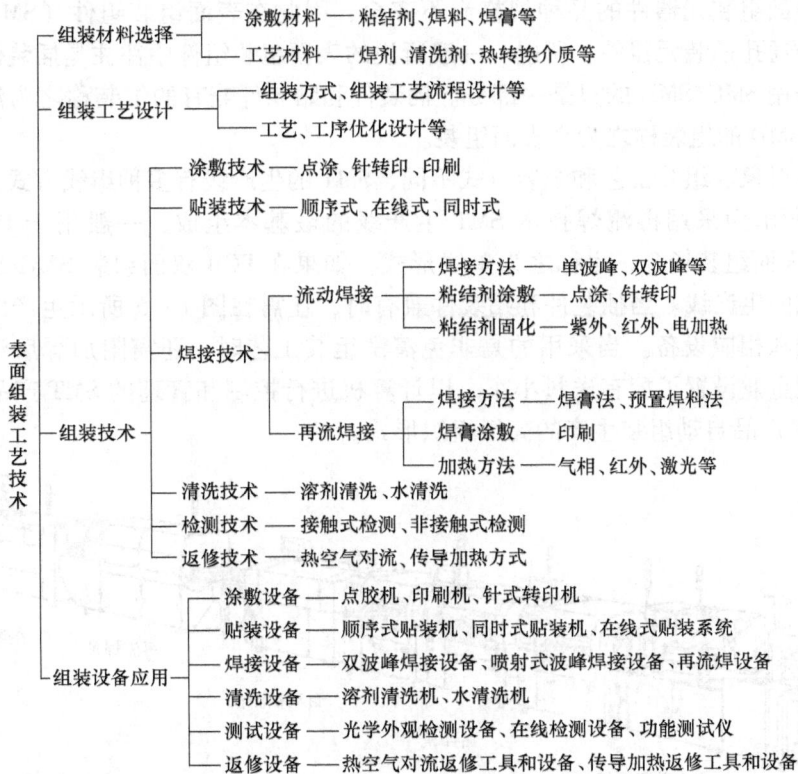

图 1-4 SMT 工艺技术主要内容

    SMT 工艺技术涉及化工与材料技术（如各种焊锡膏、焊剂、清洗剂）、涂敷技术（如焊锡膏印刷）、精密机械加工技术（如漏印网板制作）、自动控制技术（如设备及生产线控制）、焊接技术和测试、检验技术、组装设备应用技术等诸多技术。它具有 SMT 的综合性工程技术特征，是 SMT 的核心技术。

1.2.3 SMT 工艺技术规范

随着 SMT 的快速发展和普及，其工艺技术日趋成熟，并开始规范化。美、日等国均针对 SMT 工艺技术制定了相应标准。我国也制定有：《表面组装工艺通用技术要求》、《印制板组装件装联技术要求》、《电子元器件表面安装要求》等电子行业标准，其中《表面组装工艺通用技术要求》中对 SMT 生产线和组装工艺流程分类、对元器件和基板及工艺材料的基本要求、对各生产工序的基本要求、对储存和生产环境及静电防护的基本要求等内容进行了规范。

SMT 工艺设计和管理中可以上述标准为指导来规范一些技术要求。由于 SMT 发展速度很快，其工艺技术将不断更新，所以，在实际应用中要注意上述标准引用的适用性问题。

1.2.4 SMT 生产系统的组线方式

由表面涂敷设备、贴装机、焊接机、清洗机、测试设备等表面组装设备形成的 SMT 生产系统习惯上称为 SMT 生产线。

目前，表面组装元器件的品种规格尚不齐全，因此在表面组装组件（SMA）中有时仍需要采用部分通孔插装元器件。所以，一般所说的表面组装组件中往往是插装件和贴装件兼有的，全部采用 SMC/SMD 的只是一部分。插装件和贴装件兼有的组装称之为混合组装，全部采用 SMC/SMD 的组装称之为全表面组装。

根据组装对象、组装工艺和组装方式不同，SMT 的生产线有多种组线方式。

图 1-5 所示为采用再流焊技术 SMT 生产线的最基本组成，一般用于 PCB 单面组装 SMC/SMD 的表面组装场合，也称之为单线形式。如果在 PCB 双面组装 SMC/SMD，则需要双线组线形式的生产线。当插装件和贴装件兼有时，还需在图 1-5 所示生产线基础上附加插装件组装线和相应设备。当采用的是非免清洗组装工艺时，还需附加焊后清洗设备。目前，一些大型企业设置了配有送料小车、以计算机进行控制和管理的 SMT 产品集成组装系统，它是 SMT 产品自动组装生产的高级组织形式。

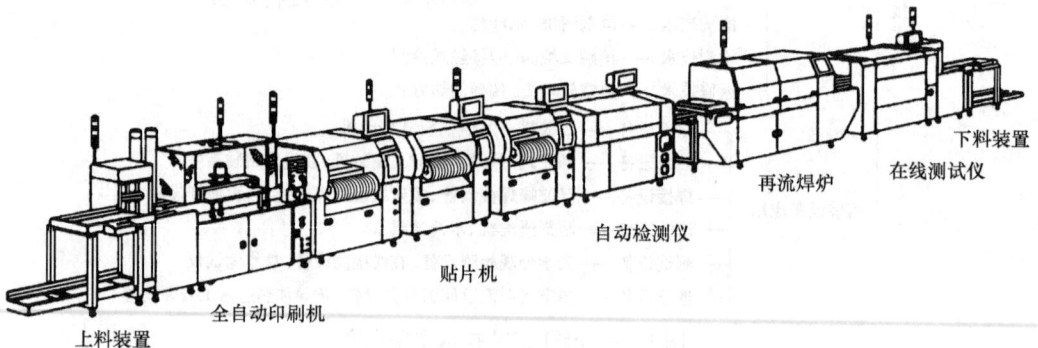

图 1-5 SMT 生产线基本组成示例

下面是 SMT 生产线的一般工艺过程，其中的焊锡膏涂敷方式、焊接方式以及点胶工序的有无，都是根据组线方式的不同而有所不同。

1）印刷。其作用是将焊锡膏或贴片胶漏印到 PCB 的焊盘上，为元器件的焊接做准备。

所用设备为焊锡膏印刷机，位于 SMT 生产线的最前端。

2）点胶。它是将胶水滴到 PCB 的固定位置上，其主要作用是在采用波峰焊接时，将元器件固定到 PCB 上。所用设备为点胶机，位于 SMT 生产线的最前端或检测设备的后面。

3）贴装。其作用是将表面组装元器件准确安装到 PCB 的固定位置上。所用设备为贴片机，位于 SMT 生产线中丝印机的后面。

4）固化（当使用贴片胶时）。其作用是将贴片胶融化，从而使表面组装元器件与 PCB 牢固粘结在一起。所用设备为固化炉，位于 SMT 生产线中贴片机的后面。

5）再流焊接。其作用是将焊锡膏融化，使表面组装元器件与 PCB 牢固黏接在一起。所用设备为再流焊炉，位于 SMT 生产线中贴片机的后面。

6）清洗。其作用是将组装好的 PCB 上面对人体或产品有害的焊接残留物，如助焊剂等除去。所用设备为清洗机，位置可以不固定，可以在线，也可不在线。当使用免清洗焊接技术时，不设此制程。

7）检测。其作用是对组装好的 SMA（表面组装组件）进行焊接质量和装配质量的检测。所用设备有放大镜、显微镜、在线测试仪（ICT）、飞针测试仪、自动光学检测（AOI）仪、X – Ray 检测仪、功能测试仪等。位置根据检测的需要，可以配置在生产线合适的地方。

8）返修。其作用是对检测出故障的 SMA 进行返修。所用工具为电烙铁、返修工作站等。配置在生产线中任意位置。

1.3 习题

1. 表面组装技术和通孔插装技术的根本区别是什么？表面组装技术具有哪些优越性？
2. 简述表面组装技术的主要内容。
3. 简述 SMT 生产线的一般工艺过程。
4. 简述表面组装技术的发展动态。
5. 写出 SMT 生产系统的基本组成。

第 2 章　表面组装元器件

本章要点

- 表面组装元器件的特点、种类和规格
- 表面组装元器件 SMC（类型、规格）
- 表面组装半导体器件 SMD（类型、规格）
- 表面组装元器件的包装形式
- 表面组装元器件的使用要求与选择

2.1　表面组装元器件的特点和种类

2.1.1　表面组装元器件的特点

表面组装元器件又称为片式元器件，也称贴片元器件，是适应当代电子产品微小型化和大规模生产的需要而发展起来的微型元器件，广泛应用于电子产品中。

表面组装元器件与传统的元器件相比，其特点是：

1）在表面组装器件的电极上，有些焊端完全没有引线，有些只有非常短小的引线；相邻电极之间的距离比传统的 THT 集成电路的标准引线间距（2.54mm）小很多，目前引脚中心间距最小的已经达到 0.3mm。在集成度相同的情况下，表面组装元器件的体积比 THT 元器件小很多；或者说，与同样体积的传统电路芯片比较，表面组装元器件的集成度提高了很多倍。

2）表面组装元器件直接贴装在 PCB 的表面，将电极焊接在与元器件同一面的焊盘上。这样，PCB 上的通孔只作为安装孔或多层板的电路互连，通孔的周围没有焊盘，其直径仅由制作印制电路板时金属化孔的工艺水平决定，使 PCB 的布线密度和组装密度大大提高。

3）表面组装元器件引线间的分布电容大大降低，使寄生电容、寄生电感明显减少。

4）有较好的高频特性，抗电磁干扰和射频干扰的能力得到了很大的提高。

5）抗震性能好、易于实现自动化、适合表面组装、成本低。

当然，表面组装元器件也存在着不足之处，例如：元器件与 PCB 表面非常贴近，与基板间隙小，给清洗造成困难；元器件体积小，电阻、电容一般不设标记，一旦弄乱就不容易搞清楚；特别是元器件与 PCB 之间热膨胀系数的差异性等也是 SMT 产品要解决的问题。

2.1.2　表面组装元器件的种类

表面组装元器件基本上都是片状结构。但片状是个广义的概念，从结构形状说，表面组装元器件包括薄片矩形、圆柱形、扁平异形等；表面组装元器件同传统元器件一样，也可以从功能上分类为无源元件、有源器件和机电元件3大类。习惯上把无源表面组装元件，如片式电阻、电容、电感等称之为SMC；而将有源表面组装器件，如小外形晶体管SOT及各种不同封装形式的表面贴装集成电路等称之为SMD。他们在功能上都与相应的通孔插装元器件（THT）相同。

表面组装元器件的详细分类见表2-1。

表面组装元器件按照使用环境分类，可分为非气密性封装器件和气密性封装器件。非气密性封装器件对工作温度的要求一般为0~70℃。气密性封装器件的工作温度范围可达到-55~+125℃。气密性器件价格昂贵，一般使用在高可靠性产品中。

表面组装元器件最重要的特点是小型化和标准化。对表面组装元器件的外形尺寸、结构与电极形状等国际上已经有统一标准，这对于SMT技术的发展具有重要的意义。

表2-1　表面组装元器件的详细分类

类　别	封装形式	种　类
无源表面组装元件 SMC	矩形片式	厚膜和薄膜电阻器、热敏电阻、压敏电阻、单层或多层陶瓷电容器、钽电解电容器、片式电感器、磁珠、石英晶体等
	圆柱形	碳膜电阻器、金属膜电阻器、陶瓷电容器、热敏电容器等
	异形	电位器、微调电位器、铝电解电容器、微调电容器、线绕电感器、晶体振荡器、变压器等
	复合片式	电阻网络、电容网络、滤波器等
有源表面组装器件 SMD	圆柱形	二极管
	陶瓷组件（扁平）	无引脚陶瓷芯片载体LCCC、陶瓷芯片载体CBGA
	塑料组件（扁平）	SOT、SOP、SOJ、PLCC、QFP、BGA、CSP等
机电元件	异形	继电器、开关、连接器、延迟器、薄型微电机等

2.2　无源表面组装元件 SMC

2.2.1　SMC 的外形尺寸

表面组装元件（Surface Mounted Components，SMC）包括表面组装电阻器、电容器、电感器、滤波器和陶瓷振荡器等。若从外形来分：主要有矩形片式元件、圆柱形片式元件、复合片式元件、异形片式元件。若从封装形式来分：有陶瓷封装、塑料封装、金属封装等。应该说，随着SMT技术的发展，几乎全部传统电子元件的每个品种都已经被"SMT"化了。

1. 外形尺寸

如图2-1所示，SMC的典型形状是一个矩形六面体（长方体），也有一部分SMC采用圆柱体的形状，这对于利用传统元器件的制造设备、减少固定资产投入很有利。但也有一些元件由于矩形化比较困难，只能做成其他形状，称为异形SMC。

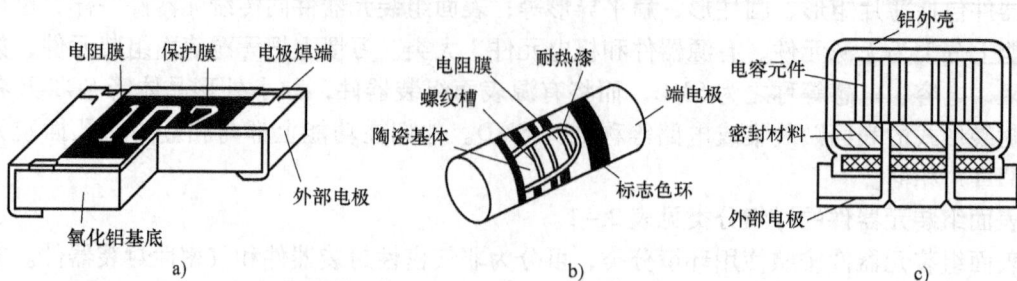

图 2-1　SMC 的基本外形

a）矩形 SMC　b）圆柱体 SMC　c）异形 SMC

从电子元器件的功能特性来说，SMC 的参数数值系列与传统元件的差别不大，标准的标称数值系列有 E6、E12、E24，精密元件还有 E48、E96、E192 等几个系列。

长方体 SMC 是根据其外形尺寸的大小划分成几个系列型号的，现有两种表示方法，欧美产品大多采用英制系列，日本产品大多采用公制系列，我国这两种系列都可以使用。无论哪种系列，系列型号的前两位数字表示元器件的长度，后两位数字表示元器件的宽度。例如，公制系列 3216（英制 1206）的矩形贴片元器件，长 $L = 3.2$mm（0.12 in），宽 $W = 1.6$mm（0.06 in）。

SMC 自问世以来，系列型号逐步增多，体积越来越小，系列型号的发展变化也反映了 SMC 元器件的小型化进程：5750（2220）→4532（1812）→3225（1210）→3216（1206）→2520（1008）→2012（0805）→1608（0603）→1005（0402）→0603（0201）。典型 SMC 系列的外形尺寸见表 2-2，图 2-2 是片状 SMC 的外形尺寸示意图。

表 2-2　典型 SMC 系列的外形尺寸　　　　　　　　（单位：mm/in）

公制/英制型号	L	W	a	b	t
3216/1206	3.2/0.12	1.6/0.06	0.5/0.02	0.5/0.02	0.6/0.024
2012/0805	2.0/0.08	1.25/0.05	0.4/0.016	0.4/0.016	0.6/0.016
1608/0603	1.6/0.06	0.8/0.03	0.3/0.012	0.3/0.012	0.45/0.018
1005/0402	1.0/0.04	0.5/0.02	0.2/0.008	0.25/0.01	0.35/0.014
0603/0201	0.6/0.02	0.3/0.01	0.2/0.005	0.2/0.006	0.25/0.01

2. 标称数值的表示

SMC 元件种类用型号加后缀的方法表示，例如，3216C 是 3216 系列的电容器，2012R 表示 2012 系列的电阻器。

1005、0603 系列以下 SMC 元件的表面积太小，难以用手工装配焊接，所以元件表面不印刷它的标称数值，而是将参数印在其编带包装的卷带盘上；3216、2012、1608 系列

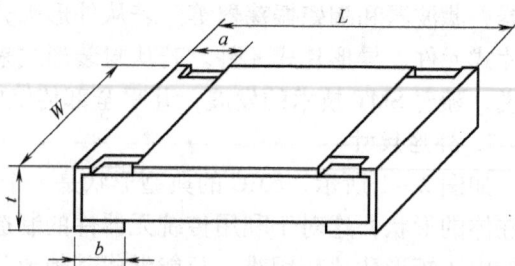

图 2-2　片状 SMC 的外形尺寸示意图

片状 SMC 的标称数值一般用印在元器件表面上的 3 位数字表示（E24 系列）：前两位数字是有效数字，第 3 位是倍率乘数（有效数字后所加 "0" 的个数）。例如，电阻器上印有 114，表示阻值 110kΩ；表面印有 5R6，表示阻值 5.6Ω；表面印有 R39，表示阻值 0.39Ω；000 表示 0Ω 跨接电阻。电容器上的 103，表示容量为 10000pF，即 0.01μF，但大多数小容量电容器的表面不印参数。

圆柱形电阻器用 3 位、4 位色环或 5 位色环表示阻值的大小，如图 2 - 3 所示。

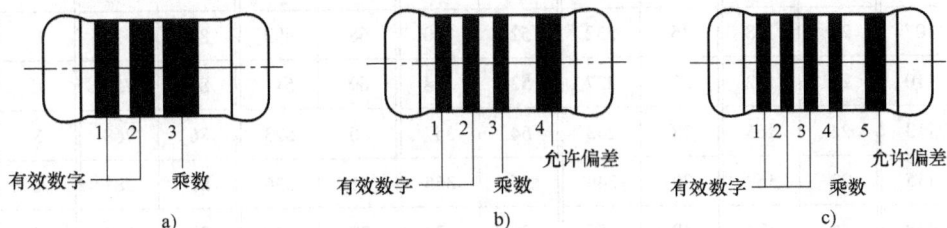

图 2 - 3　圆柱形电阻器的色环标志与实物图
a）3 色环标志　b）4 色环标志　c）5 色环标志

3 色环法、4 色环法一般用于普通电阻器标注，5 色环法一般用于精密电阻器标注。3 色环电阻器色环标注意义如下：从左至右第 1、2 位色环表示其有效数字，第 3 位色环表示乘数，即有效值后面零的个数；4 色环法中的前 3 条色环与 3 色环法的意义相同，第 4 条色环表示允许误差。如果电阻器第 1 位色环是绿色，其有效值为 5；第 2 位色环是棕色，其有效值是 1；第 3 位色环是橙色，表示其乘数为 10^3；第 4 位色环为金色，表示其允许偏差为 ±5%。则该电阻器的阻值为 51000Ω（51kΩ），允许偏差为 ±10%。

5 位色环电阻器色环从左至右的第 1、2、3 位色环表示有效值，第 4 位色环表示乘数，第 5 位色环表示允许偏差。如果电阻器的第 1 位色环是红色，其有效值为 2；第 2 位色环为紫色，其有效值为 7；第 3 位色环是黑色，其有效值为 0；第 4 位色环为棕色，其乘数为 10^1；第 5 位色环为棕色，其允许偏差为 ±1%。则该电阻的阻值为 2700Ω（2.70kΩ），允许偏差为 ±1%。

精度 ±1% 的精密电阻器还有另一种表示方法，表 2 - 3 是 EIA - 96 系列精密电阻代码表。这个系列的电阻值参数，用两位数字代码加一位字母代码表示。与 E6、E12、E24 等系列不同的是，E96 系列的精密电阻器不能从它的标志上直接读取阻值。前两位数字代码通过查表 2 - 3 得知数值，再乘以字母代码表示的倍率。例如，元器件上标示为 39X，从表中可查得 39 对应值为 249，X 对应值为 10^{-1}，这个电阻的阻值为 $249 \times 10^{-1}Ω = 24.9Ω$，其中误差率为 ±1%；又如，元器件上标示为 01B，从表中可查得 01 对应值为 100，B 对应值为 10^1，这个电阻的阻值为 $100 \times 10^1Ω = 1kΩ$，其中误差率为 ±1%。

3. SMC 的主要技术参数

虽然 SMC 的体积很小，但它的数值范围和精度并不差，见表 2 - 4。以 SMC 电阻器为例，3216 系列的阻值范围是 0.39Ω ~ 10MΩ，额定功率可达到 1/4W、1/8，允许偏差有 ±1%、±2%、±5% 等系列，额定工作温度上限是 70℃。

表 2 - 3　EIA - 96 系列精密电阻代码表

代码	阻值	代码	阻值	代码	阻值	代码	阻值	代码	阻值	代码	阻值	代码	倍率
01	100	17	147	33	215	49	316	65	464	81	681	A	10^0
02	102	18	150	34	221	50	324	66	475	82	698	B	10^1
03	105	19	154	35	226	51	332	67	487	83	715	C	10^2
04	107	20	158	36	232	52	340	68	499	84	732	D	10^3
05	110	21	162	37	237	53	348	69	511	85	750	E	10^4
06	113	22	165	38	243	54	357	70	523	86	768	F	10^5
07	115	23	169	39	249	55	365	71	536	87	787	G	10^6
08	118	24	174	40	255	56	374	72	549	88	806	H	10^7
00	122	25	178	41	261	57	383	73	562	89	825	X	10^{-1}
10	124	26	182	42	267	58	392	74	576	90	845	Y	10^{-2}
11	127	27	187	43	274	59	402	75	590	91	866	Z	10^{-3}
12	130	28	191	44	280	60	412	76	604	92	887		
13	133	29	196	45	287	61	422	77	619	93	909		
14	137	30	200	46	294	62	432	78	634	94	931		
15	140	31	205	47	301	63	442	79	649	95	953		
16	143	32	210	48	309	64	453	80	665	96	976		

表 2 - 4　常用典型 SMC 电阻器的主要技术参数

系列型号	3216	2012	1608	1005
阻值范围	$0.39\Omega \sim 10M\Omega$	$2.2\Omega \sim 10M\Omega$	$1\Omega \sim 10M\Omega$	$10\Omega \sim 10M\Omega$
允许偏差/%	±1，±2，±5，±10	±1，±2，±5	±2，±5	±2，±5
额定功率/W	1/4，1/8	1/10	1/16	1/16
最大工作电压/V	200	150	50	50
工作温度范围/额定温度/℃	-55 ~ +125/70	-55 ~ +125/70	-55 ~ +125/70	-55 ~ +125/70

2.2.2　表面组装电阻器

1. 普通 SMC 电阻器

表面组装电阻器可分为矩形片式电阻器（CHIP 封装）和圆柱形片式电阻器（MELF 封装）。矩形片式电阻器的电阻值范围是 $0.39\Omega \sim 10M\Omega$，其外形尺寸长为 $0.6 \sim 3.2mm$，宽为 $0.3 \sim 2.7mm$，厚为 $0.3 \sim 0.7mm$。圆柱形片式电阻器的电阻值的范围是 $4.7\Omega \sim 1000k\Omega$，外形尺寸长为 $3.5 \sim 5.9mm$，直径为 $1.4 \sim 2.2mm$。

表面组装电阻器一般为黑色，外形稍大的片式电阻器在外表标出阻值大小；外形太小的表面未标注电阻值，而是标记在包装袋上，片状电阻器的实物外形和结构如图 2 - 4 所示。

表面组装电阻器按制造工艺可分为厚膜型（RN 型）和薄膜型（RK 型）两大类。片状表面组装电阻器一般是用厚膜工艺制作的：在一个高纯度氧化铝（Al_2O_3，96%）基底平面上网印二氧化钌（RuO_2）电阻浆来制作电阻膜；改变电阻浆料成分或配比，就能得到不同的电阻值，也可以用激光在电阻膜上刻槽微调电阻值；然后再印刷玻璃浆覆盖电阻膜并烧结成釉保护层，最后把基片两端做成焊端。

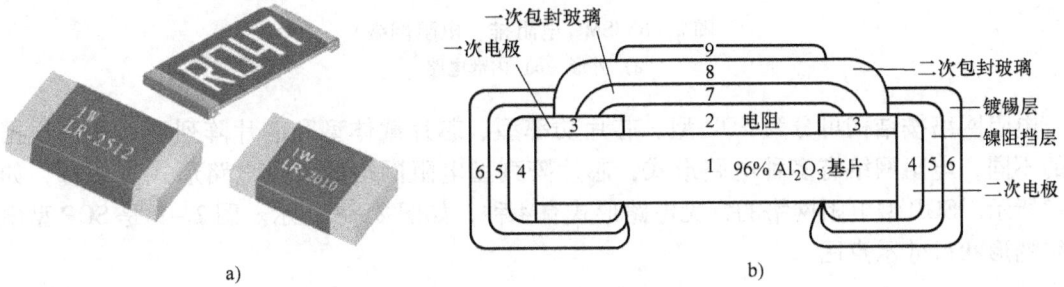

图 2 - 4　矩形片状电阻器
a）实物外形　b）结构

圆柱形表面组装电阻器（MELF）可以用薄膜工艺来制作：在高铝陶瓷基柱表面溅射镍铬合金膜或碳膜，在膜上刻槽调整电阻值，两端压上金属焊端，再涂敷耐热漆形成保护层并印上色环标志。圆柱形表面组装电阻器（MELF 电阻器），主要有碳膜 ERD 型、金属膜 ERO 型及跨接用的 0Ω 电阻器 3 种。图 2 - 5 是 MELF 电阻器的外形及尺寸示意图，以 ERD - 21TL 为例，$L = 2.0（ + 0.1， - 0.05）$ mm，$D = 1.25（ ± 0.05）$ mm，$T = 0.3（ + 0.1）$ mm，$H = 1.4$ mm。

通常电阻封装尺寸与功率的关系为：0201—1/20W，0402—1/16W，0603—1/10W，0805—1/8W，1206—1/4W。

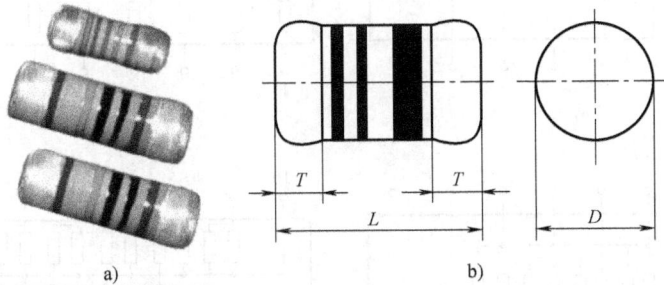

图 2 - 5　MELF 电阻器的外形尺寸
a）实物外形　b）外形尺寸

2. SMC 电阻排（电阻网络）

表面组装电阻排是电阻网络的表面组装形式。目前，最常用的表面组装电阻网络的外形如图 2 - 6 所示。

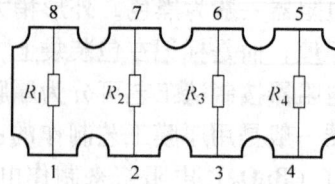

a)

b)

D 型电阻排

$R_1 = R_2 = R_3 = R_4 = 47 \times 10^0 \Omega = 47\Omega$

图 2-6 SMC 电阻排（电阻网络）

a）外形 b）内部电路

电阻网络按结构可分为 SOP 型、芯片功率型、芯片载体型和芯片阵列型 4 种。根据用途的不同，电阻网络有多种电路形式，芯片阵列型电阻网络的常见电路形式有 3 种，如图 2-7 所示。SOP 型电阻网络的常见电路形式有 4 种，如图 2-8 所示。图 2-9 是 SOP 型电阻网络的形状尺寸示意图。

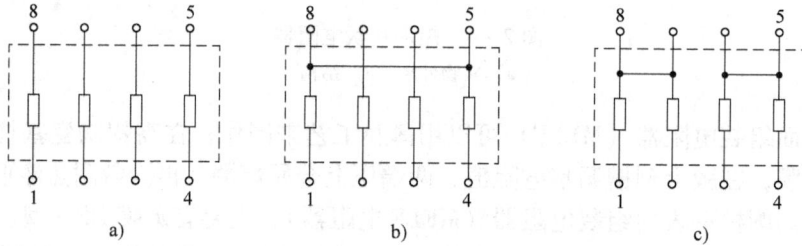

图 2-7 芯片阵列型电阻网络的常见电路形式

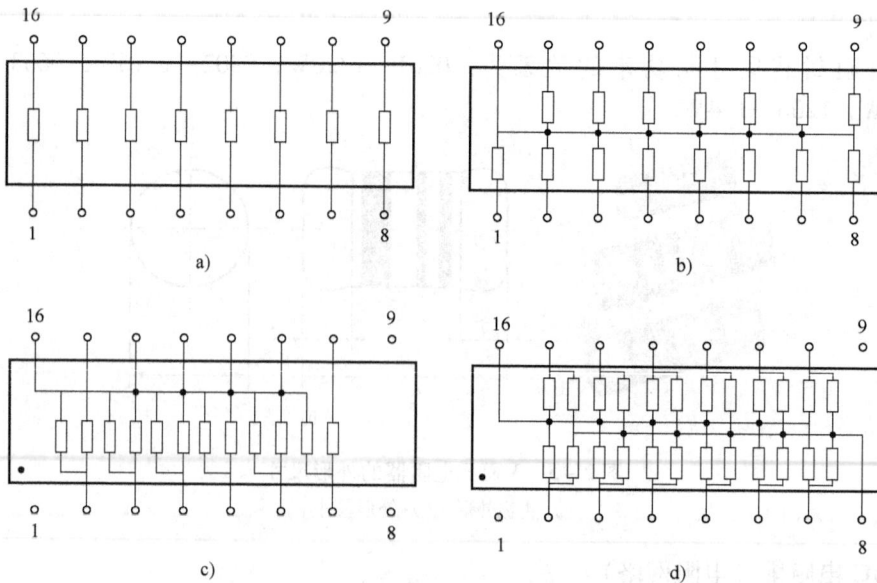

a)

b)

c)

d)

图 2-8 SOP 型电阻网络的常见电路形式

a）8 元件、独立电路、1/16W/元件 b）15 元件、并联电路、1/24W/元件

c）12 元件、分压电路、1/24W/元件 d）24 元件、终端电路、1/32W/元件

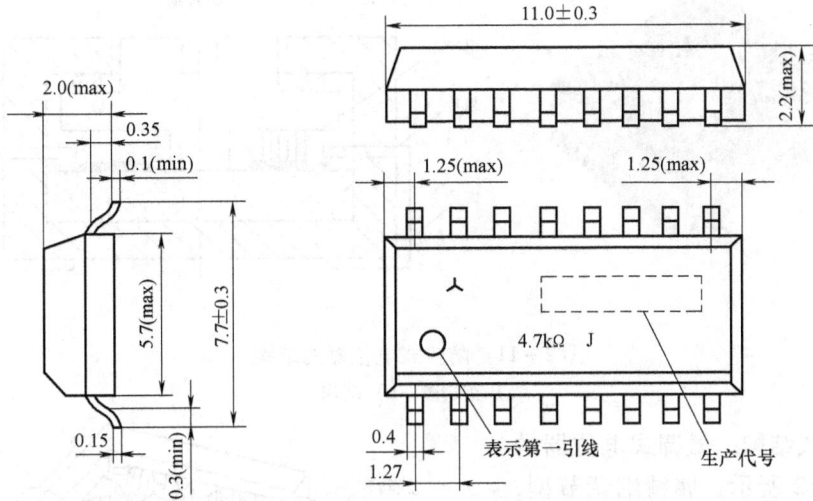

图 2-9 SOP 型电阻网络的形状尺寸

3. SMC 电位器

表面组装电位器又称为片式电位器。它包括片状、圆柱状、扁平矩形结构各种类型。有些书中也将其归类为片式机电类元件。

片式电位器标称阻值范围在 $100\Omega \sim 1M\Omega$ 之间，阻值允许偏差 $\pm 25\%$，额定功耗系列为 0.05W，0.1W，0.125W，0.2W，0.25W，0.5W。阻值变化规律为线性。

1）敞开式结构。敞开式电位器的结构如图 2-10 所示。它又分为直接驱动簧片结构和绝缘轴驱动簧片结构。这种电位器无外壳保护，灰尘和潮气易进入产品，对性能有一定影响，但价格低廉，因此，常用于消费类电子产品中。敞开式的平状电位器仅适用于焊膏-再流焊工艺，不适用于贴片波峰焊工艺。

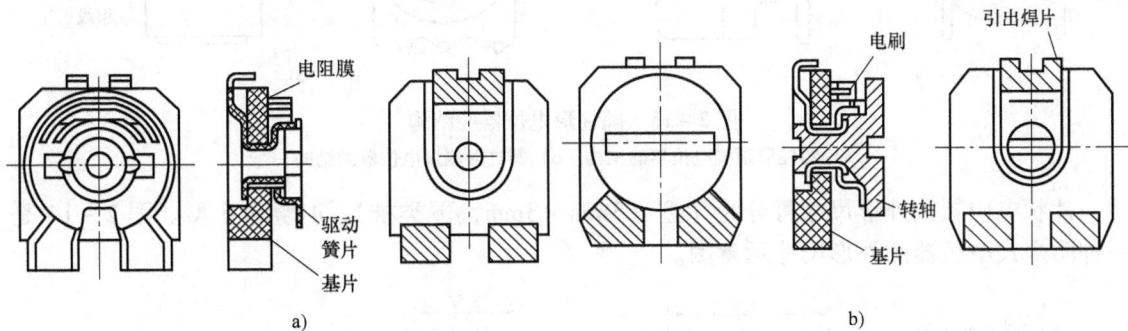

图 2-10 敞开式电位器的结构

a）直接驱动簧片结构 b）绝缘轴驱动簧片结构

2）防尘式结构。防尘式电位器的结构如图 2-11 所示，有外壳或护罩，灰尘和潮气不易进入产品，性能好，多用于投资类电子整机和高档消费类电子产品中。

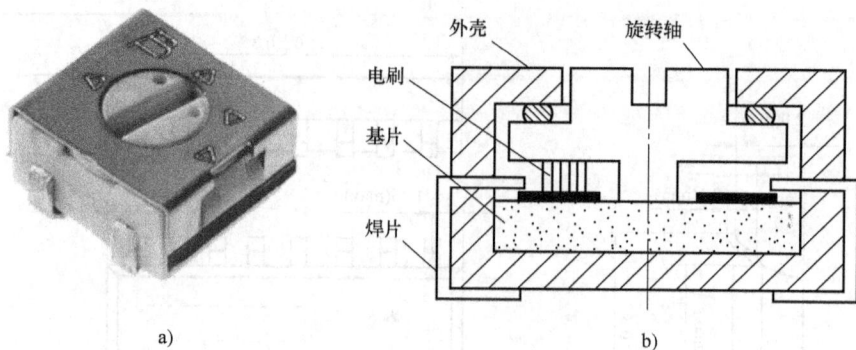

图 2-11 防尘式电位器的结构

a）实物图 b）结构

3）微调式结构。微调式电位器的结构如图 2-12 所示，属精细调节型，性能好，但价格昂贵，多用于投资类电子整机中。

4）全密封式结构。全密封式结构的电位器有圆柱形和扁平矩形两种形式，具有调节方便、可靠、寿命长的特点。圆柱形电位器的结构如图 2-13 所示，它又分为顶调和侧调两种。

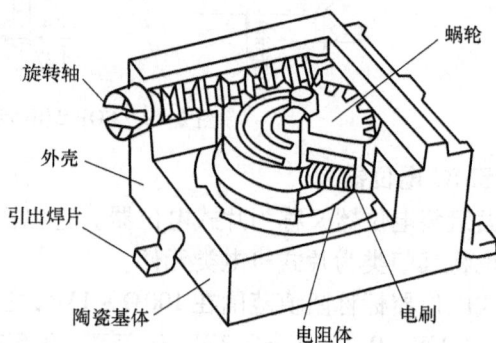

图 2-12 微调式电位器的结构

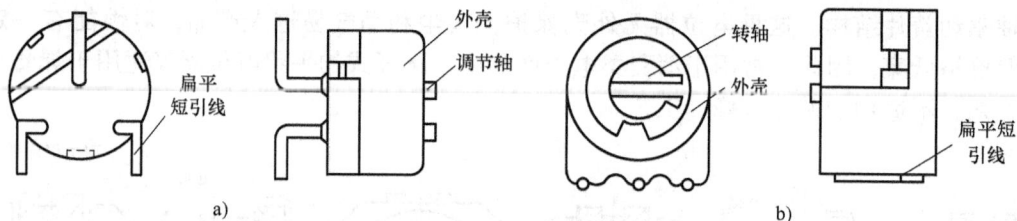

图 2-13 圆柱形电位器的结构

a）圆柱形顶调电位器的结构 b）圆柱形侧调电位器的结构

片状电位器按外形尺寸可分为 3 型（3mm×3mm，下类推）、4 型和 6 型。图 2-14 是一种防尘式电位器的外形尺寸示意图。

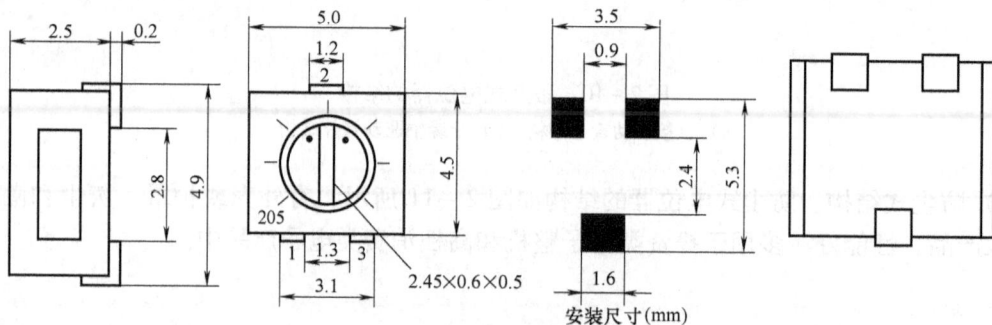

图 2-14 防尘式电位器的外形尺寸

2.2.3 表面组装电容器

1. 表面组装电容器的种类

表面组装电容器有无极性电容器和有极性电容器（电解电容），其中无极性电容器的种类又可分为片式陶瓷电容器、片式有机薄膜电容器、片式云母电容器等。有极性电容器，有钽和铝电解电容器两种。

目前使用较多的是陶瓷系列（瓷介）电容器和钽电解电容器，其中瓷介电容器约占80%，有机薄膜和云母电容器使用较少。

2. 表面组装电容器的容量标志

表面组装电容器由于体积较小，在它的表面无法标出电容器的参数，因此有的电容器采用缩简符号表示其容量，而有的片式电容器不标注容量，而将其容量印在包装编带上。用缩简符号表示容量的方法是在片式电容器的表面标出两个字符，第一个字符是英文字母，代表有效数字，英文字母表示的有效数字见表 2-5；第二个是数字，表示有效数值后 0 的个数，电容量的单位是皮法（pF）。片式电容器容量标志数字的含义见表 2-6。

表 2-5　片式电容器容量标志字母的含义

字符	A	B	C	D	E	F	G	H	I	K	L	M
数值	1	1.1	1.2	1.3	1.5	1.6	1.8	2.0	2.2	2.4	2.7	3.0
字符	N	P	Q	R	S	T	U	V	W	X	Y	Z
数值	3.3	3.6	3.9	4.3	4.7	5.1	5.6	6.2	6.8	7.5	9.0	9.1

表 2-6　片式电容器容量标志数字的含义

数字	0	1	2	3	4	5	6	7	8	9
倍数	10^0	10^1	10^2	10^3	10^4	10^5	10^6	10^7	10^8	10^9

例如表面组装电容器标注为 K3，从表中可知：K 为 2.4，3 为 10^3，所以这个片式电容器的标称值为 $2.4pF \times 10^3 = 2400pF$。

3. 常用表面组装电容器

1) SMC 多层陶瓷电容器。片式多层陶瓷电容器又称独石电容器，是用量最大、发展最快的片式元件品种。根据所使用的材料，可分为 3 类，1 类为温度补偿类，2 类为高介电常数类，3 类为半导体类，主要用于电子整机中的振荡、耦合、滤波、旁路电路中。它是以陶瓷材料做介质，将预制好的陶瓷浆料通过流延方式制成厚度小于 $10\mu m$ 陶瓷介质薄膜，然后在介质薄膜上印刷内电极，并将印有内电极的陶瓷介质膜片交替叠合热压，形成多个电容器并联，在高温下一次烧结成为一个不可分割的整体芯片，然后在芯片的端部涂敷外电极浆料，使之与内电极形成良好的电气连接，再经复温还原，形成片式陶瓷电容器的两极。

多层陶瓷电容器简称 MLCC。MLCC 通常是无引脚矩形结构，通体一色，为褐色、灰色、紫色等，两端是金属可焊端。MLCC 外形和结构如图 2-15 所示。

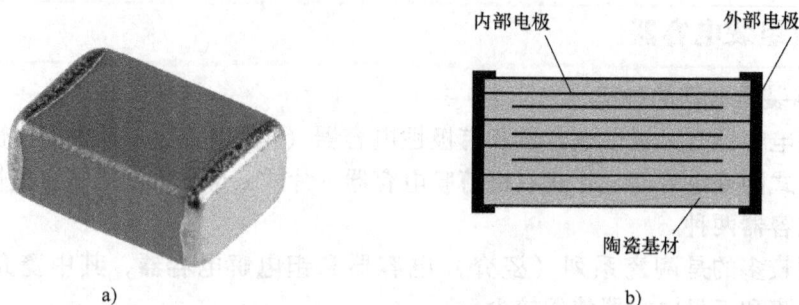

图 2 - 15 MLCC 结构
a) 外形 b) 结构

用来制造片式多层陶瓷电容的陶瓷叫电容器瓷，陶瓷介质的代号是按其陶瓷粉料的温度特性来命名的。常用的几种陶瓷粉料的含义如下所述。

Y5V：温度特性 Y 代表 -25℃，5 代表 +85℃，温度系数 V 代表 -80% ~ +30%；

Z5U：温度特性 Z 代表 +10℃，5 代表 +85℃，温度系数 U 代表 -56% ~ +22%；

X7R：温度特性 X 代表 -55℃，7 代表 +125℃，温度系数 R 代表 ±15%。

片式多层陶瓷电容器所用瓷介质不同，则有不同的容量范围及温度稳定性，其电容量与尺寸、介质的关系见表 2 - 7。

表 2 - 7 不同介质材料 MLCC 的电容量范围

型　号	COG	X7R	Z5V
0805C	10 ~ 560pF	120pF ~ 0.012μF	
1206C	680 ~ 1500pF	0.016 ~ 0.033μF	0.033 ~ 0.10μF
1812C	1800 ~ 5600pF	0.039 ~ 0.12μF	0.12 ~ 0.47μF

表面组装多层陶瓷电容器的可靠性很高，已经大量用于汽车工业、军事和航空航天产品。

2）SMC 电解电容器。常见的 SMC 电解电容器有铝电解电容器和钽电解电容器两种。

① 铝电解电容器。铝电解电容器是由正箔、负箔和电解纸卷成芯子，用引线引出正负极，含浸电解液后通过导针引出，再用铝壳和胶密封起来。片式铝电解电容器体积虽然较小，但因为通过电化学腐蚀后，电极箔的表面积被扩大了，且它的介质氧化膜非常薄，所以，片式铝电解电容器可以具有相对较大的电容量。

主要规格尺寸分为（公制标准）：ϕ4mm × 5.5mm、ϕ5mm × 5.5mm、ϕ6.3mm × 5.5mm、ϕ6.3mm × 7.7mm、ϕ8mm × 6.5mm、ϕ8mm × 10.2mm、ϕ10mm × 10.2mm 等。

额定电压一般为 4 ~ 100V；常规使用的容量范围为 0.1 ~ 1500μF，随着相关技术及材料的发展，最大额定电压至 100V 和最大容量至 1500μF 以上产品也已在广泛使用。

由于铝电解电容器的容量和额定工作电压的范围比较大，因此做成贴片形式比较困难，一般是异形结构，如图 2 - 16 所示。图 2 - 16a 是铝电解电容器的形状，图 2 - 16b 是它的结构，图 2 - 16c 是它的标注和极性表示方式。

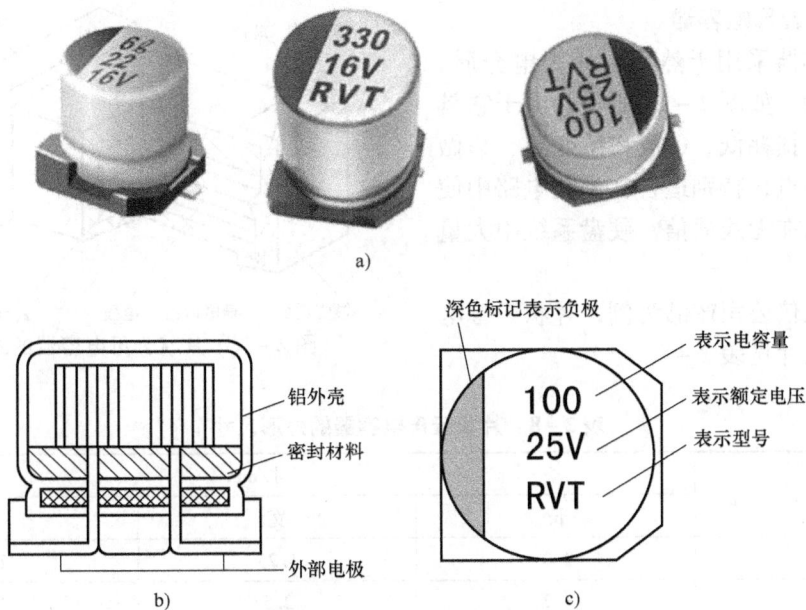

图 2 - 16　SMC 铝电解电容器
a）形状　b）结构　c）表示方式

② 钽电解电容器。SMC 钽电解电容以金属钽作为电容介质，可靠性很高，单位体积容量大，具有更低的等效串联电阻 ESR，适用于自动表面贴装机，广泛用于尖端军事、计算机、手机等领域。

SMC 钽电解电容器的外形都是片状矩形，按封装形式的不同，分为裸片型、模塑封装型和端帽型 3 种。图 2 - 17 所示是片式钽电解电容的实物照片和模塑封装型的内部结构，有斜坡的一端（靠近深色标志线）是正极。SMC 钽电解电容的封装分为 A 型（3216），B 型（3528），C 型（6032），D 型（7343），E 型（7845）等几个系列。

其中端帽型钽电容器尺寸范围为：宽度 1.27 ~ 3.81mm，长度 2.54 ~ 7.239mm，高度 1.27 ~ 2.794mm。电容量范围是 0.1 ~ 100μF，直流工作电压范围为 4 ~ 25V。

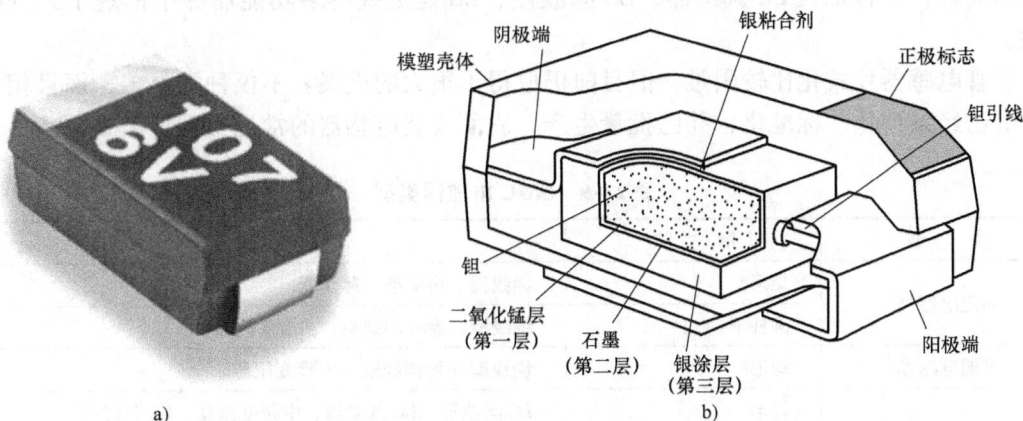

图 2 - 17　SMC 钽电解电容器的结构和类型
a）实物照片　b）内部结构

4. SMC 云母电容器

云母电容器采用天然云母作为电介质，做成矩形片状，如图 2-18 所示。由于它具有耐热性好、损耗低、Q 值和精度高、易做成小电容等特点，特别适合在高频电路中使用，近年来已在无线通信、硬盘系统中大量使用。

以日本双倍公司产品为例，片状云母电容器的外形尺寸见表 2-8。

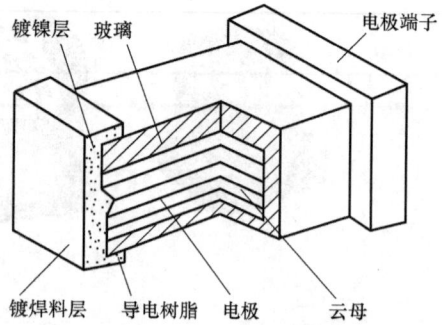

图 2-18 片状云母电容器的结构

表 2-8 片状云母电容器的外形尺寸

型　号	尺寸/mm		
	长	宽	高
UC12	2.0	1.25	1.4
UC23	3.2	2.5	1.5
UC34	3.2	3.2	2.0
UC55	5.5	5.0	2.0

2.2.4 表面组装电感器

表面组装电感器是继表面组装电阻器、表面组装电容器之后发展起来的一种新型无源元件。由于电感元件结构复杂且受传统的绕线工艺限制，片式化的工艺难度较大，发展相对缓慢。国外自 20 世纪 70 年代起开始研制片式电感器，80 年代初实现商品化。据日本机械电子工业振兴协会（EIAJ）调查，2006 年，日本电感器的片式化率为 52%，而同期电容器、电阻器的片式化比例都超过了 75%。

表面组装电感器除了与传统的插装电感器有相同的扼流、退耦、滤波、调谐、延迟、补偿等功能外，还特别在 LC 调谐器、LC 滤波器、LC 延迟线等多功能器件中体现了独到的优越性。

尽管电感器片式化比较困难，但目前仍取得了很大的进展。不仅种类繁多，而且相当多的产品已经系列化、标准化，并已批量生产。表面组装电感器的常见类型见表 2-9。

表 2-9 SMC 电感器类型

类　型	形　状	种　类
固定电感器	矩形	绕线型、多层型、薄膜型
	圆柱形	绕线型、卷绕印刷型、多层卷绕型
可调电感器	矩形	绕线型（可调线圈、中频变压器）
LC 复合元件	矩形	LC 滤波器、LC 调谐器、中频变压器、LC 延迟线
	圆柱形	LC 滤波器、陷波器
特殊产品		LC、LRC、LR 网络

表面组装电感器主要有4种类型，即绕线型、多层型、编织型和薄膜片式电感器，目前用量较大的是绕线型和多层型。

1. 绕线型SMC电感器

绕线型SMC电感器实际上是把传统的卧式绕线电感器稍加改进而成。制造时将导线（线圈）缠绕在磁心上。低电感时用陶瓷作磁心，大电感时用铁氧体作磁心，绕组可以垂直也可水平。一般垂直绕组的尺寸最小，水平绕组的电性能要稍好一些，绕线后再加上端电极。端电极也称外部端子，它取代了传统的插装式电感器的引线，以便表面组装。

对绕线型SMC电感器来说，由于所用磁心不同，故结构上也有多种形式。

1）工字形结构。这种电感器是在工字形磁心上绕线制成的，如图2-19a（开磁路）、图2-19b（闭磁路）所示。

2）槽形结构。槽形结构是在磁性体的沟槽上绕上线圈而制成的。

3）棒形结构。这种结构的电感器与传统的卧式棒形电感器基本相同，它是在棒形磁心上绕线而成的。只是它用适合表面组装用的端电极代替了插装用的引线。

4）腔体结构。这种结构是把绕好的线圈放在磁性腔体内，加上磁性盖板和端电极而成。

图2-19c、d为绕线型SMC功率电感器的实物照片。

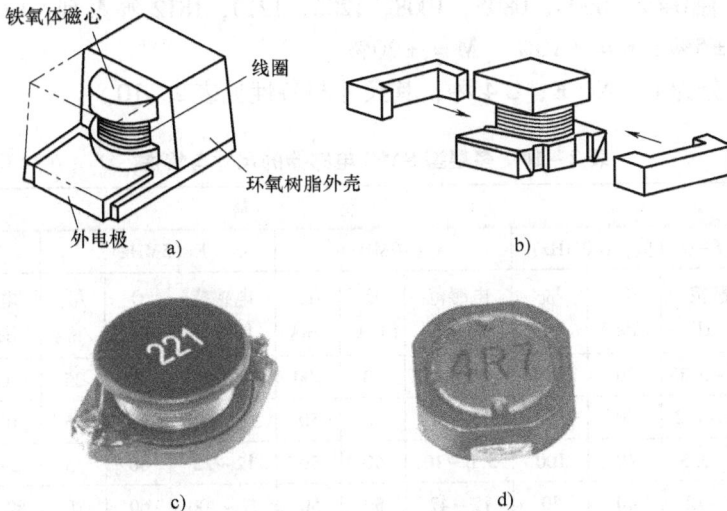

图2-19 绕线型SMC电感器的结构及实物照片
a）工字形结构（开磁路） b）工字形结构（闭磁路） c）功率电感器 d）屏蔽式功率电感器

2. 多层型SMC电感器

多层型SMC电感器也称叠层型片式电感器（MLCI），它的结构和多层型陶瓷电容器相似，制造时由铁氧体浆料和导电浆料交替印刷叠层后，经高温烧结形成具有闭合磁路的整体。导电浆料经烧结后形成的螺旋式导电带，相当于传统电感器的线圈，被导电带包围的铁氧体相当于磁心，导电带外围的铁氧体使磁路闭合。片式电感器外观与贴片电容相似，区别方法是它的外观只有黑色一种颜色，其外形与结构如图2-20所示。

MLCI的制造关键是相当于线圈作用的螺旋式导电带。目前导电带常用的加工方法有交

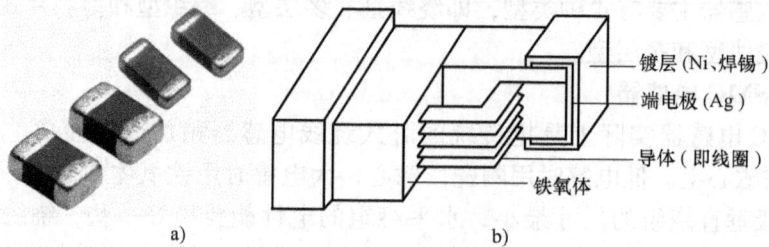

图 2-20 多层型 SMC 电感器的外形与结构

a) 外形　b) 结构

替（分部）印刷法和叠片通孔过渡法。此外，低温烧结铁氧体材料选择适当的粘合剂种类与含量，对 MLCI 的性能也是非常重要的。

MLCI 具有如下特点：

1）螺旋式导电带（线圈）密封在铁氧体中并作为整体结构，可靠性高。

2）磁路闭合，磁通量泄漏很少，不干扰周围的元器件，也不易受邻近元器件的干扰，适宜高密度安装。

3）无引线，可做到薄型、小型化。但电感量和 Q 值较低。

MLCI 的尺寸有 0402，0603，0805，1008，1206，1210，1812 等系列，电感量为 $10\mu H \sim 1mH$；精度：J = ±5%，K = ±10%，M = ±20%。

MLCI 按材料分为 D、A、E、C 4 种，其尺寸与特性见表 2-10。

表 2-10　多层型 SMC 电感器的尺寸与特性

尺寸/mm ×mm （长×宽）	厚度 /mm	材料											
		D（$f-Q$峰值，100MHz）			A（10MHz）			E（5MHz）			C（1MHz）		
		电感范围/μH	Q（Ref）	I_{DC}/mA	电感范围/μH	Q（Ref）	I_{DC}/mA	电感范围/μH	Q（Ref）	I_{DC}/mA	电感范围/μH	Q（Ref）	I_{DC}/mA
3.2×1.6	0.6	0.05~0.33	30	100	0.15~1.2	30	100	1.2~2.7	50	25	1.0~8.2	50	10
	1.1	0.39~1.2	30	100	1.5~4.7	40	50	3.3~10	50	25	10~33	50	10
3.2×2.5	1.1	1.5~3.3	40	100	5.6~10	50	50	12~22	60	15	39~68	50	10
	2.5	3.9~12	40	50	12~47	50	50	27~100	60	10	82~330	50	10
4.5×3.2	1.1	1.5~3.3	40	100	5.6~10	50	50	12~22	60	15	39~68	50	10
	2.2	3.9~12	40	50	12~47	50	50	27~100	60	10	82~330	50	10

3. 卷绕型 SMC 电感器

卷绕型 SMC 电感器是在柔性铁氧体薄片（生料）上，印刷导体浆料，然后卷绕成圆柱形，烧结后形成一个整体，做上端电极即可。

和绕线型 SMC 电感器相比，它的尺寸较小，某些卷绕型 SMC 电感器可用铜或铁做电极材料，故成本较低。但因为是圆柱体的，组装时接触面积较小，所以表面组装性不甚理想，目前应用范围不大。

24

4. 片式滤波器

1）片式抗电磁干扰滤波器（片式 EMI 滤波器）。抗电磁干扰滤波器可滤除信号中的电磁干扰（EMI）。它主要用于抑制同步信号中的高次谐波噪声，防止数字电路信号失真。

EMI 滤波器主要由矩形铁氧体磁珠和片式电容器组合而成，经与内、外金属端子的连接，做成 T 型耦合，外表用环氧树脂封装，其结构与等效电路如图 2－21 所示。

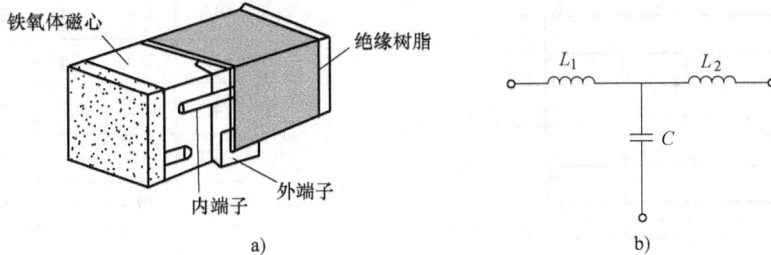

图 2－21　EMI 滤波器的结构与等效电路

EMI 滤波器的厚度只有 1.8mm，适合高密度组装，其外形尺寸如图 2－22 所示。

2）片式 LC 滤波器。LC 滤波器有闭磁路型和金属壳型两种，前者采用翼型引线，后者采用 J 型引线。图 2－23 是多联同轴式的 LC 滤波器。线圈的端部接在线架凸肩上部预置的端子上。

将片式电容器装在凸肩的端子间，经焊接完成线圈与电容器的连接后，用罩壳封装成 LC 滤波器。

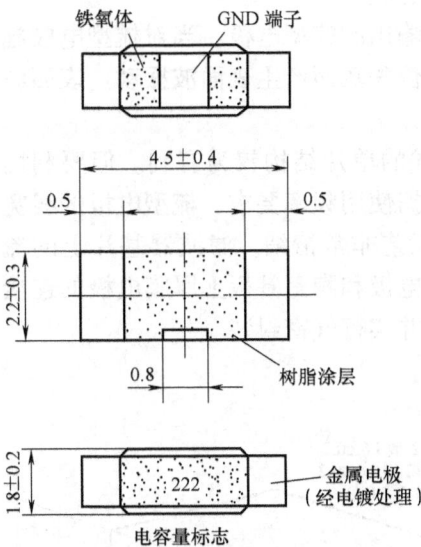

图 2－22　EMI 滤波器的外形尺寸

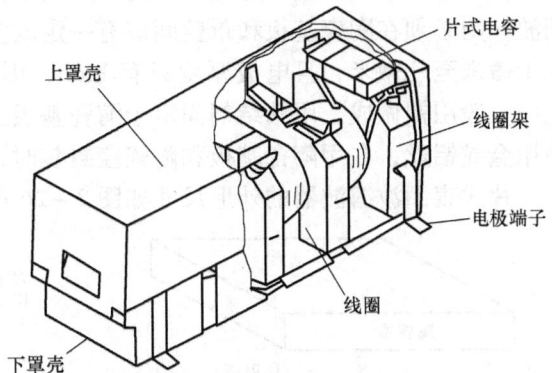

图 2－23　片式 LC 滤波器的结构

滤波器线圈用的铜线是耐热的聚氨酯铜线，为了达到小型、轻量和较高的耐热性，同轴线圈架用掺入适量铁氧体粉末的聚苯醚硫树脂（PPS）做成。预插入同轴线圈架的端子以电连接的方式与线圈端子和电容端子结合在一起。为保护 LC 滤波器的线圈和电容器，采用上、下罩壳进行封装。为了防止在焊接中受热影响而降低滤波器性能，一般在罩壳表面涂敷白色的耐热性聚酰氨树脂，以减轻高温中的光热辐射。片式 LC 滤波器按内含线圈 L 与电容器 C 的多少，分为 5 种型号。其外形尺寸如图 2-24 所示。

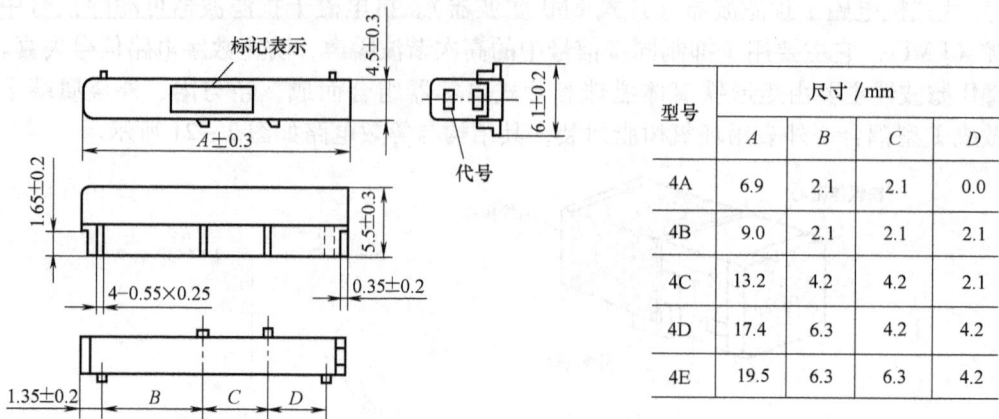

图 2-24　片式 LC 滤波器的外形尺寸

型号	尺寸 /mm			
	A	B	C	D
4A	6.9	2.1	2.1	0.0
4B	9.0	2.1	2.1	2.1
4C	13.2	4.2	4.2	2.1
4D	17.4	6.3	4.2	4.2
4E	19.5	6.3	6.3	4.2

3）片式表面波滤波器（晶体滤波器）。表面波滤波器是利用表面弹性波进行滤波的带通滤波器。其压电体材料有 LiNbO3、LiTaO3 等单晶、氧化锌薄膜和陶瓷材料。使用中以前者占多数，主要用在要求高的场合。

由于表面波滤波器具有集中带通滤波性能，其电路无须调整，组成元件数量少，并可采用光刻技术同时进行多元件（电极）的制作，故适合批量生产。片式表面波滤波器的外形比通孔组装的要小得多，并可在 10MHz～5GHz 范围内使用。

表面波滤波器通常是在压电体表面分别设置输入、输出的梳型电极。当对梳型电极施加脉冲电压时，在压电效应作用下，由相邻电极间的逆相位失真而产生表面波振动。表面波滤波器的结构如图 2-25 所示。

SMC 表面波滤波器从小型化要求看，采用基片形式的单片结构较为有利。但要利用表面波，则必须在陶瓷基板和罩盖间留有一定的空隙。根据使用频率要求，梳型电极的线宽仅几十微米至几微米，且电极厚度只有 1μm，因此加工工艺非常精细。滤波器基片上的梳型电极一般用铝做成，用粘结剂固定于陶瓷基板上。梳型电极和陶瓷基板上厚膜电极的连接常使用金或铝丝，在用陶瓷基板和陶瓷盖封装时，要渗氮并实行气密封装。

片式表面波滤波器的外形尺寸如图 2-26 所示。

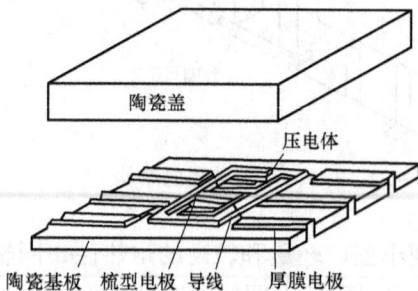

图 2-25　表面波滤波器的结构

H:1 型 9.2±0.5; 2 型 8.6±0.2
W:1 型 10.5±0.5; 2 型 6.6±0.2
T:1 型 2.8max; 2 型 3.0max

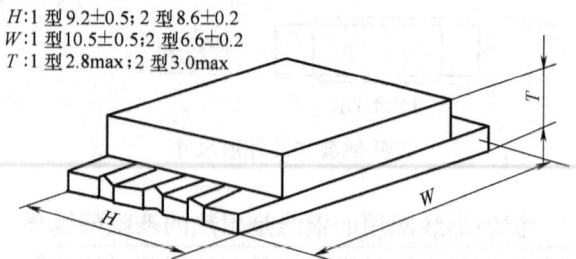

图 2-26　表面波滤波器的外形尺寸

5. 片式振荡器

片式振荡器有陶瓷、晶体和 LC 3 种。这里只以陶瓷振荡器为例做一简单介绍。

片式陶瓷振荡器又称片式陶瓷振子，常用于振荡电路中。振子作为电信号和机械振动的转换元件，其谐振频率由材料、形状及所采用的振动形式所决定。振子要做成表面组装形式，则必须保持其基本的振动方式。可以采用不妨碍元件振动方式的新型封装结构，并做到振子无须调整，具有高稳定性和高可靠性，以适合贴装机自动化贴装。

片式陶瓷振荡器按目前使用情况常分为"两端子式"和"三端子式"两种，如图 2-27a、图 2-27b 所示。图 2-27a 采用板状厚度剪切振子，在振子中心部位的正反面蒸镀电极，并在长度方向进行极化，由厚度剪切振动产生谐振。为减轻焊接时的热应力，产生阻尼失真振动，元器件电极与基极端子的电极连接使用导电性粘结剂。在陶瓷基板的组装面，作为外引出电极的侧面、底面涂敷 2~3 个端子电极。基板和陶瓷盖采用树脂封装，以保证振子的工作可靠性。图 2-27b 的压电振子装在两个电容元件的基片上面，再用粘结剂固定。也可将介电材料烧结在基板上，并以介电材料面作为基板使用。

图 2-28 所示是几种常见片式振荡器与 LC 元器件的外观。

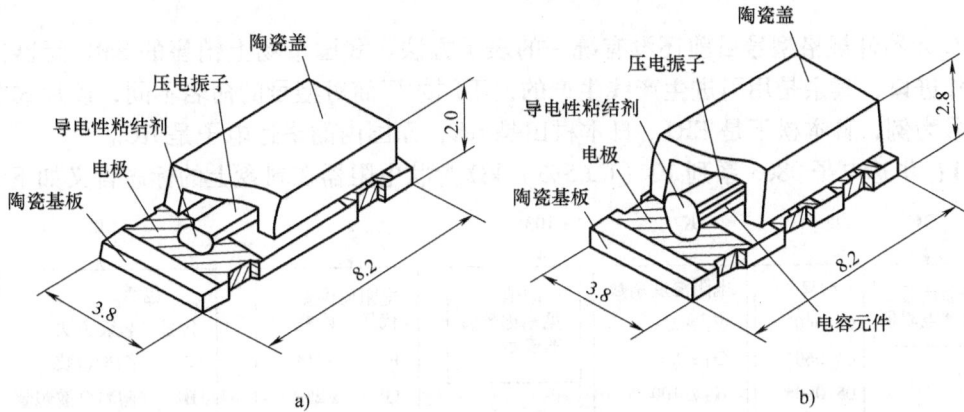

图 2-27　片式陶瓷振荡器的结构
a) 两端子式　b) 三端子式

图 2-28　常见片式振荡器与 LC 元器件的外观

2.2.5　SMC 的焊端结构

无引线片状元器件 SMC 的电极焊端一般由三层金属构成，如图 2-29 所示。焊端的内部电极通常是采用厚膜技术制作的钯银（Pd-Ag）合金电极，中间电极是镀在内部电极上的镍（Ni）阻挡层，外部电极是锡铅（Sn-Pb）合金。中间电极的作用是避免在高温焊接时焊料中的铅和银发生置换反应，从而导致厚膜电极"脱帽"，造成虚焊或脱焊。镍的耐热性和稳定性好，对钯银内部电极起到了阻挡层的作用；但镍的可焊接性较差，因此，在焊端表面镀上一层铅锡合金作为外部电极，可以提高焊端的可焊接性。随着无铅焊接技术的推广，焊端表面的镀层合金也将改变成无铅焊料。

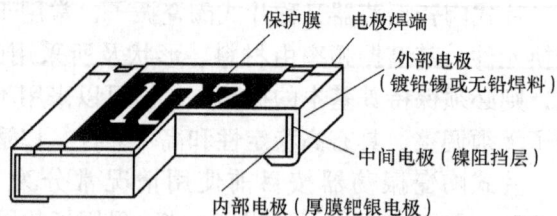

图 2 - 29　片状元件 SMC 的电极焊端

电子元器件引线焊端镀层的无铅技术经过多年的发展，已经成为较成熟的技术，已开发的元器件引线焊端镀层合金有 Sn – Cu、Sn – Bi、Ni/Pd/Au、Ni/Pd、Ni – Au、Ag – Pt、Pd – Au 等，其中前 5 种合金为目前使用的主流镀层合金。

2.2.6　SMC 元件的规格型号表示方法

SMC 元器件规格型号目前还没有统一的表示方法。我国市场上销售的 SMC 元器件，部分是国外进口，其余是用引进生产线生产的，不同的厂商对型号的命名不同，以片式电阻器产品代号为例，日本松下是 ERJ，日本村田是 RX，而国内的华达电子是 RC。

例1：华达电子 0805 系列 10（1 ±5%）kΩ 片状电阻器在料盘上的标志含义如下。

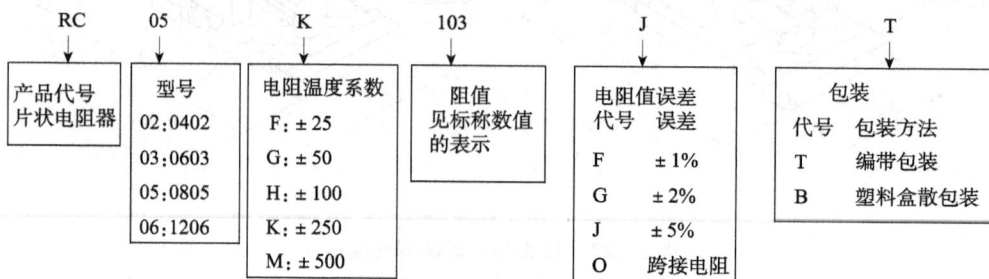

```
RC        05         K          103          J                    T
```

产品代号片状电阻器	型号	电阻温度系数	阻值见标称数值的表示	电阻值误差		包装	
	02:0402	F：± 25		代号	误差	代号	包装方法
	03:0603	G：± 50		F	±1%	T	编带包装
	05:0805	H：± 100		G	±2%	B	塑料盒散包装
	06:1206	K：± 250		J	±5%		
		M：± 500		O	跨接电阻		

例2：1000（1 ±5%）pF，耐压 50V 瓷片电容器的两种不同标志。

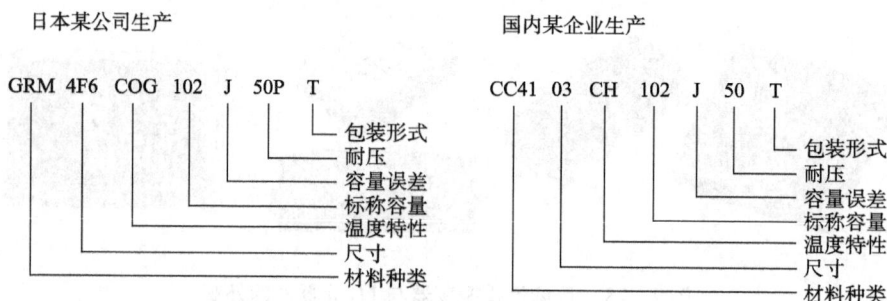

日本某公司生产

```
GRM 4F6 COG 102 J 50P T
                        └── 包装形式
                     └──── 耐压
                 └──────── 容量误差
             └──────────── 标称容量
         └──────────────── 温度特性
     └────────────────── 尺寸
 └──────────────────── 材料种类
```

国内某企业生产

```
CC41 03 CH 102 J 50 T
                   └── 包装形式
                └───── 耐压
            └───────── 容量误差
        └───────────── 标称容量
     └──────────────── 温度特性
  └────────────────── 尺寸
└──────────────────── 材料种类
```

上例中，有些代号的意义是相同的，如容量误差"J"表示 ±5%，"G"表示 ±2%，"F"表示 ±1% 等，包装形式"T"表示编带包装，"B"表示散装。

电子整机产品制造企业在编制设计文件和生产工艺文件、指导采购订货及元器件进厂检验、通过权威部门对产品的安全性认证时，都需要用到元器件的这些规格型号。

2.3 表面组装器件 SMD

2.3.1 SMD 分立器件

SMD 分立器件包括各种分立半导体器件,有二极管、晶体管、场效应晶体管,也有由 2、3 只晶体管、二极管组成的简单复合电路。

1. SMD 分立器件的外形

典型 SMD 分立器件的外形如图 2-30 所示,电极引脚数为 2~6 个。

二极管类器件一般采用两端或 3 端 SOD 封装,小功率晶体管类器件一般采用 3 端或 4 端 SOT 封装,4~6 端 SOT 器件内大多封装了两只晶体管或场效应晶体管。

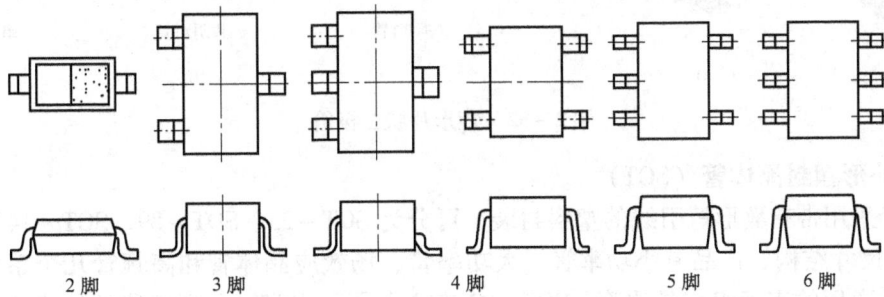

图 2-30 典型 SMD 分立器件的外形

2. 二极管

SMD 二极管有无引线柱形玻璃封装和片状塑料封装两种。无引线柱形玻璃封装二极管是将管心封装在细玻璃管内,两端以金属帽为电极。常见的有稳压、开关和通用二极管,功耗一般为 0.5~1 W。外形尺寸有 $\phi 1.5\text{mm} \times 3.5\text{mm}$ 和 $\phi 2.7\text{mm} \times 5.2\text{mm}$ 两种,外形结构如图 2-31 所示,靠近色环端是元件的负极。

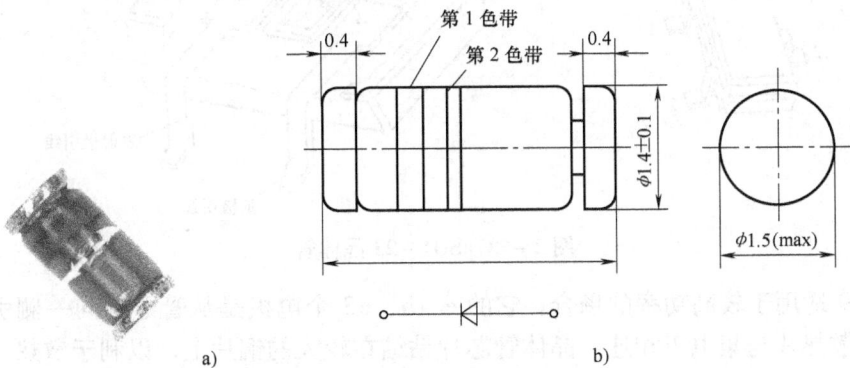

图 2-31 无引线柱形玻璃封装二极管
a) 外形 b) 结构

塑料封装二极管一般做成矩形片状,无引脚或翼形、丁形等引脚形式,额定电流 150mA~1A,耐压 50~400V,如图 2-32a 所示。

还有一种 SOT-23 封装的片状二极管，如图 2-32b 所示。多用于封装复合二极管，也用于高速开关二极管和高压二极管。这类片状二极管由于引脚数多于两个，而且型号没有印在器件表面上，为区别是二极管还是晶体管，使用时必须检查器件包装编带上的标签确认。

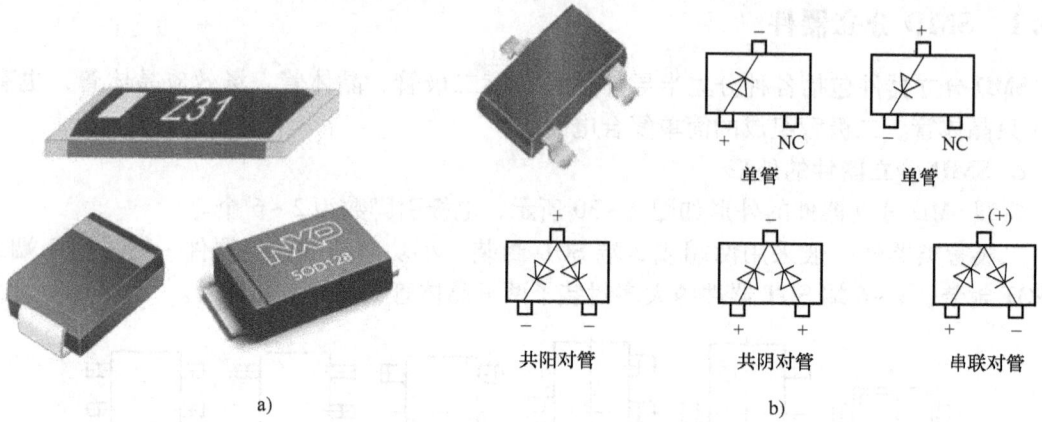

图 2-32　矩形片状二极管

3. 小外形塑封晶体管（SOT）

晶体管采用带有翼形短引线的塑料封装，可分为 SOT-23、SOT-89、SOT-143、SOT-252 等多种尺寸结构，产品有小功率管、大功率管、场效应晶体管和高频管几个系列；其中 SOT-23 是通用的表面组装晶体管，SOT-23 有 3 条翼形引脚，分列于器件长边两侧，其中发射极和基极在同一侧，集电极在另一侧。SOT-23 功耗为 $150 \sim 300 \text{mW}$，一般应用于小功率晶体管、场效应晶体管和带电阻网络的复合晶体管，其外形和内部结构如图 2-33 所示。

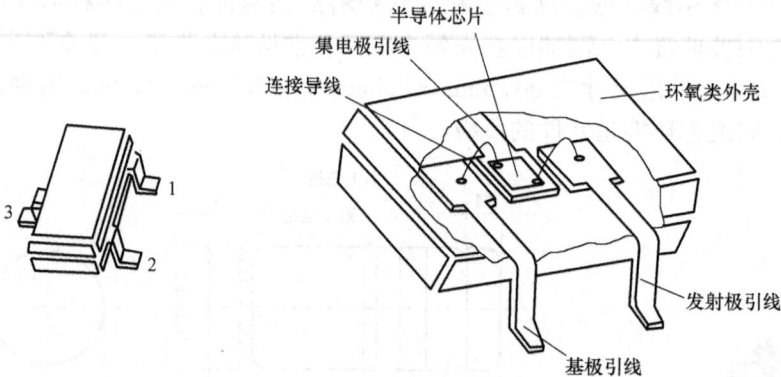

图 2-33　SOT-23 晶体管

SOT-89 适用于较高功率的场合，它的 e、b、c3 个电极是从管子的同一侧引出，管子底面有金属散热片与集电极相连，晶体管芯片粘结在较大的铜片上，以利于散热。其外形如图 2-34a 所示。

SOT-143 封装有 4 条翼形短引脚，对称分布在长边的两侧，引脚中宽度偏大一点的是集电极，这类封装常见双栅场效应晶体管及高频晶体管。其外形如图 2-34b 所示。

SOT-252 封装与 SOT-89 相似，3 个电极引脚从管子的同一侧引出，中间一条较短，呈短平形，为集电极，另一面为散热片。SOT-252 封装的功耗可达 $2 \sim 50 \text{W}$，应用于大功率晶体管。SOT – 252 封装的外形如图 2 – 34c 所示。

SMD 分立器件封装类型及产品，到目前为止已有 3000 多种，各厂商产品的电极引出方式略有差别，在选用时必须查阅手册资料。但产品的极性排列和引脚距基本相同，具有互换性。

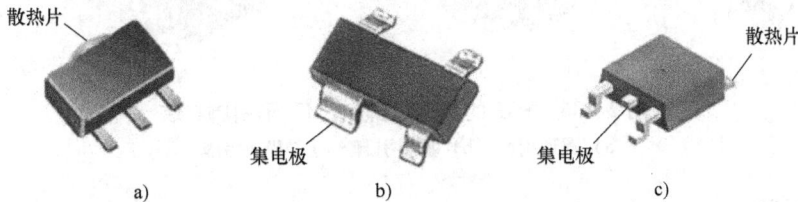

图 2 – 34　SOT – 89、SOT – 143、SOT – 252 封装

2.3.2　SMD 集成电路及其封装方式

SMD 集成电路包括各种数字电路和模拟电路的 SSI ~ ULSI 集成器件。由于工艺技术的进步，SMD 集成电路的电气性能指标比 THT 集成电路更好一些。

封装对集成电路起着机械支撑和机械保护、传输信号和分配电源、散热、环境保护等作用。SMD 集成电路的封装方式，主要有以下几类。

1. SO 封装

引线比较少的小规模集成电路大多采用这种小型封装，其内部结构如图 2 – 35 所示。SO 封装又分为几种，芯片宽度小于 0.15 in，电极引脚数目比较少的（一般在 8 ~ 40 脚之间），叫做 SOP 封装，宽度在 0.25 in 以上，电极引脚数目在 44 以上的，叫做 SOL 封装，这种芯片常见于随机存储器（RAM）。芯片宽度在 0.6 in 以上，电极引脚数目在 44 以上的，叫做 SOW 封装，这种芯片常见于可编程存储器（E²PROM）。有些 SOP 封装采用小型化或薄型化封装，分别叫做 SSOP 封装和 TSOP 封装。大多数 SO 封装的引脚采用翼形电极（称为 SOL），也有一些存储器采用 J 形电极（称为 SOJ），有利于在插座上扩展存储容量，图 2 – 36a 和 b，是具有翼形引脚的 SOP 封装，图 2 – 36c 是具有 "J" 形引脚的 SOP 封装，每个 SOP 表面均有标记点，用来判定引脚序列。SO 封装的引脚间距有 1.27mm、1.0mm、0.8mm、0.65mm 和 0.5mm 几种。

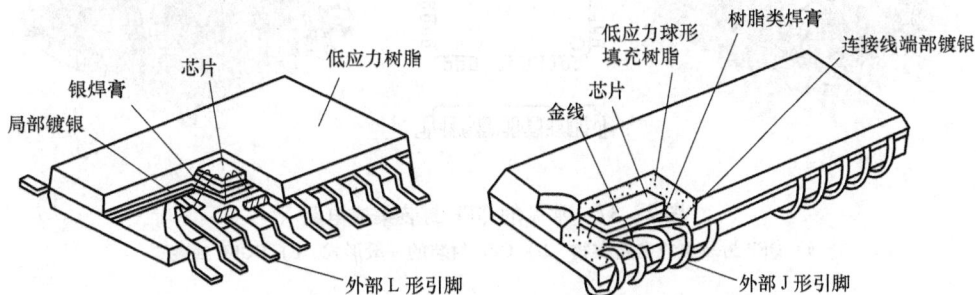

图 2 – 35　SO 封装内部结构

图 2-36　SOP 的翼形引脚和 "J" 形引脚封装
a）翼形引脚　b）翼形引脚　c）"J" 形引脚

2. QFP 封装

矩形四边都有电极引脚的 SMD 集成电路叫做 QFP 封装，QFP 封装也采用翼形的电极引脚。基材有陶瓷、金属和塑料 3 种。其中塑料封装占绝大部分，当没有特别表示出材料时，多数情况为塑料 QFP。QFP 根据封装本体厚度分为 QFP（2.0~3.6mm 厚）、LQFP（1.4mm 厚）和 TQFP，薄型 TQFP 封装的厚度已经降到 1.0mm 或 0.5mm。

QFP 封装的芯片一般都是大规模集成电路，在商品化的 QFP 芯片中，电极引脚数目最少的 28 脚，最多可能达到 300 脚以上，引脚间距最小的是 0.4mm，最大的是 1.27mm，QFP 的电极间距的极限是 0.3mm。在装配焊接电路板时，对 QFP 芯片的贴装精度要求非常严格，电气连接可靠性要求贴装公差是 0.08mm。

QFP 的缺点是当引脚中心距小于 0.65mm 时，间距狭窄的 QFP 电极引脚纤细而脆弱，容易扭曲或折断，这就必须保证引脚之间的平行度和平面度。为了防止引脚变形，现已出现了几种改进的 QFP 品种。如封装的 4 个角带有树脂缓冲垫的 BQFP，它是在封装本体的 4 个角设置突起（缓冲垫）以防止在运送过程中引脚发生弯曲变形。美国半导体厂家主要在微处理器和 ASIC 等电路中采用此封装。

图 2-37a 是 QFP 封装集成电路的照片，图 2-37b 是这种封装的一般形式，图 2-37c 是四角有突出的 BQFP 封装。

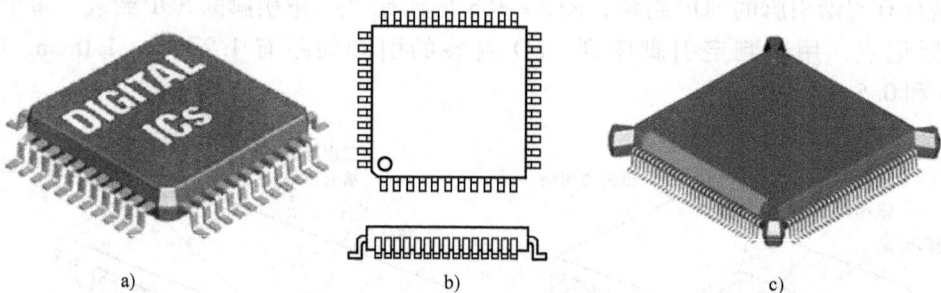

图 2-37　常见的 QFP 封装集成电路
a）QFP 封装集成电路实物　b）QFP 封装的一般形式　c）BQFP 封装

3. LCCC 封装

LCCC 是陶瓷芯片载体封装的 SMD 集成电路中没有引脚的一种封装；芯片被封装在陶瓷载体上，在陶瓷基板的 4 个侧面都设有电极焊盘而无引脚；电极焊盘排列在封装底面上的四边，数目为 18~156 个，间距有 1.0mm 和 1.27mm 两种，其结构、外形如图 2-38 所示。

LCCC 引出端子的特点是在陶瓷外壳侧面有类似城堡状的金属化凹槽和外壳底面镀金电极相连，提供了较短的信号通路，电感和电容损耗较低，用于高速、高频集成电路封装，如微处理器单元、门阵列和存储器。

LCCC 集成电路的芯片是全密封的，可靠性高但价格高，主要用于军用产品中，并且必须考虑器件与电路板之间的热膨胀系数是否一致的问题。

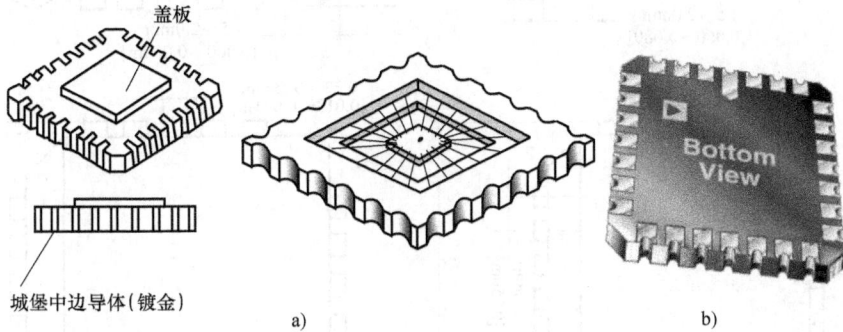

图 2-38　LCCC 封装的集成电路
a) 结构　b) 外形

4. PLCC 封装

PLCC 是集成电路的有引脚塑封芯片载体封装，它的引脚向内钩回，叫做钩形（J 形）电极，电极引脚数目为 16 ~ 84 个，间距为 1.27mm，封装结构如图 2-39a 所示，图 2-39b 是它的实物照片。PLCC 封装的集成电路大多是可编程的存储器。芯片可以安装在专用的插座上，容易取下来对其中的数据进行改写，如图 2-39c 所示；为了减少插座的成本，PLCC 芯片也可以直接焊接在电路板上，但焊接后的外观检查较为困难，也不适宜用手工焊接。

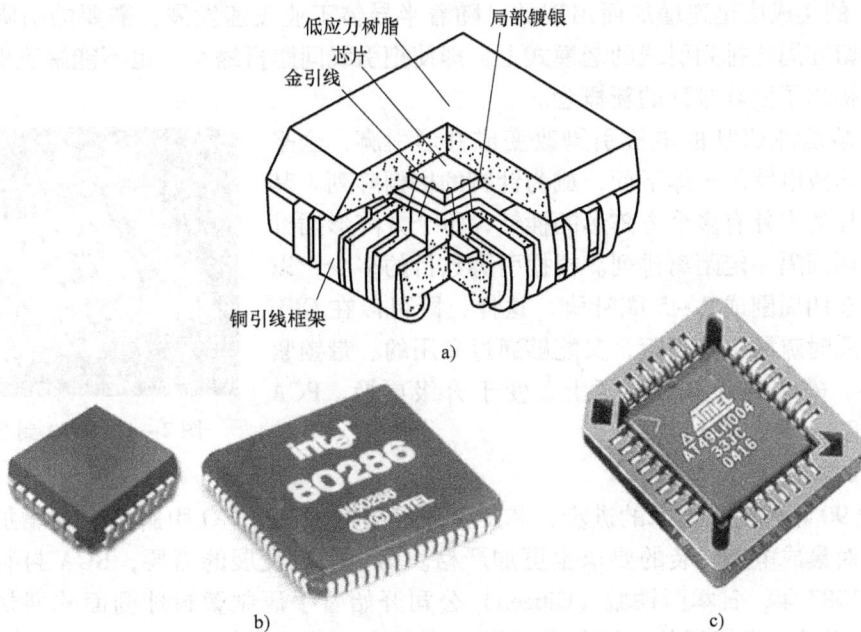

图 2-39　PLCC 的封装结构

PLCC 的外形有方形和矩形两种，方形的称为 JEDEC MO‑047；矩形的称为 JEDEC MO‑052。外形尺寸如图 2‑40 所示。

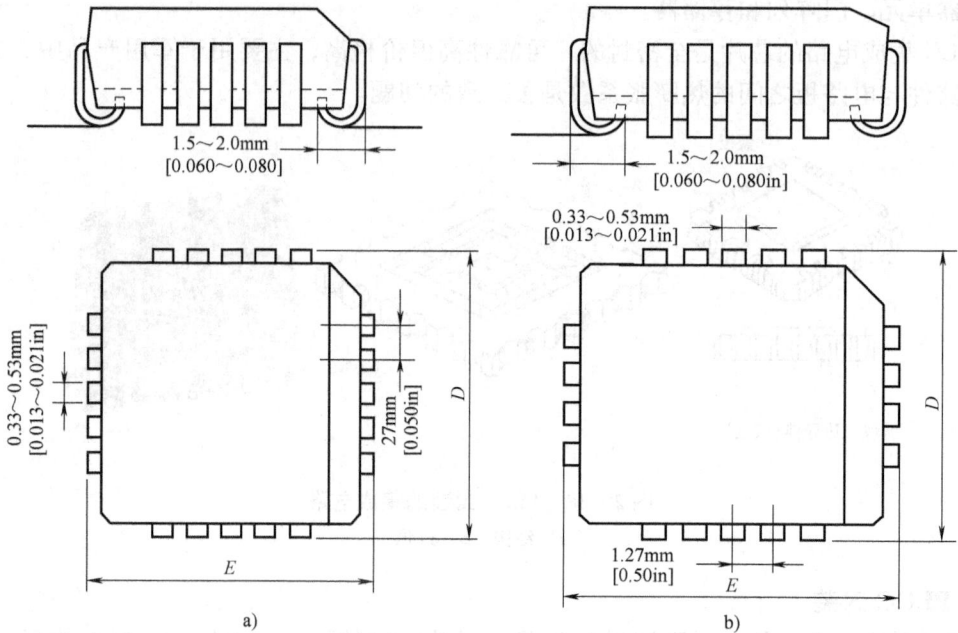

图 2‑40 PLCC 的外形尺寸

a）方形 PLCC b）矩形 PLCC

5. PGA 封装

PGA（Pin Grid Array PACkage）封装即插针网格阵列封装，它是随着大规模集成电路，特别是 CPU 的集成度迅速增加而出现的。随着半导体工业飞速发展，需要的引脚数不断增加，如果停留在周边排列引线的老模式上，即使把引线间距再缩小，也不能解决引脚增多的困扰，于是提出了面阵排列的新概念。

PGA 封装是将 CPU 的电极引脚改变成针形引脚，全平面地分布在集成电路的本体下面，成为针脚的格栅阵列。其形式是在芯片的内外有多个方阵形的插针，每个方阵形插针沿芯片的四周间隔一定距离排列。根据引脚数目的多少，以芯片为中心在四周围成 2~5 圈针脚。这样，既可以在 CPU 引脚增加的同时疏散引脚间距，又能够通过专用的、带锁紧装置的插座，安装到计算机主板上，便于升级更换。PGA 封装外形如图 2‑41 所示。

图 2‑41 PGA 封装外形

6. BGA 封装

20 世纪 90 年代随着技术的进步，芯片集成度不断提高，I/O 引脚数急剧增加，功耗也随之增大，对集成电路封装的要求也更加严格。为了满足发展的需要，BGA 封装开始被应用于生产。1987 年，日本西铁城（Citizen）公司开始着手研制塑封球栅面阵列封装的芯片（即 BGA）。而后，摩托罗拉、康柏等公司也随即加入到开发 BGA 的行列。90 年代后期，

BGA 方式被大量应用。

BGA 是英文 Ball Grid Array Package 的缩写，即球栅阵列封装。它是在管壳底面或上表面焊有许多球状凸点，通过这些焊料凸点实现封装体与基板之间互连的一种先进封装技术。

1）BGA 封装的优点。BGA 方式封装的大规模集成电路如图 2-42 所示。其特点是将原来 PLCC/QFP 封装的 J 形或翼形电极引脚，改变成球形引脚；把从器件本体四周"单线性"顺序引出的电极，变成本体底面之下"全平面"式的格栅阵排列。这样，既可以疏散引脚间距，又能够增加引脚数目。焊球阵列在器件底面可以呈完全分布、中心分布或部分分布，如图 2-42 b、c、d 所示。

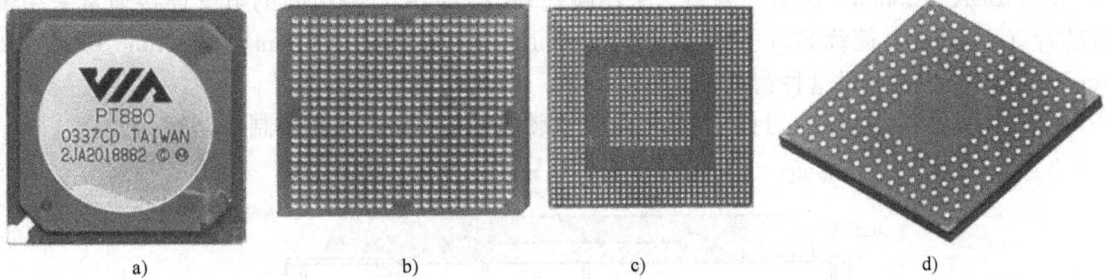

图 2-42　BGA 封装集成电路

a）BGA 封装集成电路正面　b）焊球的完全分布　c）焊球的外围加中心分布　d）焊球的部分分布

① BGA 封装的最大优点是 I/O 电极引脚间距大，典型间距为 1.0mm、1.27mm 和 1.5mm（英制为 40 mil、50 mil 和 60 mil），贴装公差为 0.3mm，用普通多功能贴片机和再流焊设备就能基本满足 BGA 的组装要求。

② BGA 的尺寸比相同功能的 QFP 要小得多，有利于 PCB 组装密度的提高。采用 BGA 使产品的平均线路长度缩短，改善了组件的电气性能和热性能；另外，焊料球的高度表面张力导致再流焊时器件的自校准效应，这使贴装操作简单易行，降低了精度要求，贴装失误率大幅度下降，显著提高了组装的可靠性。显然，BGA 封装方式是大规模集成电路提高 I/O 端子数量、提高装配密度、改善电气性能的最佳选择。目前，使用较多的 BGA 的 I/O 端子数是 72～736，预计将达到 2000。

③ BGA 方式能够显著地缩小芯片的封装表面积：假设某个大规模集成电路有 400 个 I/O 电极引脚，同样取引脚的间距为 1.27mm，则正方形 QFP 芯片每边 100 条引脚，边长至少达到 127mm，芯片的表面积要 160cm^2 以上；而正方形 BGA 芯片的电极引脚按 20×20 的行列均匀排布在芯片的下面，边长只需 25.4mm，芯片的表面积还不到 7cm^2。可见，相同功能的大规模集成电路，BGA 封装的尺寸比 QFP 的要小得多，有利于在 PCB 电路板上提高装配的密度。

④ 从装配焊接的角度看，BGA 芯片的贴装公差为 0.3mm，比 QFP 芯片的贴装精度要求 0.08mm 低得多。这就使 BGA 芯片的贴装可靠性显著提高，工艺失误率大幅度下降，用普通多功能贴片机和再流焊设备就能基本满足组装要求。采用 BGA 芯片，使产品的平均线路长度缩短，改善了电路的频率响应和其他电气性能；另外，用再流焊设备焊接时，锡珠的高度表面张力导致芯片的自校准效应（也叫"自对中"或"自定位"效应），提高了装配焊接的质量。

2）BGA 封装的类型。BGA 的封装类型多种多样，其外形结构为方形或矩形。根据其焊料球的排布方式可分为周边型、交错型和全阵列型 BGA；根据其基板的不同，主要分为 PB-GA、CBGA、TBGA 以及封装尺寸与芯片尺寸比较接近的微型 BGA（Micro – BGA、μBGA 或 CSP）等。

① PBGA（Plasric BG A）封装。PBGA 封装采用 BT 树脂/玻璃层压板作为基板，以塑料（环氧模塑混合物）作为密封材料，焊球为共晶焊料 63Sn/37Pb 或准共晶焊料 62Sn/36Pb/2Ag（目前已有部分使用无铅焊料），焊球和封装体的连接不需要另外使用焊料。图 2 – 43 所示是 PBGA 的封装结构示意图。

② CBGA（Ceramic BGA）封装。采用陶瓷基板，芯片与基板间的电气连接通常采用倒装芯片（FlipChip，简称 FC）的安装方式。Intel 系列 CPU 中，Pentium I、Pentium II、Pentium Pro 处理器均采用过这种封装形式。

③ TBGA（Tape BGA）封装。基板为带状软质的 1 – 2 层 PCB 印制电路板。

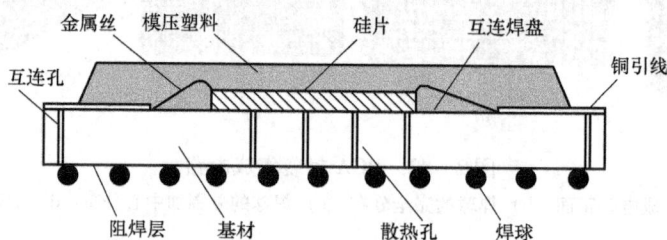

图 2 – 43　PBGA 封装结构示意图

7. CSP 封装

CSP 的全称为 Chip Scale PACkage，为芯片尺寸级封装的意思，是 BGA 进一步微型化的产物，做到裸芯片尺寸有多大，封装尺寸就有多大。即封装后的 IC 尺寸边长不大于芯片的 1.2 倍，IC 面积只比晶粒（Die）大不超过 1.4 倍。CSP 封装可以让芯片面积与封装面积之比超过 1:1.14，已经非常接近于 1:1 的理想情况。

同等空间下相对于 BGA 封装，CSP 封装可以将存储容量提高 3 倍。它的绝对尺寸仅有 $32mm^2$，相当于 TSOP 封装面积的 1/6。在相同的芯片面积下，CSP 所能达到的管脚数明显的要比 TSOP、BGA 引脚数多得多。TSOP 最多为 304 根引脚，BGA 能达到 600 根引脚的极限，而 CSP 理论上可以达到 1000 根。由于如此高度集成的特性，芯片到引脚的距离大大缩短了，线路的阻抗显著减小，信号的衰减和干扰大幅降低。CSP 封装也非常的薄，金属基板到散热体的最有效散热路径仅有 0.2mm，提升了芯片的散热能力。

CSP 有两种基本类型：一种是封装在固定的标准压点轨迹内的，另一种则是封装外壳尺寸随芯尺寸变化的。常见的 CSP 分类方式是根据封装外壳本身的结构来分的，它分为柔性 CSP，刚性 CSP，引线框架 CSP 和圆片级封装（WLP）。

目前的 CSP 还主要用于少 I/O 端数集成电路的封装，如计算机内存条和便携电子产品。未来则将大量应用在信息家电（IA）、数字电视（DTV）、电子书（E – Book）、无线网络 WLAN/GigabitEthemet、ADSL 等新兴产品中。

图 2 – 44a 所示是一种 CSP 封装的外观，图 2 – 44b 是采用 CSP 封装的计算机内存芯片。

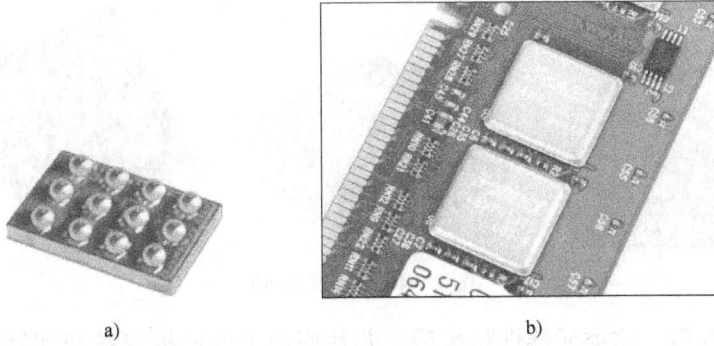

图 2 - 44　CSP 封装

a）CSP 封装的外观　b）采用 CSP 封装的计算机内存芯片

8. PQFN 封装

方形扁平无引脚塑料封装（PQFN），是近几年推出的一种全新的封装类型。PQFN 封装和 CSP 封装有些类似，但其元器件底部不是焊球，而是金属引脚框架，如图 2 - 45 所示。PQFN 是一种无引脚封装，呈正方形或矩形，封装底部中央位置有一个大面积裸露焊盘，提高了散热性能。围绕大焊盘的封装外围四周有实现电气连接的导电焊盘。由于 PQFN 封装不像 SOP、QFP 等具有翼形引脚，其内部引脚与焊盘之间的导电路径短，自感系数及封装体内的布线电阻很低，所以它能提供良好的电性能。

由于 PQFN 具有良好的电性能和热性能，体积小、重量轻，因此已经成为许多新应用的理想选择。PQFN 非常适合应用在手机、数码相机、PDA、DV、智能卡及其他便携式电子设备等高密度产品中。

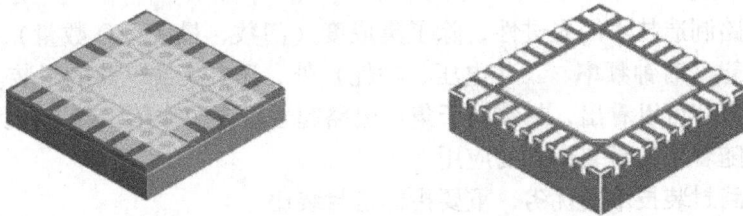

图 2 - 45　方形扁平无引脚塑料封装（PQFN）

9. CLCC 封装

CLCC（Ceramic Leaded Chip Carrier）封装是带引脚的陶瓷芯片载体封装，引脚从封装的 4 个侧面引出，向下呈 J 字形，此封装也称为 QFJ、QFJ - G，如图 2 - 46 所示。带有窗口的用于封装紫外线擦除型 EPROM 以及带有 EPROM 的微机电路等。CLCC 的外壳根据需要，可设计成正方形、长方形或双列形。

CLCC 以其体积小、重量轻、布线面积小、长寿命、分布电感和线间电容小、I/O 数目大、高可靠、低成本等优势，在军事装备及各种现代化通信系统设备、电子仪器中地位越来越显著。

10. SMD 引脚形状综述

综上所述，表面组装元器件 SMD 的 I/O 电极有两种形式：无引脚和有引脚。无引脚形

图 2 - 46 CLCC 封装

式有 LCCC、PQFN 等，这类元器件贴装后，芯片底面上的电极焊端与印制电路板上的焊盘直接连接，可靠性较高。有引脚元器件贴装后的可靠性与引脚的形状有关，所以，引脚的形状比较重要。占主导地位的引脚形状有翼形、钩形（J 形）和球形 3 种。翼形引脚用于 SOT/SOP/QFP 封装，钩形（J 形）引脚用于 SOJ/PLCC 封装，球形引脚用于 BGA/CSP/Flip Chip 封装。

1）翼形引脚的主要特点是：符合引脚薄而窄以及小间距的发展趋势，特点是焊接容易，可采用包括热阻焊在内的各种焊接工艺来进行焊接，工艺检测方便，但占用面积较大，在运输和装卸过程中容易损坏引脚。

2）钩形引脚的主要特点是：引线呈"J"形，空间利用率比翼形引脚高，它可以用除热阻焊外的大部分再流焊进行焊接，比翼形引脚坚固。由于引脚具有一定的弹性，可缓解安装和焊接的应力，防止焊点断裂。

2.3.3 集成电路封装形式的比较与发展

1. 封装比的概念

衡量集成电路制造技术的先进性，除了集成度（门数、最大 I/O 数量）、电路技术、特征尺寸、电气性能（时钟频率、工作电压、功耗）外，还有集成电路的封装。

由本节前面内容可以看出，封装对于集成电路起着重要的作用，新一代大规模集成电路的出现，常常伴随着新的封装形式的应用。

评价集成电路封装技术的优劣，重要指标是封装比

$$封装比 = 芯片面积/封装面积$$

这个比值越接近 1 越好。在图 2 - 47 所示的集成电路封装示意图里，芯片面积一般很小，而封装面积则受到引脚间距的限制，难以进一步缩小。

2. 封装形式的发展过程与比较

集成电路的封装技术已经历经了好几代变迁，从 DIP、QFP、PGA、BGA 到 CSP 再到 MCM，芯片的封装比越来越接近 1，引脚数目增多，引脚间距减小，芯片重量减轻，功耗降低，技术指标、工作频率、耐温性能、可靠性和适用性都取得了巨大的进步。

图 2 - 48 所示是常用半导体器件封装形式及特点的总结。

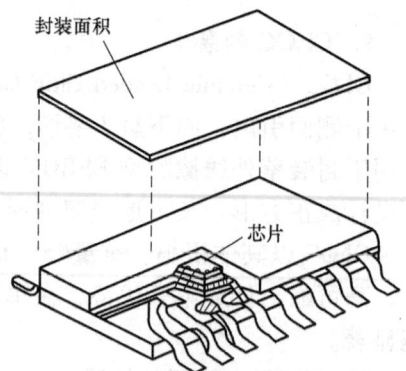

图 2 - 47 集成电路封装示意图

SMT   THT

SOT   SOP   QFP   SOJ   LCC   BGA   PGA   DIP   SIP   TO

        SSOP   TQFP   CLCC
        TSSOP PQFP   PLCC

        两边   四边   两边   四边   球形   针形   两边   单边   不规则
                                       引脚   引脚

    翼形引脚   J形引脚   焊点在器件底部   直插引脚

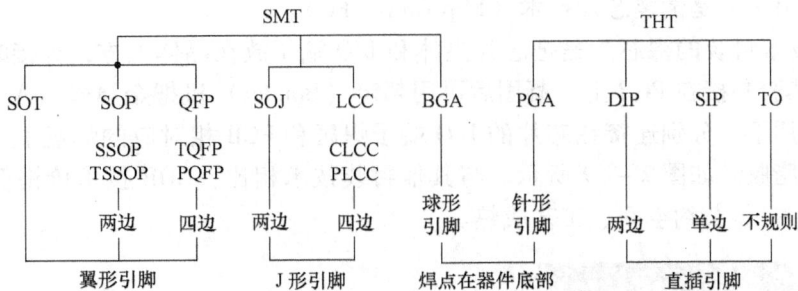

图 2-48　常用半导体器件的封装形式及特点

1）双列直插封装（DIP）和单列直插封装（SIP）是 20 世纪 70 年代开始流行的集成电路封装方式。SIP 封装的集成电路大多是音频功率放大器，直立插装在印制电路板上，容易固定到散热片上。

DIP 封装的芯片种类极多，这种结构具有适合在印制电路板上通孔插装、容易进行印制电路板的设计布线、DIP 芯片可以使用插座，易于组装与焊接等特点。

以 Intel 公司的早期产品 8086、80286 CPU 为例，采用塑料包封双列直插封装（PDIP），有 40 条 I/O 引脚，其芯片封装比约为 1:86，离 1 相差甚远。显然，这种封装的尺寸比芯片大得多，封装效率很低，占用了很多有效的安装面积。

2）20 世纪 80 年代，随着大规模集成电路制造技术的进步，出现了芯片载体封装。在 SMT 技术发展的前期，小尺寸封装 SO、陶瓷无引线芯片载体 LCCC、塑料有引线芯片载体 PLCC、塑料四边引线扁平封装 PQFP 几种典型形式的芯片载体封装被大量采用。

Intel 公司的 80386 CPU 就采用 PQFP 封装：有 208 根 I/O 引脚，引脚间距 0.5mm，芯片尺寸为 10mm×10mm，封装尺寸为 28mm×28mm，则芯片封装比为 1:7.8。可见，QFP 比 DIP 的封装尺寸大大减小。

3）20 世纪 90 年代，由于设备的改进和 VLSI、ULSI 集成电路制造的要求，在硅单晶芯片上采用深亚微米技术使集成度迅速提高，I/O 引脚数目急剧增加，芯片的功耗也随之增大。球栅阵列封装 BGA 应运而生。

BGA 一出现，便成为计算机的数据管理器、设备管理器、显示处理器等 VLSI 芯片的最佳封装方式，这些芯片都是高集成度、高性能、多功能及多 I/O 引脚的元器件。

4）BGA 封装比 QFP 先进，比 PGA 封装廉价、可靠，但它的芯片封装比还不够小。Tessera 公司在 BGA 封装的基础上进行改进，研制出了称为 μBGA 封装的技术。锡球中心间距为 0.5mm 的 μBGA 集成电路，芯片封装比达到 1:4，比 BGA 前进了一大步（μBGA 芯片的焊球间距有 0.8mm、0.65mm、0.5mm、0.4mm 和 0.3mm 多种）。

5）CSP 技术是最近几年才发展起来的新型集成电路封装技术，是由日本三菱公司在 1994 年提出来的。应用 CSP 技术封装的产品封装密度高，性能好，体积小，重量轻，与表面安装技术兼容，因此它的发展速度相当快，现已成为集成电路重要的封装技术之一，目前已开发出多种类型 CSP，品种多达 100 多种。

6）随着 IC 制造技术的发展，传统的封装形式已经不能够满足集成电路对于高性能、高集成度、高可靠性的要求。裸芯片由于其本身具有的特点而被广泛应用于 MCM 等新型的封装形式中。裸芯片技术主要有两种形式：一种是芯片直接搭载在 PCB 上（Chip On Board，

COB）技术，另一种是倒装芯片技术（Flip Chip，FC）。

用 COB 技术封装的裸芯片是把芯片主体和 I/O 端子放在晶体上方，焊接时先将此裸芯片用导电/导热胶黏接在 PCB 上，凝固后再用邦定（Bonder）机把金属丝（Al 和 Au）在超声或热压的作用下，分别连接在芯片的 I/O 端子焊区和 PCB 相对应的焊盘上，经测试合格后，再封上树脂胶。如图 2-49 所示。与其他封装技术相比，COB 技术价格低廉（仅为同芯片的 1/3 左右）、节约空间、工艺成熟。

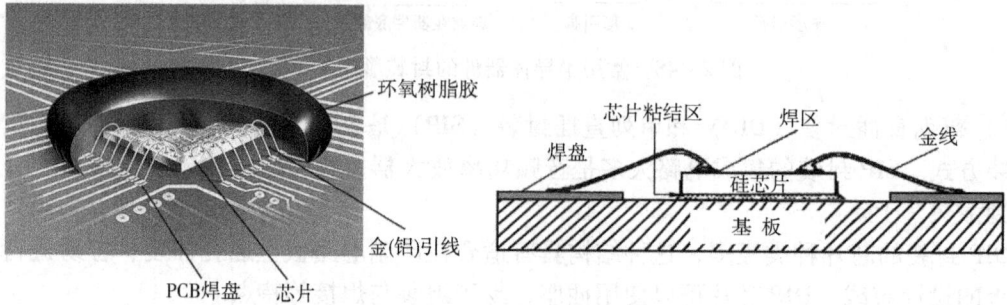

图 2-49　COB 封装示意图

倒装芯片（FC）与 COB 的区别在于焊点是呈面阵列式排在芯片上，焊点朝下置于 PCB 上，并且焊区做成凸点结构，凸点外层即为 Sn/Pb 焊料。由于 I/O 引出端分布于整个芯片表面，故在封装密度和处理速度上 Flip Chip 已达到顶峰，特别是它可以采用 SMT 技术的手段来加工，因此是芯片封装技术及高密度安装的最终方向。

7）MCM 封装。在还不能实现把多种芯片集成到单一芯片上、达到更高的集成度之前，可以将高集成度、高性能、高可靠的 CSP 芯片和专用集成电路芯片组合在高密度的多层互连基板上，封装成为具有各种完整功能的电子组件、子系统或系统。可以把这种封装方式简单地理解为集成电路的二次集成，所制造的器件叫做多芯片组件（MCM），它将对现代计算机、自动化、通信等领域产生重大的影响。MCM 有以下特点：

① 集成度高，一般是 LSI/VLSI 器件，MCM 封装使电信号的延迟时间缩短，易于实现传输高速化。

② MCM 封装的基板有 3 种类型：第 1 种是环氧树脂 PCB 基板，安装密度低，成本也比较低；第 2 种由精密多层布线的陶瓷烧结基板构成，已经用厚膜工艺把电阻等元件制作在板上，安装密度比较高，成本也高；第 3 种是采用半导体工艺和薄膜工艺制造的半导体硅片多层基板。

③ 就 MCM 封装的结果来说，通常基板层数多于 4 层，I/O 引脚数大于 100，芯片面积占封装面积的 20% 以上。MCM 能有效缩小电子整机和组件产品的尺寸，一般能使体积减小1/4，重量减轻 1/3。

④ 可靠性大大提高。由于 MCM 技术难度高，投资大，成品率低，因此造价很高，目前尚未得到普及，仅在高可靠性的特殊领域内得到应用。

8）系统封装（System In Package，SIP）。是指将不同种类的元器件，通过不同种技术，混载于同一封装之内，由此构成系统集成封装形式。开始是在单芯片封装中加入无源元件，再到单个封装中加入多个芯片，叠层芯片以及有源元器件，最后发展到一个封装构成一个体系。SIP 中可搭载不同类型的芯片，芯片之间可以进行信号存取和交换，从而以一个系统的规模而具备某种功能。

综上所述，随着超大规模集成电路设计技术和深亚微米半导体工艺技术的进步，集成电路的封装形式必将获得相应的发展；而微细化缩小芯片尺寸技术的应用，又将促进芯片的制造技术向前发展。这是一对相辅相成、协调发展的关系。

2.4 SMT 元器件的包装方式与使用要求

2.4.1 SMT 元器件的包装

片状元器件可以用 4 种包装形式提供给用户：散装、盘状（纸/塑料）编带、管式包装和塑料托盘包装，后 3 种包装的形式如图 2-50 所示。SMC 的阻容元件及小尺寸集成电路（SOIC）一般用盘状编带包装，便于采用自动化装配设备。大尺寸、引脚数目多的集成电路（QFP、PLCC、BGA）一般用防静电的塑料托盘包装，引脚数目少的集成电路也可以采用塑料管包装。

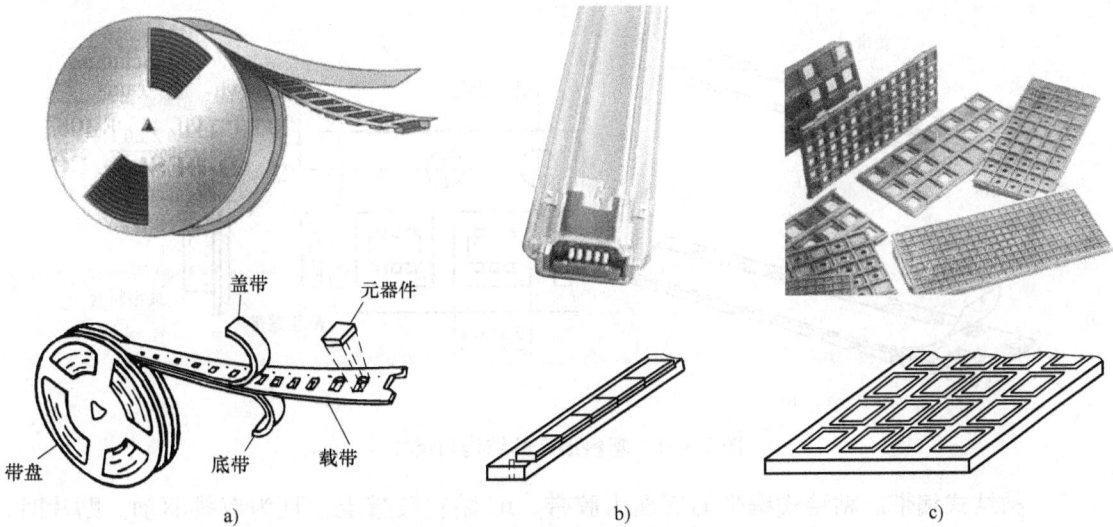

图 2-50 SMT 元器件的包装形式

a）盘状塑料编带包装 b）管式包装 c）塑料托盘包装

1. 散装

无引线且无极性的 SMC 元件可以散装，例如一般矩形、圆柱形电容器和电阻器。散装的元件成本低，但不利于自动化设备拾取和贴装。

2. 盘状编带包装

编带包装适用于除大尺寸 QFP、PLCC、LCCC 芯片以外的其他元器件，如图 2-50a 所示。其具体形式分为纸编带、塑料编带和粘结式编带 3 种。

1）纸质编带。纸质编带由底带、载带、盖带及绕纸盘组成，载带上圆形小孔为定位孔，以供供料器上齿轮驱动，引导编带前进并定位；矩形孔为承料腔，元件放上后卷绕在料盘上。

用纸质编带进行元器件包装的时候，要求元器件厚度与纸带厚度差不多，纸质编带不可太厚，否则供料器无法驱动，因此，纸编带主要用于包装 0805 规格（含）以下的片式电阻、片式电容（有少数例外）。纸带一般宽 8mm，包装元器件以后盘绕在塑料架上。

2）塑料编带。塑料编带与纸质编带的结构尺寸大致相同，所不同的是料盒呈凸形，结构如图 2−51b 所示。塑料编带包装的元器件种类很多，有各种无引线元器件、复合元器件、异形元器件、SOT 晶体管、引线少的 SOP/QFP 集成电路等。贴片时，供料器上的上剥膜装置除去薄膜盖带后再取料。

纸编带和塑料编带的定位孔的孔距为 4mm（小于 0402 系列的元件的编带孔距为 2mm）。在编带上的元器件间距依元器件的长度而定，一般为 4mm 的倍数。编带的尺寸标准见表 2−11。

表 2−11　SMT 元器件包装编带的尺寸标准

编带宽度/mm	8	12	16	24	32	44	56
元器件间距/mm（4 的倍数）	2，4	4，8	4，8，12	12，16，20，24	16，20，24，28，32	24，28，32，36，40，44	40，44，48，52，56

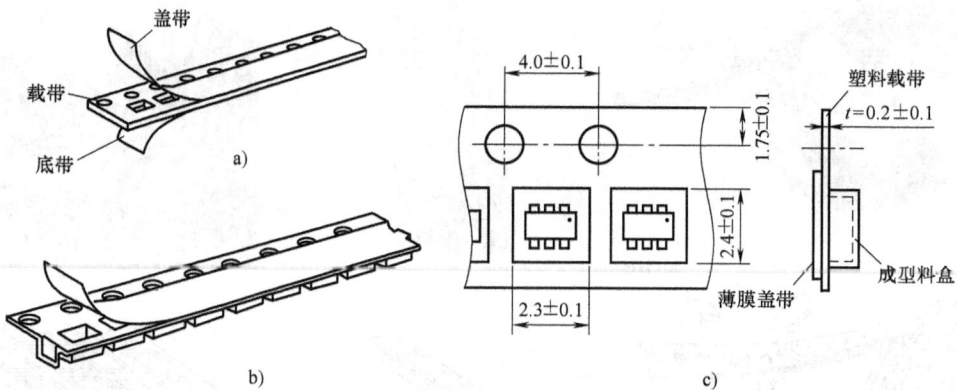

图 2−51　塑料编带的结构与尺寸

3）粘结式编带。粘结式编带的底面为胶带，IC 贴在胶带上，且为双排驱动。贴片时，供料器上有下剥料装置。粘结式编带主要用来包装尺寸较大的片式元器件，如 SOP、片式电阻网络、延迟线等。

编带式包装的绕纸盘（料盘）由聚苯乙烯（polystyrene，PS）材料制成，由 1 到 3 个部件组成，其颜色为蓝色、黑色、白色或透明，通常是可以回收使用的。

元件方向：元件在装料带中的方向为元件长轴要垂直于带长方向。含有第一端子的包装边要朝向圆形定位孔，对于不能确定唯一方向的元件，第一端子要在第一象限。

3. 管式包装

管式包装主要用于 SOP、SOJ、PLCC 集成电路、PLCC 插座和异形元件等，从整机产品的生产类型看，管式包装适合于品种多、批量小的产品。

包装管（也称料条）由透明或半透明的聚乙烯（polyvinylchloride，PVC）材料构成，挤压成满足要求的标准外形，如图 2−50b 所示。管式包装的每管零件数从数十颗到近百颗不等，管中组件方向具有一致性，不可装反。

4. 托盘包装

托盘（也称华夫盘）由碳粉或纤维材料制成，用于要求暴露在高温下的元件托盘通常具有150℃或更高的耐温。托盘铸塑成矩形标准外形，包含统一相间的凹穴矩阵，如图2-50c所示。凹穴托住元件，提供运输和处理期间对元件的保护。间隔为在印制电路板装配过程中用于贴装的标准工业自动化设备提供准确的元器件位置。元件安排在托盘内，标准的方向是将第一引脚放在托盘斜切角落。

托盘包装主要用于QFP、窄间距SOP、PLCC、BCA集成电路等元器件。

2.4.2 对SMT元器件的基本要求与选择

1. 对表面组装元器件的基本要求

1）装配适应性。要适应各种装配设备操作和工艺流程。

① SMT元器件在焊接前要用贴片机贴放到印制电路板上，所以，元器件的上表面应该适于贴片机真空吸嘴的拾取。

② 表面组装元器件的下表面（不包括焊端）应保留使用粘结剂的空间。

③ 尺寸、形状应该标准化，并具有良好的尺寸精度和互换性。

④ 包装形式适应贴片机的自动贴装，并能够保护器件在搬运过程中免受外力，保持引脚的平整。

⑤ 具有一定的机械强度，能承受贴装应力和电路基板的弯曲应力。

2）焊接适应性。要适应各种焊接设备及相关工艺流程。

① 元器件的焊端或引脚的共面性好，满足贴装、焊接要求。

② 元器件的材料、封装耐高温性能好，适应焊接条件：

- 再流焊（235±5）℃，焊接时间（5±0.2）s。
- 波峰焊（250±5）℃，焊接时间（4±0.5）s。

3）可以承受焊接后采用有机溶剂进行清洗，封装材料及表面标志不得被溶解。

2. SMT元器件的选择

选择表面组装元器件，应该根据系统和电路的要求，综合考虑市场供应商所能提供的规格、性能和价格等因素。

1）选择元器件时要注意贴片机的贴装精度水平。

2）钽和铝电解电容器主要用于电容量大的场合。铝电解电容器的容量大、耐压高且价格比较便宜，但引脚在底座下面，焊接的可靠性不如矩形封装的钽电解电容器。

3）集成电路的引脚形式与焊接设备及工作条件有关，是必须考虑的问题。虽然SMT的典型焊接方法是再流焊，但翼形引脚数量不多的芯片也可以放在印制电路板的焊接面上，用波峰焊设备进行焊接，有经验的技术工人用热风台甚至普通电烙铁也可以熟练地焊接。J形引脚不易变形，对于单片计算机或可编程存储器等需要多次拆卸以便擦写其内部程序的集成电路，采用PLCC封装的芯片与专用插座配合，使拆卸或更换变得容易。批量生产时减少PLCC的插座虽然可以降低成本；但直接焊接在电路板上的PLCC芯片维修不够方便，并且不能采用波峰焊设备进行焊接。球形引脚是大规模集成电路的发展方向，但BGA集成电路肯定不能采用波峰焊或手工焊接。

4）机电元器件大多由塑料构成骨架，塑料骨架容易在焊接时受热变形，最好选用有引脚露在外面的机电元件。

2.4.3　湿度敏感元器件的保管与使用

由于塑封元器件易于大批量生产，且成本较低，所以电子产品中所用塑封 IC 器件占有很大数量。但塑封器件具有一定的吸湿性，因此塑封器件 SOP、PLCC、QFP、PBGA 等都属于湿度敏感元器件（Moisture Sensitive Devices，MSD）。

再流焊和波峰焊都是瞬时对整个 SMD 加热，当焊接过程中的高温施加到已吸湿的塑封器件的壳体上时，所产生的热应力会使封装外壳与引脚连接处发生裂纹。裂纹会引起壳体渗漏并使芯片受潮慢慢地失效，还会使引脚松动而造成早期失效。

1. MSD 的湿度敏感等级

IPC/JEDECJ - STD - 020 标准对器件的湿度敏感等级进行了分类，如表 2 - 12 所示。该表中的现场使用寿命是针对锡铅焊接的，由于无铅焊接与锡铅焊接相比，焊接温度升高，根据经验，焊接温度每提高 10℃，器件的湿度敏感等级就提高 1 级。因此如果锡铅焊接时器件为 3 级，那么采用无铅焊接时就为 4 级。

表 2 - 12　MSD 湿度敏感等级

分　　级	拆封后环境	拆封后现场使用寿命
1 级	≤30℃，85% RH	无限
2 级	≤30℃，60% RH	1 年
2a 级	≤30℃，60% RH	4 周
3 级	≤30℃，60% RH	168h
4 级	≤30℃，60% RH	72h
5 级	≤30℃，60% RH	48h
5a 级	≤30℃，60% RH	24h
6 级	≤30℃，60% RH	按潮湿敏感标签规定

2. 湿度敏感元器件的存储

1）湿度敏感元器件存放的环境条件。

① 环境温度：库存温度 <40℃。

② 生产场地温度 <30℃。

③ 环境相对湿度 RH <60%。

④ 环境气氛：库存及使用环境中不得有影响焊接性能的硫、磷、酸等有毒气体。

⑤ 防静电措施：要满足表面组装元器件对防静电的要求。

⑥ 元器件的存放周期：从元器件厂家的生产日期算起，库存时间不超过两年；整机厂用户购买后的库存时间一般不超过 1 年；自然环境比较潮湿的整机厂，购入表面组装元器件以后应在 3 个月内使用，并在存放地及元器件包装中采取适当的防潮措施。

2）不贴装时不开封。塑封 SMD 出厂时，都被封装在带湿度指示卡（HIC）和干燥剂的防潮湿包装袋（MBB）内，并注明其防潮有效期为 1 年。不贴装时，不要因为清点数量或其他一些原因将 SMD 包装袋打开，零星存放在一般管子或口袋内，以免造成 SMD 塑封壳大量吸湿。

3. 湿度敏感元器件的开封使用

1）开封时先观察包装袋内附带的湿度指示卡。湿度指示卡有许多品种，最常见的是三圈式和六圈式，六圈式可显示的湿度为 10%、20%、30%、40%、50% 和 60%，如图 2 - 52 所示。未吸湿时，所有的圈均为蓝色，吸湿了就会变成粉红色，其所指示的相对湿度是介于粉红色圈与蓝色圈之间的淡紫色圈所对应的百分比。例如：20% 的圈变成粉红色，40% 的圈仍显示蓝色，则蓝色与粉红色之间显示淡紫红色圈旁的 30% 即为相对湿度值。

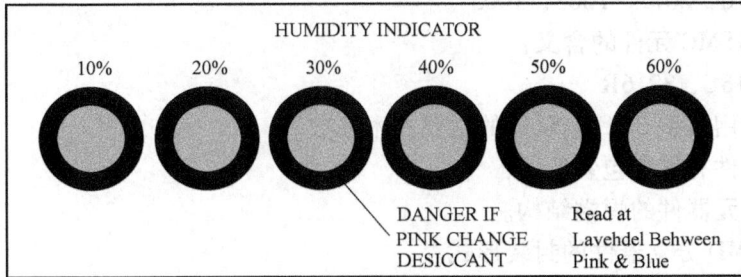

图 2 - 52 湿度指示卡

当所有圈都显示蓝色时，说明所有 SMD 都是干燥的，可放心使用；当 10% 和 20% 的圈变成粉红色，也是安全的；当 30% 的圈变成粉红色时，即表示 SMD 有吸湿的危险，并表示干燥剂已变质；当所有的圈都变成粉红色时，即表示所有的 SMD 已严重吸湿，装焊前一定要对该包装袋中所有的 SMD 进行吸湿烘干处理。

2）包装袋开封后的操作。SMD 的包装袋开封后，应遵循下列要求从速取用。生产场地的环境为：室温低于 30℃、相对湿度小于 60%，各级别元器件的使用期限参见表 2 - 12 中的现场使用寿命。若不能用完，应存放在 RH 为 20% 的干燥箱内。

3）剩余 SMD 的保存方法。开封后的元器件如果不能在规定的时间内使用完毕，应采用以下方法加以保存。

① 将开封后暂时不用的 SMD 连同供料器一同存放在专用低温低湿存储箱内。

② 只要原有防潮包装袋未破损，且内装的干燥剂良好，湿度指示卡上所有圈均为蓝色，仍可以将未用完的 SMD 重新装入该袋中，然后密封好存放。

4. 已吸湿 SMD 的烘干

所有塑封 SMD 当有开封时发现湿度指示卡的湿度为 30% 以上或开封后的 SMD 未在规定的时间内装焊完毕，以及超期存储的 SMD 等情形时，在贴装前一定要进行驱湿烘干。烘干方法分为低温烘干法和高温烘干法两种。

1）低温烘干法。烘箱温度：(40 ± 2)℃；相对湿度：<5%；烘干时间：192h。

2）高温烘干法。烘箱温度：(125 ± 5)℃；烘干时间：5～48h。

3）烘干时要注意以下两点：

① 凡采用塑料管包装的 SMD（SOP、SOJ、PLCC 和 QFP 等），其包装管不耐高温，不能直接放进烘箱烘烤，应另行放在金属管或金属盘内才能烘烤。

② QFP 的包装塑料盘有不耐高温和耐高温两种。耐高温的（注有 $T_{max} = 135$℃，150℃

或180℃等几种）可直接放入烘箱中进行烘烤，不耐高温的不可直接放入烘箱烘烤，以防发生意外，应另放在金属盘内进行烘烤。转放时应防止损伤引脚，以免破坏其共面性。

2.5　习题

1. 分析表面组装元器件有哪些显著特点。
2. 写出 SMC 元件的小型化进程。
3. 试写出下列 SMC 元件的长和宽（mm）：
   　　　　3216，2012，1608，1005
4. 说明下列 SMC 元件的含义：
   　　　　3216C，3216R
5. 试写出常用典型 SMC 电阻器的主要技术参数。
6. 片式元器件有哪些包装形式？
7. 说明片式元器件的焊端结构。
8. 试叙述 SMD 分立器件的封装形式。
9. 总结归纳 QFP、BGA、CSP、PLCC 等封装方式各自的特点。
10. 说明表面组装元器件应该满足哪些适应 SMT 生产的要求？
11. 使用 SMT 元器件时应该注意哪些问题？
12. 如何选择 SMT 元器件？
13. 什么是集成电路的封装比？这个比值的减小主要受什么因素的限制？目前，哪种封装形式集成电路的封装比最小？

第3章 表面组装基板材料与 SMB 设计

本章要点

- SMB 的特点
- SMB 的基板材料
- SMB 的设计方法

印制电路是一种附着于绝缘基材表面，用于连接电子元器件的导电图形，印制电路的成品板称为印制电路板，简称印制板或 PCB（Printed Circuit Board）。

早期通孔元器件组装的电子产品所用的 PCB 又称为插装印制电路板或单面板。它是将铜箔粘压在绝缘基板上，并用印制、蚀刻、钻孔等手段制造出导体图形和元器件安装孔，构成电气互连。PCB 对电路的电性能、热性能、机械强度和可靠性都起着重要作用。

随着 SMT 技术的出现，元器件在 PCB 上的安装方式已从单一的通孔插装（THT）逐步演变为表面贴装，或插、贴混合安装。目前，在 PCB 的双面贴装元器件的产品已越来越多。

由于 SMT 用的 PCB 与 THT 用的 PCB 在设计、材料等方面都有很多差异，为了区别，通常将专用于 SMT 的 PCB 专称为 SMB。从广义上说，SMT 用的基板不单限于印制电路板，还包括陶瓷基板、硅基板、被釉钢基板和其他基板。狭义的 SMT 用基板则专指 SMB。

3.1 SMT 印制电路板的特点与材料

3.1.1 SMB 的特点

SMT 印制电路板与传统 PCB 相比，尽管不需要在焊盘上钻插装孔，但由于一些高集成度的 SMD 具有面积大、引脚数量多、引脚间距密，PCB 布线密集的特点；因此，对于 SMB 来说，无论是基材的选用，还是图形的设计及制造，都提出了比 THT 所用 PCB 更高的要求。

首先，对用于制造 SMB 的基板来说，其性能要求比插装 PCB 基板性能要求高得多；其次，SMB 的设计、制造工艺也要复杂得多，许多高新技术是制造插装 PCB 根本不用的技术，如多层板、金属化孔、盲孔和埋孔等技术，在 SMB 制造中却几乎全部使用，故世界上又将 SMB 制造能力作为 PCB 制造水平的标志。SMB 已成为当前先进 PCB 制造厂的主流产品，SMB 与 THT 插装 PCB 相比，其主要特点是：高密度、小孔径、多层数、高板厚/孔径比、优良的传输特性、高平整光洁度和尺寸稳定性。

1）高密度。由于有些 SMD 元器件引脚数高达 100～500 条之多，引脚中心距已由 1.27mm 过渡到 0.5mm，甚至 0.3mm，因此 SMB 要求细线、窄间距，线宽从 0.2～0.3mm 缩小到 0.15mm、0.1mm 甚至 0.05mm，2.54mm 网格之间过双线已发展到过 3 根导线，最新技术已达到过 6 根导线，细线、窄间距极大地提高了 SMB 的安装密度。

2）小孔径。单面 PCB 中的过孔主要用来插装元器件，而在 SMB 中大多数金属化孔不再用来插装元器件，而是用来实现层与层导线之间的互连，小孔径为 SMB 提供更多的空间。目前 SMB 上的孔径为 $\phi 0.46 \sim \phi 0.3$ mm，并向 $\phi 0.2 \sim \phi 0.1$ mm 方向发展，与此同时，出现了盲孔和埋孔技术为特征的内层中继孔。

3）热膨胀系数（CTE）低。由于 SMD 元器件引脚多且短，器件本体与 PCB 之间的 CTE 不一致。由于热应力而造成器件损坏的事情经常会发生，因此要求 SMD 基材的 CTE 应尽可能低，以适应与器件的匹配性，如今，CSP、FC 等芯片级的元器件已用来直接贴装在 SMB 上，这就对 SMB 的 CTE 提出了更高的要求。

4）耐高温性能好。SMT 焊接过程中，经常需要双面贴装元器件，因此要求 SMB 能耐两次再流焊温度，并要求 SMB 变形小、不起泡；二次再流前后焊盘仍有优良的可焊性，SMB 表面仍有较高的光洁度。

5）平整度高。SMB 要求很高的平整度，以便 SMD 引脚与 SMB 焊盘密切配合，SMB 焊盘表面涂覆层不再使用传统 PCB 制造时的 Sn/Pb 合金热风整平工艺，而是采用镀金工艺或者预热助焊剂涂覆工艺。

SMT 和 THT 所用 PCB 的有关性能比较见表 3-1、表 3-2。表 3-1 是误差值比较表，表 3-2 是导线和焊盘之间的关系，表中 DIP 为传统双列直插封装集成电路。

表 3-1　误差值比较表

项　　目	SMT 基板	传统基板
最细导线宽/in（英寸）	0.005	0.010
导线宽误差/in	0.008 以下 ±0.001 0.005 +0.000 −0.001	±20%
导线间距（最小）/in	0.005	0.010
层与层之间距离（最少）/in	0.003	0.005
孔位准确度 12in 以内 12in 以外	±0.004 ±0.006	±0.006 ±0.010
定位孔孔径/in	+0.002 −0.000	
定位孔中心偏移度/in	±0.003	
焊垫至基准点/in	0.003	
焊垫附着强度	500g/mm²	
板厚与孔径比	1:5～1:15	1:3；1:4

表 3 – 2　导线和焊盘之间的关系

导线宽度/in	导线间距/in	焊盘之间导线数目			焊盘尺寸/in	
		SMT 0.050in 间距	SMT 0.1in 间距	DIP 0.1in 间距	SMT	DIP
0.008	0.012	1	3	2	0.050	0.062
0.008	0.087	1	4	2	0.042	0.055
0.006	0.0065	1	4	3	0.032	0.050
0.005	0.005	2	5	4	0.045	0.060
0.004	0.0043	2	6	5	0.035	0.055

3.1.2　基板材料

用于 PCB 的基材品种大体上分为两大类,即有机类基板材料和无机类基板材料。有机类基板材料是指用增强材料如玻璃纤维布(纤维纸、玻璃毡等),浸以树脂黏合剂,通过烘干成坯料,然后覆上铜箔,经高温高压而制成。这类基板,称为覆铜箔层压板(CCL),俗称覆铜板,是制造 PCB 的主要材料。

无机类基板主要是陶瓷板和瓷釉包覆钢基板。

CCL 的品种很多,若按所用增强材料品种来分,可分为纸基、玻璃纤维布基、复合基(CEM)和金属基 4 大类;按所采用的有机树脂黏合剂又可分为酚醛树脂(PE)、环氧树脂(EP)、聚酰亚胺树脂(PI)、聚四氟乙烯树脂(TF)以及聚苯醚树脂(PPO)等;若按基材的刚柔来分,又可分为刚性 CCL 和挠性 CCL。

表 3 – 3 表示了各种基板材料的性能。其中玻璃转变温度 Tg 和热膨胀系数 CTE 是重要的参数。一般,Tg 必须大于电路工作温度和生产工艺中的最高温度,CTE 则应尽量小和一致。

表 3 – 3　电路基板材料的性能

性能　基板材料	玻璃转变温度 Tg/℃	X, Y 轴的 CTE / (10^{-6}/℃)	Z 轴的 CTE / (10^{-6}/℃)	热导率/ (W/m·℃)	抗挠强度 /kpsi	介电常数 (在 1MHz 下)	表面电阻 /Ω
环氧玻璃纤维	125	13 ~ 18	48	0.16	45 ~ 50	4.8	10^{13}
聚酰亚胺玻璃纤维	250	12 ~ 16	57.9	0.35	97	4.4	10^{12}
聚酰亚胺石英	250	6 ~ 8	50	0.3	95	4.0	10^{13}
环氧石墨	125	7	~49	0.16			10^{13}
聚酰亚胺石墨	250	6.5	~50	1.5		6.0	10^{12}
聚四氟乙烯玻璃纤维	75	55				2.2	10^{14}
环氧石英	125	6.5	48	~0.16		3.4	10^{13}
氧化铝陶瓷		6.5	6.5	2.1	44	8	10^{14}
瓷釉覆盖钢板		10	13.3	0.001	+	6.3 ~ 6.6	10^{13}
聚酰亚胺 CIC 芯板	250	6.5	+	0.35/57※	+		0.35

注:1. 表中数值仅作比较用,不能作精确的工程计算用。

2. 抗挠强度单位为 1kpsi,指千镑/英寸^2:1kpsi = 70.3kg/cm^2。

3. 表中的热导率、抗挠强度、介电常数都是指在 25℃ 下。

4. 表中"+"表示该项参数由芯板和表面层的比例决定。

1. 陶瓷基板材料

陶瓷电路基板的基板材料是96%的氧化铝,在要求基板强度很高的情况下,可采用99%的纯氧化铝材料。但高纯氧化铝的加工困难,成品率低,所以使用纯氧化铝的价格高。氧化铍也是陶瓷基板的材料,它是金属氧化物,具有良好的电绝缘性能和优异的热导性,可用作高功率密度电路的基板,但在加工过程中生成的粉尘对人体是有害的。

陶瓷电路基板主要用于厚、薄膜混合集成电路、多芯片微组装电路中,它具有有机材料电路基板无法比拟的优点。例如,陶瓷电路基板的CTE可以和LCCC外壳的CTE相匹配,故组装LCCC元器件时将获得良好的焊点可靠性。另外,陶瓷基板即使在加热的情况下,也不会放出大量吸附的气体造成真空度的下降,故适用于真空蒸发工艺。此外,陶瓷基板还具有耐高温、表面光洁度好、化学稳定性高的特点,是薄、厚膜混合电路和多芯片微组装电路的优选电路基板。但它难加工成大而平的基板,且无法制作成多块组合在一起的邮票板结构来适应自动化生产的需要。另外,对陶瓷材料来说,由于其介电常数高,故也不适合做高速电路基板,而且价格也是一般SMT所不能承受的。

2. 环氧玻璃纤维电路基板

这种电路基板由环氧树脂和玻璃纤维组成,它结合了玻璃纤维强度好和环氧树脂韧性好的优点,故具有良好的强度和延展性。用它即可以制作单面PCB,也可以制作双面和多层PCB。

环氧玻璃纤维电路基板在制作时,先将环氧树脂渗透到玻璃纤维布中制成层板。同时,还加入其他化学物品,如固化剂、稳定剂、防燃剂、黏合剂等。在层板的单面或双面粘压铜箔制成覆铜的环氧玻璃纤维层板作为印制电路板的原材料。

目前常用的层板类型如下:

1) G-10和G-11层板。它们是环氧玻璃纤维层板,不含有阻燃剂,可以用钻床钻孔,但不允许用冲床冲孔。G-10的性能和FR-4层板极其相似,而G-11则可耐更高的工作温度。

2) FR-1、FR-2、FR-3、FR-4、FR-5和FR-6层板。它们都含有阻燃剂,因而被命名为"FR"。

① FR-1层板。酚醛纸基层板,这种基材通称电木板。

② FR-2层板。它的性能类似于XXXPC,是纸基酚醛树脂层板,只能用冲床冲孔,而不可以用钻床钻孔。

③ FR-3层板。是纸基环氧树脂层板,可在室温下冲孔。

④ FR-4层板。是环氧玻璃纤维层板,它和G-10层板的性能极其相似,具有良好的电性能和加工特性,可制作多层板。它被广泛地应用于工业产品中。

⑤ FR-5层板。它和FR-4的性能相似,但可在更高的温度下保持良好的强度和电性能。

⑥ FR-6层板。它是聚酯树脂玻璃纤维层板。

上述层板中,常用的G-10和FR-4适用于多层印制电路板,价格相对地便宜,并可采用钻床钻孔工艺,容易实现自动化生产。

3) 非环氧树脂的层板。这类层板主要有聚酰亚胺树脂玻璃纤维层板、聚四氟乙烯玻璃纤维层板、酚醛树脂纸基层板等。

① 聚酰亚胺树脂玻璃纤维层板。它可作为刚性或柔性电路基板材料，在高温下它的强度和稳定性都优于 FR－4 层板，常用于高可靠的军用产品中。

② GX 和 GT 层板。它们是聚四氟乙烯玻璃纤维层板，这些材料的介电性能是可以控制的，用于介电常数要求严格的产品中，而 GX 的介电性能优于 GT，可用于高频电路中。

③ XXXP 和 XXXPC 层板。它们是酚醛树脂纸基层板，只能冲孔不能钻孔，这些层板仅用于单面和双面印制电路板，而不能作为多层印制电路板的原材料。因为它的价格便宜，所以在民用电子产品中广泛将它们作为电路基板材料。

对每种层板来说，它们都具有各自的最高连续工作温度，如果工作温度超过这个温度值，层板的电、机械性能都要大幅度恶化，甚至影响组装件的功能。表 3－4 列出了常用电路层板材料的最高连续温度。从表中可以看出聚酰亚胺的最高连续工作温度最高，它属于高温层板类。

表 3－4　层板的最高连续温度

层板类型	最高连续温度/℃	层板类型	最高连续温度/℃
XXXP	125	FR—4	130
XXXPC	125	FR—5	170
C—10	130	FR—6	105
G—11	170	聚酸亚胺	260
FR—2	105	CT	220
FR—3	105	CX	220

3. 组合结构的电路基板

1）瓷釉覆盖的钢基板。瓷釉覆盖的钢基板可以克服陶瓷基板存在的外形尺寸受限制和介电常数高的缺点，已开始用于某些照相机的批量生产中。瓷釉覆盖的钢基板的热膨胀系数 CET 仍然较高，约为 13×10^{-6}/℃，它和 LCCC 的 CTE 不匹配，不适合作为 LCCC 的组装基板。因而最近又开发出瓷釉覆盖铜—般钢的电路基板，它的 CTE 可以调整得和 LCCC 的 CTE 相匹配，而且介电常数也低，可作为高速电路的基板。

2）金属板支撑的薄电路基板。这种基板采用一般印制电路板的制造工艺，把双面覆铜的极薄的电路板粘贴在金属支撑板上，也可在金属支撑板的两面都贴上双面覆铜印制电路板。两个面上的印制电路板可以分别制作两个独立的电路，或同一个电路制作在两个面上。支撑板可作为接地和散热用，实际上相当于多层印制电路板的作用，如图 3－1 所示。薄印制电路板可用环氧玻璃纤维双面覆铜板、聚酰亚胺玻璃纤维双面覆铜板或其他有机基板。基板厚度约为 0.13mm，但因为它贴在支撑板上，所以增强了机械支撑作用，这样可以保持尺寸的稳定性，故采用常规印制电路板工艺就可得到细小直径互连通孔的高密度布线图形。

3）柔性层结构的电路基板。柔性层是指将多片未加固（不加玻璃纤维或其他纤维）的树脂片层压而成的树脂层。它可以

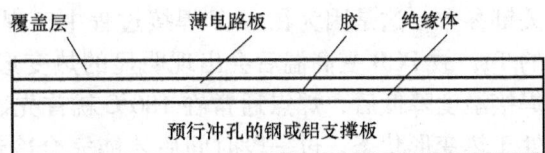

图 3－1　金属板支撑的薄电路基板

吸收焊点的部分应力，提高焊点的可靠性。树脂片的厚度约为 0.05mm。柔性层越厚则焊点应力越小。其结构如图 3 - 2 所示。

4）约束芯板结构的电路基板。这种结构的电路基板主要用于高可靠的军事产品中，作为表面组装印制电路板组装全密封的 LCCC 元器件用。约束芯板有金属的和非金属的，有导电的和绝缘的。

金属约束芯板又称金属芯基板，典型的基板有铜·铟瓦·铜（Cu - Invar - Cu）多层印制电路板，如图 3 - 3 所示。

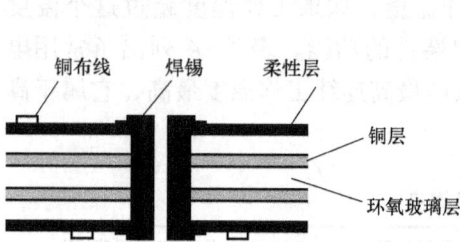

图 3 - 2　柔性层结构的电路基板

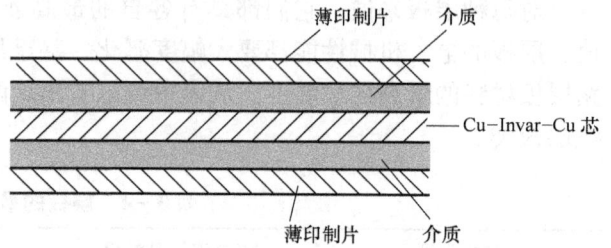

图 3 - 3　铜·铟瓦·铜多层印制电路板

Cu - Invar - Cu 多层印制电路板是以热膨胀系数 CTE（Coefficient of Thermal Expansion）较小的金属殷钢（铁镍合金）作为金属芯的基本金属，殷钢的 CTE 小，但其导热性能较差。为得到膨胀系数小、导热性能好的金属材料，必须采用复合金属，即用殷钢作为金属芯的基体金属，用导热性好的铜覆于殷钢的两面，形成一种"三明治"结构的 Cu - Invar - Cu 复合金属，以此作为多层印制电路板的金属夹芯。

这种结构的多层印制电路板的 CTE 小，尺寸稳定性好（主要是 X、Y 方向的 CTE 明显下降），翘曲度小，散热性能好，特别适用 SMT 产品的需要。

3.1.3　SMB 基材质量的相关参数

由于 PCB 是电子组件的结构支撑件，对电气、耐热等多种性能都有严格的要求，大型的电子企业专设检测中心对其性能进行综合测试，现将有关主要参数及这些参数变化对 SMB 性能的影响介绍如下。

1. 玻璃化转变温度（Tg）

除了陶瓷基板外，几乎所有的层压板都含有聚合物。聚合物是由有机材料合成而来的，它的特点是在一定温度条件下，基材形态会发生变化，在这个温度之下基材是硬而脆的，即类似玻璃的形态，通常被称为玻璃态；若在这个温度之上，材料会变软，呈橡胶样形态，又称之为橡胶态或皮革态，此时它的机械强度明显变低，因此把这种决定材料性能的临界温度称为玻璃化转变温度（glass transtion temperture，Tg）。显然，作为结构材料来说，人们都希望它的玻璃化转变温度越高越好，玻璃化转变温度是聚合物特有的性能，它是选择基板的一个关键参数，这是因为在 SMT 焊接过程中，焊接温度通常在 220℃ 左右，远远高于 PCB 基板的 Tg，故 PCB 受高温后会出现明显的热变形，而片式元器件却是直接焊在 SMB 表面的，当焊接温度降低后，焊点通常在 180℃ 就首先冷却凝固，而此时 SMB 温度仍高于 Tg，PCB 仍处于热变形状态，过一段时间后才能完全冷却，此时 PCB 必然会产生很大的热应力，该应力作用在已焊接完成的元器件引脚上，严重时会使元器件损坏，如图 3 - 4 所示。

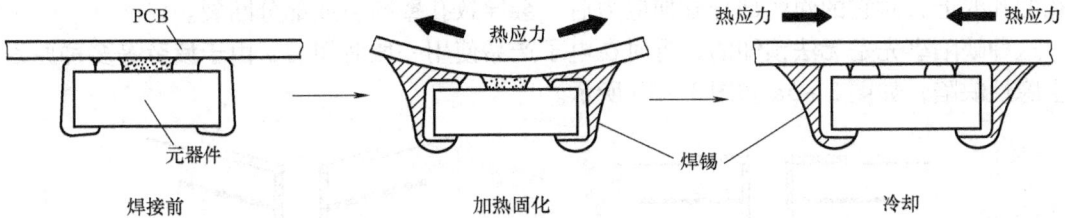

图 3-4　PCB 热应力使元器件损坏

通过测试可知，当电路基板处于基板聚合物的玻璃转变温度以上的温度时，其膨胀量会大于在 Tg 温度以下同样温升的膨胀量，在玻璃转变温度以下，基板材料的热膨胀量和温度近似呈线性关系，即基板材料的 CTE 近似常数，而一旦温度超过材料的玻璃转变温度，基板材料的热膨胀量则将随温度成指数关系，即随温度升高，CTE 按指数增大。

因此，在选择电路基板材料时，玻璃转变温度 Tg 不但要比电路工作温度高，同时还要尽可能接近工艺中出现的最高温度。

Tg 高的 SMB 具有下列优点：SMB 钻孔加工过程中，有利于钻制微小孔，低 Tg 的板材钻孔时会因高速钻孔产生大量的热能，而引起板材中树脂软化以致加工困难。Tg 高的 SMB 在较高温度环境中仍具有相对较小的 CTE，与片式元器件的 CTE 相接近，故能保证产品可靠地工作。特别是随着 FQFP、BGA、CSP 等多引脚元器件的问世，对 SMB 要求越来越高。元器件经高温焊接后，SMB 的热变形会对元器件产生较高的热应力，因此，在选择电子产品的 PCB 基材时应适当选择 Tg 较高的基材。

2. 热膨胀系数（CTE）

任何材料受热后都会膨胀，热膨胀系数（Coefficient of Thermal Expansion，CTE）是指每单位温度变化所引发的材料尺寸的线性变化量。

高分子材料的 CTE 通常高于无机材料，当膨胀应力超过材料承受限度时，会对材料产生损坏。对于多层板结构的 SMB 来说，其 X、Y 方向（即长、宽方向）的 CTE 与 Z 方向（厚度）的 CTE 存在差异性。因此当多层板受热时，Z 方向中的金属化孔就会因膨胀应力的差异而受到损坏，严重时会造成金属化孔发生断裂。因为多层板是由几片单层"半固化树脂片"热压制成的，半固化树脂片则是由玻璃纤维布浸渍环氧树脂后，加热烘烤使环氧玻璃纤维布处于半固化状态，然后将半固化片逐层叠加起来，如需要做内层电路，还应按要求放置内电路铜箔，最后将叠加好的几层半固化片热压成型，冷却后再在需要的位置上钻孔并进行电镀处理，最后生成电镀通孔，称为金属化孔。金属化孔制成后，也就实现了 SMB 层与层之间的互连。

由于基板上钻孔后的孔壁几乎就是环氧树脂，它与镀铜层的结合力不会很高。一般金属化孔的孔壁仅在 $25\mu m$ 厚左右，且铜层致密性较低，早期多层板的结构对金属化孔留下一定的隐患，即半固化片因受玻璃纤维布的增强作用以及名层铜布线的约束，通常 CTE 明显减小，以环氧半固化板为例，每层的 CTE 为 $(13 \sim 15) \times 10^{-6}℃$。而多层板层与层之间主要依靠环氧树脂本身的粘接力实现粘合，因此环氧树脂在没有其他材料的增强和约束下，其 CTE 在受热后会明显变大，通常为 $(50 \sim 100) \times 10^{-6}/℃$。半固化片层为 $X-Y$ 方向，而半固化片之间则为 Z 方向，因此 $X-Y$ 方向与 Z 方向的 CTE 存在明显的差异性。再由于金属化孔的孔壁薄，镀铜层结构又不太致密，因此 SMB 受热后，Z 方向的热应力就会作用在金属化孔的孔壁上，对它的脆弱部分施加应力后，会导致孔壁断裂或部分断裂。

这种缺陷事先是无法预知的，有时在电子产品使用一段时间后，由于疲劳等多种原因而产生隐性缺陷，如图 3 - 5a 和图 3 - 5b 所示。

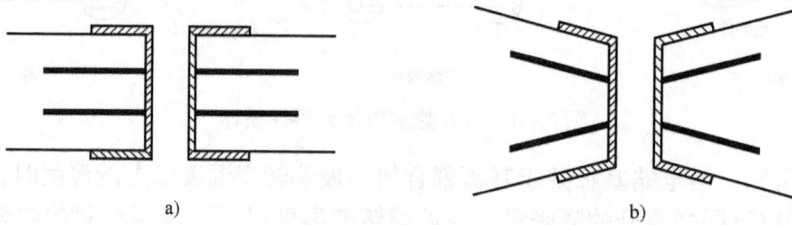

图 3 - 5　热应力对金属化孔壁的作用

a) 多层板室温下无应力，金属化孔完好　b) 高温下热应力作用在金属化孔上

在 SMT 产品中，SMB 布线密度在不断增高，金属化孔数量增多且孔径变小，多层板的层数也在增加。为了克服或消除上述隐患，通常采取以下一些措施：

1）凹蚀工艺，以增强金属化孔壁与多层板的结合力；

2）适当控制多层板的层数，目前主张使用 8 ~ 10 层，使金属孔的径深比控制在 1:3 左右，这是最保险的径深比，目前最常见的径深比是 1:6 左右；

3）使用 CTE 相对小的材料或者用 CTE 性能相反的材料叠加使用，使 SMB 整体的 CTE 减小；

4）在 SMB 制造工艺上，采用盲孔和埋孔技术，如图 3 - 6 所示，以达到减小径深比的目的，这是一种最理想的办法。盲孔是指表层和内部某些分层互连，无须贯穿整个基板，减小了孔的深度；埋孔则仅是内部分层之间的互连，可使孔的深度进一步减小。尽管盲孔和埋孔在制作时难度大，但却大大提高了 SMB 的可靠性，通过 SMB 光板测试就可判别线路网络是否连通。

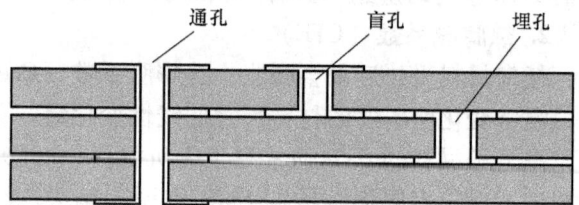

图 3 - 6　盲孔和埋孔

采取以上措施后，有效地防止了产品在使用过程中金属化孔断裂的现象发生。

3. 耐热性

通常 SMB 需经两次再流焊，因而经过一次高温后，仍然要求保持板间的平整度，方能保证二次贴片的可靠性；而 SMB 焊盘越来越小，焊盘的粘结强度相对较小，若 SMB 使用的基材耐热性高，则焊盘的抗剥强度也较高，一般要求 SMB 能具有 250℃/50s 的耐热性。

4. 电气性能

由于无线通信技术向高频化方向发展，对 SMB 的高频特性要求更加提高，特别是移动通信系统的扩增，所用的频率也由短波带（300MHz ~ 1GHz）进入微波带（1 ~ 3GHz）。频率的增高会导致基材的介电常数（ε）增大。通常电路信号的传输速度 V（m/s）与 ε 有关：

$$V = K \times \frac{C}{\sqrt{\varepsilon}}$$

其中，K 为常数，C 为光速，ε 为 PCB 的介电常数。

当 PCB 的 ε 增大时，电路信号的传输速度 V 降低。例如，聚四氯乙烯基板的 ε 为 2.6~3，环氧基板的 ε 为 4.5~4.9，前者比后者低 35%~47%，若采用前者制作 SMB，则其信号速度比后者要快 40%。

此外，若从信号损失角度来分析，电介质材料在交变电场的作用下会因发热而消耗能量，通常用介质损耗角正切（$\tan\delta$）表示，一般情况下 $\tan\delta$ 与 ε 成正比关系。若 $\tan\delta$ 增大，介质吸收能量增大，信号损失大；在高频下这种关系就更加明显，它直接影响高频传输信号的效率。

总之，ε 和 $\tan\delta$ 是评估 SMB 基材电气性能的重要参数，当电路的工作频率大于 1GHz 时通常要求基材的 $\varepsilon < 3.5$，$\tan\delta < 0.02$。此外，评估基材电气性能指标的还有抗电强度、绝缘电阻，抗电弧性能等。

5. 平整度

SMB 要求很高的平整度，以使 SMD 引脚与 SMB 焊盘密切配合。SMB 焊盘表面涂覆层不仅使用 Sn/Pb 合金热风整平工艺，而且大量采用镀金工艺或者涂覆有机耐热助焊剂工艺，以提高其平整度。

6. 特性阻抗 Z_0

1）Z_0 的定义。当脉动电流通过导体时，除了受到电阻阻碍作用外，还受到感抗（X_L）和容抗（X_C）的阻力，电路或元件对通过其中的交流电流所产生的阻碍作用称为阻抗，而在计算机等数字通信产品中，印制电路传输的是方波信号，通常又称为脉冲信号，属于脉动交流电性质，因此传输中遭遇的阻力称为特性阻抗，简称 Z_0。

早期 PCB 的印制电路，仅起到 PCB 层次之间的元件和部件之间的互连功能，但随着数字电子产品的高速化，例如 CPU，当前主流产品均在 3.0GHz 左右，而今后 5 年的发展规划要达到 10GHz。作为电子元件支撑的 PCB 已不再是一个简单的电气互连装置，PCB 需求方也不仅满足于印制电路的导通功能，而是应作为一种传输线路，需要有理想的传输特性。

2）Z_0 高精度控制的意义。当信号在导线中传输时，若导线的长度达到所传输信号波长的 1/7，则此时的导线便成为信号传输线，以手机为例：

当工作频率为 900MHz 时，电气信号传送速度 $V = C_{光} = 30 \times 10^4 \times 10^3 \text{m/s}$

波长

$$\lambda = \frac{V}{F}$$

则

$$\frac{\lambda}{7} = \frac{V}{7f} = \frac{30 \times 10^4 \times 10^3 \times 10^2}{7 \times 900 \times 10^6} = 4.76\text{cm}$$

即当导线的长度 ≥4.76cm 时，导线应看成传输线，需要对其进行特性阻抗控制，小于 4.76cm 长度的导线可按普通导线看待，不必考虑特性阻抗问题。

特性阻抗与传输线的感抗（X_L）及容抗（X_C）的大小有关，其关系式为：

$$Z_0 = \sqrt{LC}$$

特性阻抗又是电阻（R）、容抗（X_C）和感抗（X_L）综合的结果，即

$$Z_0 = \sqrt{(R + X_C) \cdot (R + X_C)^{-1}}$$

根据电磁波的传送原理，印制导线的特性阻抗与搭载其上的集成电路的输入/输出阻抗必须互相匹配，即传输线的负载阻抗等于传输线的特性阻抗，此时信号在传输途中所产生的能量反射和损失为最小，信号能量可以得到完整的传输。因此，在高频或高速数字信号传输技术不断发展的今天，PCB 组件传输线的特性阻抗应保持恒定和稳定，即 PCB 的 Z_0 应控制在某一精度范围内。通常根据 PCB 在系统中的作用分为 3 个等级，其划分的原则是：封装基板级（一级），包括 BGA、CSP 等，Z_0 精度控制在 5% 以内；组件基板级（二级），包括MCM、存储器、功能卡等，Z_0 精度控制在 10% 以内；母板，又称主板级（三级），Z_0 精度控制在 15% 以内。

目前对三级母板，例如民用的移动电话、笔记本电脑，当频率超过 200MHz 时对 Z_0 的控制也提出严格要求，这对于克服杂波反射、减少信号失真是非常有利的。

影响 Z_0 值有多方面的因素，如绝缘层的介电常数 ε、绝缘层的厚度 H、印制导线宽度 W、导电层的厚度 T（包括镀金层的厚度），其 ε、H、T 与 PCB 基材本身特性有关。

在多层板的制造中绝缘厚度的精度高低对 Z_0 精度控制是最重要的因素，其次是导线的宽度。在实际生产中，首先通过工艺的改进提高半固化片厚度的精度，以控制成型板的厚度 H，采用复合金属层（Cu/Al）以控制铜箔的厚度；改进蚀刻液的配方，以及曝光加工的位置，以控制导线的宽度；采用新型的基材以控制 PCB 的 ε。经过上述工艺的改进使 PCB 的 Z_0 精度得到明显的提高，并取得受控状态。

3.1.4 CCL 常用的字符代号

在国标 GB/T 4721—92 中，规定了 CCL 产品型号用几个英文字母和两位阿拉伯数字表示。

第一个字母 C 表示铜箔；

第二、三两个字母表示基材所用的树脂；

PE：酚醛

EP：环氧

UP：聚酯

SI：有机硅

TF：聚四氟乙烯

PI：聚酰亚胺

第四、五个字母表示增强材料；

CP：纤维素/纤维纸

GC：无碱玻璃布

GM：列碱玻璃纤维毡

AC：芳香族聚酰胺纤维布

AM：芳香族聚酰胺纤维毡

若以纤维素纸为增强材料，两表面贴附无碱玻璃布则在 CP 后加"G"表示。在字母末尾用一短横线连着两位数字，表示同类不同性能的产品编号。

具有阻燃性 CCL 在编号后加字母"F"表示。

例：CEPCP（G）-23F 表示环氧纸基两表面贴附玻璃布的覆铜板，具有阻燃性。

3.1.5 CCL 的铜箔种类与厚度

铜箔对产品的电器性能有一定的影响，铜箔一般按制造方法分为压延铜箔和电解铜箔两大类。压延法制造的铜箔要求铜纯度高（一般≥99.9%），铜箔弹性好，适用于挠性板、高频信号板等高性能 PCB 的制造，在产品说明书中用字母"W"表示。电解铜箔则用于普通 PCB 的制造，铜的纯度稍低于压延法所用的铜纯度（一般为 99.8%），并用字母"E"表示，常用的铜箔厚度见表 3-5。

表 3-5　铜箔的公称厚度、质量厚度及允许公差

公称厚度/mm	质量厚度		允许公差	
	g/m²	OZ/ft²	e/m²	参考厚度公差/mm
0.018				+0.008
	152	0.5	±15	-0.004
0.035				+0.010
	305	1	±30	-0.005
0.070				+0.018
	610	2	±61	-0.008

注：1 OZ = 28.35g，1 ft² = 0.09290304m²

3.2　SMB 设计的原则与方法

目前 SMT 技术已经成熟，就 SMT 设备而言，无论是印刷机还是贴片机都已达到相当高的精度，红外热风再流焊炉不仅控温精度高，而且可配备温度实时控制系统。然而在一些使用高精度设备的工厂，其 SMT 产品并没有达到预想的质量，其中困扰产品质量的原因之一是 SMB 设计问题。

3.2.1　SMB 设计的基本原则

1. SMB 的优化设计

优化设计（optimal design）即从多种方案中选择最佳方案的设计方法。它以数学中的最优化理论为基础，以计算机为手段，根据设计所追求的性能目标，建立目标函数，在满足给定的各种约束条件下，寻求最优的设计方案。

优化设计包括可制造性设计（DFM），可测试性设计（DFT），可检查性设计（DFI），可维修性设计（DFR），国内习惯上统称为可制造性设计。国外又将上述的 DFM、DFT、DFI 称为"DFX"，理解为从产品设计初期到产品大量投放市场的整个设计过程，此外在 DFX 中，还强调可获得性设计（DFP）。可获性是所有设计者都要考虑的一个重要因素，如果不能保证设计时所需器件的供应量以及成本，那产品就不可能按照原有利润制造出来。可见，DFX 是由企业内部各个业务部门协同参与产品设计与制造的过程。

2. 设计的基本原则

1) 元器件布局。布局是按照电原理图的要求和元器件的外形尺寸，将元器件均匀整齐

地布置在 PCB 上，并能满足整机的机械和电气性能要求。布局合理与否不仅影响 PCB 组装件和整机的性能和可靠性，而且也影响 PCB 及其组装件加工和维修的难易度，所以布局时尽量做到以下几点：

① 元器件分布均匀、排在同一电路单元的元器件应相对集中排列，以便于调试和维修；

② 有相互连线的元器件应相对靠近排列，以利于提高布线密度和保证走线距离最短；

③ 对热敏感的元器件，布置时应远离发热量大的元器件；

④ 相互可能有电磁干扰的元器件，应采取屏蔽或隔离措施。

2）布线规则。布线是按照电原理图和导线表以及需要的导线宽度与间距布设印制导线，布线一般应遵守如下规则：

① 在满足使用要求的前提下，选择布线的顺序为单层、双层和多层布线。

② 两个连接盘之间的导线布设尽量短，敏感的信号、小信号先走，以减少小信号的延迟与干扰。模拟电路的输入线旁应布设接地线屏蔽；同一层导线的布设应分布均匀；各导线上的导电面积要相对均衡，以防板子翘曲。

③ 信号线改变方向应走斜线或圆滑过渡，而且曲率半径大一些好，避免电场集中、信号反射和产生额外的阻抗。

④ 数字电路与模拟电路在布线上应分隔开，以免互相干扰，如在同一层则应将两种电路的地线系统和电源系统的导线分开布设，不同频率的信号线中间应布设接地线隔开，避免发生串扰。

⑤ 电路元器件接地、接电源时走线要尽量短、尽量近，以减少内阻。

⑥ X、Y 层走线应互相垂直，以减少耦合，切忌上下层走线对齐或平行。

⑦ 高速电路的多根 I/O 线以及差分放大器、平衡放大器等电路的 I/O 线长度应相等，以避免产生不必要的延迟或相移。

⑧ 焊盘与较大面积导电区相连接时，应采用长度不小于 0.5mm 的细导线进行热隔离，细导线宽度不小于 0.13mm，如图 3 - 7 所示。但对于需过 5A 以上大电流的焊盘不能采用隔热焊盘。

⑨ 最靠近印制电路板边缘的导线，距离印制电路板边缘的尺寸应大于 5mm，需要时

图 3 - 7　隔热焊盘

接地线可以靠近板的边缘。如果印制电路板加工过程中要插入导轨，则导线距板的边缘至少要大于导轨槽深的距离。

⑩ 双面板上的公共电源线和接地线，尽量布设在靠近板的边缘，并且分布在板的两面，其图形配置要使电源线和地线之间为低的阻抗。多层板可在内层设置电源层和地线层，通过金属化孔与各层的电源线和接地线连接，内层大面积的导线和电源线、地线应设计成网状，可提高多层板层间结合力。

⑪ 为了测试的方便，设计上应设定必要的断点和测试点。

3）导线宽度。印制导线的宽度由导线的负载电流、允许的温升和铜箔的附着力决定。一般印制电路板的导线宽度不小于 0.2mm，厚度为 18μm 以上，对于 SMT 印制电路板和高密度板的导线宽度可小于 0.2mm，导线越细其加工难度越大，所以在布线空间允许的条件下，应适当选择宽一些的导线，通常的设计原则如下：

① 信号线应粗细一致，这样有利于阻抗匹配，一般推荐线宽为 0.2 ~ 0.3mm（8 ~ 12mil），而对于电源、地线则走线面积越大越好，可以减少干扰。对高频信号最好用地线屏蔽，可以提高传输效果。

② 在高速电路与微波电路中，规定了传输线的特性阻抗，此时导线的宽度和厚度应满足特性阻抗要求。

③ 在大功率电路设计中，还应考虑到电源密度，此时应考虑到线宽与厚度以及线间的绝缘性能。若是内层导体，允许的电流密度约为外层导体的一半。

4) 印制导线间距。印制电路板表层导线间的绝缘电阻是由导线间距、相邻导线平行段的长度、绝缘介质（包括基材和空气）所决定的，在布线空间允许的条件下，应适当加大导线间距。

5) 元器件的选择。元器件的选择应充分考虑到 PCB 实际面积的需要，尽可能选用常规元器件。不可盲目地追求小尺寸的元器件，以免增加成本，IC 器件应注意引脚形状与脚间距，对小于 0.5mm 脚间距的 QFP 应慎重考虑，不如直接选用 BGA 封装的器件，此外对元器件的包装形式、端电极尺寸、可焊性、元器件的可靠性、温度的承受能力（如能否适应无铅焊接的需要）都应考虑到。

在选择好元器件后，必须建立好元器件数据库，包括安装尺寸、引脚尺寸和生产厂家等有关资料。

6) PCB 基材的选用。选择基材应根据 PCB 的使用条件和机械、电气性能要求来选择；根据印制电路板结构确定基材的覆铜箔面数（单面、双面或多层板）；根据印制电路板的尺寸、单位面积承载元器件质量，确定基材板的厚度。不同类型材料的成本相差很大，在选择 PCB 基材时应考虑到下列因素：

① 电气性能的要求；

② Tg、CTE、平整度等因素以及孔金属化的能力；

③ 价格因素。

7) 印制电路板的抗电磁干扰设计。对于外部的电磁干扰，可通过整机的屏蔽措施和改进电路的抗干扰设计来解决。对 PCB 组装件本身的电磁干扰，在进行 PCB 布局、布线设计时，应考虑抑制设计，常用以下方法：

① 可能相互产生影响或干扰的元器件，在布局时应尽量远离或采取屏蔽措施。

② 不同频率的信号线，不要相互靠近平行布线；对高频信号线，应在其一侧或两侧布设接地线进行屏蔽。

③ 对于高频、高速电路，应尽量设计成双面和多层印制电路板。双面板的一面布设信号线，另一面可以设计成接地面；多层板中可把易受干扰的信号线布置在地线层或电源层之间；对于微波电路用的带状线，传输信号线必须布设在两接地层之间，并对其间的介质层厚度按需要进行计算。

④ 晶体管的基极印制线和高频信号线应尽量设计得短，减少信号传输时的电磁干扰或辐射。

⑤ 不同频率的元器件不共用同一条接地线，不同频率的地线和电源线应分开布设。

⑥ 数字电路与模拟电路不共用同一条地线，在与印制电路板对外地线连接处可以有一个公共接点。

⑦ 工作时电位差比较大的元器件或印制线，应加大相互之间的距离。

8）PCB 的散热设计。随着印制电路板上元器件组装密度的提高，若不能及时有效地散热，将会影响电路的工作参数，甚至热量过大会使元器件失效，所以对印制电路板的散热问题，设计时必须认真考虑，一般采取以下措施：

① 加大印制电路板上与大功率元器件接地面的铜箔面积；

② 发热量大的元器件不贴板安装，或外加散热器；

③ 对多层板的内层地线应设计成网状并靠近板的边缘；

④ 选择阻燃或耐热型的板材。

3.2.2 常见的 SMB 设计错误及原因

1）SMB 没有工艺边、工艺孔，不能满足自动化生产对 SMT 设备的装夹要求。

2）SMB 外形异形或尺寸过大、过小，同样不能满足设备的装夹要求。

3）SMB、FQFP 焊盘四周没有光学定位标志（Mark）或者 Mark 点不标准，如 Mark 点周围有阻焊膜，或过大、过小，造成 Mark 点图像反差过小，焊锡膏印刷与贴片时机器频繁报警不能正常工作。

4）焊盘结构尺寸不正确，如片式元器件的焊盘间距过大、过小，焊盘不对称，以致造成片式元器件焊接后，出现歪斜、立碑等多种缺陷。

5）焊盘上有过孔，焊接时造成焊料熔化后通过焊盘上的过孔漏到底层，引起焊点焊料过少。

6）片式元器件焊盘大小不对称，特别是用地线、过线的一部分作为焊盘使用，以致再流焊时片式元器件两端焊盘受热不均匀，焊锡膏先后熔化而造成立碑缺陷。

7）IC 焊盘设计不正确，FQFP 焊盘太宽，引起焊接后桥连，或焊盘后沿过短引起焊后强度不足。

8）IC 焊盘之间的互连导线放在中央，不利于 SMA 焊后的检查。

9）波峰焊时 IC 没有设计辅助焊盘，引起焊接后桥连。

10）SMB 中 IC 分布不合理，出现焊后 SMB 变形。

11）测试点设计不规范，以致 ICT（在线测试仪）不能工作。

12）SMD 之间间隙不正确，后期修理出现困难。

13）阻焊层和字符图不规范以及阻焊层和字符图落在焊盘上，造成虚焊或电气断路。

14）拼板设计不合理，如"V"形槽加工不好，造成 SMB 再流后变形。

上述等错误会在不良设计的产品出现一个或多个，导致不同程度地影响焊接质量。

设计人员对 SMT 工艺不够了解，尤其是对元器件在再流焊时有一个"动态"的过程不了解是产生不良设计的原因之一。另外，设计早期忽视工艺人员参加，缺乏本企业的可制造性设计规范，也都是造成不良设计的原因。

3.3 SMB 设计的具体要求

3.3.1 PCB 整体设计

1. PCB 幅面

PCB 的外形一般为长宽比不太大的长方形。长宽比例较大或面积较大的板，容易产生翘曲变形，当幅面过小时还应考虑到拼板，PCB 的厚度应根据对板的机械强度要求以及 PCB 上单位面积承受的元器件质量，选取合适厚度的基材。

考虑焊接工艺过程中的热变形以及结构强度，如抗张、抗弯、机械脆性、热膨胀等因素，SMB 厚度、最大宽度与最大长宽比之间的关系见表 3 - 6。

表 3 - 6　印制板厚度、最大宽度及最大长宽比

厚度/mm	最大印制板宽度/mm	最大长宽比
0.8	50	2.0
1.0	100	2.4
1.6	150	3.0
2.4	300	4.0

2. 电路块的划分

较复杂的电路常常需要划分为多块印制电路板，或在单块印制电路板上划分为不同的区域。划分可按如下原则进行：

1）按照电路各部分的功能划分。把电路的 I/O 端子尽量集中靠近印制电路板的边缘，以便和连接器相连接，并设置相应的测试点供功能调校用。

2）模拟和数字两部分电路分开。

3）高频和中、低频电路分开，高频部分单独屏蔽起来，防止外界电磁场的干扰。

4）大功率电路和其他电路隔开，以便采用散热措施等。

5）减小电路中噪声干扰和串扰现象。易产生噪声的电路需和某些电路隔开。例如，为降低 ECL（射极耦合逻辑）器件的高速开关噪声干扰，必须把低电平、高增益的放大电路和它们隔开。

3. 电路板的尺寸与拼板工艺

当单个 PCB 尺寸较小，PCB 上元器件较少，且为刚性板时，为了适应 SMT 生产设备的要求，经常将若干个相同或者不同单元的 PCB 进行有规则地拼合，把它们拼合成长方形或正方形，这就是拼板（Panel）。这种设计可以采用同一块模板，节省编程、生产准备时间，提高生产效率和设备利用率。拼板之间采用 V 形槽、邮票孔、冲槽等手段进行组合，要求既有一定的机械强度，又便于组装后的分离。

对于不相同印制电路板的拼合也应注意元件位号的编写方法。拼合的印制电路板俗称"邮票"板，其结构示意图如图 3 - 8 所示。

1）邮票板可由多块同样的印制电路板组成或由多块不同的印制电路板组成。

2）根据表面组装设备的情况决定邮票板的最大外形尺寸，如贴片机的贴片面积、印刷机的最大印刷面积和再流焊炉传送带的工作宽度等。

3）邮票板的工艺孔可设计成一个圆形和一个槽形孔，槽形孔的宽方向尺寸和圆形孔的直径相等，而长方向的尺寸则比宽方向的尺寸至少大0.5mm。

4）邮票板上各印制电路板间的连接筋起机械支撑作用。因此它既要有一定的强度，又要便于折断把印制电路板分开。连接筋的参考尺寸如图3-8a所示，图示尺寸约为1.8mm×2.4mm（0.093in×0.070in）。

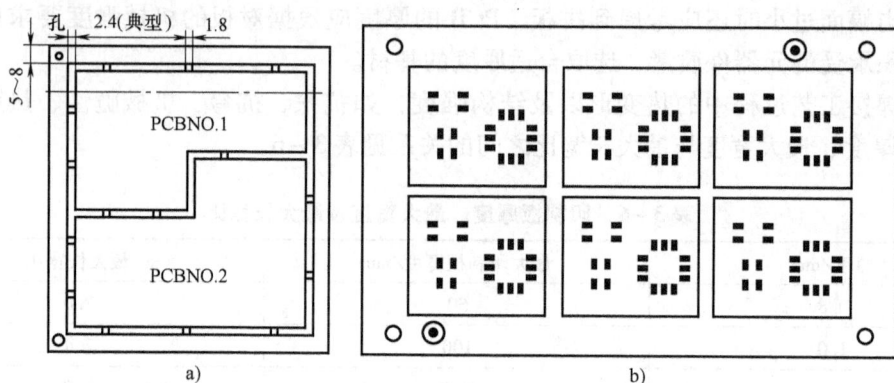

图3-8　邮票板结构示意图

4. 定位孔、工艺边与基准标记

一般SMT生产设备在装夹PCB时主要采用针定位或者边定位，因此在PCB上需要有适应SMT生产的定位孔或者工艺边。基准标记则是为了纠正PCB制作过程中产生误差而设计的提供机器光学定位的标记。

1）定位孔。定位孔位于印制电路板的四角，以圆形为主，也可以是椭圆，定位孔内壁要求光滑，不允许有金属或非金属涂层，定位孔周围2mm范围内不允许有铜箔，且不得贴装元器件。定位孔尺寸及其在PCB上的位置如图3-9所示。

2）辅助工艺边。简称工艺边，主要是用于设备的夹持与定位，以及异形边框补偿。若印制电路板两侧5mm以上不贴装元器件或不插元器件，则

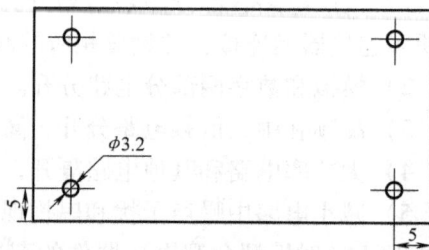

图3-9　定位孔尺寸及其在PCB上的位置

可以不设专用工艺边，即可借用印制电路板两边以保证正常生产需要，定位孔尺寸及粗糙度要求同前，定位孔中心离印制电路板两边距离为5mm。

若印制电路板因结构尺寸的限制无法满足上述的要求，则可在印制电路板上沿贴装印制电路板流动的长度方向增设工艺边，工艺边宽度根据PCB的大小来确定，一般为5～8mm，此时定位孔与图像识别标志应设于工艺边上，待加工工序结束并经检测合格后可以去掉工艺边。

当PCB外形为异形时，必须设计工艺边，使PCB外形成直线，生产结束后再把此工艺边去除。

3）基准标记。基准标记有PCB基准标记（PCB Mark）和元器件基准标记（IC Mark）

两大类。其中 PCB 基准标记是 SMT 生产时 PCB 的定位标记，元器件基准标记则是贴装大型 IC 元器件，如 QFP、BGA、PLCC 等时，进一步保证贴装精度的标记。

基准标记的形状可以是圆形、方形、十字形、三角形、菱形、椭圆形等，以圆形为主，尺寸一般为 $\phi 1 \sim \phi 2$mm，其外围有等于其直径 1 ~ 2 倍的无阻焊区，如图 3 - 10 所示。

图 3 - 10　基准标记形状

PCB 基准标记一般在印制电路板对角两侧成对设置，距离越大越好，但两圆点的坐标值不应相等，以确保贴片时印制电路板进板方向的唯一性。当 PCB 较大（≥200mm）时，则一般需在印制电路板的 4 个角分别设置基准标记，但不可对称分布，并在 PCB 长度的中心线上或附近增设 1 ~ 2 个基准标记，如图 3 - 11a 所示。

元器件基准标记则应设置在焊盘图形内或其外的附近，同样成对设置，如图 3 - 11b 所示。

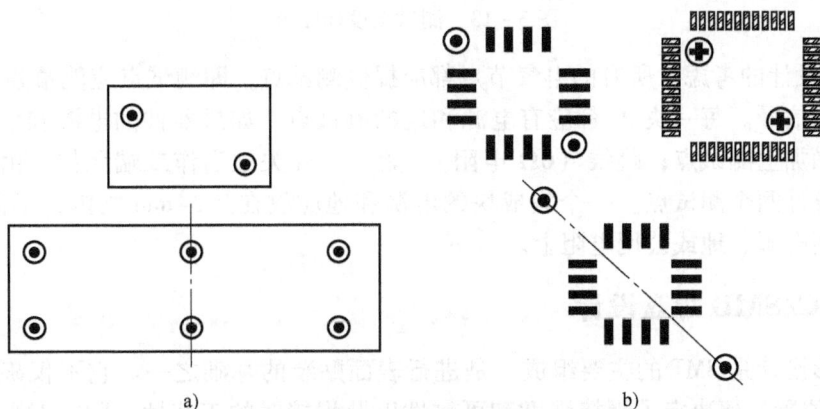

图 3 - 11　PCB 基准标记和元器件基准标记
a）PCB 基准标记　b）元器件基准标记

5. 测试点的设计

在 SMT 的大生产中为了保证品质和降低成本，都离不开在线测试（ICT），为了保证测试工作的顺利进行，PCB 设计时应考虑到测试点，与测试有关的设计要求如下。

1）可探测性的考虑。应设计两个测试定位孔，原则上可用工艺孔代替，但对拼板的单板测试时仍应在子板上设计定位孔。定位孔为 $\phi 3.3$mm ± 0.05mm 的非金属化圆孔，其中心 4mm 范围内不允许有元器件。

测试点为直径 1.0 ~ 1.2mm 的圆形无孔焊盘，原则上测试点应设在 PCB 的同一面上，并注意分散均匀。测试点的中心与 PCB 边缘的距离≥3mm，相邻的测试点之间的中心距不小于 1.46mm，测试点之间不设计其他元件，以防止元件或测试点之间短路，如图 3 - 12 所示。测试点与元器件焊盘之间的距离

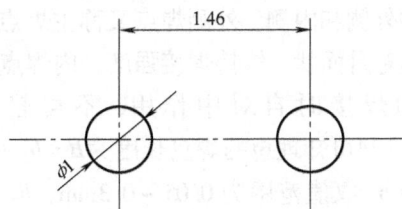

图 3 - 12　相邻的测试点之间的中心距

应≥1mm，测试点不能涂覆任何绝缘层，具体要求如图 3－13 所示。此外也可取通孔为测试点。

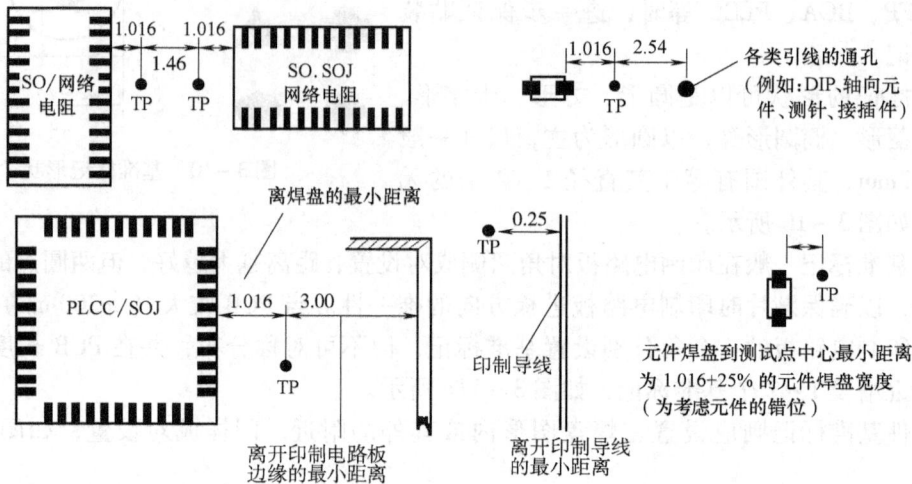

图 3－13　测试点设计要求

2）电气设计的考虑。所有的电气节点都应提供测试点，即测试点应能覆盖所有的 I/O、电源地和返回信号。每一块 IC 都应有电源和地的测试点，如果器件的电源和地引脚不止一个，则应分别加上测试点；跳线（0Ω 电阻）、熔丝、开关被当作二端元件，由两个电气节点连接，应设计两个测试点。一个集成块的电源和地应放在 2.54mm 之内，不能将 IC 控制线直接连接到电源、地或公用电阻上。

3.3.2　SMC/SMD 焊盘设计

焊盘图形设计是 SMT 的主要组成，是进行表面贴装的基础之一。它不仅确定了元器件在 SMB 上的位置，还决定了焊接强度和可靠性以及焊接时的工艺性。同时对贴装缺陷，可测试性及维修返工起着重要影响。设计优良的焊盘，其焊接过程几乎不会出现虚焊、桥连等缺陷，相反，不良的焊盘设计将导致 SMT 生产无法进行。焊盘图形设计对 SMT 组件的可制造性起着决定性的作用，因此焊盘设计必须严格按照设计规范进行。本节仅介绍几种典型元器件的焊盘设计原则，全面的焊盘设计可参考相关 PCB 标准或者相关 PCB 软件数据库。

1）SMC 片式元器件的焊盘设计。片式元器件两端有电极，其电极为三层结构，虽然很薄但仍有一定的厚度，片式元器件焊接后理想的焊接形态如图 3－14 所示。

从图中可以看出它有两个焊点，分别在电极的外侧和内侧，外侧焊点又称主焊点，主焊点呈弯月面状，维持焊接强度；内焊点起到补强和焊接时自对中作用，不可轻视。由图 3－14 可知理想的焊盘长度为 $B = b_1 + T + b_2$，式中 b_1 取值范围为 0.05～0.3mm，b_2 取值范围为 0.25～1.3mm。

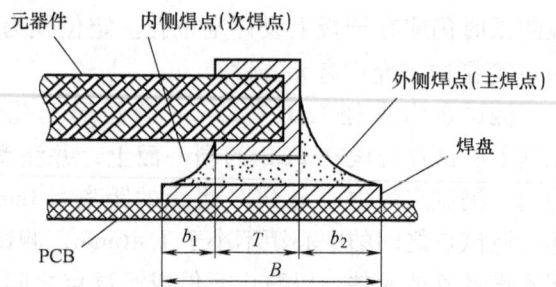

图 3－14　理想的焊接形态

通常焊盘长度 B 的设计有下列 3 种情况：用于高可靠性场合时，焊盘尺寸偏大，焊接强度高；用于工业级产品，焊盘尺寸适中，焊接强度高。用于消费类产品，焊盘尺寸偏小，焊盘长度仅等于元器件的长度，但在良好的工艺条件下乃有足够的焊接强度，此设计有利于整机外形小型化。

对于焊盘宽度 A 的设计也相应有下列 3 种情况：用于高可靠性场合时，焊盘宽度 $A = 1.1 \times$ 元器件宽度，用于工业级产品时，焊盘宽度 $A = 1.0 \times$ 元器件宽度；用于消费类产品时，焊盘宽度 $A = (0.9 \sim 1.0) \times$ 元器件宽。焊盘间距 G 应适当小于元器件两端焊头之间的距离，焊盘外侧距离 $D = L + 2b_2$，如图 3 - 15 所示。

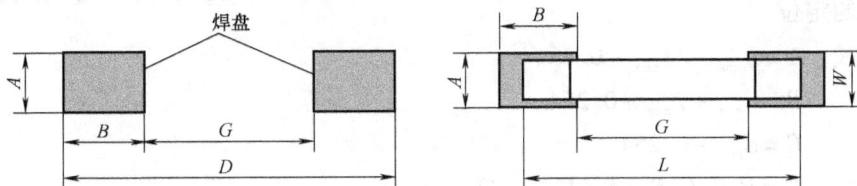

图 3 - 15　焊盘的内外侧距离

对于 0603 的片式元器件，为了防止焊接过程产生"立碑"等焊接缺陷，经常推荐下列形态的焊盘：矩形焊盘（又称为 H 形焊盘），如图 3 - 16a 所示。半圆形焊盘（又称为 U 形焊盘），如图 3 - 16b 所示。

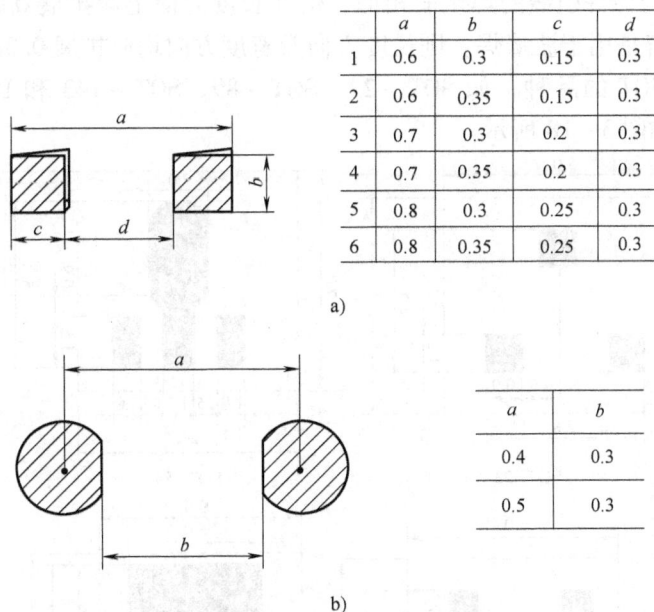

	a	b	c	d
1	0.6	0.3	0.15	0.3
2	0.6	0.35	0.15	0.3
3	0.7	0.3	0.2	0.3
4	0.7	0.35	0.2	0.3
5	0.8	0.3	0.25	0.3
6	0.8	0.35	0.25	0.3

a)

a	b
0.4	0.3
0.5	0.3

b)

图 3 - 16　矩形焊盘与半圆形焊盘
a）矩形焊盘　b）半圆形焊盘

在部分电子产品中，经常出现钽电容焊后出现歪斜的现象，这是因为钽电容的端电极不是直接包裹本体的端头，而是由金属片引出本体，再折弯而成，其金属片的宽度小于本体的宽度，如果焊盘尺寸过大则会造成焊后歪斜。

在 SMT 中，柱状无源元器件（MELF）的焊盘图形设计与焊接工艺密切相关，MELF 焊盘图形如图 3-17 所示。当采用贴片—波峰焊时，其焊盘图形可参照片状元器件的焊盘设计原则来设计；当采用再流焊时，为了防止柱状元器件的滚动，焊盘上必须开一个缺口，以利于元器件的定位。

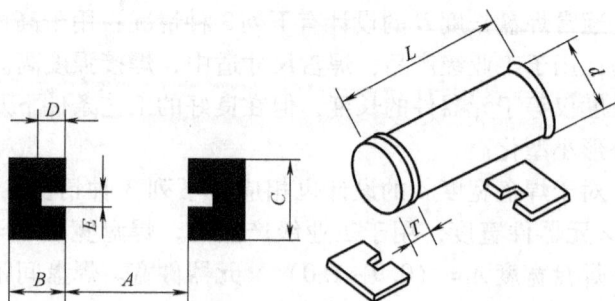

图 3-17 柱状无源元器件（MELF）的焊盘

计算公式：$A = L_{max} - 2T_{max} - 0.254$

$B = d_{max} + T_{min} + 0.254$

$C = d_{max} - 0.254$

$D = B - (2B + A - L_{max})/2$

$E = 0.2mm$

2）小外形封装晶体管焊盘的设计。在 SMT 中，小外形封装晶体管（SOT）的焊盘图形设计较为简单，一般来说，只要遵循下述规则即可。

① 焊盘间的中心距与器件引线间的中心距相等；

② 焊盘的图形与器件引线的焊接面相似，但在长度方向上应扩展 0.3mm，在宽度方向上应减少 0.2mm；若是用于波峰焊，则长度方向及宽度方向均应扩展 0.3mm。

使用中应注意 SOT 的品种，如 SOT-23、SOT-89、SOT-143 和 DPAK（带散热片）等，SOT 焊盘图形如图 3-18 所示。

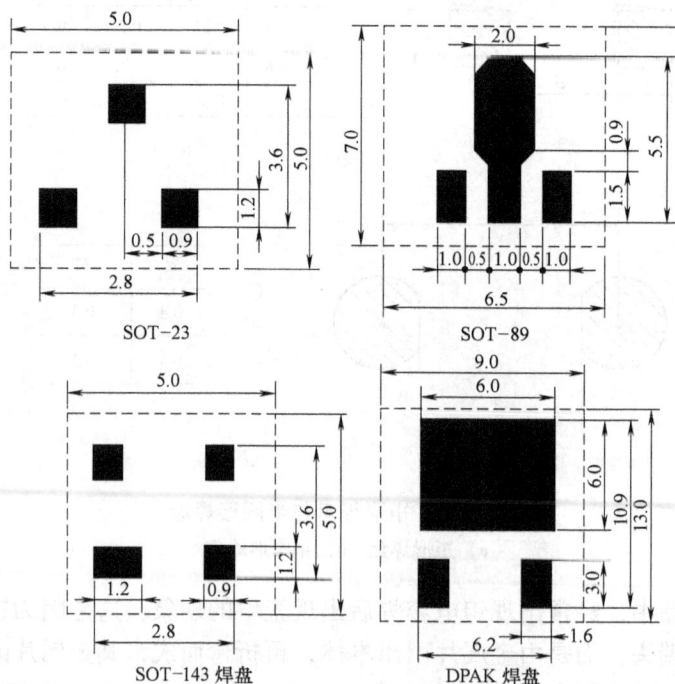

图 3-18 SOT 焊盘图形

3）PLCC 焊盘设计。PLCC 封装的元器件至今仍大量使用，但焊盘设计中经常出现错误，并导致焊接后焊料不能完全包裹"L"引脚的下沿，通常 PLCC 引脚在焊接后也有两个焊接点，PLCC 和 LCCC 焊盘图形如图 3-19 所示。

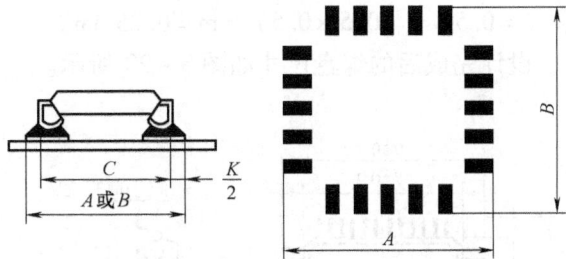

图 3-19　PLCC 和 LCCC 焊盘图形

外侧焊点为主焊点，内侧焊点为次焊点，PLCC 元器件的引脚间距通常为 1.27mm（50mil），故焊盘的宽度为 0.63mm（25mil），长度为 2.03mm（80mil），PLCC 引脚在焊盘上的位置有两种类型：

① 引脚居中型。这种设计在计算时较为方便和简单，焊盘的宽度为 0.63mm（25mil），长度为 2.03mm（80mil），只要计算出元器件引脚落地中央尺寸，就可以方便地设计出焊盘内外侧的尺寸，如图 3-20a 所示。

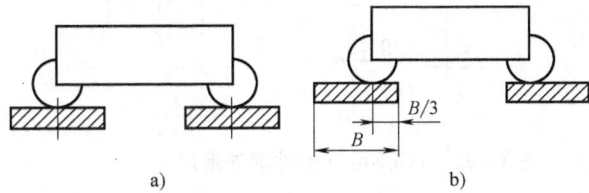

图 3-20　PLCC 引脚在焊盘上的位置
a）引脚居中型　b）引脚不居中型

② 引脚不居中型。这种设计有利于形成主焊接点，外侧有足够的锡量供给主焊缝，PLCC 引脚与焊盘的相切点在焊盘的内 1/3 处。焊盘的宽度仍为 0.63mm（25mil），如图 3-20b 所示。

4）QFP 焊盘设计。这种焊盘其焊盘长度和引脚长度的最佳比为 $L_2:L_1 = (2.5 \sim 3):1$，或者 $L_2 = F + L_1 + A$（F 为端部长 0.4mm；A 为趾部长 0.6mm；L_1 为器件引脚长度；L_2 为焊盘长度）。

QFP 焊盘的设计尺寸如图 3-21 所示。

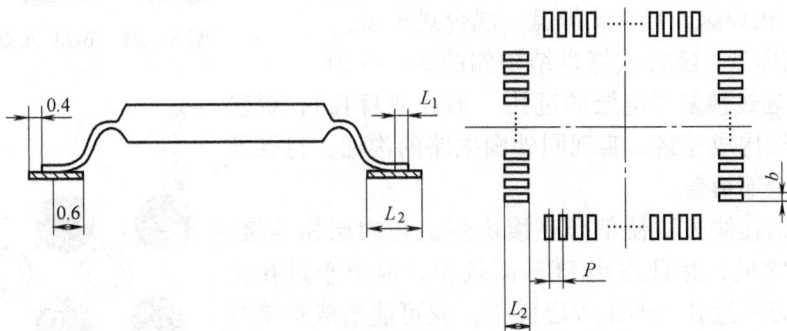

图 3-21　QFP 焊盘的设计

焊盘宽度通常取：$0.49P \leqslant b_2 \leqslant 0.54P$（$P$ 为引脚公称尺寸；b_2 为焊盘宽度）。

对于引脚中心距 0.5mm 间距的 QFP 焊盘设计，以 FQFP48 元器件为例，它的外形尺寸如图 3-22 所示。

考虑以上各种因素，则 $L_1 = 0.5$mm（元器件规定）；

$L_2:L_1 = 3:1$；

$L_2 = F + L_1 + A = (0.4 + 0.5 + 0.6)$ mm = 1.5mm；

$b = 0.5P = (0.5 \times 0.5)$ mm $= 0.25$mm。

设计完成后的焊盘尺寸如图 3 – 23 所示。

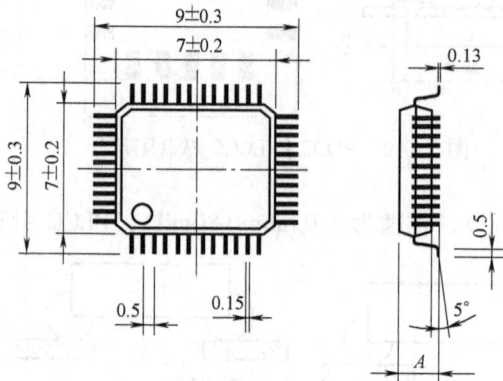

图 3 – 22 FQFP48 元器件的外形尺寸

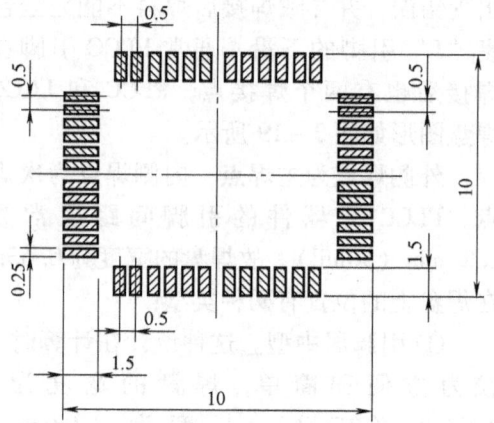

图 3 – 23 FQFP48 元器件焊盘尺寸

5）BGA 焊盘设计。BGA 焊点的形态如图 3 – 24 所示，图中 D_c、D_o 是器件基板的焊盘尺寸，D_b 是焊球的尺寸，D_p 是 PCB 焊盘尺寸，H 是焊球的高度。

通常焊盘直径按照焊球直径的75% ~85% 设计，焊盘引出线不超过焊盘的50%，相对于焊接质量来说，越细越好。为了防止焊盘变形，阻焊开窗（solder mask）不大于 0.05mm。

通常 BGA 焊盘结构有 3 种形式，分别是过孔分布在 BGA 外部式焊盘、哑铃式焊盘、混合式焊盘。

① 哑铃式焊盘。哑铃式焊盘结构如图 3 – 25 所示。BGA 焊盘通过镀复导电层的过孔（通孔或盲孔），提供与内层布线连接构成通路，实现同外围电路的沟通，过孔通常应用阻焊层全面覆盖。

这种图形的连线方法使信号直接由焊盘与内层相连接，简单实用较为常见，并且占用 PCB 面较少，但由于过孔位于焊盘之间，万一过孔处的阻焊层脱落，就可能造成焊接时出现桥接故障。同时，这种方式也直接受到加工能力、制造成本与组装工艺等因素的制约。

② 过孔分布在 BGA 外部式焊盘。过孔分布在 BGA 外部形式的焊盘特别适用于 I/O 数量较少的 BGA 焊盘设计，焊接时可以减少一些不确定性因素的影响，对保证焊接质量有

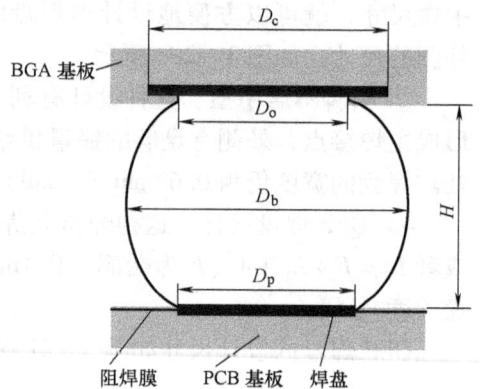

图 3 – 24 BGA 焊点的形态

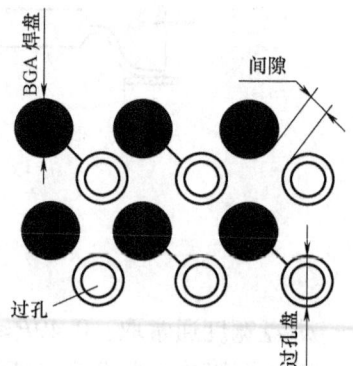

图 3 – 25 BGA 的哑铃式焊盘

利。但采用这样的设计形式对于多 I/O 端子的 BGA 是有困难的，因为阵列最外边行列中，焊球引脚间的空间很快被走线塞满。由于导线的最小线宽与间距是由电性能要求与加工能力

决定，所以这种布线设计的导线数量是有限制的。此外该结构焊盘占用 PCB 的面积相对较大。过孔分布在 BGA 外部形式的焊盘如图 3 - 26a 所示。

③ 混合式焊盘。对于 I/O 端子较多的 BGA，可以将上述两种焊盘结构设计混合在一起使用，即内部采用哑铃式过孔结构，外围则采用过孔分布在 BGA 外部形式的焊盘，如图 3 - 26b 所示。

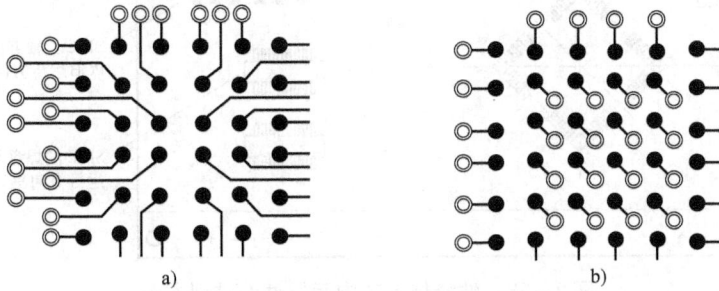

图 3 - 26　过孔分布在 BGA 外部形式的焊盘和混合式焊盘
a）过孔分布在 BGA 外部形式的焊盘　b）混合式焊盘

随着 PCB 制造技术的提高，特别是积层式 PCB 制造技术的出现，其过孔可以直接做在焊盘上，这一设计方式使 PCB 的结构变得简单，焊接缺陷也大大减少。

为了方便贴片后检查，在 PCB 上还应设有检查标记，如图 3 - 27 所示。

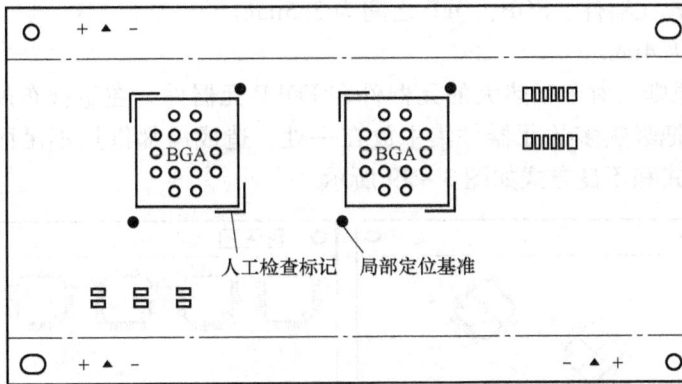

图 3 - 27　检查标记

3.3.3　元器件方向、间距、辅助焊盘的设计

1）同类元器件尽可能按相同的方向排列，特征方向应一致，以便于元器件的贴装、焊接和检测，如电解电容极性、二极管的正极、集成电路的第一引脚的排列方向应尽量一致。

再流焊时，为了使 SMC 的两个焊端以及 SMD 两侧引脚同步受热，减少由于元器件两侧焊端不能同步受热而产生立碑、移位、焊端脱离焊盘等焊接缺陷，要求 PCB 上 SMC 的长轴应垂直于再流炉的传送带方向，SMD 的长轴应平行于再流炉的传送带方向。

波峰焊时，为了使 SMC 的两个焊端以及 SMD 的两侧焊端同时与焊料波峰相接触，SMD 的长轴应平行于波峰焊炉的传送带方向（焊盘与 PCB 运行方向垂直），QFP 器件（引脚中心距大于 0.8mm 以上）则应转 45°，如图 3 - 28 所示。而且元器件布局和排布方向应遵循较小元器件在前和尽量避免互相遮挡的原则。

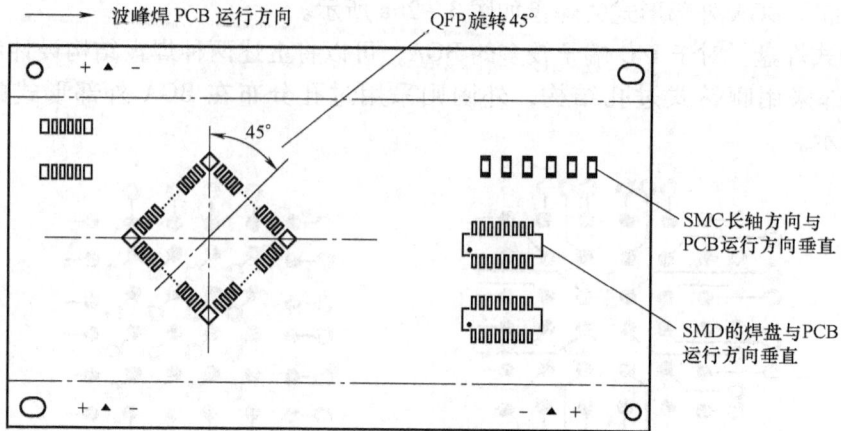

图 3-28 波峰焊工艺中元器件的排列方向

2）元器件的间距设计。为了保证焊接时焊盘间不会发生桥接，以及在大型元器件的四周留下一定的维修空间，在分布元器件时，要注意元器件间的最小间距，波峰焊接工艺要略宽于再流焊接工艺。一般组装密度的表面贴装元器件之间的最小间距如下。

① 片式元器件之间，SOT 之间，SOP 与片式元器件之间为 1.25mm。

② SOP 之间，SOP 与 QFP 之间为 2mm。

③ PLCC 与片式元器件、SOP、QFP 之间为 2.5mm。

④ PLCC 之间为 4mm。

3）供热均匀原则。对于吸热大的元器件和 FQFP 元器件，在整板布局时要考虑到焊接时的热均衡，不要把吸热多的元器件集中放在一处，造成局部供热不足而另一处过热的现象，良好的布局方式和不良方式如图 3-29 所示。

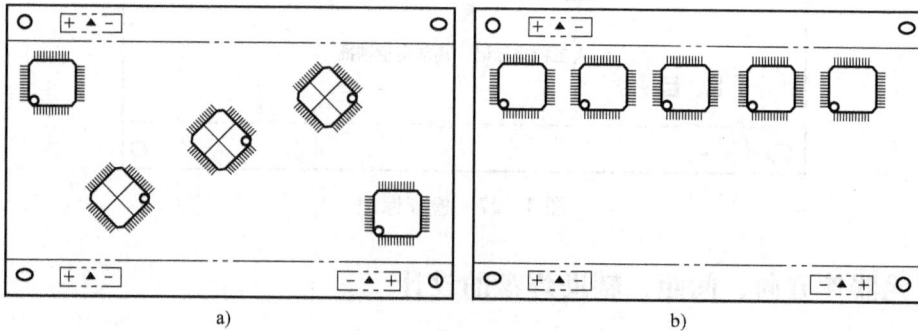

图 3-29 元器件布局的设计

a）良好 b）差

4）在采用贴片—波峰焊工艺时，SOIC 和 QFP 除注意方向外，还应在焊盘间放一个辅助焊盘，辅助焊盘也称工艺焊盘，是 PCB 涂胶位置上有阻焊膜的空焊盘。在焊盘过高或 SMD 组件下面的间隙过大时，将贴片胶点在辅助焊盘上面，其作用是为了减小表面组装元器件贴装后的架空高度。

3.3.4 焊盘与导线连接的设计

1. SMC 的焊盘与线路连接

SMT 元件（SMC）的焊盘与线路连接可以有多种方式，原则上连线可在焊盘任意点引出。线路与 SMC 焊盘连接时，最好从焊盘长边的中心引出，一般不得在两焊盘相对的间隙之间进行，如图 3-30 所示。

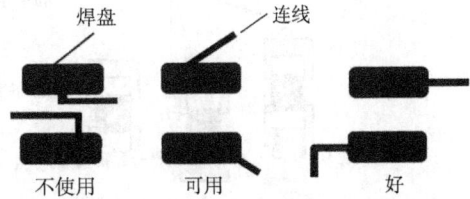

图 3-30 线路与焊盘的连接

2. SMD 的焊盘与线路连接

SMD 焊盘与线路的连接图形，将影响再流焊中元器件涌动的发生、焊接热量的控制以及焊锡沿布线的迁移。

1）再流焊接时若元器件出现泳动现象，则元器件涌动的方向与元器件两端焊盘和连线的浸润面积有关。原则上集成电路焊盘的连线可以从焊盘任一端引出，但不应使焊锡的表面张力过分聚集在一根轴上。只要使元器件各轴上保持所受的焊锡张力均衡，元器件就不相对焊盘发生偏转。

2）由于 SMD 的排列方位不合理、焊盘上焊膏量不等以及焊盘的导热路径不同，在再流焊时很可能使焊盘再流开始时间不同，因而产生"立碑"现象或元器件在焊盘上偏转的现象。

为了使每个焊盘再流的时间一致，必须控制焊盘和连线间的热耦合，以确保每个焊盘保持相同的热量。SMD 器件的引脚与大面积铜箔连接时，要进行热隔离；一般规定不允许把宽度大于 0.25mm 的布线和再流焊焊盘连接。如果电源线或接地线要和焊盘连接，则在连接前需要将宽布线变窄至 0.25mm 宽，且不短于 0.635mm 的长度，再和焊盘相连，如图 3-31 所示。

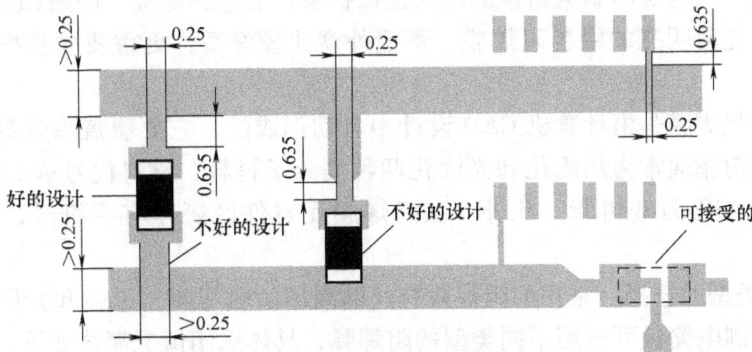

图 3-31 宽布线变窄后再和焊盘相连

3. 导通孔与焊盘的连接

表面组装印制电路板的导通孔可以采用两种形式：第一种是裸露的镀铜孔，两端覆盖阻焊膜；第二种是有锡铝镀层的镀铜孔。一般焊盘与导通孔之间使用线路连接，用具有阻焊膜的窄走线与焊盘相连；如果导通孔采用阻焊膜，则可以将导通孔放置在与焊盘相邻的地方，通常不将导通孔放在焊盘上，如图 3-32 所示。

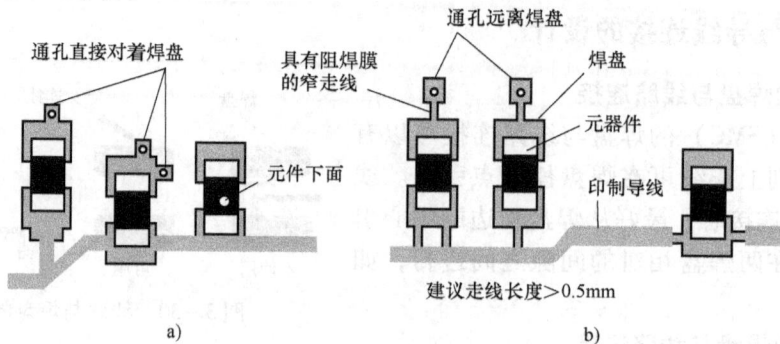

图 3-32　焊盘与通孔连接的设计
a）差的设计　b）好的设计

3.3.5　PCB 可焊性设计

PCB 蚀刻及清洁后必须在表面进行涂覆保护，包括在非焊接区内涂覆阻焊膜和在焊盘表面加涂覆层以防止焊盘氧化两道工序。

1. 阻焊膜

常见的印制电路板，如计算机板卡基本上是环氧树脂玻璃布基双面印制电路板，其中有一面是 SMC/SMD 以及插装元器件，另一面为元器件引脚焊接面，可以看出除了需要锡焊的焊盘等部分外，其余部分的表面有一层耐波峰焊的阻焊膜。阻焊膜多数为绿色，有少数采用黄色、红色、蓝色等，所以在 PCB 行业常把阻焊油叫成绿油。其作用是防止波峰焊时产生桥接现象，提高焊接质量和节约焊料。同时还可以防止在再流焊时焊盘上的焊锡迁移至金属布线上，造成焊接缺陷。如果以阻焊膜盖住通孔，在波峰焊时焊剂不会由通孔冲到印制电路板的元器件面上。它也是印制电路板的永久性保护层，能起到防潮、防腐蚀、防霉和机械擦伤等作用。表面光滑明亮的绿色阻焊膜，不但外观比较好看，更重要的是提高了焊点的可靠性。

通常焊盘的阻焊膜是由计算机 CAD 设计中自动形成的，它要覆盖除焊盘以外的其他图形。作阻焊膜的树脂通常为热固化和光固化两种高分子材料，材料代号 AR 为丙烯酸树脂，ER 为环氧树脂，SR 为硅树脂。此外，在阻焊膜元器件区还印有字符号，以利于安装和维修。

1）阻焊膜类型的选择。常用的阻焊膜有丝网漏印的阻焊膜、干膜和光图形转移的湿膜等。对具体的印制电路板可选用不同类型的阻焊膜，具体选用情况简述如下。

① 丝网漏印的阻焊膜用于布线密度低的印制电路板，即无细间距引脚元器件、在焊盘间不通过布线导体等。因为在焊盘间距较小时，丝网漏印阻焊膜很可能玷污焊盘造成焊接缺陷，或者在元器件的引线和焊盘之间造成开路。

② 光图形转移的湿膜是用光刻工艺在电路板上形成阻焊膜图形。采用这种工艺图形的对准精度高，因此适用于高密度印制电路板。另外，湿膜与环氧玻璃纤维板、锡铅层以及裸铜层有很好的粘合力，分辨率高而且价格适中。

③ 干膜阻焊膜图形的对准精度好、分辨率高、无流动性，不会污染焊盘，而且能覆盖

住通孔。但干膜也存在着不足之处，例如在贴压过程中容易在印制电路板面与膜之间留存气隙，高温下容易使膜层破裂，所以耐热冲击能力差。另外干膜厚度较大，不宜涂覆在无源元件下方，否则在再流焊时元器件容易产生"立碑"现象，而且干膜的价格要比其他阻焊膜贵。

2）阻焊膜的使用原则。

① 应与印制电路板制造工艺相适应。假若在印制电路板的布线表面覆盖锡铅层，再在锡铅层上涂阻焊膜，那么在高温下锡铅会熔化而使阻焊膜漂浮，冷却后阻焊膜易形成橘皮状皱纹，并易于破裂。这不但影响印制电路板的外观，而且一旦阻焊膜破裂，焊剂会渗入到阻焊膜下方，影响电性能。因此要求将阻焊膜直接覆盖在裸铜布线上。

② 留有间隙。若采用丝网漏印的液体阻焊膜，设计时要在焊盘四周留有 0.25mm 的间隙，以防止阻焊膜沾污焊盘影响焊接质量。

③ 无源元器件下方不采用阻焊膜。片式电阻、电容下方应尽量不要采用阻焊膜（尤其是干膜）。否则当片式元器件一端的焊膏先熔化时，就会以厚的阻焊膜的边缘为支点而使元器件直立，产生翘板现象。

④ 有引线元器件下方可设置阻焊膜。有引线的器件如 SOIC、PLCC、QFP，只要元器件的引线直立部分离电路板面≥0.05mm，即可以在元器件下方涂阻焊膜。

在元器件 SOIC、PLCC 和 QFP 的焊盘之间如果没有布线通过，则可以采用长条窗口式设计。即在焊盘间没有阻焊膜，直接裸露环氧玻璃层板。

2. 焊盘涂覆层

为保护焊盘并使之有良好的可焊性和较长的有效期（6 个月），需要在焊盘表面加涂覆层，焊盘涂覆层通常采用以下几种工艺。

1）Sn/Pb 合金热风整平工艺。Sn/Pb 合金热风整平工艺是传统的焊盘保护方法，其做法是：PCB 铜板制作好后，浸入熔融的 Sn/Pb 合金中，再慢慢提起并在热风作用下使焊盘孔壁涂覆 Sn/Pb 合金层，力求光滑、平整。此工艺具有可焊性好、PCB 有效期长的优点。但由于细间距 QFP 器件的出现，对焊盘平整度提出更高的要求，故热风整平工艺对于 SMB 来说操作难度较大。

2）镀金工艺。镀金工艺具有表面平整、耐磨、耐氧化、接触电阻小的优点，适用于 FQFP 的焊盘保护，但焊盘可焊性不及 Sn/Pb 合金热风整平工艺的好。镀层厚镀≤1μm（0.1 ~ 0.3μm），薄的镀金层能在焊接时迅速溶于焊料中，并与镍层形成锡镍共价化合物，使焊点更牢固。少量的金溶于锡中不会引起焊点变脆，金层只起保护镍层不被氧化的作用。用于印制插头或印制接触点，金层厚度≥1.3μm，镍层厚度为 5 ~ 7μm，金能与焊料中的锡形成金锡间共价化合物（$AuSn_4$），在焊点的焊料中金的含量超过 3% 会使焊点变脆，所以应严格控制金层的厚度。镀金工艺又分为全板镀金与化学镀金。

① 全板镀金是在 PCB 图形制造好后，先全板镀镍，再全板镀金，清洁后即可。该工艺成熟，镀金层薄（<0.1μm），又称为水金工艺，但全板镀金费用较高。

② 化学镀金是焊盘、通孔等局部镀金，即在 SMB 制造好后涂覆阻焊层，仅裸露需要镀金的部位，通过化学还原反应在焊盘孔壁上沉积一层镍，然后再沉积一层金，故用金量低，价格相对较低，但有时出现阻焊层的性能不能适应化学镀金过程中所使用的溶剂及药品的问题，因此习惯上仍使用全板镀金工艺。镀金工艺适用于各种 SMB 的制造。

3）有机耐热预焊剂（OSP）。有机耐热预焊剂又称有机保护焊剂，是 20 世纪 90 年代中期出现的代替镀金工艺的一种 SMB 涂敷层。它具有良好的耐热保护，使 SMB 能承受二次焊接的要求，此外制造中具有三废少、成本低、工艺流程简单的优点。缺点是焊点不够饱满，焊接效果在外观上不及上述两种工艺，该工艺大量适用于视听产品。

3.3.6　PCB 光绘资料与光绘操作流程

1. PCB 光绘资料

在 PCB 设计资料完成后，SMT 印制电路板的设计者应向制造商提供磁盘文件和说明文件。

磁盘文件包括每层布线图、字符图、阻焊图、钻孔图（不需孔金属化的要标明孔径、金属化状态）、外形图（包括定位孔尺寸及位置要求，层与层之间应有对准标记）。

说明性文件应包括基板材料、最终厚度及公差要求；镀层厚度，孔金属化最终尺寸要求；丝印油墨材料及颜色；阻焊膜材料及厚度；PCB 拼版图纸；其他必须要说明的特殊要求。

在 PCB 生产厂，技术人员根据设计者提供的光绘资料制备照相底板，即 PCB 光绘（CAM）。

2. PCB 光绘操作流程

1）检查用户的文件。

用户拿来的文件，首先要进行例行的检查：

① 检查磁盘文件是否完好；

② 检查该文件是否带有病毒，有病毒则必须先杀病毒；

③ 如果是 Gerber 文件，则检查有无 D 码表或内含 D 码。

2）检查设计是否符合本厂的工艺水平。

① 检查客户文件中设计的各种间距是否符合本厂工艺：线与线之间的间距、线与焊盘之间的间距、焊盘与焊盘之间的间距。以上各种间距应大于本厂生产工艺所能达到的最小间距。

② 检查导线的宽度，要求导线的宽度应大于本厂生产工艺所能达到的最小线宽。

③ 检查导通孔大小，以保证本厂生产工艺的最小孔径。

④ 检查焊盘大小与其内部孔径，以保证钻孔后的焊盘边缘有一定的宽度。

3）确定工艺要求。根据用户要求确定各种工艺参数。

① 根据后序工艺的不同要求，确定光绘底片（俗称菲林）是否镜像。底片镜像的原则：药膜面（即乳胶面）贴药膜面，以减小误差。

底片镜像的决定因素是采用何种工艺，如果是网印工艺或干膜工艺，则以底片药膜面贴基板铜表面为准。如果是用重氮片曝光，由于重氮片复制时镜像，所以其镜像应为底片药膜面不贴基板铜表面。如果光绘时为单元底片，而不是在光绘底片上拼版，则需多加一次镜像。

② 确定阻焊扩大的参数。确定原则是：

a. 大不能露出焊盘旁边的导线。

b. 小不能盖住焊盘。由于操作时的误差，阻焊图对线路可能产生偏差。如果阻焊太小，偏差的结果可能使焊盘边缘被掩盖。因此要求阻焊应大些。但如果阻焊扩大太多，由于偏差的影响可能露出旁边的导线。

③ 根据板子上是否有印制插头（俗称金手指）以确定是否要加工艺线。

④ 根据电镀工艺要求确定是否要加电镀用的导电边框。

⑤ 根据热风整平（俗称喷锡）工艺的要求确定是否要加导电工艺线。

⑥ 根据钻孔工艺确定是否要加焊盘中心孔。

⑦ 根据后序工艺确定是否要加工艺定位孔。

⑧ 根据板子外形确定是否要加外形角线。

⑨ 当用户高精度板子要求线宽精度很高时，要根据本厂生产水平，确定是否进行线宽校正，以调整侧蚀的影响。

4）CAD 文件转换为 Gerber 文件。为了在 CAM 工序进行统一管理，应该将所有的 CAD 文件转换为光绘机标准格式 Gerber 及相当的 D 码表。在转换过程中，应注意所要求的工艺参数，因为有些要求是要在转换中完成的。

现在通用的各种 CAD 软件中，除了 Smart Work 和 Tango 软件外，都可以转换为 Gerber，以上两种软件也可以通过工具软件先转为 Protel 格式，再转 Gerber。

5）CAM 处理。根据所定工艺进行各种工艺处理。特别需要注意：用户文件中是否有哪些地方间距过小，必须作出相应的处理。

6）光绘输出。经 CAM 处理完毕后的文件，就可以光绘输出。拼版的工作可以在 CAM 中进行，也可在输出时进行。

好的光绘系统具有一定的 CAM 功能，有些工艺处理是必须在光绘机上进行的，例如线宽校正。

7）暗房处理。光绘的底片，需经显影，定影处理方可供后续工序使用。暗房处理时，要严格控制以下环节：

① 显影的时间：影响生产底版的光密度（俗称黑度）和反差。时间短，光密度和反差均不够；时间过长，灰雾加重。

② 定影的时间：定影时间不够，则生产底版底色不够透明。

③ 水洗的时间：如水洗时间不够，生产底版易变黄。

特别注意：不要划伤底片药膜。

3.4 习题

1. PCB 是指什么？SMB 与 PCB 有什么区别？
2. SMT 与 THT 所用印制电路板有什么不同？
3. 用于 PCB 基板的材料主要有哪些类型？各有什么特点？
4. 叙述与 SMB 基材质量相关的参数。
5. 环氧玻璃纤维电路基板有几种类型？
6. SMB 设计的基本原则有哪些？
7. 分别叙述 SMC 片式元件及各种 SMD 的焊盘图形设计方法与规则。
8. 简述焊盘与导线连接以及焊盘与通孔连接的设计要求。

第4章 表面组装工艺材料

本章要点

- 贴片胶的化学组成、分类与使用
- 焊锡膏的化学组成、分类与使用
- 无铅焊料的类型
- 助焊剂的化学组成与分类
- 清洗剂的化学组成与分类

在 SMT 的发展过程中，电子化工材料起着相当重要的作用。目前，与 SMT 相关的化工材料种类繁多，其中有用于 PCB 制造的各种基材、阻焊油墨、预涂焊剂、热风整平助熔剂等；还有用于 SMC/SMD 生产的光刻胶、高纯试剂和气体以及各类封装材料等。而表面组装材料则是指 SMT 装联中所用的化工材料，即 SMT 工艺材料。它主要包括以下几方面的内容：贴片胶及其他粘结剂、焊剂、焊料及防氧化油、焊锡膏和清洗剂。

组装材料是进行表面组装工艺的基础。在不同的组装工序中应采用不同的组装材料。有时在同一组装工序中，由于后续工艺或组装方式不同，所用材料也有所不同，见表 4-1。

表 4-1 表面组装工艺材料

工艺 组装工序	波峰焊	再流焊	手工焊
贴 装	粘结剂	焊锡膏（粘结剂）	粘结剂、选用
焊 接	焊剂 棒状焊料	焊剂，焊锡膏 预成型焊料	焊剂 焊锡丝
清 洗	各种溶剂		

4.1 贴片胶

SMT 的工艺过程涉及多种粘结剂材料，如固定片式元器件的贴片胶、对线圈和部分元器件起定位作用的密封胶、临时粘结表面组装元器件的插件胶等，这些粘结剂主要是起粘结、定位或密封作用。此外，还有一些具有特殊性能的粘结剂，如导电胶，它能代替焊料在装联过程中起焊接作用。

在上述粘结剂中，对 SMT 工艺过程最重要的是贴片胶。

4.1.1 贴片胶的用途

贴片胶也称贴装胶、SMT 红胶，它是红色的膏体中均匀地分布着固化剂、颜料、溶剂等的粘结剂，主要用来将元器件固定在印制电路板上，一般用点胶或网板印刷的方法来分配。贴上元器件后放入烘箱或再流焊机加热硬化，一经加热硬化后，再加热也不会溶化，也就是说，贴片胶的热固化过程是不可逆的。SMT 贴片胶的使用效果会因热固化条件、被连接物、所使用的设备、操作环境的不同而有差异。使用时要根据生产工艺来选择贴片胶，在 SMT 生产中，其主要作用是：

1）在使用波峰焊时，为防止印制板通过焊料槽时元器件掉落，而将元器件固定在印制电路板上。

2）双面再流焊工艺中，为防止已焊好的那一面上大型器件因焊料受热熔化而脱落，要使用贴片胶固定。

3）用于再流焊工艺和预涂敷工艺中防止贴装时的位移和立片。

4）此外，印制电路板和元器件批量改变时，用贴片胶作标记。

4.1.2　贴片胶的化学组成

表面组装贴片胶通常由基体树脂、固化剂和固化促进剂、增韧剂和填料组成。

1）基体树脂。是贴片胶的核心，一般用环氧树脂和丙烯酸酯类聚合物。近年来也用聚氨酯、聚酯、有机硅聚合物以及环氧树脂—丙烯酸酯类共聚物。

2）固化剂和固化促进剂。常用的固化剂和固化促进剂为双氰胺、三氟化硼—胺络合物、咪唑类衍生物、酰胺、三嗪和三元酸酰肼等。

3）增韧剂。由于单纯的基体树脂固化后较脆，为弥补这一缺陷，需在配方中加入增韧剂。常用的增韧剂有邻苯二甲酸二丁酯、邻苯二甲酸二辛酯、液体丁腈橡胶和聚硫橡胶等。

4）填料。加入填料后可提高贴片胶的电绝缘性能和耐高温性能，还可使贴片胶获得合适的黏度和粘结强度等。常用的填料有硅微粉、碳酸钙、膨润土、白碳黑、硅藻土、钛白粉、铁红和碳黑等。

4.1.3　贴片胶的分类

1. 按基体材料分

按基体材料分，可分为环氧树脂和聚丙烯两大类。

环氧树脂是最老的和用途最广的热固型、高黏度的贴片胶，常用双组分。聚丙烯贴片胶则常用单组分，它不能在室温下固化，通常用短时间紫外线照射或用红外线辐射固化，固化温度约为150℃，固化时间约为数十秒到数分钟，属紫外线加热双重固化型。

2. 按功能分

按功能分，有结构型、非结构型和密封型。

结构型具有高的机械强度，用来把两种材料永久地粘结在一起，并能在一定的荷重下使它们牢固地接合。非结构型用来暂时固定具有不大荷重的物体，如把 SMD 粘结在 PCB 上，以便进行波峰焊接。密封型用来粘结两种不受荷重的物体，用于缝隙填充、密封或封装等目的。前两种粘结剂在固化状态下是硬的，而密封型粘结剂通常是软的。

3. 按化学性质分

按化学性质分，有热固型、热塑型、弹性型和合成型。

1）热固型粘结剂固化之后再加热也不会软化，不能重新建立粘结连接。热固型又可分单组分和双组分两类。所谓单组分是指树脂和固化剂包装时已经混合。它使用方便，质量稳定，但要求存放在冷藏条件下，以免固化；双组分的树脂和固化剂分别包装，使用时才混合，保存条件不苛刻。但使用时的配比常常把握不准，影响性能。热固型可用于把 SMD 粘结在 PCB 上，主要有环氧树脂、腈基丙烯酸酯、聚丙烯和聚酯。

2）热塑型固化后可以重新软化，重新形成新的粘结剂，它是单组分系统。

3）弹性粘结剂是具有较大延伸率的材料，可由合成或天然聚合物用溶剂配制而成，呈乳状。如尿烷、硅树脂和天然橡胶等。

4）合成粘结由热固型、热塑型和弹性型粘结剂组合配制而成。它利用了每种材料的最有用的性能。如环氧—尼龙、环氧聚硫化物和乙烯基—酚醛塑料等。

4. 按使用方法分

按使用方法，可分为针式转移、压力注射式、丝网/模板印刷等工艺方式适用的贴片胶。典型贴片胶的特性见表 4 - 2。

表 4 - 2　典型贴片胶的特性

性　能 ＼ 型　号	（日） TM Bond A 2450	（美） Ami con 930 - 12 - 4F	（国产） MG - 1	（美） MR8153RA
颜　色	红	黄	红	红
黏度/Pa · s	120 ± 40	$70 \sim 90$	$100 \sim 300$	
体积电阻率/Ω · cm	$> 1 \times 10^{13}$	1×10^{13}	$> 1 \times 10^{13}$	1×10^{14}
触变指数	$4 \pm$	> 3.5	> 3	
剪切强度/MPa	> 6	> 6	10	8.5
固　化	150℃ 20min	120℃ min	150℃ 20min	150℃ 2 ~ 3min
40℃ 储存期/天	> 2		> 5	
25℃ 储存期/天	> 30		> 30	60
冷藏储存期	<5℃ 6 个月	0℃ 3 个月	<5℃ 6 个月	5℃ 6 个月

4.1.4　表面组装对贴片胶的要求

为了确保表面组装的可靠性，贴片胶应符合以下要求。

1）常温使用寿命要长。

2）合适的黏度。贴片胶的黏度应能满足不同施胶方式、不同设备、不同施胶温度的需要。胶滴时不应拉丝；涂敷后能保持足够的高度，而不形成太大的胶底；涂敷后到固化前胶滴不应漫流，以免流到焊接部位，影响焊接质量。

3）快速固化。贴片胶应在尽可能低的温度下，以最快的速度固化。这样可以避免 PCB 翘曲和元器件的损伤，也可避免焊盘氧化。

4）粘结强度适当。贴片胶在焊前应能有效地固定片式元器件，检修时应便于更换不合格的元器件。贴片胶的剪切强度通常为 6 ~ 10MPa。

5）其他。在固化后和焊接中应无气隙；应能与后续工艺中的化学制剂相容而不发生化学反应；不干扰电路功能；有颜色，便于检查；供 SMT 用贴片胶的典型颜色为红色或橙色。

6）贴片胶的包装。目前市场上贴片胶的包装主要有两种形式，一种是注射针管式包装，可直接上点胶机使用。其包装规格主要有 5ml、10ml、20ml 和 30ml；此外还有 300ml 注射管大包装，使用时分装到小针管中再上点胶机。注意将大包装分装到小注射针管中应使用专用工具。

听装主要用于针式转移法和印刷法，一般是 1kg/听。图 4 - 1 所示是两种包装的外观。

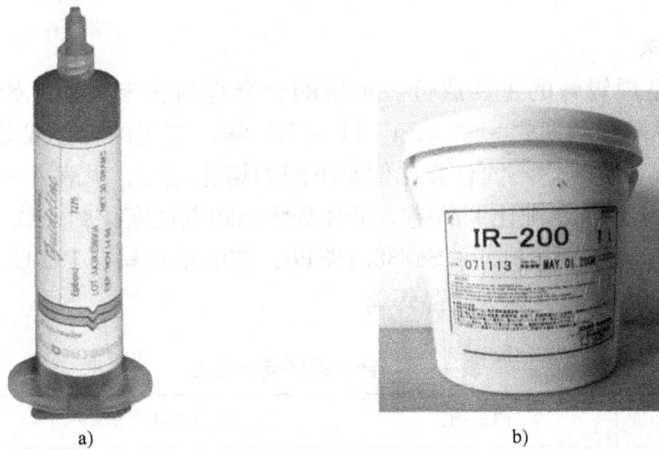

图 4 - 1　贴片胶的包装
a）注射针管式包装　b）听装

4.2　焊锡膏

焊锡膏（Sol ding Pasts）又称焊膏、锡膏，是由合金粉末、糊状焊剂和一些添加剂混合而成的具有一定黏性和良好触变特性的浆料或膏状体。它是 SMT 工艺中不可缺少的焊接材料，广泛用于再流焊中。常温下，由于焊锡膏具有一定的黏性，可将电子元器件粘贴在 PCB 的焊盘上，在倾斜角度不是太大，也没有外力碰撞的情况下，一般元器件是不会移动的，当焊锡膏加热到一定温度时，焊锡膏中的合金粉末熔融再流动，液体焊料润湿元器件的焊端与 PCB 焊盘，在焊接温度下，随着溶剂和部分添加剂挥发，冷却后元器件的焊端与焊盘被焊料互连在一起，形成电气与机械相连接的焊点。

4.2.1　焊锡膏的化学组成

焊锡膏主要由合金焊料粉末和助焊剂组成，见表 4 - 3。焊锡膏中合金焊料颗粒与助焊剂（Flux）的体积之比约为 1:1，其中合金焊料粉占总重量的 85% ~ 90%，助焊剂占 15% ~ 10%，即重量之比约为 9:1。

表 4 – 3　焊锡膏的组成和功能

组　成		使用的主要材料	功　能
合金焊料粉		Sn – Pb　Sn – Pb – Ag 等	元器件和电路的机械和电气连接
焊剂	焊剂	松香，合成树脂	净化金属表面，提高焊料润湿性
	粘结剂	松香，松香脂，聚丁烯	提供贴装元器件所需黏性
	活化剂	硬脂酸，盐酸，联氨，三乙醇胺	净化金属表面
	溶剂	甘油，乙二醇	调节焊锡膏特性
	触变剂		防止分散，防止塌边

1. 合金焊料粉末

合金焊料粉末是焊锡膏的主要成分。常用的合金焊料粉末有锡 – 铅（Sn – Pb）、锡 – 铅 – 银（Sn – Pb – Ag）、锡 – 铅 – 铋（Sn – Pb – Bi）等，常用的合金成分为 63% Sn/37% Pb 以及 62% Sn/36% Pb/2% Ag。不同合金比例有不同的熔化温度，见表 4 – 4。以 Sn – Pb 合金焊料为例，图 4 – 2 表示了不同比例的锡、铅合金状态随温度变化的曲线。图 4 – 2 中的 T 点叫做共晶点，对应合金成分为 61.9% Sn/38.1% Pb，它的熔点只有 182℃。实际工程应用中，一般把 60% Sn/40% Pb 的焊料称为共晶焊锡。

表 4 – 4　合金焊料熔化温度

合金焊料	熔点/℃	合金焊料	熔点/℃
Sn – Zn	204 ~ 371	Sn – Sb	249
Pb – Ag	310 ~ 366	Sn – Pb – In	99 ~ 216
Sn – Pb	177 ~ 327	Sn – Pb – Bi	38 ~ 149

合金焊料粉末的形状、粒度和表面氧化程度对焊锡膏性能的影响很大。合金焊料粉末按形状分成无定形和球形两种。球形合金粉末的表面积小、氧化程度低、制成的焊锡膏具有良好的印刷性能。合金焊料粉末的粒度一般在 200 ~ 400 目。粒度愈小，黏度愈大；粒度过大，会使焊锡膏粘结性能变差；粒度太细，则由于表面积增大，会使表面含氧量增高，也不宜采用。

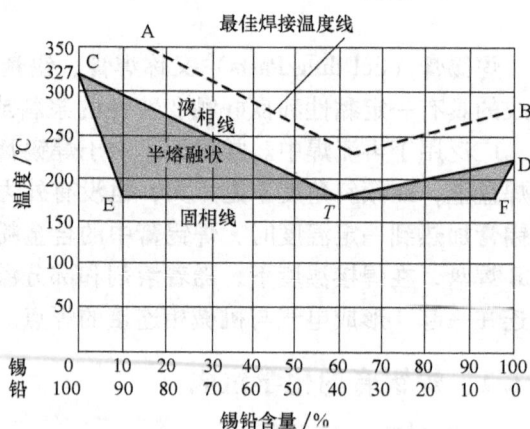

图 4 – 2　锡铅合金状态图

2. 助焊剂

在焊锡膏中，糊状助焊剂是合金粉末的载体，其组成与通用助焊剂基本相同。为了改善印刷效果和触变性，有时还需加入触变剂和溶剂。通过助焊剂中活性剂的作用，能清除被焊材料表面以及合金粉末本身的氧化膜，使焊料迅速扩散并附着在被焊金属表面。助焊剂的组成对焊锡膏的扩展性、润湿性、塌陷、黏度变化、清洗性质、焊珠飞溅及储存寿命均有较大影响。

4.2.2 焊锡膏的分类

焊锡膏的品种很多，通常可按以下性能分类：

1. 按合金焊料粉的熔点分

最常用的焊锡膏熔点为 178 ~ 183℃，随着所用金属种类和组成的不同，焊锡膏的熔点可提高至 250℃ 以上，也可降为 150℃ 以下，可根据焊接所需温度的不同，选择不同熔点的焊锡膏。

2. 按焊剂的活性分

参照通用液体焊剂活性的分类原则，可分为无活性（R），中等活性（RMA）和活性（RA）3 个等级，见表 4-5。使用时可以根据 PCB 和元器件的情况及清洗工艺要求进行选择。

表 4-5　焊锡膏按焊剂的活性分类

类　型	焊剂和活化剂	应用范围
R	水白松香，非活性	航天，军事
RMA	松香，非离子性卤化物等	军事和其他高可靠性电路组件
RA	松香，离子性卤化物	消费类电子产品

3. 按焊锡膏的黏度分

黏度的变化范围很大，通常为 100 ~ 600Pa·s，最高可达 1000Pa·s 以上。使用时依据施膏工艺手段的不同进行选择。

4. 按清洗方式分

电子产品的清洗方式分为有机溶剂清洗、水清洗、半水清洗和免清洗等方式。这是根据焊接过程中所使用的焊剂、焊料成分来确定的。目前，有专门用于免清洗焊接的焊锡膏（如 SQ-1030 SOM）和水清洗焊接的焊锡膏（如 2062-506A-40-9.5）；一般用于水清洗和免清洗的焊锡膏不含氯离子。从保护环境的角度考虑，水清洗、半水清洗和免清洗是电子产品工艺的发展方向。

4.2.3 表面组装对焊锡膏的要求

在表面组装的不同工艺或工序中，要求焊锡膏具有与之相应的性能，表 4-6 列出了实际应用中 SMT 工艺对焊锡膏特性和相关因素的具体要求。

SMT 工艺对焊锡膏特性和相关因素的具体要求内容如下：

1）应具有良好的保存稳定性，焊锡膏制备后，印刷前应能在常温或冷藏条件下保存 3~6 个月而性能不变。

2）印刷时和再流加热前应具有的性能。

①印刷时应具有优良的脱模性；

② 印刷时和印刷后焊锡膏不易坍塌；

③ 焊锡膏应具有一定的黏度。

3）加热时应具有的性能。

① 具有良好的润湿性能；

② 不形成或形成最少量的焊料球（锡珠）；

③ 焊料飞溅要少。

4）再流焊接后应具有的性能。

① 焊剂中固体含量越低越好，焊后易清洗干净；

② 焊接强度高。

表4-6　对焊锡膏要求的特性和相关因素

组装要求的特性		焊料合金							焊剂								焊锡膏		
材料因素		组成	不纯物	粒度	颗粒形状	粒度分布	氧化状态	熔点	沸点	含量	成分	CI量	氯素含量	触变剂量	溶剂量	电导率	吸水量	黏度	比重
印刷前	储存稳定性		△						○		○			△	△		○		
印刷时再流前	印刷脱模性			○	○	○			○	○				○				○	○
	触变性			○	△	△	△											○	△
	黏性								○	○	○				○		○	○	
再流前	润湿性	○	○				○	○				○		△				△	
	焊料球		△	○	○					○				△	○		○		
	焊剂飞溅		○				△	○						△			○		
	速干性						△	○	○					△					
再流后	洗净性								△	△	△							○	
	组件表面美观	△	○		△	△	○			○	○			△	△				
	非腐蚀性		△								○								
	绝缘电阻		△								△	○	△	△		○		△	
接合强度	张力 蠕变性 弯曲弹性 热冲击性	○	○					○			○								

注：○关系大，△有关系。

4.2.4　焊锡膏的选用原则

根据焊锡膏的性能和使用要求，可参考以下几点选用：

1）焊锡膏的活性可根据印制板表面清洁程度来决定，一般采用 RMA 级，必要时采用 RA 级。

2）根据不同的涂覆方法选用不同黏度的焊锡膏，一般液体分配器用黏度为 100~200Pa·s，丝网印刷用黏度为100~300Pa·s，漏印模板印刷用黏度为200~600Pa·s。

3）精细间距印刷时选用球形、细粒度焊锡膏。

4）双面焊接时，第一面采用高熔点焊锡膏，第二面采用低熔点焊锡膏，保证两者相差30~40℃，以防止第一面已焊元器件脱落。

5）当焊接热敏元器件时，应采用含铋的低熔点焊锡膏。

6）采用免洗工艺时，要用不含氯离子或其他强腐蚀性化合物的焊锡膏。

几种常用焊锡膏及其性能见表4-7。

表4-7 几种焊锡膏的性能

牌 号	合金组成/%	熔点 ℃	目数/形状	助焊剂含量/%	氯离子含量/%	黏度/Pa·s	用 途
SQ-1025SZH-1	63Sn/37Pb	183	250/球形	10.0	0.2	400	0.65mm片状器件用
SQ-2030SZH-1	62Sn/36Pb/2Ag	179	300/球形	10.2	0.2	450	0.5mm片状器件用
SQ-1030SZ（Ex-3）	63Sn/37Pb	183	300/球形	10.5	0.2	600	高速贴片用
SQ-1030SOM	63Sn/37Pb	183	300/球形	9.0	0	350	免洗用
2062-506A-40-9.5	62Sn/36Pb/2Ag	178~183	325/球形	9.5	0	330	水清洗
RHG-70-220		220±5	250/无定形	15.0	0.2	320±100	高熔点用
RHG-55-165		135~166	325/无定形	15.0	0.2	180±100	低熔点用

4.2.5 焊锡膏使用的注意事项

1）焊锡膏通常应该保存在5~10℃的低温环境下，可以储存在电冰箱的冷藏室内。即使如此，超过使用期限的焊锡膏也不得再使用于生产正式产品。

2）一般应该在使用前至少2h从冰箱中取出焊锡膏，待焊锡膏达到室温后，才能打开焊锡膏容器的盖子，以免焊锡膏在升温过程中凝结水汽。假如有条件使用焊锡膏搅拌机，焊锡膏回到室温下只需要15min即可投入使用。

3）观察焊锡膏，如果表面变硬或有助焊剂析出，必须进行特殊处理，否则不能使用；如果焊锡膏的表面完好，也要用不锈钢棒搅拌均匀以后再使用。如果焊锡膏的黏度大而不能顺利通过印刷模板的网孔或定量滴涂分配器，应该适当加入所使用锡膏的专用稀释剂，稀释并充分搅拌以后再用。

4）使用时取出焊锡膏后，应及时盖好容器盖，避免助焊剂挥发。

5）涂敷焊锡膏和贴装元器件时，操作者应该戴手套，避免污染印制电路板。

6）把焊锡膏涂敷到印制电路板上的关键，是要保证焊锡膏能准确地涂覆到元器件的焊盘上。如果涂敷不准确，必须擦洗掉焊锡膏再重新涂敷，擦洗免清洗焊锡膏不得使用酒精。

7）印好焊锡膏的印制电路板要及时贴装元器件，尽可能在4h内完成再流焊。

8）免清洗焊锡膏原则上不允许回收使用，如果印刷涂敷的间隔超过1h，必须把焊锡膏从模板上取下来并存放到当天使用的单独容器里，不要将回收的锡膏放回原容器。

4.2.6 无铅焊料

1. 电子产品制造业带来的铅污染

铅的性质使它成为人类最早认识、最早利用的金属材料之一，现代工业的发展使铅及其化合物的使用量急剧增加。但是，铅及其化合物又是对人体有害的、多亲和性的重金属毒物，它会通过渗入地下水系统而进入动物或人类的食物链；在日常工作生活中，人体可通过皮肤、呼吸、进食等吸收铅或其化合物，造成神经系统、造血系统和消化系统的损伤，对儿童的身体发育、神经行为、语言能力发展产生负面影响，是引发多种重症疾病的因素。

在电子产品制造中一直采用铅锡合金作为印制电路板和电子元器件引线的表面镀层和焊接材料。目前，电子产品带来的铅污染增长在我国主要表现为3种形式：第一，人民对电子产品的消费需求迅速增长，计算机、彩色电视机、手机、数码电子产品的社会保有量已经占世界第一位，并且每年有数千万台的旧产品以非正常回收的方式淘汰；第二，我国沿海地区已经成为全世界电子产品的加工厂，发达国家纷纷把电子制造企业搬迁到中国；第三，国外的电子垃圾被大量走私进入我国，而现在我们既不能有效地全面遏止这种走私，也缺乏把这些电子垃圾无害化的处理手段。这3种形式都可能加剧铅污染对我国环境和人民健康的危害。

2. 无铅焊接工艺的提出

日本是最早开展无铅焊接研究并首先研制出无铅焊料的国家，各大公司已经把无铅焊接技术应用在电子产品的实际生产中。日本立法规定有铅焊接的终止期为2003年年底，从2004年开始不允许含铅电子产品进口。

2000年6月，美国IPC Lead – Free Roadmap第4版发表，建议美国企业界于2001年推出无铅化电子产品，2004年实现全面无铅化；2002年1月欧盟Lead – Free Roadmap1.0版发表，根据问卷调查结果向业界提供关于无铅化的重要统计资料；欧盟议会和欧盟理事会2003年1月23日发布了第2002/95/EC号《关于在电气电子设备中限制使用某些有害物质的指令》，在这个指令中，欧盟明确规定了六种有害物质为："汞（Hg）、镉（Cd）、六价铬（Cr）、铅（Pb）、聚溴联苯（PBB）、聚溴二苯醚（PBDE）"；并强制要求自2006年7月1日起，在欧洲市场上销售的电子产品必须为无铅的电子产品（个别类型电子产品暂时除外）；2003年3月，中国信息产业部拟定《电子信息产品生产污染防治管理办法》，提议自2006年7月1日起投放市场的国家重点监管目录内的电子信息产品不能含有铅。

就全世界电子工业的铅消耗量来说，仅占所有行业铅消耗总量的0.6%，电子产品生产中的铅用量对环境和健康的危害并不明显。但是，在全球经济和环境保护发展的大背景下，无铅焊接已经成为电子制造行业不可逆转的趋势，电子产品生产企业必须积极地应对它、解决它，否则，将无法在世界电子制造业中立足。

3. 无铅焊料的研究与推广

目前，国际上对无铅焊料的成分并没有统一的标准。通常是以锡为主体，添加其他金属。应该指出，这些焊料中并不是一点铅都没有，只是规定铅的含量必须少于0.1%。

1）对无铅焊料的理想化技术要求如下：

① 无毒性：无铅合金焊料应该无毒或毒性极低，现在和将来都不会成为新的污染源。

② 性能好：导电率、热传导率、浸润性、机械强度和抗老化性等性能，至少应该相当于当前使用的Sn—Pb共晶焊料；而且要便于检验焊接质量，容易修理有缺陷的焊点。

③ 兼容性好：与现有的焊接设备和工艺兼容，尽可能在不需要更换设备和不需要改变工艺的条件下使用无铅焊料进行焊接。例如，无铅焊料的共晶点应该比较低，接近当前使用的铅锡共晶焊料，最好在180~220℃之间。这样，要求焊接设备和元器件相应改变得少一些，有利于减少技术改造成本。

④ 材料成本低：所选用的材料能保证充分供应且价格便宜（目前无铅焊料的售价是铅锡共晶焊料的2~3倍）。

2）最有可能替代铅锡焊料的无毒合金是以锡（Sn）为主，添加银（Ag）、锌（Zn）、铜（Cu）、锑（Sb）、铋（Bi）、铟（h）等金属元素，通过合金化来改善焊料的性能，提高可焊性。

到目前为止，尽管有很多品种的无铅焊料正在加紧研制，一些品种已经进入实用阶段，但至今还没有哪种无铅焊料在各方面的性质上都优于并可以完全取代Sn—Pb共晶焊料。研究正沿着如下3个方向展开：

① 主要重视安全性和可靠性：在Sn里添加Ag或Cu，焊接在高温度区域实现。

② 主要追求焊接温度接近Sn—Pb共晶焊料：在Sn里添加Zn。

③ 重点追求低熔点焊接温度：以上述两个研究方向为基础，在Sn—Ag—Cu合金里添加微量金属Bi可以适当降低焊接温度；在Sn—Zn合金里加大Bi的添加量，可以制成低温焊料。

3）研究表明，以下列3种合金为主，适量添加其他金属元素的合金有可能成为无铅焊料的选择方案，他们各自的特点和性能如下：

① Sn—Ag系焊料：这种焊料的机械性能、拉伸强度、蠕变特性及耐热老化性能比Sn—Pb共晶焊料优越，延展性稍差；主要缺点是熔点温度偏高，润湿性差，成本高。

现在已经投入使用最多的无铅焊料就是这种合金，配比为Sn96.3—Ag3.2—Cu0.5（美国推荐的配比是Sn95.5—Ag4.0—Cu0.5，日本推荐的配比是Sn96.2—Ag3.2—Cu0.6），其熔点为217~218℃，市场价格是Sn—Pb共晶焊料的3倍以上。

② Sn—Zn系焊料：这种焊料的机械性能、拉伸强度比Sn—Pb共晶焊料好，可以拉成焊料线材使用；蠕变特性好，变形速度慢，拉伸变形至断裂的时间长；主要缺点是Zn极容易氧化，润湿性和稳定性差，具有腐蚀性。

③ Sn—Bi系焊料：这种焊料在Sn—Ag系的基础上，添加适量的Bi组成。优点是熔点低，与Sn—Pb共晶焊料的熔点相近；蠕变特性好，增大了拉伸强度；缺点是延展性差，质地硬且脆，可加工性差，不能拉成焊料线材。在Sn—Zn系的基础上，添加多量的Bi，可制成低温焊料。

4. 无铅焊料存在的缺陷

现在，无铅焊料已经在国内众多电子制造企业开始试用或推行，但它目前仍然存在一些缺陷，仅就一般手工焊接来说，主要表现为：

1）扩展能力差：无铅焊料在焊接时，润湿、扩展的面积只有 Sn—Pb 共晶焊料的 1/3 左右。

2）熔点高：无铅焊料的熔点一般比 Sn—Pb 共晶焊料的熔点大约高 34~44℃，对电烙铁设定的工作温度也比较高。这就使烙铁头更容易氧化，使用寿命变短。

因此，使用无铅焊料进行手工焊接必须注意以下几点：

- 选用热量稳定、均匀的电烙铁：在使用无铅焊料进行焊接作业时，出于对元器件耐热性以及安全作业的考虑，一般应当选择烙铁头温度在 350~370℃ 以下的电烙铁。

- 控制烙铁头的温度非常重要：应采用能够调节温度的电烙铁，并根据使用的焊料，选择最合适的烙铁头，设定焊接温度并随时调整。

5. 无铅焊料引发的新课题

随着无铅焊料的研制，焊料的成分和性能发生了变化，与焊接过程相关的新课题也在探讨研究之中。事实上，电子产品无铅焊接需要解决焊料和焊接两个基本问题，所涉及的是一个范围极其广大的技术领域，焊接设备、焊接材料、助焊剂、焊接工艺、电子元器件都将随之改变。

1）元器件问题。因为多数无铅焊料的熔点都比较高，焊接过程的温度比采用 Sn—Pb 焊料高，这就要求元器件以及各种结构性材料能够耐受更高的加工温度。

目前还有很多元器件的焊端或引线表面采用 Sn—Pb 镀层，推广无铅焊接的同时，这些镀层也必须采用无铅材料。

2）印制电路板问题。要求印制电路板的板材能够承受更高的焊接温度，焊接以后不产生变形或铜箔脱落。

焊盘表面镀层也必须无铅化，应与无铅焊料兼容，并且制造成本低。

3）助焊剂问题。目前所用的助焊剂不能帮助无铅焊料提高润湿性，必须研制浸润性更好的新型助焊剂，其温度特性应该与无铅焊料的预热温度和焊接温度相匹配，而且满足环境保护的要求。

4）焊接设备问题。要适应更高的焊接温度，再流焊设备要改变温区设置，预热区必须加长或更换新的加热元件；波峰焊设备的焊料槽、焊料波喷嘴和传输导轨的爪钩材料要能够承受高温腐蚀。

由于焊料成分不同使熔点及性能不同，焊接温度和设备的控制变得比铅锡焊料更复杂。在焊接高密度、窄间距 SMT 印制电路板时，有必要采用新的抑制焊料氧化技术或采用惰性气体保护焊接技术。

采用 N_2 保护焊接，有利于价格昂贵的无铅焊料减少氧化，但 N_2 的产生、保管、防泄漏、回收问题都需要解决。

在无铅焊接工艺日益来临之际，国内各焊接设备制造厂商纷纷研制、仿造无铅波峰焊设备，目前已经形成一定的规模和水平，但以供应外资企业和生产出口产品的企业为主。无铅焊接设备的售价往往是普通焊接设备的 2.5~4 倍以上，购置新设备带来的成本压力导致无铅焊接在电子产品制造企业推进缓慢。

5）工艺流程中的问题。在 SMT 工艺流程中，无铅焊料的涂敷印刷、元器件的贴片、焊接、助焊剂残渣的清洗以及焊接质量的检验都是新的课题。

6）废料回收问题。从无铅焊料的残渣中回收 Bi、Cu、Ag 金属，也是一个有待开发与研究的新课题。

4.3 助焊剂

助焊剂简称焊剂，是焊接过程中不可缺少的辅料。在波峰焊中，助焊剂和合金焊料分开使用，而在再流焊中，助焊剂则作为焊锡膏的重要组成部分。助焊剂对保证焊接质量起着关键的作用。

焊接效果的好坏，除了与焊接工艺、元器件和印制电路板的质量有关外，助焊剂的选择是十分重要的。

4.3.1 助焊剂的化学组成

传统的助焊剂通常以松香为基体。松香具有弱酸性和热熔流动性，并具有良好的绝缘性、耐湿性、无腐蚀性、无毒性和长期稳定性，是不可多得的助焊材料。

目前在 SMT 中采用的大多是以松香为基体的活性助焊剂。由于松香随着品种、产地和生产工艺的不同，其化学组成和性能有较大的差异，因此，对松香优选是保证助焊剂质量的关键。通用的助焊剂还包括以下成分：活性剂、成膜物质、添加剂和溶剂等。

1. 活性剂

活性剂是为提高助焊能力而加入的活性物质，它对焊剂净化焊料和被焊件表面起主要作用。活性剂的活性是指它与焊料和被焊件表面氧化物等起化学反应的能力，也反映了清洁金属表面和增强润湿性的能力。润湿性强则焊剂的扩展性高，可焊性就好。在焊剂中，活性剂的添加量较少，通常为 1% ~5%，若为含氯的化合物，其氯含量应控制在 0.2% 以下。虽然它的添加量少，但在焊接时起很大的作用。

活性剂分为无机活性剂和有机活性剂两种。无机活性剂，如氯化锌、氯化铵等。通常无机活性剂助焊性好，但作用时间长，腐蚀性大，不宜在电子装联中使用；有机活性剂，如有机酸及有机卤化物等。有机活性剂作用柔和、时间短、腐蚀性小、电气绝缘性好，适宜在电子产品装联中使用。

2. 成膜物质

加入成膜物质，能在焊接后形成一层紧密的有机膜，保护了焊点和基板，具有防腐蚀性和优良的电气绝缘性。常用的成膜物质有松香、酚醛树脂、丙烯酸树脂、氯乙烯树脂、聚氨酯等。一般加入量在 10% ~20%，加入过多会影响扩展率，使助焊作用下降。在普通家电或要求不高的电器装联中，使用成膜物质，装联后的电器部件可不清洗，以降低成本，然而在精密电子装联中焊后仍要清洗。

3. 添加剂

添加剂是为适应工艺和工艺环境而加入的具有特殊物理和化学性能的物质。常用的添加剂有：

1）调节剂。为调节助焊剂的酸性而加入的材料，如三乙醇胺可调节助焊剂的酸度；在无机助焊剂中加入盐酸可抑制氧化锌生成。

2）消光剂。能使焊点消光，在操作和检验时克服眼睛疲劳和视力衰退。一般加入无机卤化物、无机盐、有机酸及其金属盐类，如氧化锌、氯化锡、滑石、硬脂酸、硬脂酸铜等。一般加入量约为5%。

3）缓蚀剂。加入缓蚀剂能保护印制电路板和元器件引线，具有防潮、防霉、防腐蚀性能又能保持优良的可焊性。用作缓蚀剂的物质大多是含氮化合物为主体的有机物。

4）光亮剂。如果要使焊点光亮，可加入甘油、三乙醇胺等，一般加入量约1%。

5）阻燃剂。为保证使用安全，提高抗燃性而加入的材料，如2，3—二溴丙醇等。

4. 溶剂

由于使用的助焊剂大多是液态的。为此，必须将助焊剂的固体成分溶解在一定的溶剂里，使之成为均相溶剂。一般多采用异丙醇和乙醇作为溶剂。用作助焊剂的溶剂应符合以下条件：

1）对助焊剂中各种固体成分均具有良好的溶解性。

2）常温下挥发程度适中，在焊接温度下迅速挥发。

3）气味小，无毒性或毒性低。

4.3.2 助焊剂的类型

在再流焊中，助焊剂作为焊锡膏的重要组成部分。而在波峰焊中，助焊剂与Sn—Pb焊锡分开使用。现在广泛采用的助焊剂可以分成两大类：酸系和树脂系。由于酸系焊剂腐蚀性强，所以在表面组装的焊接中，通常采用树脂系焊剂。

助焊剂按其活性特性，可分为4类，见表4-8。

表4-8 按活性剂特性分类

类 型	标 志	用 途
低活性	R	用于较高级别的电子产品，可实现免清洗
中等活性	RMA	民用电子产品
高活性	RA	可焊性差的元器件
特别活性	RSA	元器件的可焊性差或有镍铁合金

1. 松香系列焊剂

松香是最普通的助焊剂，其主要成分是松香酸及其同素异形体、有机多脂酸和碳氢化萜。在室温下松香是硬的。最纯的松香叫水白松香，简称WW，它是最弱的非活性焊剂类型。在焊接工艺中，水白松香能去除足够的金属氧化物，而使焊料获得优良的润湿性能。为了改善水白松香的活性，可添加诸如烷基胺氢卤化物（联胺卤化物）等活化剂，而形成不同类型的松香系列焊剂。

松香系中的RMA通常以液体形式用于波峰焊接和以焊剂形式用于焊锡膏。RA型广泛用于工业和消费类电子产品的制造，如收音机、电视机和电话机等产品。RSA型焊剂，由于其腐蚀性和难清洗，所以一般不能用于任何类型的电路组件上。

2. 合成焊剂

合成焊剂的主要成分是合成树脂，可根据用途配成不同类型的合成焊剂。主要用于波峰焊中。采用双波峰焊时，由于双波峰焊系统具有很强的焊料擦洗作用，焊接时第一个波峰会洗掉焊料，导致第二个波峰时，由于焊料不足而出现焊料拉尖和断路。采用合成树脂和松香焊剂组成的合成焊剂能解决这些问题。

3. 有机焊剂

有机焊剂又称有机酸焊剂，类似于极活性的松香焊剂，可溶于水。这类焊剂属腐蚀性焊剂，并且焊后必须从组件上去除，所以在 SMT 的应用方面没有前途。但它们已广泛用于普通组件的焊接工艺中。

若按残留物的溶解性能，则可将助焊剂分为 3 类。

1）有机溶剂清洗型：无活性（R）类、中等活性（RMA）类、活性（RA）类。

2）水清洗型（WS）：有机盐类、无机盐类、有机酸类。

3）免洗型（LS）。免清洗助焊剂只含有极少量的固体成分，不挥发含量只有 1/5 ~ 1/20，卤素含量低于 0.01% ~ 0.03%，一般为以合成树脂为基础的助焊剂。

其中，作为替代 CFC 清洗剂的有效途径是用水清洗助焊剂，水清洗助焊剂已在波峰焊工艺中使用，但焊后清洗液体的排放问题尚未完全解决。目前正在研制适用于 SMT 再流焊的水溶性焊剂作为配剂的焊锡膏。

4.3.3 对助焊剂性能的要求及选用

1. 对助焊剂的性能要求

1）具有去除表面氧化物、防止再氧化物降低表面张力等特性，这是助焊剂必须具备的基本性能。

2）熔点比焊料低，在焊料熔化之前，助焊剂要先熔化以充分发挥助焊作用。

3）浸润扩散速度比熔化焊料快，通常要求扩展率在 90% 左右或 90% 以上。

4）黏度和密度比焊料小，黏度大会使润湿扩散困难，密度大就不能覆盖焊料表面。

5）焊接时不产生焊珠飞溅，也不产生毒气和强烈的刺激性臭味。

6）焊后残渣易于去除，并具有不腐蚀、不吸湿和不导电等特性。

7）焊接后不沾手，焊后不易拉尖。在常温下储存稳定。

2. 助焊剂的选用

助焊剂的选择除应满足性能要求外，还应根据不同的焊接对象及焊接方法来选用不同的助焊剂。

1）不同的焊接方式需用不同状态的助焊剂，波峰焊应用液态助焊剂，再流焊应用糊状助焊剂。

2）当焊接对象可焊性好时，不必采用活性强的助焊剂；当焊接对象可焊性差时必须采用活性较强的助焊剂。在 SMT 中最常用的是中等活性的助焊剂。

3）清洗方式不同，要用不同类型的助焊剂。选用有机溶剂清洗，需和有机类或树脂类助焊剂相匹配；选用去离子水清洗，必须用水洗助焊剂；选用免洗方式，只能用固含量在 0.5% ~ 3% 的免洗助焊剂。表 4 – 9 为几种典型助焊剂的特性。

表 4 - 9 典型助焊剂的特性

项目 \ 牌号 \ 产地	MH820V	F - SW32	α - 809	LDB - 1	WS - 10B	CSF - 4
	日 本	德 国	美 国	北 京	海 门	成 都
固含量/%	22	13	25	24	2，-28	38
密度/（g/cm³）	0.840	0.827	0.860	0.835	0.840	0.874
扩展率/%	96			91	≥90	93±3
氯含量/%	0.12	0.01	0.15		≤0.15	
绝缘电阻/Ω	1×10^{11}	1×10^{11}	1×10^{11}	2.6×10^{15}	$\geq 4 \times 10^{12}$	$> 1 \times 10^{11}$
水溶性电阻率/Ω·cm			2.2×10^4	1×10^4	$\geq 5 \times 10^4$	1×10^4
腐蚀性	合格	合格	合格	合格	合格	合格

4.4 清洗剂

焊接和清洗是对电路组件的高可靠性具有深远影响的相互依赖的组装工艺。在 SMT 中，由于所用元器件体积小、贴装密度高、间距小，当助焊剂残留物或者其他杂质存留在印制电路板表面或空隙时，会因离子污染和电路侵蚀而断路，必须及时清洗，才能提高可靠性，使产品性能符合要求。清洗效果的好坏与清洗剂的性能与质量有密切关系。

4.4.1 清洗剂的化学组成

从清洗剂的特点考虑，选择 CFC—113 和甲基氯仿作为清洗剂的主体材料比较适宜。但由于纯 CFC—113 和甲基氯仿在室温尤其在高温条件下能和活泼金属反应，影响了使用和储存稳定性。

为改善清洗效果，常常在 CFC—113 和甲基氯仿清洗剂中加入低级醇，如甲醇、乙醇等，但醇的加入会引起一些副作用，一方面 CFC—113 和甲基氯仿易于同醇反应，在有金属共存时更加显著，另一方面低级醇中带入的水分还会引起水解反应，由此产生的 HCl 具有强腐蚀性。

因此，在 CFC—113 和甲基氯仿中加入各类稳定剂显得十分重要。在 CFC—113 清洗剂中常用的稳定剂有乙醇酯、丙烯酸酯、硝基烷烃、缩水甘油、炔醇、N—甲基吗啉、环氧烷类化合物。

4.4.2 清洗剂的分类与特点

早期采用的清洗剂有乙醇、丙酮、三氯乙烯等。现在广泛应用的是以 CFC—113（三氟三氯乙烷）和甲基氯仿为主体的两大类清洗剂。但它们对大气臭氧层有破坏作用，现已开发出 CFC 的替代产品，如半水清洗工艺中使用的半水洗溶剂 BIOACT EC - 7、Marc lean R 等被认为是最有希望的替代材料，而另一种替代材料 HCFC（含氢氟氯）如 9434、2010、2004

都具有一定毒性。

一般说来，一种性能良好的清洗剂应当具有以下特点：

1）脱脂效率高，对油脂、松香及其他树脂有较强的溶解能力。

2）表面张力小，具有较好的浸润性。

3）对金属材料不腐蚀，对高分子材料不溶解、不溶胀，不会损害元器件和标记。

4）易挥发，在室温下即能从印制电路板上除去。

5）不燃、不爆、低毒性，利于安全操作，也不会对人体造成危害。

6）残留量低，清洗剂本身也不污染印制电路板。

7）稳定性好，在清洗过程中不会发生化学或物理作用，并具有储存稳定性。

4.5 其他材料

4.5.1 阻焊剂

阻焊剂（俗称绿油）是为适应现代化电器设备安装和元器件连接的需要而发展起来的防焊涂料，它能保护不需焊接的部位，以避免波峰焊时出现焊锡搭线造成的短路和焊锡的浪费。

在 PCB 上应用的阻焊剂种类很多，通常可分为热固化、紫外光固化和感光干膜 3 大类，前两类都属于印料类阻焊剂，即先经过丝网漏印然后再固化，而感光干膜是将干膜移到 PCB 上再经过紫外照射显影后制成。

热固化型阻焊剂使用方便、稳定性较好，其主要缺点是效率低、耗能。感光干膜精度很高，但需要专用的设备才能应用于生产。目前紫外光固化型阻焊剂发展较快，它克服了热固化型阻焊剂的缺点，在高度自动化的生产线中广泛应用。

在阻焊剂中采用的基体树脂有环氧丙烯酸酯、丙烯酸聚氨酯、聚酯丙烯酸酯和有机硅丙烯酸酯等。

4.5.2 防氧化剂

防氧化剂是为防止焊接时焊料氧化产生浮渣而加入的辅料。它不仅具有防氧化作用，而且还能将焊接时生成的浮渣还原成焊锡。防氧化剂对节约焊锡、保证焊接质量起着重要的作用，因而普遍应用在波峰焊中。

常用的防氧化剂有两类，一类是低分子量聚苯醚和聚苯醚羧酸混合物，这类防氧化剂耐热性好，使用寿命长，但由于制备困难，价格高，难于使用；另一类是由油类（如矿物油、动物油、植物油和蜡等）和还原剂（不饱和羧酸、天然树脂及合成树脂）组成的防氧化剂，并需加入适量的热稳定剂和防蚀剂等，这类防氧化剂价格低、还原能力强，被广泛采用。

4.5.3 插件胶

插件胶指固定插装元器件用的胶粘剂，又称临时性粘结剂。对该材料要求具有电绝缘性能，耐高温，室温下呈固态，加热时（70～80℃）熔化，且具有适当的粘结强度并兼有助焊性。改性丁基胶、热熔胶以及松香树脂的无机胶粘剂都可作为插件胶使用。

4.6 习题

1. 表面组装材料主要有哪些?
2. 贴片胶的作用是什么? 它主要与什么焊接方法相配合?
3. 贴片胶通常由哪几部分组成? 一般分成哪几类?
4. 焊锡膏主要起什么作用? 其主要成分是什么?
5. 简述焊锡膏的选用原则。
6. 对无铅焊料的理想化技术要求是什么? 目前使用的无铅焊料有哪些类型? 在无铅焊料的推广和使用中还存在哪些问题?
7. 简述助焊剂的作用和化学组成。

第 5 章 表面组装涂敷与贴装技术

本章要点

- 表面组装的焊锡膏涂敷及设备
- 表面组装的贴片胶涂敷
- 表面组装的贴装设备与工艺

5.1 表面组装涂敷技术

5.1.1 再流焊工艺焊料供给方法

SMT 印制电路板组装如果采用再流焊技术，在焊接前需要将焊料施放在焊接部位。其主要方法有焊锡膏法、预敷焊料法和预形成焊料法。

1）焊锡膏法。将焊锡膏涂敷到 PCB 焊盘图形上，是再流焊工艺中最常用的方法。其目的是将适量的焊锡膏均匀的施加在 PCB 的焊盘上，以保证贴片元器件与 PCB 相对应的焊盘在再流焊接时达到良好的电器连接，并具有足够的机械强度。焊锡膏涂敷方式有两种：注射滴涂法和印刷涂敷法。注射滴涂法主要应用在新产品的研制或小批量产品的生产中，可以手工操作，虽然速度慢、精度低但灵活性高，省去了制造模板的成本。

印刷涂敷法又分直接印刷法（也叫模板漏印法或漏板印刷法）和非接触印刷法（也叫丝网印刷法）两种类型，直接印刷法是目前高档设备广泛应用的方法。

2）预敷焊料法。预敷焊料法也是再流焊工艺中经常使用的施放焊料的方法。在某些应用场合，可以采用电镀法和熔融法，把焊料预敷在元器件电极部位的细微引线上或是 PCB 的焊盘上，在窄间距器件的组装中，采用电镀法预敷焊料是比较合适的，但电镀法的焊料镀层厚度不够稳定，需要在电镀焊料后再进行一次熔融。经过这样的处理，才可以获得稳定的焊料层。

3）预形成焊料法。预形成焊料是将焊料制成各种形状，如片状、棒状、微小球状等预先成形的焊料，焊料中可含有助焊剂。这种形式的焊料主要用于半导体芯片中的键合部分、扁平封装器件的焊接工艺中。

5.1.2 焊锡膏印刷机及其结构

1. 焊锡膏印刷机的分类与结构

焊锡膏印刷机是用来印刷焊锡膏或贴片胶的，其功能是将焊锡膏或贴片胶正确地漏印到 PCB 相应的位置上。

焊锡膏印刷机大致分为 3 个档次：手动、半自动和全自动印刷机。半自动和全自动印刷机可以根据具体情况配置各种功能，以便提高印刷精度。例如：视觉识别功能、调整印制电路板传送速度功能、工作台或刮刀 45°旋转功能（适用于窄间距元器件），以及二维、三维检测功能等。图 5 – 1a、b 是手动漏印模板印刷机和手动丝网印刷机，图 5 – 2 是一款全自动焊锡膏印刷机的照片。

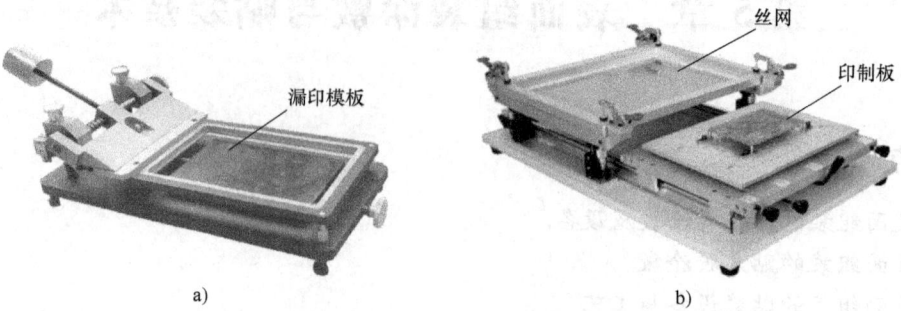

图 5 – 1　手动焊锡膏印刷机

a）手动漏印模板印刷机　b）手动丝网印刷机

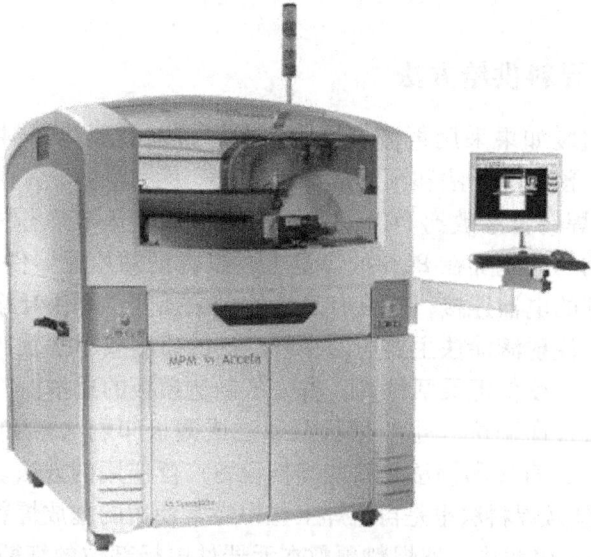

图 5 – 2　全自动焊锡膏印刷机

印刷过程中 PCB 放进和取出的方式有两种，一种是将整个刮刀机构连同模板抬起，将 PCB 放进和取出，PCB 定位精度取决于转动轴的精度，一般不太高，多见于手动印刷机与半自动印刷机；另一种是刮刀机构与模板不动，PCB 平进与平出，模板与 PCB 垂直分离，故定位精度高，多见于全自动印刷机。

手动印刷机的各种参数与动作均需人工调节与控制，通常仅适用于小批量生产或难度不高的产品，半自动印刷机除了 PCB 装夹过程是人工放置以外，其余动作机器可连续完成，但第一块 PCB 与模板的窗口位置是通过人工来对中的。通常 PCB 通过印刷机台面上的定位销来实现定位对中，因此 PCB 板面上应设有高精度的工艺孔，以供装夹用。

全自动印刷机通常装有光学对中系统，通过对 PCB 和模板上对中标志（Mark 基准点）的识别，可以自动实现模板窗口与 PCB 焊盘的自动对中，印刷机重复精度达 ± 0.01mm（6δ）。在配有 PCB 自动装载系统后，能实现全自动运行。但印刷机的多种工艺参数，如刮刀速度、刮刀压力、丝网或模板与 PCB 之间的间隙仍需人工设定。

无论是哪一种印刷机，都由以下几部分组成：

1）夹持 PCB 基板的工作台：包括工作台面、真空夹持或板边夹持机构、工作台传输控制机构。

2）印刷头系统：包括刮刀、刮刀固定机构、印刷头的传输控制系统等。

3）丝网或模板及其固定机构。

4）为保证印刷精度而配置的其他选件：包括视觉对中系统，干、湿和真空吸擦板系统以及二维、三维测量系统等。

2. 印刷机的主要技术指标

1）最大印刷面积：根据最大的 PCB 尺寸确定。

2）印刷精度：根据印制电路板组装密度和元器件引脚间距的最小尺寸确定，一般要求达到 ±0.025mm。

3）重复精度：一般为 ±10μm。

4）印刷速度：根据产量要求确定。

5.1.3 焊锡膏的印刷方法

1. 印刷涂敷法的模板及丝网

在印刷涂敷法中，直接印刷法和非接触印刷法的共同之处是其原理与油墨印刷类似，主要区别在于印刷焊料的介质，即用不同的介质材料来加工印刷图形：无刮动间隙的印刷是直接（接触式）印刷，采用刚性材料加工的金属漏印模板；有刮动间隙的印刷是非接触式印刷，采用柔性材料丝网或金属掩膜。

1）模板。模板主要用于焊锡膏在 PCB 焊盘上的准确漏印和沉积。常用的 SMT 模板的厚度为 0.15mm（或 0.12mm）。常见的制作方法为：蚀刻、激光、电铸。

高档 SMT 印刷机一般使用不锈钢激光切割模板，采用激光将贴片元器件位置、形状烧刻在不锈钢板上，并用铝框制成漏印模板。适于对精度要求较高的细间距（即 0.3mm≤芯片管脚间距≤0.5mm）图形印刷，但加工困难，制作成本也较高。

手动操作的简易 SMT 印刷机可以使用蚀刻漏印模板，将贴片元器件的位置、形状准确腐蚀在薄铜板或不锈钢板上，并用铝框制成漏印模板。用于芯片引脚间距 >0.635mm 以上、精度要求不高的图形印刷。蚀刻铜板加工容易，制作费用低廉，适合于小批量生产的电子产品，但长期使用后模板容易变形而影响印刷精度。图 5-3 所示是漏印模板的示意图与实物照片。

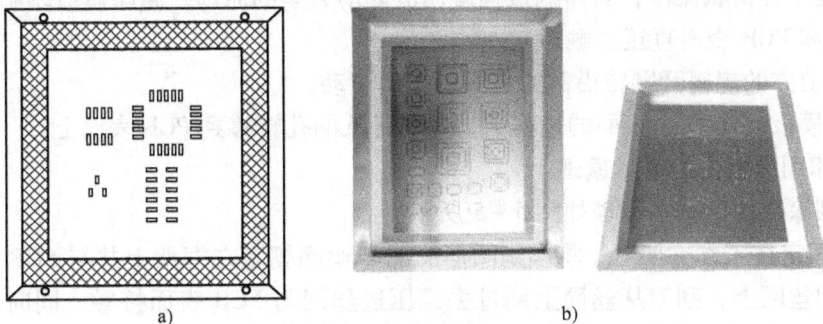

a)   b)

图 5-3　漏印模板示意图与实物照片

a）示意图　b）实物照片

2）丝网。非接触式丝网印刷法是传统的方法。丝网材料有尼龙丝、真丝、聚酯丝和不锈钢丝等，可用于 SMT 焊锡膏印刷的是聚酯丝和不锈钢丝。用乳剂涂敷到丝网上，只留出印刷图形的开口网目，就制成了非接触式印刷涂敷法所用的丝网。

制作丝网的费用低廉，但由于丝网制作的漏板窗口开口面积始终被丝本身占用一部分，即开口率达不到 100%，而且印刷焊锡膏的图形精度不高；此外，丝网漏板的使用寿命也远远不及金属模板，只适用于大批量生产的一般 SMT 印制电路板，现在基本上已被淘汰。

2. 漏印模板印刷法的基本原理

漏印模板印刷法的基本原理如图 5-4 所示。

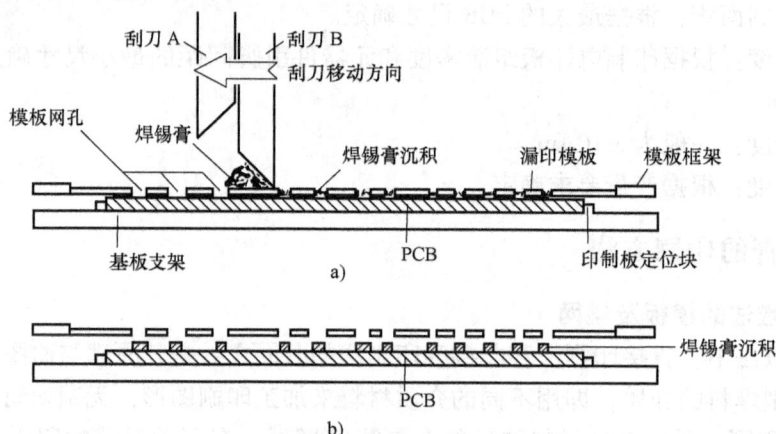

图 5-4   漏印模板印刷法的基本原理

将 PCB 放在工作支架上，由真空泵或机械方式固定，将已加工有印刷图形的漏印模板在金属框架上绷紧，模板与 PCB 表面接触，镂空图形网孔与 PCB 上的焊盘对准，把焊锡膏放在漏印模板上，刮刀从模板的一端向另一端推进，同时压刮焊锡膏通过模板上的镂空图形网孔漏印（沉积）到 PCB 的焊盘上。假如刮刀单向刮锡，沉积在焊盘上的焊锡膏可能会不够饱满；而刮刀双向刮锡，焊锡膏图形就比较饱满。高档的 SMT 印刷机一般有 A、B 两个刮刀：当刮刀从右向左移动时，刮刀 A 上升，刮刀 B 下降，B 压刮焊锡膏；当刮刀从左向右移动时，刮刀 B 上升，刮刀 A 下降，A 压刮焊锡膏，如图 5-4a 所示。两次刮锡后，PCB 与模板脱离（PCB 下降或模板上升），完成焊锡膏印刷过程，如图 5-4b 所示。

焊锡膏是一种膏状流体，其印刷过程遵循流体动力学的原理。漏印模板印刷的特征是：

1）模板和 PCB 表面直接接触。

2）刮刀前方的焊锡膏颗粒沿刮刀前进的方向滚动。

3）漏印模板离开 PCB 表面的过程中，焊锡膏从漏孔转移到 PCB 表面上。

3. 丝网印刷涂敷法的基本原理

丝网印刷涂敷法的基本原理如图 5-5 所示。

将 PCB 固定在工作支架上，将印刷图形的漏印丝网绷紧在框架上并与 PCB 对准，将焊锡膏放在漏印丝网上，刮刀从丝网上刮过去，压迫丝网与 PCB 表面接触，同时压刮焊锡膏通过丝网上的图形印刷到 PCB 的焊盘上。

丝网印刷具有以下特征：

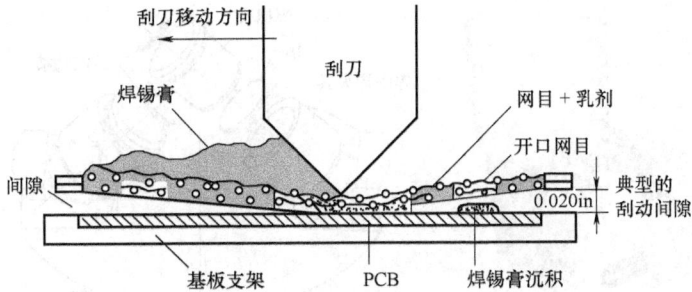

图 5-5 丝网印刷涂敷法

1）丝网和 PCB 表面隔开一小段距离。

2）刮刀前方的焊锡膏颗粒沿刮板前进的方向滚动。

3）丝网从接触到脱开 PCB 表面的过程中，焊锡膏从网孔转移到 PCB 表面上。

4）刮刀压力、刮动间隙和刮刀移动速度是保证印刷质量的重要参数。

5.1.4 焊锡膏印刷工艺流程

全自动印刷机印刷焊锡膏的工艺流程包括以下步骤：印刷前的准备→调整印刷机的工作参数→印刷焊锡膏→印刷质量检验→清理与结束。

1. 印刷前的准备工作

1）检查印刷工作电压与气压，熟悉产品的工艺要求。

2）确认软件程序名称是否为当前生产机种，版本是否正确。

3）检查焊锡膏：检查焊锡膏的制造日期，是否在出厂后 6 个月之内，品牌型号规格是否符合当前生产要求；是否密封（保存条件 2~10℃），若采用模板印刷，焊锡膏黏度应为 900~1400Pa·s，最佳为 900Pa·s，从电冰箱中取出后应在室温下恢复至少 2h，出电冰箱后 24h 之内用完；新启用的焊锡膏应在罐盖上记下开启日期和使用者姓名。

4）焊锡膏搅拌：焊锡膏使用前要用焊锡膏搅拌机或人工充分搅拌均匀。机器搅拌时间为 1~3min，人工搅拌时，使用防静电锡膏搅拌刀，顺时针匀速搅拌 2~4min；搅拌过的焊锡膏必须表面细腻，用搅刀挑起焊锡膏，焊锡膏可匀速落下，且长度保持在 5cm 左右。图 5-6 所示是焊锡膏搅拌机的照片和内部结构。

5）检查 PCB 是否用错，有无不良。阅读 PCB 产品合格证，如 PCB 制造日期大于 6 个月，应对 PCB 进行烘干处理（在 125℃温度下烘干 4h），通常在前一天进行。

6）检查模板是否与当前生产的 PCB 一致，窗口是否堵塞，外观是否良好。

2. 调整印刷机的工作参数

接通电源、气源后，印刷机进入开通状态（初始化），对新生产的 PCB 来说，首先要输入 PCB 长、宽、厚以及定位识别标志（Mark）的相关参数，Mark 可以纠正 PCB 的加工误差，制作 Mark 图像时，要图像清晰，边缘光滑，对比度强，同时还应输入印刷机各工作参数：印刷行程、刮刀压力、刮刀运行速度、PCB 高度、模板分离速度、模板清洗次数与方法等相关参数。

相关参数设定好后，即可放入模板，使模板窗口位置与 PCB 焊盘图形位置保持在一定范围之内（机器能自动识别），同时安装刮刀，进行试运行，此时应调节 PCB 与模板之间的

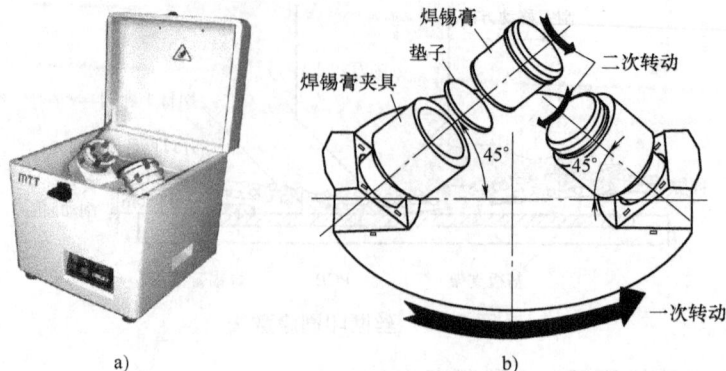

图 5-6　焊锡膏搅拌机

a）焊锡膏搅拌机的照片　b）内部结构

间隙，通常应保持在"零距离"。正常后，即可放入充分量的焊锡膏进行印刷，并再次调节相关参数，全面调节后即可存盘保留相关参数与 PCB 代号，不同机器的上述安装次序有所不同，自动化程度高的机器安装方便，一次就可以成功。

3. 印刷焊锡膏

正式印刷焊锡膏时应注意下列事项：焊锡膏的初次使用量不宜过多，一般按 PCB 尺寸来估计，参考量如下：A5 幅面约 200g；B5 幅面约 300g；A4 幅面约 350g；在使用过程中，应注意补充新焊锡膏，保持焊锡膏在印刷时能滚动前进。注意印刷焊锡膏时的环境质量：无风、洁净、温度 23 ±3℃，相对湿度 <70%。

4. 印刷质量检验

对于模板印刷质量的检测，目前采用的方法主要有目测法、二维检测/三维检测（自动光学检测，Automated Optical Inspection，AOI）。在检测焊锡膏印刷质量时，应根据元件类型采用不同的检测工具和方法，采用目测法（带放大镜），适用不含细间距 QFP 器件或小批量生产，其操作成本低，但反馈回来的数据可靠性低，易遗漏，当印刷复杂 PCB，如计算机主板时，最好采用基于视觉传感器与计算机视觉研究基础上的视觉检测系统，并最好是在线测试，可靠性可以达到 100%。

检验标准的原则：有细间距 QFP 时（0.5mm），通常应全部检查。当无细间距 QFP 时，可以抽检，抽检标准参见表 5-1。

表 5-1　印刷焊锡膏取样规则

批量范围/块	取样数/块	不合格品的允许数量/块
1~500	13	0
501~3200	50	1
3201~10000	80	2
10001~35000	120	3

检验标准：按照企业制订的企业标准或 ST/T10670—1995 以及 IPC 标准。

不合格品的处理：发现有印刷质量时，应停机检查，分析产生的原因，采取措施加以改进，凡 QFP 焊盘不合格者应用无水醇清洗干净后重新印刷。

5. 清理与结束

当一个产品完工或结束一天工作时，必须将模板、刮刀全部清洗干净，若窗口堵塞，千万不要用坚硬金属针划捅，避免破坏窗口形状。焊锡膏放入另一容器中保存，根据情况决定是否重新使用。模板清洗后应用压缩空气吹干净，并妥善保存在工具架上，刮刀也应放入规定的地方并保证刮刀头不受损。

工作结束应让机器退回关机状态，并关闭电源与气源，同时应填写工作日志表和进行机器保养工作。

5.1.5 印刷机工艺参数的调节

焊锡膏是触变流体，具有黏性。当刮刀以一定速度和角度向前移动时，对焊锡膏产生一定的压力，推动焊锡膏在刮板前滚动，产生将焊锡膏注入网孔或漏孔所需的压力。焊锡膏的黏性摩擦力使焊锡膏在刮板与网板交接处产生切变，切变力使焊锡膏的黏性下降，有利于焊锡膏顺利地注入网孔或漏孔。刮刀速度、刮刀压力、刮刀与网板的角度以及焊锡膏的黏度之间都存在一定的制约关系，因此，只有正确地控制这些参数，才能保证焊锡膏的印刷质量。

1. 刮刀的夹角

刮刀的夹角影响到刮刀对焊锡膏垂直方向力的大小，夹角越小，其垂直方向的分力 F_y 越大，通过改变刮刀角度可以改变所产生的压力。刮刀角度如果大于 80°，则焊锡膏只能保持原状前进而不滚动，此时垂直方向的分力 F_y 几乎没有，焊锡膏便不会压入印刷模板窗口。刮刀角度的最佳设定应在 45°~60°范围内进行，此时焊锡膏有良好的滚动性。

2. 刮刀的速度

刮刀速度快，焊锡膏所受的力也大。但提高刮刀速度，焊锡膏压入的时间将变短，如果刮刀速度过快，焊锡膏不能滚动而仅在印刷模板上滑动。考虑到焊锡膏压入窗口的实际情况，最大的印刷速度应保证 QFP 焊盘焊锡膏印刷纵横方向均匀、饱满，通常当刮刀速度控制在 20~40mm/s 时，印刷效果较好。因为焊锡膏流进窗口需要时间，这一点在印刷细间距 QFP 图形时尤为明显，当刮刀沿 QFP 焊盘一侧运行时，垂直于刮刀的焊盘上焊锡膏图形比另一侧要饱满，故有的印刷机具有刮刀旋转 45°的功能，以保证细间距 QFP 印刷时四面焊锡膏量均匀。

3. 刮刀的压力

刮刀的压力即通常所说的印刷压力，印刷压力的改变对印制质量影响重大。印刷压力不足会引起焊锡膏刮不干净且导致 PCB 上焊锡膏量不足，如果印刷压力过大又会导致模板背后的渗漏，同时也会引起丝网或模板不必要的磨损。理想的刮刀速度与压力应该以正好把焊锡膏从钢板表面刮干净为准。

4. 刮刀宽度

如果刮刀相对于 PCB 过宽，那么就需要更大的压力、更多的焊锡膏参与其工作，因而会造成焊锡膏的浪费。一般刮刀的宽度为 PCB 长度（印刷方向）加上 50mm 左右为最佳，并要保证刮刀头落在金属模板上。

5. 印刷间隙

采用漏印模板印刷时，通常保持 PCB 与模板零距离（早期也要求控制在 0~0.5mm，但有 QFP 时应为零距离），部分印刷机器还要求 PCB 平面稍高于模板的平面，调节后模板的金属模板微微被向上撑起，但此撑起的高度不应过大，否则会引起模板损坏，从刮刀运行动作上看，刮刀在模板上运行自如，既要求刮刀所到之处焊锡膏全部刮走，不留多余的焊锡膏，同时刮刀不应在模板上留下划痕。

6. 分离速度

焊锡膏印刷后，钢板离开 PCB 的瞬时速度也是关系到印刷质量的参数，其调节能力也是体现印刷机质量好坏的参数，在精密印刷中尤其重要。早期印刷机采用恒速分离，先进的印刷机其钢板离开焊锡膏图形时有一个微小的停留过程，以保证获取最佳的印刷图形。

5.1.6 刮刀形状与制作材料

刮刀形状与制作材料有很多，如图 5 - 7 所示。刮刀按制作形状可分为菱形和拖尾刮刀两种；从制作材料上可分为聚胺酯橡胶和金属刮刀两类。

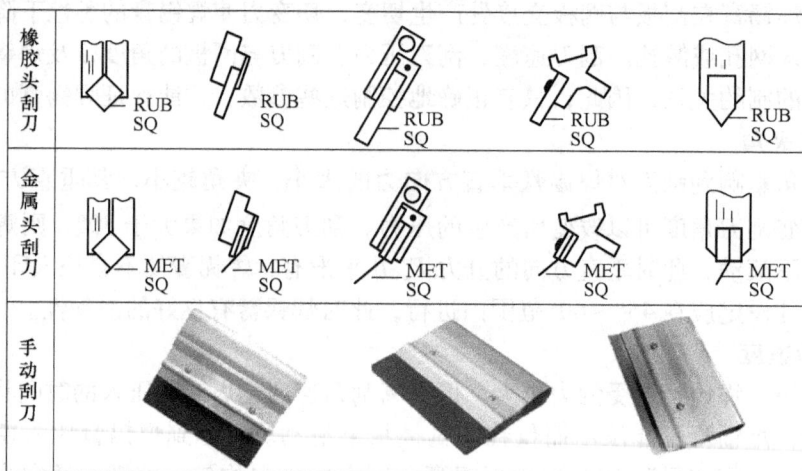

图 5 - 7 各种不同形式的刮刀

1. 菱形刮刀

它是由一块方形（10mm × 10mm）聚胺酯材料及支架组成，方形聚胺酯夹在支架中间，前后成 45°。这类刮刀可双向刮印焊锡膏，在每个行程末端刮刀可跳过焊锡膏边缘，所以只需一把刮刀就可以完成双向刮印，典型设备有 MPM 公司生产的 SP - 200 型印刷机。但是这种结构的刮刀头焊锡膏量难以控制，并易弄脏刮刀头，给清洗增加工作量。此外，采用菱形刮刀印刷时，应将 PCB 边缘垫平整，防止刮刀将模板边缘压坏。

2. 拖尾刮刀

这种类型的刮刀最为常用，它由矩形聚胺酯与固定支架组成，聚胺酯固定在支架上，每个行程方向各需一把刮刀，整个工作需要两把刮刀。刮刀由微型汽缸控制上下，这样不需要跳过焊锡膏就可以先后推动焊锡膏运行。

采用聚胺酯制作刮刀时，有不同硬度可供选择。丝网印刷模板一般选用硬度为 75 邵氏硬度单位（shore），金属模板应选用硬度为 85 邵氏硬度单位。

3. 金属刮刀

用聚胺酯制作的刮刀，当刮刀头压力太大或焊锡膏材料较软时易嵌入金属模板的孔中

（特别是大窗口孔），将孔中的焊锡膏挤出，造成印刷图形凹陷，印刷效果不良。即使采用高硬度橡胶刮刀，虽改善了切割性，但填充焊锡膏的效果仍较差。为此目前采用了一种将金属片嵌在橡胶刮刀的前沿、金属片在支架上凸出 40mm 左右的刮刀，称为金属刮刀，并用来代替橡胶刮刀。金属刮刀是由高硬度合金制造，非常耐疲劳、耐磨、耐弯折，并在刀刃涂覆上润滑膜，当刃口在模板上运行时，焊锡膏能被轻松地推进窗口中。

采用金属刮刀具有下列优点：从较大、较深的窗口到超细间距的窗口印刷均具有优异的一致性；刮刀寿命长，无须修正；印刷时模板不易损坏，没有焊料的凹陷和高低起伏现象，大大减少甚至完全消除了焊料的桥接和渗漏。

5.1.7 全自动焊锡膏印刷机开机作业指导

1. 全自动焊锡膏印刷机开机流程

焊锡膏全自动印刷机开机流程如图 5 - 8 所示。

2. 全自动焊锡膏印刷机开机作业指导示例

（1）开机前，必须对机器进行检查

1）检查 UPS、稳压器，电源、空气压力是否正常。

2）检查紧急按钮是否被切断。

3）检查 X. Y. Table 上及周围部位有无异物放置。

（2）开机步骤

1）合上电源开关，待机器启动后，进入机器主界面。

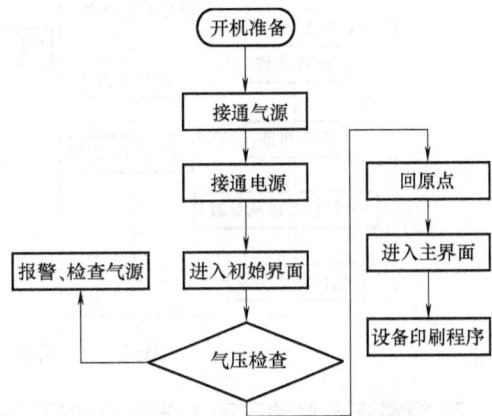

图 5 - 8　焊锡膏全自动印刷开机流程

2）单击"原点"按钮，执行原点复位。

3）编制（调用）生产程序 。

4）程序没问题，试生产。

5）试生产没问题后，转入连续生产。

（3）关机步骤

1）生产结束后，退出程序。

2）将刮刀头移至前端。

3）推出钢网，卸下刮刀。

4）单击"系统结束"按钮。关闭主电源开关。

（4）机器保养

进行机器保养清洁，清洁刮刀上焊锡膏，清洁钢网上焊锡膏。

（5）注意事项

1）操作员需经考核合格后，方可上机操作，严禁两人或两人以上人员同时操作同一台机器。

2）作业人员每天须清洁机身及工作区域。

3）机器在正常运作生产时，所有防护门盖严禁打开。

4）实施日保养后须填写保养记录表。

5.1.8 焊锡膏全自动印刷工艺指导

1. 焊锡膏全自动印刷工艺流程

焊锡膏全自动印刷工艺流程如图5-9所示。

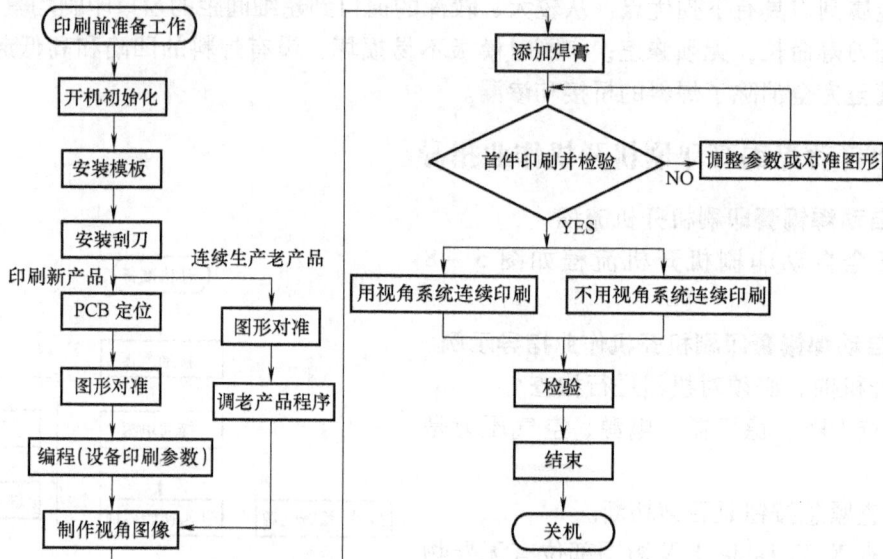

图5-9 焊锡膏全自动印刷工艺流程

2. 焊锡膏全自动印刷工艺作业指导示例

（1）印刷焊锡膏作业前的准备工作

详见5.1.4节的介绍。

（2）添加焊锡膏

1）加焊锡膏量：首次加锡500g；生产过程中加锡，每小时加一次，约100g。每次加焊锡膏后填写《加焊锡膏登记表》。

2）加焊锡膏后的处理：每30min必须对外溢的焊锡膏进行收拢。

（3）钢网和刮刀的清洁

清洗频率，每12h一次；清洗模式，湿+干。清洗后在《钢网、刮刀清洁记录表》作相应记录。

（4）印刷机参数设定

1）前后刮刀压力（例：5~10.5g/mm）；

2）擦网频率（例：1次/10Panel）；

3）刮焊锡膏速度（例：10~20mm/s）；

4）分离速度（例：0.3~0.5mm/s）；

5）印刷间隙（例：0mm）；

6）分离距离（例：0.8~3mm）。

（5）开机

（6）注意事项

1）作业前准备好必要的辅料用具如焊锡膏、酒精、风枪、无尘纸及白碎布，戴好静电腕带。

2）当不使用机器自动擦网或机擦网出现异常或擦网效果不好时，必须手擦。手擦钢网频率为1次/15块PCB。手擦网后在《人工清洗钢网记录表》中记录时间及次数，并签名。

3）对于失效、过期的焊锡膏必须交工程师确认后作报废处理。

4）每次擦网重点检查IC位置钢网开口处擦网效果。

5）如果出现异常情况时，堆板时间不超过2h，否则对其用超声波进行清洗后，方可投线使用。

6）印刷参数监控：每班四次，并填写《印刷机参数监控表》，如有异常应实时知会PIE解决。

5.1.9 焊锡膏印刷质量分析

由焊锡膏印刷不良导致的品质问题常见有以下几种：

焊锡膏不足（局部缺少甚至整体缺少）：将导致焊接后元器件焊点锡量不足、元器件开路、元器件偏位、元器件竖立。

焊锡膏粘连：将导致焊接后电路短接、元器件偏位。

焊锡膏印刷整体偏位：将导致整板元器件焊接不良，如少锡、开路、偏位、竖件等。

焊锡膏拉尖：易引起焊接后短路。

1. 导致焊锡膏不足的主要因素

可以考虑以下几个方面：

1）印刷机工作时，没有及时补充添加焊锡膏。

2）焊锡膏品质异常，其中混有硬块等异物。

3）以前未用完的焊锡膏已经过期，被二次使用。

4）印制电路板质量问题，焊盘上有不显眼的覆盖物，例如被印到焊盘上的阻焊剂（绿油）。

5）印制电路板在印刷机内的固定夹持松动。

6）漏印网板薄厚不均匀。

7）漏印网板或印制电路板上有污染物（如PCB包装物、网板擦拭纸、环境空气中漂浮的异物等）。

8）刮刀损坏、网板损坏。

9）刮刀的压力、角度、速度以及脱模速度等设备参数设置不合适。

10）焊锡膏印刷完成后，被人为因素不慎碰掉。

2. 导致焊锡膏粘连的主要因素

可以考虑以下几个方面：

1）印制电路板的设计缺陷，焊盘间距过小。

2）网板问题，镂孔位置不正。

3）网板未擦拭洁净。

4）网板问题使焊锡膏脱模不良。

5）焊锡膏性能不良，黏度、坍塌指标不合格。

6）印制电路板在印刷机内的固定夹持松动。

7）刮刀的压力、角度、速度以及脱模速度等设备参数设置不合适。

8）焊锡膏印刷完成后，被人为因素挤压粘连。

3. 导致焊锡膏印刷整体偏位的主要因素

可以考虑以下几个方面：

1）印制电路板上的定位基准点不清晰。

2）印制电路板上的定位基准点与网板的基准点没有对正。

3）印制电路板在印刷机内的固定夹持松动。定位顶针不到位。

4）印刷机的光学定位系统故障。

5）焊锡膏漏印网板开孔与印制电路板的设计文件不符合。

4. 导致印刷焊锡膏拉尖的主要因素

可以考虑以下几个方面：

1）焊锡膏黏度等性能参数有问题。

2）印制电路板与漏印网板分离时的脱模参数设定有问题。

3）漏印网板镂孔的孔壁有毛刺。

5.2　SMT贴片胶涂敷工艺

SMT技术需要在焊接前把元器件贴装到印制电路板上。如果采用再流焊工艺流程进行焊接，依靠焊锡膏就能够把元器件粘贴在印制电路板上传递到焊接工序；但对于采用波峰焊工艺焊接双面混合装配的印制电路板来说，由于元器件在焊接过程中位于印制电路板的下方，所以在贴片时必须用粘结剂将其固定。在双面表面组装情况下，也要用贴片胶辅助固定表面组装元器件，以防翻板和工艺操作中出现振动时导致表面组装元器件掉落。

5.2.1　贴片胶的涂敷

1. 贴片胶的涂敷方法

把贴片胶涂敷到印制电路板上的工艺俗称"点胶"。常用的方法有点滴法、注射法和印刷法。

1）点滴法。这种方法是用针头从容器里蘸取一滴贴片胶，把它点涂到电路基板的焊盘之间或元器件的焊端之间。点滴法只能手工操作，效率很低，要求操作者非常细心，因为贴片胶的量不容易掌握，还要特别注意避免涂到元器件的焊盘上导致焊接不良。

2）注射法。注射法既可以手工操作，又能够使用设备自动完成。手工注射贴片胶，是把贴片胶装入注射器，靠手的推力把一定量的贴片胶从针管中挤出来。有经验的操作者可以准确地掌握注射到印制电路板上的胶量，取得很好的效果。使用设备时，在贴片胶装入注射器后，应排空注射器中的空气，避免胶量大小不匀、甚至空点。

大批量生产中使用的由计算机控制的点胶机工作原理如图5-10所示。图5-10a是根据元器件在印制电路板上的位置，通过针管组成的注射器阵列，靠压缩空气把贴片胶从容器中挤出来，胶量由针管的大小、加压的时间和压力决定。图5-10b是把贴片胶直接涂到被贴装头吸住的元器件下面，再把元器件贴装到印制电路板指定的位置上。图5-11a所示是台式点胶机的照片，图5-11b是高速点胶机的点胶头。

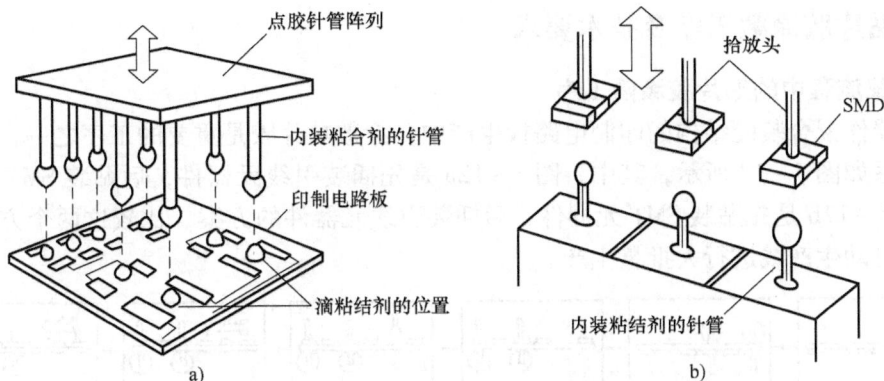

图5-10 自动点胶机的工作原理示意图

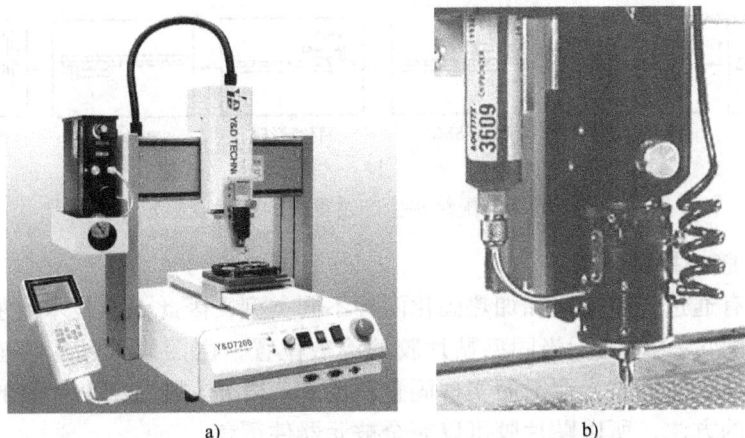

图5-11 台式点胶机与高速点胶机的点胶头

3）贴片胶印刷法。用漏印的方法把贴片胶印刷到电路基板上，这是一种成本低、效率高的方法，特别适用于元器件的密度不太高，生产批量比较大的情况，和印刷焊锡膏一样，可以使用不锈钢薄板或薄铜板制作的模板或采用丝网来漏印贴片胶。

采用印刷法工艺的关键是电路板在印刷机上必须准确定位，保证贴片胶涂敷到指定的位置上，要特别注意避免贴片胶污染焊接面，影响焊接效果。

点胶机的功能还可以用SMT自动贴片机来实现：把贴片机的贴装头换成内装贴片胶的点胶针管，在计算机程序的控制下，把贴片胶高速逐一点涂到印制电路板的焊盘上。

2. 贴片胶的固化

在涂敷贴片胶的位置贴装元器件以后，需要固化贴片胶，使元器件固定在印制电路板上。固化贴片胶可以采用多种方法，根据贴片胶的类型，比较典型的方法有3种：

1）用电热烘箱或红外线辐射，对贴装了元器件的印制电路板加热一定时间。

2）在粘合剂中混合添加一种硬化剂，使粘结了元器件的贴片胶在室温中固化，也可以通过提高环境温度加速固化。

3）采用紫外线辐射固化贴片胶。

5.2.2 贴片胶涂敷工序及技术要求

1. 装配流程中的贴片胶涂敷工序

在元器件混合装配结构的印制电路板生产中,涂敷贴片胶是重要的工序之一,它与前后工序的关系如图 5-12 所示,其中,图 5-12a 是先插装引线元器件,后贴装 SMT 元器件的方案;图 5-12b 是先贴装 SMT 元器件,后插装引线元器件的方案,比较这两个方案,后者更适合用自动生产线进行大批量生产。

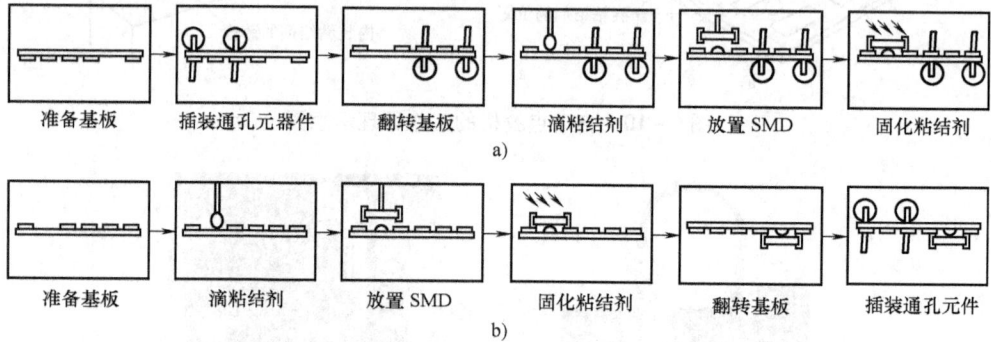

准备基板　插装通孔元器件　翻转基板　滴粘结剂　放置 SMD　固化粘结剂

a)

准备基板　滴粘结剂　放置 SMD　固化粘结剂　翻转基板　插装通孔元件

b)

图 5-12 混合装配结构生产过程中的贴片胶涂敷工序

2. 涂敷贴片胶的技术要求

由于贴片胶有通过光照固化和加热固化两种不同类型,因此涂敷技术要求也不相同,如图 5-13 所示。图 5-13a 表示光固型贴片胶的涂敷位置,由图可见贴片胶至少应该从元器件的下面露出一半,才能被光照射而实现固化;图 5-13b 是热固型贴片胶的涂敷位置,因为采用加热固化的方法,所以贴片胶可以完全被元器件覆盖。

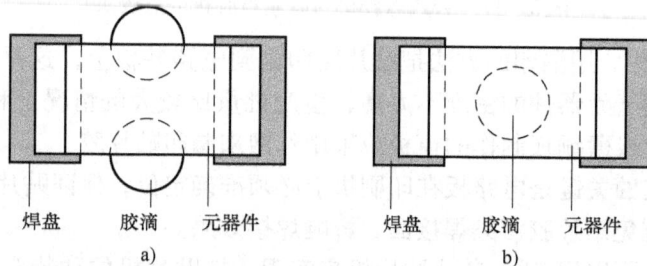

焊盘　胶滴　元器件　　　　焊盘　胶滴　元器件

a)　　　　　　　　　　b)

图 5-13 贴片胶的点涂位置

贴片胶滴的大小和胶量,要根据元器件的尺寸和重量来确定,以保证足够的粘结强度为准:小型元器件下面一般只点涂一滴贴片胶,体积大的元器件下面可以点涂多个胶滴或一个比较大的胶滴,如图 5-14 所示;胶滴的高度应该保证贴装元器件以后能接触到元器件的底部;胶滴也不能太大,要特别注意贴装元器件后不要把胶挤压到元器件的焊端和印制电路板的焊盘上,造成妨碍焊接的污染。

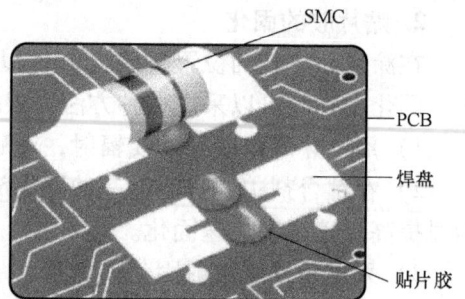

图 5-14 贴片胶滴的大小和胶量

5.2.3 使用贴片胶的注意事项

1）储存。购回的贴片胶应放于5℃以下的电冰箱内低温密封保存。并做好登记工作，注意生产日期和使用寿命（大批进货应检验合格再入库）。

2）使用。使用时从电冰箱取出后，应在室温下恢复2~3h左右（大包装应有4h左右），使其与室温平衡后再打开容器，以防止贴片胶结霜吸潮。使用时应注意贴片胶的型号和黏度，对新换上的贴片胶，注意跟踪首件产品，观察并确认其实际性能。

3）需要分装的，应该用清洁的注射管灌装，灌装不超过2/3体积并进行脱气泡处理。不要将不同型号、不同厂家的胶互相混用，更换品种时，一切与胶接触的工具都应彻底清洗干净。使用后留在原包装容器中的贴片胶仍要低温密封保存。

4）贴片胶用量应控制适当，用量过少会使粘结强度不够，波峰焊时易丢失元器件，用量过多会使贴片胶流到焊盘上，妨碍正常焊接，给维修工作带来不便。

在使用时应注意胶点直径的检查，一般可在PCB板的工艺边处设1~2个测试胶点，必要时可贴放0805元件并观察固化前后胶点直径的变化，对使用的贴片胶品质真正做到心中有数。

5）点好胶的PCB应及时贴片并固化，遇到特殊情况应暂停点胶，以防PCB上胶点吸收空气中的水汽与尘埃，导致贴片质量下降。

6）清洗。在生产中，特别是更换胶种或长时间使用后都应清洗注射筒等工具，特别是针嘴。通常应将针嘴等小型物品分类处理，金属针嘴应浸泡在广口瓶中，瓶内放专用清洗液（可由供应商提供）或丙酮、甲苯及其混合物并不断摇摆，均有良好的清洗能力。注射筒等也可浸泡后用毛刷及时清洗，配合压缩空气、无尘纸清洗擦拭干净。无水乙醇对未固化的胶也有良好的清洗能力，且对环境无污染。

7）返修。对需要返修的元器件（已固化）可用热风枪均匀地加热元器件，如已焊接完成则要增加温度使焊点熔化，并及时用镊子取下元器件，大型的IC需要维修站加热，去除元器件后仍应在热风枪配合下用小刀慢慢铲除残胶，操作过程中注意不要将PCB铜条破坏。需要时再重新点胶，用热风枪局部固化（应保证加热温度和时间），返修工作是很麻烦的事，需要小心细致处理。

5.2.4 点胶工艺中常见的缺陷与解决方法

1. 拉丝/拖尾

1）原因。拉丝/拖尾是点胶中常见的缺陷，产生的原因常见有胶嘴内径太小、点胶压力太高、胶嘴离PCB的间距太大、贴片胶过期或品质不好、贴片胶黏度太高、从电冰箱中取出后未能恢复到室温、点胶量太大等。

2）解决方法。针对以上原因改换内径较大的胶嘴；降低点胶压力；调节"止动"高度；换胶，选择合适黏度的胶种；贴片胶从电冰箱中取出后应恢复到室温（4h）再投入生产；调整点胶量。

2. 胶嘴堵塞

1）原因。故障现象是胶嘴出胶量偏少或没有胶点出来。产生原因是针孔内未完全清洗干净；贴片胶中混入杂质造成堵孔现象；或不相容的胶水混合使用。

2）解决方法：换清洁的针头；换质量好的贴片胶；确认贴片胶牌号，杜绝混装混用。

3. 空打

1）原因。现象是只有点胶动作却无出胶量。产生原因是贴片胶混入气泡；胶嘴堵塞。

2）解决方法：注射筒中的胶应进行脱气泡处理（特别是自己装的胶）；按胶嘴堵塞方法处理。

4. 元器件移位

贴片胶固化后元器件移位，严重时元器件引脚不在焊盘上。

1）原因。贴片胶出胶量不均匀，例如片式元器件两点胶水中一个多一个少；贴片时元器件移位或贴片胶初粘力低；点胶后 PCB 放置时间太长胶水半固化。

2）解决方法：检查胶嘴是否有堵塞，排除出胶不均匀现象；调整贴片机工作状态；换胶水；点胶后 PCB 放置时间不应太长（短于 4h）。

5. 波峰焊后会掉片

固化后，元器件粘结强度不够，低于规定值，有时用手触摸会出现掉片。

1）原因。固化工艺参数不到位，特别是温度不够，元件尺寸过大，吸热量大；光固化灯老化；胶水量不够；元器件/PCB 有污染。

2）解决办法：调整固化曲线，特别是提高固化温度，通常热固化胶的峰值固化温度是150℃，达不到峰值温度易引起掉片。对光固胶来说，应观察光固化灯是否老化，灯管是否有发黑现象；检查胶水的数量和元器件/PCB 是否有污染。

6. 固化后元器件引脚上浮/移位

这种故障的现象是固化后元器件引脚浮起来或移位，波峰焊后锡料会进入焊盘下，严重时会出现短路、开路，如图 5 - 15 所示。

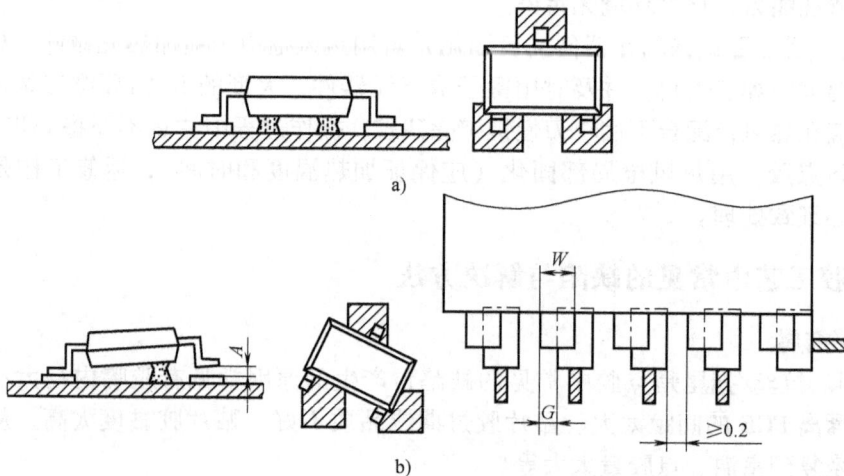

图 5 - 15　固化后元器件引脚上浮/移位
a）固化后正确的形态　b）引脚上浮/移位

1）原因。产生原因主要是贴片胶不均匀、贴片胶量过多或贴片时元器件偏移。

2）解决办法：调整点胶工艺参数；控制点胶量；调整贴片工艺参数。

5.3 贴片设备

在 PCB 上印好焊锡膏或贴片胶以后，用贴片机或人工的方式，将 SMC/SMD 准确地贴放到 PCB 表面相应位置上的过程，叫做贴片工序。SMC/SMD 的贴装是整个 SMT 工艺的重要组成部分，它所涉及的问题较其他工序更复杂，难度更大；同时，贴装设备在整个设备投资中所占比例也最大。目前在国内的电子产品制造企业里，主要采用自动贴片机进行自动贴片。在小批量的试制生产中，也可以采用手工方式贴片。

常见的贴片机以日本和欧美的品牌为主，主要有：FUJI、Siemens、Universal、Phibps、Panasonic、YAMAHA、Casio、Sony 等。按照自动化程度，贴片机可以分为全自动贴片机、半自动贴片机和手动贴片机 3 种。根据贴装速度的快慢，可以分为高速机（通常贴装速度在 5Chips/s 以上）与中速机，而多功能贴片机（又称为泛用贴片机）能够贴装大尺寸的 SMD 器件和连接器等异形元器件（属于中速机）。图 5 – 16 所示为全自动贴片机的外形与结构示意图。

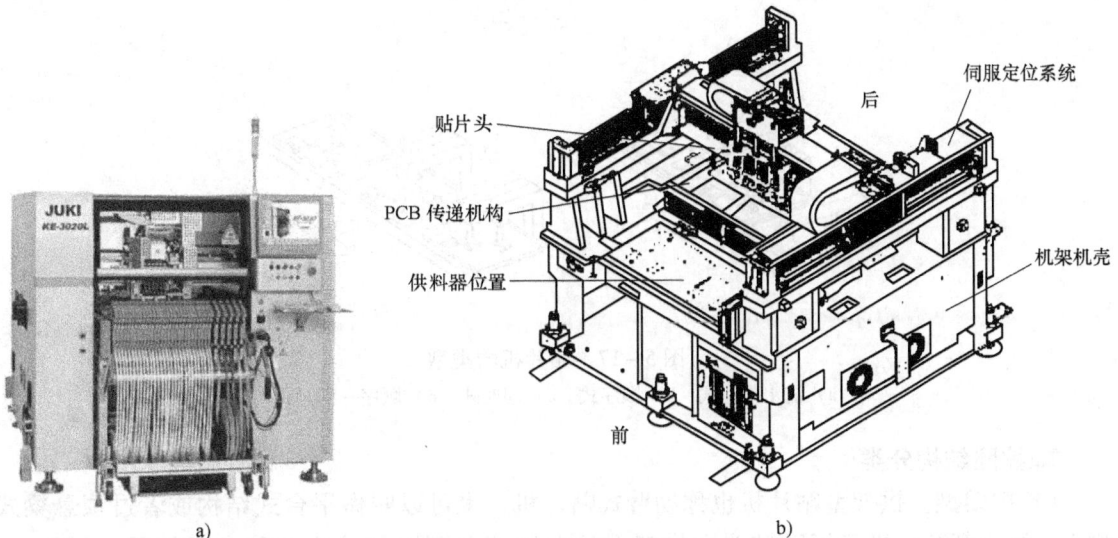

图 5 – 16 全自动贴片机
a) 全自动贴片机外形照片 b) 全自动贴片机结构示意图

5.3.1 自动贴片机的类型

1. 按照贴装元器件的工作方式分类

按照贴装元器件的工作方式，贴片机有 4 种类型：顺序式、同时式、流水作业式和顺序—同时式。它们在组装速度、精度和灵活性方面各有特色，要根据产品的品种、批量和生产规模进行选择。目前国内电子产品制造企业里，使用最多的是顺序式贴片机。

1）流水作业式贴片机。所谓流水作业式贴片机，是指由多个贴装头组合而成的流水线式的机型，每个贴装头负责贴装一种或在印制电路板上某一部位的元器件，如图 5 – 17a 所示，这种机型适用于元器件数量较少的小型电路。

2）顺序式贴片机。顺序式贴片机如图5－17b所示，是由单个贴装头顺序地拾取各种片状元器件，固定在工作台上的印制电路板由计算机进行控制，在X—Y方向上移动，使板上贴装元器件的位置恰好位于贴装头的下面。

3）同时式贴片机。同时式贴片机也叫多贴装头贴片机，是指它有多个贴装头，分别从供料系统中拾取不同的元器件，同时把它们贴放到电路基板的不同位置上，如图5－17c所示。

4）顺序—同时式贴片机。顺序—同时式贴片机是顺序式和同时式两种机型功能的组合。片状元器件的放置位置，可以通过印制电路板在X—Y方向上的移动或贴装头在X—Y方向上的移动来实现，也可以通过两者同时移动实施控制，如图5－17d所示。

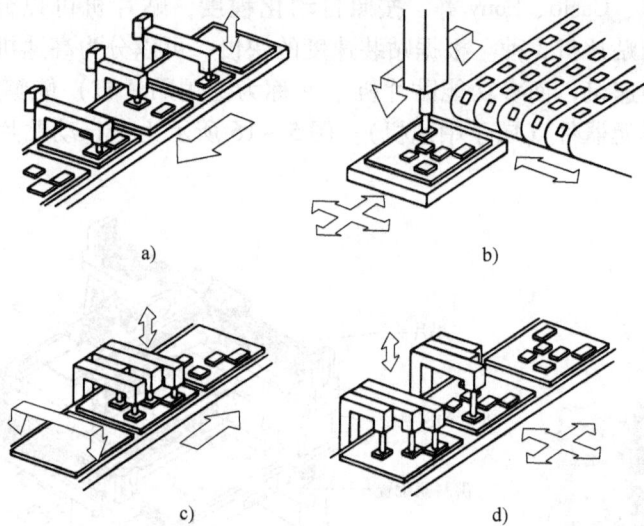

图5－17　贴片机的类型

a）流水作业式　b）顺序式　c）同时式　d）顺序—同时式

2. 按照结构分类

1）拱架型。拱架型贴片机也称动臂式贴片机，也可以叫做平台式结构或者过顶悬梁式结构。拱架型贴片机根据贴装头在拱架上的布置情况可以细分为动臂式（如图5－18a所示）、垂直旋转式（如图5－18b所示）与平行旋转式3种。

这种结构一般采用一体式的基础框架，将贴装头横梁的X/Y定位系统安装在基础框架上，印制电路板识别相机（俯视相机）安装在贴装头的旁边。印制电路板传送到机器中间的工作平台上固定，供料器安装在传送轨道的两边，在供料器旁安装有元器件识别照相机（仰视相机）。

工作时，PCB与供料器固定不动，安装有真空吸嘴的贴片头在供料器与PCB之间来回移动，将元器件从供料器取出，经过对元器件位置与方向的调整，然后贴放于PCB上。

拱架型贴片机因为贴装头往返移动的间隔长，所以速度受到限制。现在一般采用多个真空吸料嘴同时取料和采用双梁系统来提高速度，即一个梁上的贴装头在取料的同时，另一个梁上的贴装头贴放元器件，速度几乎比单梁系统快一倍。

这类机型的优点是：系统结构简朴，可实现高精度，适于各种大小、外形的元器件，甚

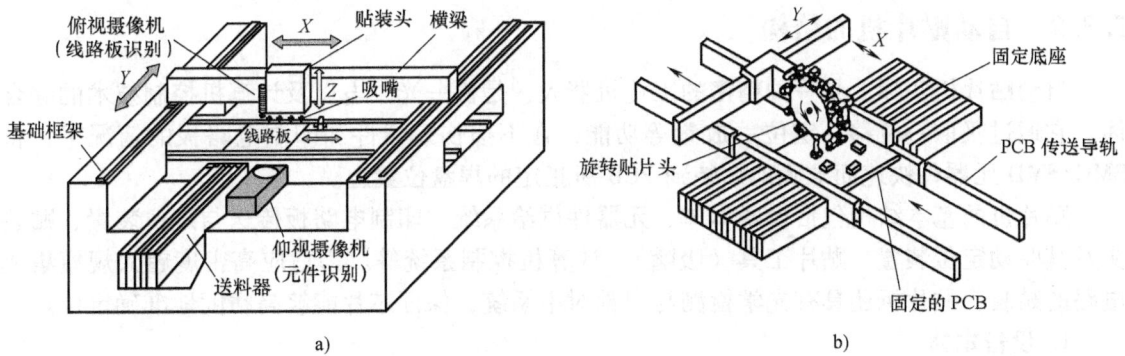

图 5-18 拱架型贴片机的工作示意图
a) 动臂式　b) 垂直旋转式

至异型元器件，供料器有带状、管状、托盘形式。一般多功能贴片机和中速贴片机采用这种结构。

2) 转塔式贴片机。转塔式贴片机也称为射片机，以高速为特征，它的基本工作原理为：搭载供料器的平台在贴片机左右方向不断移动，将装有待吸取元器件的供料器移动到吸取位置。PCB 沿 X、Y 方向运行，使 PCB 精确地定位于规定的贴片位置，而贴片机核心的转塔携带着元器件，转动到贴片位置，在运动过程中实施视觉检测，经过对元器件位置与方向的调整，将元器件贴放于 PCB 上。图 5-19 所示是转塔式贴片机的工作示意图。

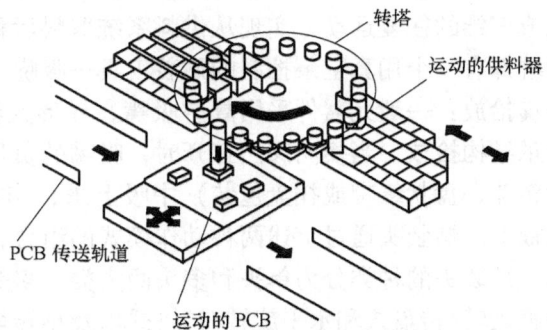

图 5-19　转塔式贴片机的工作示意图

由于转塔的特点，将贴片动作细微化，选换吸嘴、供料器移动到位、取元器件、元器件识别、角度调整、工作台移动（包含位置调整）、贴放元器件等动作都可以在同一时间周期内完成，实现了真正意义上的高速度。目前最快的时间周期达到 0.06~0.03s 一片元器件。转塔式贴片机在速度上是优越的，适于大批量生产；但其只能贴装编带包装的元器件，如果是托盘包装的细间距、大型的集成电路，则无法完成。

使用转塔式贴装头的机器主要应用于大规模的计算机板卡、移动电话、家用电器等产品的生产上，这是因为在这些产品当中，阻容元件特别多、装配密度大，很适合采用这一机型进行生产。相当多的国内电器生产商都采用这一机型，以满足高速组装的要求。

3) 模块机。模块机使用一系列小的单独的贴装单元（也称为模块），每个单元安装有独立的贴装头和元器件对中系统。每个贴装头可吸取有限的带状料，贴装 PCB 的一部分，PCB 以固定的间隔时间在机器内步步推进。单独地各个单元机器运行速度较慢，可是，它们连续的或平行的运行会有很高的产量。如 Philips 公司的 AX—5 机器可最多有 20 个贴装头，实现了每小时 15 万片的贴装速度，但就每个贴装头而言，贴装速度在每小时 7500 片左右，这种机型也主要适用于规模化生产。

5.3.2 自动贴片机的结构

自动贴片机实际上是一种精密的工业机器人，是机—光—电以及计算机控制技术的综合体。它通过吸取→位移→定位→放置等功能，在不损伤元器件和印制电路板的情况下，将SMC/SMD元器件快速而准确地贴装到PCB所指定的焊盘位置上。

贴片机的基本结构包括设备本体、元器件供给系统、印制电路板传送与定位装置、贴装头及其驱动定位装置、贴片工具（吸嘴）、计算机控制系统等。为适应高密度超大规模集成电路的贴装，贴片机还具有光学检测与视觉对中系统，保证芯片能够高精度地准确定位。

1. 设备本体

贴片机的设备本体是用来安装和支撑贴片机的底座，一般采用质量大、振动小、有利于保证设备精度的铸铁件制造。

2. 贴装头系统

1）贴装头。贴装头也叫贴片头吸—放头，是贴片机上最复杂、最关键的部分，它相当于机械手，它的动作由拾取→贴放和移动→定位两种动作模式组成。贴装头通过程序控制，完成三维的往复运动，实现从供料系统取料后移动到电路基板的指定位置上的操作。贴装头的端部有一个用真空泵控制的贴装工具—吸嘴，不同形状、不同大小的元器件要采用不同的吸嘴拾放：一般元器件采用真空吸嘴，异形元器件（例如没有吸取平面的连接器等）用机械爪结构拾放。当换向阀门打开时，吸嘴的负压把SMT元器件从供料系统（散装料仓、管状料斗、盘状纸带或托盘包装）中吸上来；当换向阀门关闭时，吸盘把元器件释放到电路基板上。贴装头通过上述两种动作模式的组合，完成拾取—贴放元器件的动作。

贴装头的种类分为单头和多头两大类，多头贴装头又分为固定式和旋转式，旋转式包括垂直旋转/转盘式和水平旋转/转塔式以及小转塔式等几种。

① 固定式单头。早期单头贴片机主要由吸嘴、定位爪、定位台、Z轴和θ角运动系统组成，并固定在X/Y传动机构上，当吸嘴吸取一个元器件后，通过机械对中机构实现元器件对中，并给供料器一个信号，使下一个元器件进入吸片位置，但这种方式贴片速度很慢，通常贴放一只片式元器件需1s。

② 固定式多头。这是通用型贴片机采用的结构，它在单头的基础上进行了改进，即由单头增加到了3～6个贴片头。他们仍然被固定在X/Y轴上，但不再使用机械对中，而改为多种形式的光学对中，工作时分别吸取元器件，对中后再依次贴放到PCB指定位置上。这类机型的贴片速度可达每小时30000个元件，而且这类机器的价格较低，并可组合连用。固定式多头系统的外观如图5-20所示。

固定式单头和固定式多头由于工作时只做X/Y方向的运动，因此均属于平动式贴装头。

图5-20 固定式多头贴装头

③ 垂直旋转/转盘式贴装头。旋转头上安装有6～30个吸嘴，工作时每个吸嘴均吸取元件，并在CCD处调整$\Delta\theta$，吸嘴中都装有真空传感器与压力传感器。这类贴装头多见于西门子公司的贴装机中，通常贴装机内装有两组或4组贴装头，其中一组在贴片，另一组在吸取

元器件，然后交换功能以达到高速贴片的目的。图 5 - 21 所示是装有 12 个吸嘴的转盘式贴装头的工作示意图。

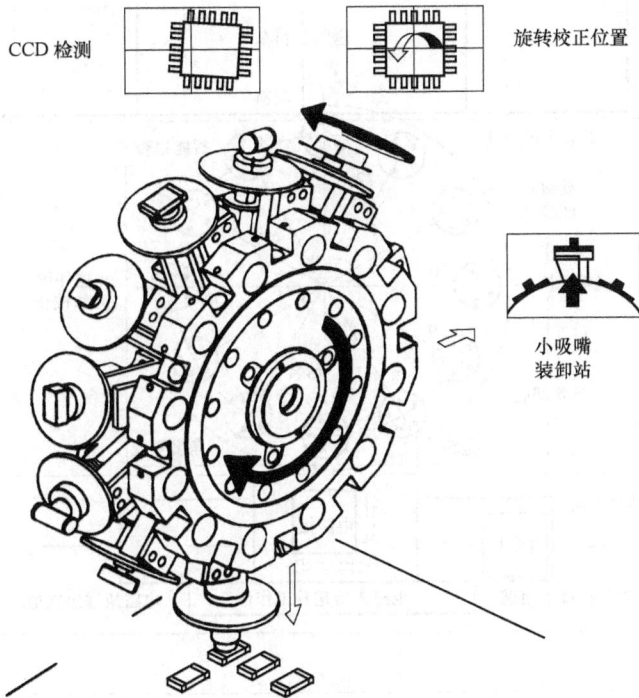

CCD 检测　　　　　　　　　　　　旋转校正位置

小吸嘴
装卸站

图 5 - 21　垂直旋转/转盘式贴装头工作示意图

④ 水平旋转式/转塔式。转塔的概念是将多个贴装头组装成一个整体，贴装头有的在一个圆环内呈环形分布，也有的呈星形放射状分布，工作时这一贴装头组合在水平方向顺时针旋转，故此称为转塔。这类贴装头多用于松下、三洋和富士制造的贴片机中。

转塔式贴片机的转塔一般有 12 ~ 24 个贴装头，每个头上有 5 ~ 6 个吸嘴，可以吸放多种大小不同的元器件。贴片头固定安装在转塔上，只能做水平方向旋转。旋转头各位置的功能做了明确的分工，贴片头在 1 号位从供料器上吸取元器件，然后在运动过程中完成校正、测试、直至 7 号位完成贴片工序。由于贴片头是固定旋转的，不能移动，元器件的供给只能靠供料器在水平方向的运动来完成，贴放位置则由 PCB 工作台的 X/Y 高速运动来实现。在贴片头的旋转过程中，供料器以及 PCB 也在同步运行。由于拾取元器件和贴片动作同时进行，使得贴片速度大幅度提高。转塔式贴装头的工作过程如图 5 - 22 所示。

由于元器件在料带中并不一定是在中心，所以吸嘴在吸料时根据上一次校正的吸料偏差进行补正。吸嘴呈环形分布的贴装头可以通过转塔的旋转和贴装头的旋转来补偿吸料 X、Y 方向的微量偏差；吸嘴呈星形放射状分布的贴装头，通过转塔的旋转来补偿吸料 X 方向，通过 Y 轴凸轮的转动来补偿吸料 Y 方向的偏差。

由于元器件的大小和重量不一，转塔在处理不同大小和重量的元器件时的速度也不同。对于较小的元器件，如 0201、0402、0603 和 0805 等，转塔一般可以用全速转动和贴装；对于较大元器件，如钽电容、SOIC、PLCC 和 QFP 等元器件，转塔需要在所有的过程中降速。如果在转塔上有一个贴装头上的元器件需要降速，整个转塔的速度将会随着这个元器件的需

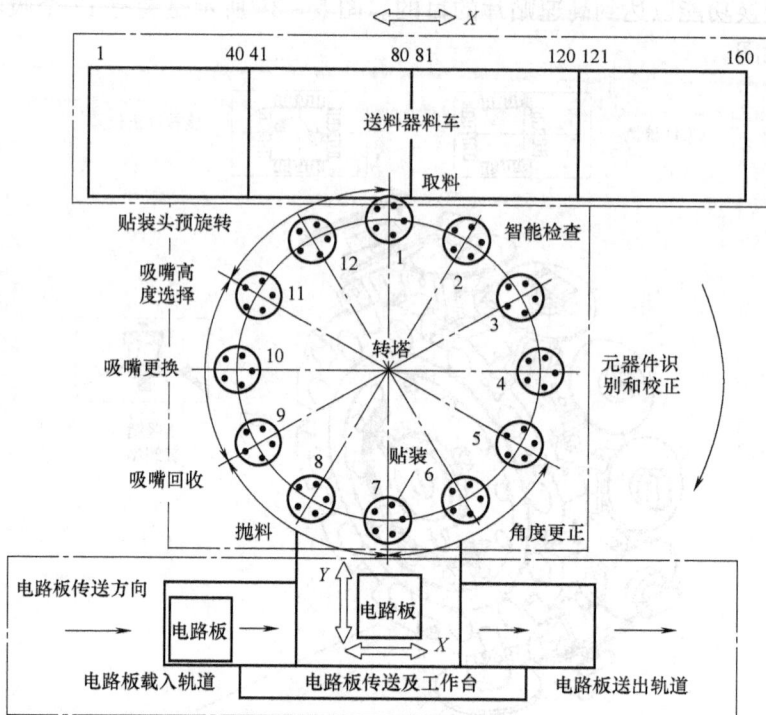

位置	动作与功能
1(12点钟)	吸取元器件,吸取高度控制
2(1点钟)	智能检测,检查元器件的厚度,是否侧立,以及吸嘴高度
3(2点钟)	无动作
4(3点钟)	元器件的识别和校正
5(4点钟)	元器件旋转,并通过真空检查元器件是否存在
6(5点钟)	元器件旋转到贴装角度
7(6点钟)	元器件贴装至电路板,贴装高度控制
8(7点钟)	元器件未通过识别的将不贴装,抛到抛料盒中
9(8点钟)	将用过的吸嘴回收至贴装头中
10(9点钟)	通过旋转贴装头来更换吸嘴
11(10点钟)	吸嘴下降到需要的高度
12(11点钟)	贴装头顶旋转到吸料的角度

图 5-22　转塔式贴装头的工作过程

要而下降。

贴装头的 X/Y 定位系统一般用直流伺服电动机驱动、通过机械丝杠传输力矩。如果采用磁尺和光栅定位,其精度高于丝杠定位,但丝杠定位比较容易维护修理。

综上所述,目前主流贴装头结构主要有平动式、旋转式和组合式 3 种,旋转式中细分为转塔式、转盘式。图 5-23 是各种贴装头主要特点及应用的对比。

2)吸嘴(Nozzle)。吸嘴是贴装头上进行拾取和贴放的贴装工具,它是贴装头的心脏。吸嘴拾起元器件并将其贴放到 PCB 上,一般有两种方式:一是根据元器件的高度,即事先输入元器件的厚度,当吸嘴下降到此高度时,真空释放并将元器件贴放到焊盘上,采用这种

形式功能特点	平动式 (P)	转动式 (R)		组合式 (PR)
		转塔式 (R1)	旋转式 (R2)	
示意图	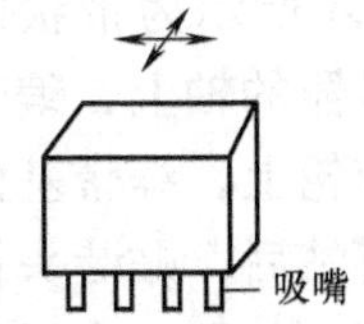	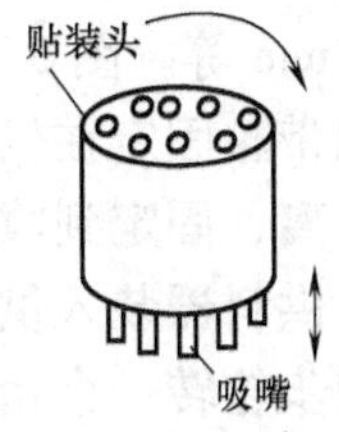	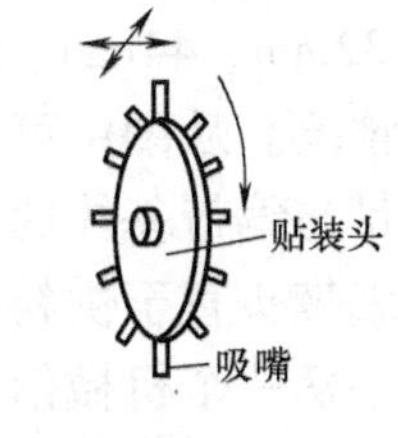	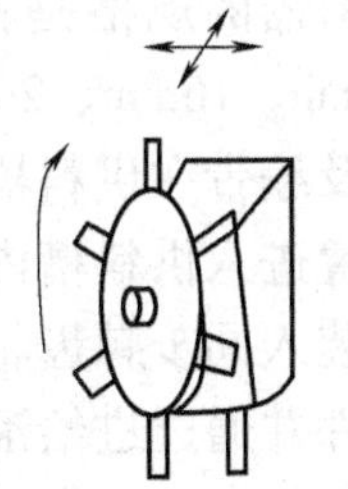
定位机构	拱架型 贴装时 PCB 固定	贴片头固定 +PCB X/Y 平动+ 料架 X 向运动	拱架型 贴装时 PCB 固定	拱架型 贴装时 PCB 固定
贴片头运动	X/Y 平动	固定 + 水平转动	X/Y 平动+ 90°/45° 转动+Z 向直线	X/Y 平动 + 组合
吸嘴运动	·随贴片头平动 ·Z 向直线 ·转动	·随贴装头公转 ·随轴自转 ·Z 向直线	·随贴装头运动 ·转动 ·Z 向直线	P/R2 组合运动
吸嘴数量	1~12	12×5(6) 或其他组合	6~30	组合
主要特点	·高精度 ·多功能 ·速度低	·高速度 ·柔性差	·速度与精度兼顾 ·适应元器件范围优于 R1	·柔性 ·结构复杂

图 5－23　各种贴装头主要特点及应用的对比

方法有时会因元器件厚度的误差，出现贴放过早或过迟现象，严重时会引起元器件移位或飞片的缺陷；另一种方法是吸嘴根据元器件与 PCB 接触瞬间产生的反作用力，在压力传感器的作用下实现贴放的软着陆，又称为 Z 轴的软着陆，故贴片时不易出现移位与飞片缺陷。

由于吸嘴频繁、高速与元器件接触，其磨损是非常严重的。早期吸嘴采用合金材料，后又改为碳纤维耐磨塑料材料，更先进的吸嘴则采用陶瓷材料及金刚石，使吸嘴更耐用。

3. 供料器

供料器也称送料器或喂料器，SMT 业界称为"飞达"（Feeder 的音译）。其作用是将片式的 SMC/SMD 按照一定的规律和顺序提供给贴片头，以方便贴片头吸嘴准确拾取，为贴片机提供元器件进行贴片。例如有一种 PCB 上需要贴装 10 种元器件，这时就需要 10 个供料器为贴片机供料。供料器按机器品牌及型号区分，一般来说不同品牌的贴片机所使用的供料器是不相同的，但相同品牌不同型号一般都可以通用。

供料器按照驱动方式的不同可以分为电驱动、空气压力驱动和机械打击式驱动，其中电驱动的振动小，噪声低，控制精度高，因此目前高端贴片机中供料器的驱动基本上都是采用电驱动，而中低档贴片机都是采用空气压力驱动和机械打击式驱动。根据 SMC/SMD 包装的不同，供料器通常有带状供料器、管状供料器、盘状供料器和散装供料器等几种。

1）带状供料器。带状供料器用于编带包装的各种元器件。由于带状供料器的包装数量比较大，小元器件每盘可以装 5000 个，甚至更多，大的 IC 每盘也能装几百个以上，不需要经常续料，人工操作量少，出现差错的几率小，因此带状供料器的用途最广泛。贴装前，将带状供料器安装到相应的供料器支架上，贴装时，编带包装元器件的带盘随编带架垂直旋转，将元器件源源不断地输送到贴装头吸嘴吸取的地方。

带状供料器根据编带材质的不同，有纸编带、塑料编带和黏接式塑料编带供料器。带状供料器的规格是根据编带宽度来确定的，是标准化的。带状供料器的规格通常有 8mm、12mm、16mm、24mm、32mm、44mm、56mm 和 72mm 等。图 5 – 24 所示为带状供料器的外形及编带在供料器上的情况。从图中可以看出，编带轮固定在供料器的轴上，编带通过压带装置进入供料槽内；上带与编带基体通过分离板分离，固定到收带轮上，编带基体的上同步孔装入同步棘齿轮上，编带头直至供料器的外端。供料器装入供料站后，贴装头按程序吸取元件并通过进给滚轮给手柄一个机械信号，驱动同步轮转一个角度，使下一个元器件送到供料位置上；上带则通过皮带轮机构将其收回卷紧，废基带通过废带通道排除并定时处理。

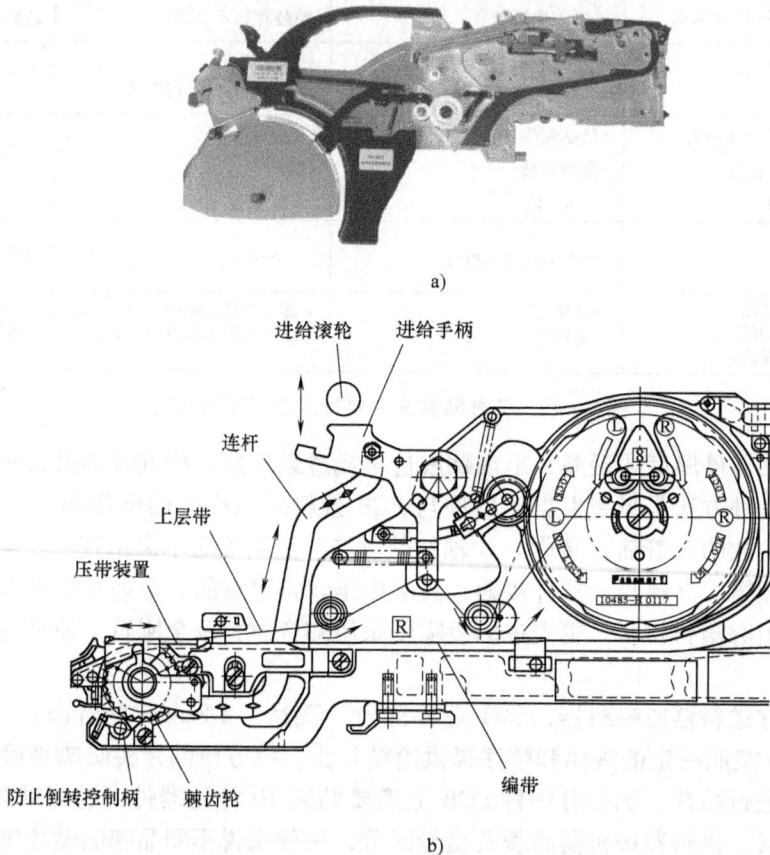

a)

b)

图 5 – 24　带状供料器的外形及编带在供料器上的情况

2）管状供料器。管状供料器的作用就是把包装管内的元器件按顺序送到吸片位置以供贴片头吸取。管状供料器基本上都是采用加电的方式产生机械振动来驱动元器件，使得元器件缓慢移动到窗口位置，通过调节料架振幅来控制进料的速度。由于管状供料器需要一管一管地续料，人工操作量大，而且续料时容易出错，因此一般只用于小批量生产。

管状供料器的规格有单通道、多通道之分。单通道管状供料器的规格有 8mm、12mm、16mm、24mm、32mm 和 44mm；多通道管状供料器有 2～7 通道不等，通道的宽度有的是固定的，有的是可以任意调整的。工作时，管状供料器定位料斗在水平面上二维移动，为贴装头提供新的待取元器件。图 5 - 25a 所示为多通道管状供料器。

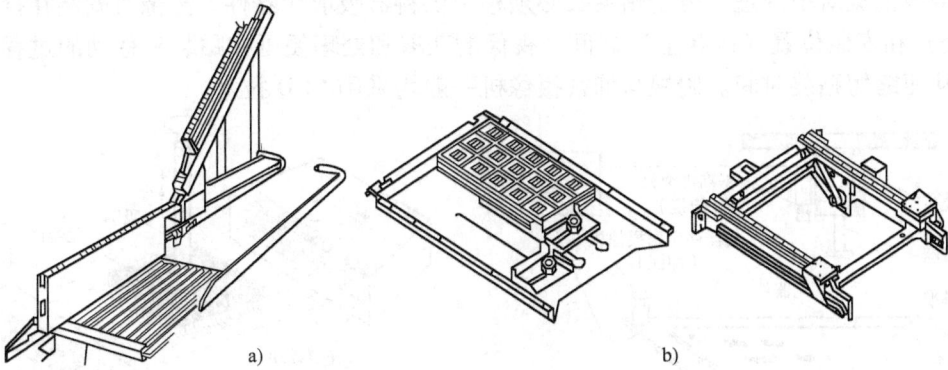

图 5 - 25　管状供料器与盘状供料器

3）盘状供料器。盘状供料器如图 5 - 25b 所示,又称为华夫盘供料器,它主要用于 QFP、BGA、CSP、PLCC 等元器件。盘状供料器的结构形式有单盘式和多盘式。单盘式续料的几率大,影响生产效率,一般只适合于简单产品或 IC 比较少的产品,以及小批量生产。多盘专用供料器现在被广泛采用。盘状供料器有手动和自动两种,自动盘状供料器一般有 10 层、20 层、40 层、80 层和 120 层之分。自动盘状供料器更换元器件时,可以实现不停机上料或换料。

4）散装供料器。散装供料器一般在小批量的生产中应用,规模化大生产一般应用很少。散装供料器带有一套线性的振动轨道,随着导轨的振动,元器件在轨道上排队前进。这种供料器只适合于矩形和圆柱形的片式元器件,不适合具有极性的片式元器件。目前,SMT 业界已经开发出多轨道式的散装供料器,不同的轨道可以驱动不同的片式元器件。随着贴装进程,装载着多种不同元器件的散装料仓水平旋转,把即将贴装的那种元器件转到料仓门的下方,便于贴装头拾取。

4. 视觉对中系统

机器视觉系统是影响元件组装精度的主要因素。机器视觉系统在工作过程中首先是对 PCB 的位置进行确认,当 PCB 输送至贴片位置上时,安装在贴片机头部的 CCD,首先通过对 PCB 上定位标志的识别,实现对 PCB 位置的确认;CCD 对定位标志确认后,通过 BUS(总线)反馈给计算机,计算出贴片圆点位置误差（ΔX, ΔY）,同时反馈给控制系统,以实现 PCB 识别过程并被精确定位,使贴装头能把元器件准确地释放到一定的位置上。在确认 PCB 位置后,接着是对元器件的确认,包括元器件的外形是否与程序一致,元器件的中心是否居中,元器件引脚的共面性和形变。其中,元器件对中过程为:贴片头吸取元器件后,视觉系统对元器件成像,并转化成数字图像信号,经计算机分析出元器件的几何中心和几何尺寸,并与控制程序中的数据进行比较,计算出吸嘴中心与元器件中心在 ΔX、ΔY 和 $\Delta \theta$ 的误差,并及时反馈至控制系统进行修正,保证元器件引脚与 PCB 焊盘重合。

视觉系统一般分为俯视、仰视、头部或激光对齐,视位置或摄像机的类型而定。图 5 - 26 是一个典型的贴片视觉对中系统。

1）俯视摄像机安装在贴装头上,用来在印制电路板上搜寻目标(称为基准),以便在贴装前将印制电路板置于正确位置。

2）仰视摄像机用于在固定位置检测元器件，在贴装之前，元器件必须移过摄像机上方，以便做视觉对中处理。由于贴装头必须移至供料器吸取元器件，摄像机安装在拾取位置（送料处）和安装位置（PCB上）之间，视像的获取和处理便可在贴装头移动的过程中同时进行，从而缩短贴装时间。俯视与仰视摄像机一般均采用CCD技术。

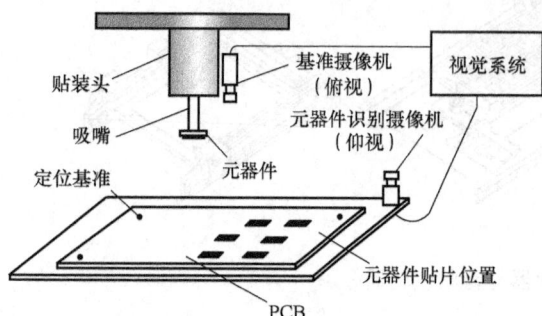

图5-26　贴片视觉对中系统

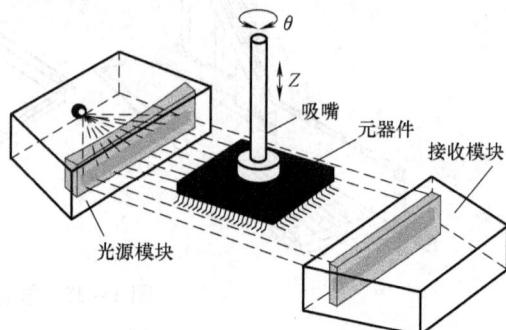

图5-27　"飞行对中技术"工作示意图

3）头部摄像机直接安装在贴装头上，一般采用Line-SenSor技术在拾取元器件移到指定位置的过程中完成对元器件的检测，这种技术又称为"飞行对中技术"，它可以大幅度提高贴装效率。该系统由两个模块组成：一个模块是由光源与散射透镜组成的光源模块，光源采用LED发光二极管。另一个模块为接收模块，采用Line CCD及一组光学镜头组成接收模块。此两个模块分别装在贴装头主轴的两边，与主轴及其他组件组成贴装头，如图5-27所示。贴片机有几个贴装头，就会有相应的几套系统。

4）激光对齐是指从光源产生一适中的光束，照射在元器件上，来测量元器件投射的影响。这种方法可以测量元器件的尺寸、形状以及吸嘴中心轴的偏差。这种方法快速，因为不要求从摄像机上方走过。其主要缺陷是不能对引脚和密脚元器件作引脚检查，但特别适应于片状元器件贴装的对中。

5. 贴片机的X、Y、Z/θ轴的定位系统

（1）X、Y定位系统

X、Y定位系统是贴片机的关键机构，也是评估贴片机精度的主要指标，它包括X、Y传动机构和X、Y伺服系统。它的功能有两种：一种是支撑贴装头，即贴装头安装在X导轨上，X导轨沿Y方向运动，从而实现在X/Y方向贴片的全过程，这类结构在通用型贴片机中多见；另一种是支撑PCB承载平台，并实现PCB在X/Y方向上移动，这类结构常见于转塔式旋转头类的贴片机中，在这类高速机中，其贴装头仅做旋转运动，而依靠供料器的水平移动和PCB承载平面的运动完成贴片过程。还有一类贴片机，贴装头安装在X的导轨上，并仅做X方向运动，而PCB的承载台仅做Y方向运动，工作时两者配合完成贴片过程。

X、Y传动机构主要有两大类，一类是滚珠丝杠—直线导轨，另一类是同步齿形带—直线导轨。

随着SMC/SMD尺寸的减小及精度的不断提高，对贴片机X、Y定位系统的要求越来越高。而X、Y定位系统是由X、Y伺服系统来保证的，即由交流伺服电动机驱动X、Y传动机构，并在位移传感器及控制系统指挥下实现精度定位，其中，位移传感器的精度起着关键的作用。目前贴片机上使用的位移传感器有圆光栅编码器，磁栅尺和光栅尺3种。这3种测量方法均能获得很高的运动定位精度。

（2）Z 轴定位系统

在通用型贴片机中，支撑贴装头的基座固定在 X 导轨上，基座本身不做 Z 方向的运动。这里的 Z 轴控制系统，特指贴装头的吸嘴在运动过程中的定位，其目的是适应不同厚度 PCB 与不同高度元器件贴片的需要。Z 轴控制系统常见的形式有下列两种：圆光栅编码器—AC/DC 电动机伺服系统和圆筒凸轮控制系统。

（3）Z 轴的旋转定位

早期贴片机的 Z 轴/吸嘴的旋转控制是采用汽缸和挡块来实现的，只能做到 0° 和 90° 控制，现在的贴片机已直接将微型脉冲电动机安装在贴装头内部，以实现 θ 方向高精度的控制。松下 MSR 型贴片机微型脉冲电动机的分辨率为 0.072°/脉冲，它通过高精度的谐波驱动器（减速比为 30:1），直接驱动吸嘴装置。由于谐波驱动器具有输入轴与输出轴同心度高，间隙小，振动低等优点，故吸嘴 θ 方向的实际分辨率可高达 0.0024°/脉冲，确保了贴片精度的提高。

6. 贴片机的传感系统

贴片机中安装有多种传感器，如压力传感器、负压传感器和位置传感器。贴片机运行过程中，所有这些传感器时刻监视机器的正常运转。传感器应用越多，说明机器的智能化水平越高。下面是几种重要传感器的功能。

1）压力传感器。贴片机的压力系统包括各种气缸的工作压力和真空发生器，这些发生器均对空气压力有一定的要求，低于设备规定的压力时，机器就不能正常运转。压力传感器始终监视压力的变化，一旦机器异常，将会立即报警，提醒操作人员及时处理。

2）负压传感器。贴装头上的吸嘴靠负压吸取元器件，吸片时，必须达到一定的真空度方能判别所拾元器件是否正常。因此，负压的变化反映了吸嘴吸取元器件的情况。如果供料器没有元器件，或元器件过大卡在供料器上，或负压不够，吸嘴都将吸不到元器件；或者吸嘴虽然吸到元器件，但是元器件吸着错误，或者在贴片头运动过程中，由于受到运动力的作用而掉下，都会使吸嘴压力发生变化；这些情况都由负压传感器进行监视。通过检测压力变化，贴片机就可以控制贴装情况，并在异常情况时发出报警信号，如图 5-28 所示。

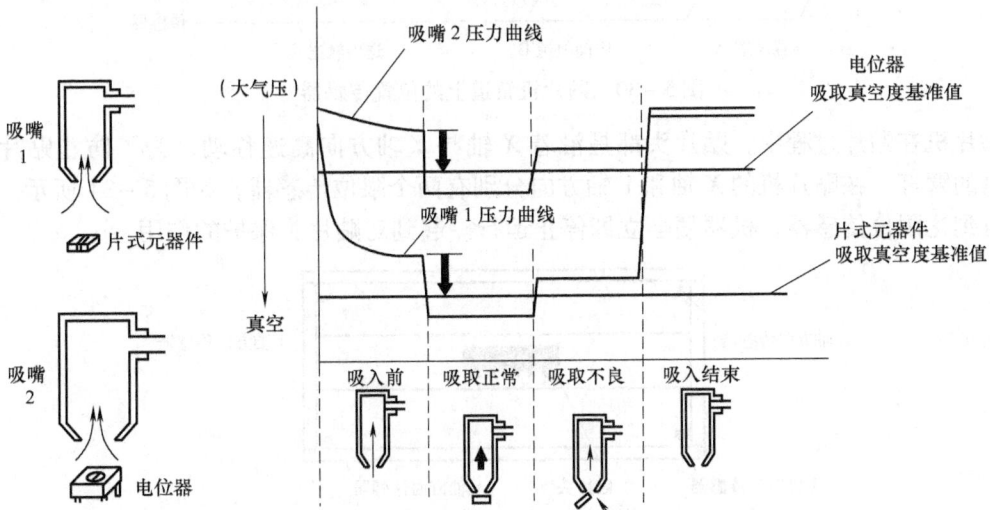

图 5-28 负压的变化反映了吸嘴吸取元器件的情况

目前新型负压传感器已经实现微小型化，负压传感器与转换和处理电路集成在一起，形成一体化部件，称为负压变送器。变送器输出标准电信号（0～5V 电压或 4～20mA 电流）。小型负压传感器重量可小于 70g，因而可以直接装到贴片头上，如图 5-29 所示。

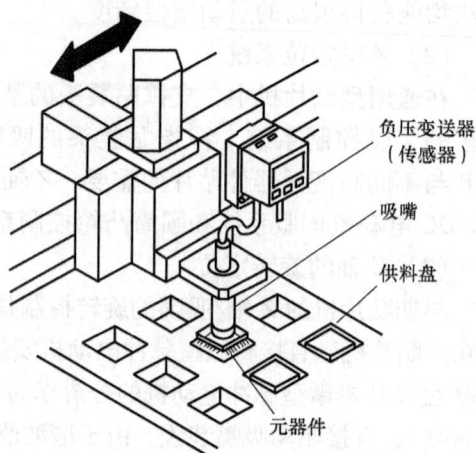

图 5-29　负压传感器直接装到贴片头上

3) 位置传感器。PCB 的传输定位、记数，贴装头和工作台的实时监测，辅助机构的运动等，都对位置有严格的要求，这些位置要求通过各种形式的位置传感器（光电传感器）来实现。

大部分贴片机的轨道上有 4 个位置传感器，如图 5-30 所示，在前置 A 轨道上，一般有两个传感器，在 PCB 入口处的传感器主要检测 PCB 是否导入，一旦检测到 PCB，前置 A 轨道上的传送皮带便开始运行，如果中间 B 轨道上有 PCB 等待或正在贴片，入口处的 PCB 便运行到前置 A 轨道的第二个传感器位置处停止运行，等待中间 B 轨道上的 PCB 导出后，再传送到中间 B 轨道上准备贴片。如果前置 A 轨道第二个传感器位置处有 PCB 等待，即使 PCB 入口处传感器检测到有 PCB，前置 A 轨道上的传送皮带也会停止运行，处于等待状态。中间 B 轨道上的传感器主要检测是否有 PCB 等待贴装，如果检测到 PCB，贴片程序便会迅速运行起来，元器件会按照指令被贴装到 PCB 的各个位置。PCB 上的元器件被组装完成后，被快速导入到后端的 C 轨道上，C 轨道上的传送皮带就会运行，把 PCB 导出到下一个工序。如果后端轨道出口处发生 PCB 阻塞，即使中间 B 轨道上的 PCB 完成贴装，PCB 也不会被导出。

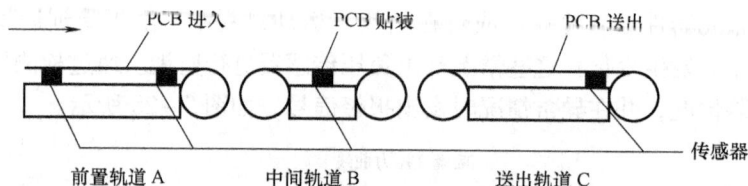

图 5-30　贴片机轨道上的位置传感器

贴片机在贴片过程中，贴片头都是沿着 X 轴与 Y 轴方向高速移动，为了防止贴片头撞击机器的臂杆，在贴片机的 X 轴和 Y 轴方向分别有两个限位传感器，如图 5-31 所示。贴装头一旦到达限位传感器，机器便会立即停止运行。起到对贴片头保护的作用。

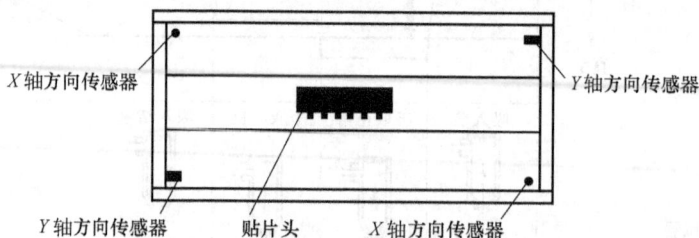

图 5-31　贴片机 X 轴和 Y 轴方向的限位传感器

4）图像传感器。贴片机工作状态的实时显示，主要采用 CCD 图像传感器，它能采集各种所需的图像信号，包括 PCB 的位置、元器件尺寸，并经过计算机分析处理，使贴片头完成调整与贴片工作。

5）激光传感器。激光传感器能帮助判别元器件引脚的共面性。当被测试的元器件运行到激光传感器的监测位置时，激光发出的光束照射到 IC 引脚并反射到激光读取器上，若反射回来的光束与发射光束相同，则元器件共面性合格，当不相同时，则元器件由于引脚变形，使发射光光束变长，激光传感器从而识别出该元器件引脚有缺陷。同样道理，激光传感器还能识别贴装头吸取元器件的有无、方位及高度。

6）区域传感器。贴片机在工作时，为了贴装头安全运行，通常在贴装头的运动区域内设有光电传感器，利用光电原理监控运行空间，以防外来物体带来伤害。

7）贴装头压力传感器。随着贴装头速度和精度的提高，对贴装头将元器件放到 PCB 上的智能性要求越来越高，这就是通常所说的"Z 轴软着陆"功能，它是通过压力传感器及伺服电动机的负载特性来实现的。当元器件放置到 PCB 上的瞬间会受到震动，其震动力能及时传送到控制系统，通过控制系统的调控再反馈到贴装头，从而实现 Z 轴软着陆功能。具有该功能的贴装头在工作时，给人的感觉是平稳轻巧，若进一步观察，则元器件贴装到 PCB 上，浸入的焊膏深度大体相同，这对防止后续焊接时出现立碑、错位和飞片等焊接缺陷也是非常有利的。

7. 计算机控制系统

计算机控制系统是指挥贴片机进行准确有序操作的核心，目前大多数贴片机的计算机控制系统采用 Windows 界面。可以通过高级语言软件或硬件开关，在线或离线编制计算机程序并自动进行优化，控制贴片机的自动工作步骤。

贴片机的计算机控制系统通常采用二级计算机控制：子级由专用工控计算机系统构成，完成对机械机构运动的控制；主控计算机实现编程和人机对话。

5.3.3　贴片机的主要技术指标

衡量贴片机的 3 个重要指标是精度、速度和适应性。

1. 精度

精度是贴片机主要技术指标之一。精度与贴片机的对中方式有关，其中以全视觉对中的精度最高。一般来说，贴片的精度体系应该包含 3 个项目：贴片精度、分辨率、重复精度，三者之间有一定的相关度。

1）贴片精度是指元器件贴装后相对于 PCB 上标准位置的偏移量大小。贴片精度由两种误差决定，即平移误差和旋转误差，如图 5-32 所示。平移误差产生的主要原因是 x—y 定位系统不够精确；旋转误差产生的主要原因是元器件对中机构不够精确和贴装工具存在旋转误差。一般要求贴装 SMC 精度达到 ±0.01mm，贴装高密度、窄间距的 SMD 至少要求精度达到 ±0.06mm。

2）分辨率是贴片机分辨空间连续点的能力，

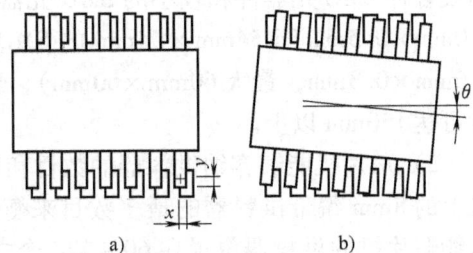

图 5-32　贴片机的贴装精度

a）平移误差　b）旋转误差

它是贴片机能够分辨的最近两点之间的距离。贴片机的分辨率取决于两个因素：一是定位驱动电动机的分辨率，二是传动轴驱动机构上的旋转位置或线性位置检测装置的分辨率。贴片机的分辨率用来度量贴片机运行时的最小增量，是衡量机器本身精度的重要指标。例如，丝杠的每个步进长度为 0.01mm，那么该贴片机的分辨率为 0.01mm。但是，实际贴片精度包括所有误差的总和。因此，描述贴片机性能时很少使用分辨率，一般在比较不同贴片机的性能时才使用它。

3）重复精度是贴装头重复返回标定点的能力。通常采用双向重复精度的概念，它定义为"在一系列试验中，从两个方向接近任一给定点时离开平均值的偏差"。

2. 贴片速度

有许多因素会影响贴片机的贴片速度，例如 PCB 的设计质量、元器件供料器的数量和位置等。一般高速机的贴片速度高于 5 片(Chips)/s，目前最高的贴片速度已经达到 20 片/s 以上；高精度、多功能贴片机一般都是中速机，贴片速度为 2 ~ 3 片/s 左右。贴片机的速度主要用以下几个指标来衡量：

1）贴装周期：指完成一个贴装过程所用的时间，它包括从拾取元器件、元器件定位、检测、贴放和返回到拾取元器件的位置这一过程所用的时间。

2）贴装率：指在一小时内完成的贴片周期。测算时，先测出贴片机在 50mm × 250mm 的电路板上贴装均匀分布的 150 只片状元器件的时间，然后计算出贴装一只元器件的平均时间，最后计算出一小时贴装的元器件数量，即贴装率。目前高速贴片机的贴装率可达每小时数万片至十几万片。

3）生产量：理论上每班的生产量可以根据贴装率来计算，但由于实际的生产量会受到许多因素的影响，与理论值有较大的差距，影响生产量的因素有生产时停机、更换供料器或重新调整印制电路板位置的时间等因素。

随着电子元器件日益小型化以及电子元器件多引脚、细间距的趋势，对贴片机的精度与速度要求越来越高，但精度与速度是需要折中考虑的，一般高速贴片机的高速往往是以牺牲精度为代价的。

3. 适应性

适应性是贴片机适应不同贴装要求的能力，包括以下内容：

1）能贴装的元器件种类：贴装元器件种类广泛的贴片机，比仅能贴装 SMC 或少量 SMD 类型的贴片机的适应性好。影响贴装元器件类型的主要因素是贴片精度、贴装工具、定位机构与元器件的相容性，以及贴片机能够容纳供料器的数目和种类。一般高速贴片机主要可以贴装各种 SMC 元器件和较小的 SMD 元器件（最大约 25mm × 30mm）；多功能机可以贴装从 1.0mm × 0.5mm 至 54mm × 54mm 的 SMD 元器件（目前可贴装的元器件尺寸已经达到最小 0.6mm × 0.3mm，最大 60mm × 60mm），还可以贴装连接器等异形元器件，连接器的最大长度可达 150mm 以上。

2）贴片机能够容纳供料器的数目和种类：贴片机上供料器的容纳量通常用能装到贴片机上的 8mm 编带供料器的最多数目来衡量。一般高速贴片机的供料器位置大于 120 个，多功能贴片机的供料器位置在 60 ~ 120 个之间。由于并不是所有元器件都能包装在 8mm 编带中，所以贴片机的实际容量将随着元器件的类型而变化。

3）贴装面积：由贴片机传送轨道以及贴装头的运动范围决定。一般可贴装的印制电路板尺寸，最小为 50mm × 50mm，最大应大于 250mm × 300mm。

4）贴片机的调整：当贴片机从组装一种类型的印制电路板转换到组装另一种类型的印制电路板时，需要进行贴片机的再编程、供料器的更换、印制电路板传送机构和定位工作台的调整、贴装头的调整和更换等工作。高档贴片机一般采用计算机编程方式进行调整，低档贴片机多采用人工方式进行调整。

5.4 贴片工艺

5.4.1 对贴片质量的要求

要保证贴片质量，应该考虑 3 个要素：贴装元器件的正确性、贴装位置的准确性和贴装压力（贴片高度）的适度性。

1. 贴片工序对贴装元器件的要求

1）元器件的类型、型号、标称值和极性等特征标记，都应该符合产品装配图和明细表的要求。

2）被贴装元器件的焊端或引脚至少要有厚度的 1/2 浸入焊锡膏，一般元器件贴片时，焊锡膏挤出量应小于 0.2mm；窄间距元器件的焊锡膏挤出量应小于 0.1mm。

3）元器件的焊端或引脚都应该尽量和焊盘图形对齐、居中。再流焊时，熔融的焊料使元器件具有自定位效应，允许元器件的贴装位置有一定的偏差。

2. 元器件贴装偏差及贴片压力（贴装高度）

1）矩形元件允许的贴装偏差范围。如图 5 – 33 所示，图 5 – 33a 的元件贴装优良，元件的焊端居中位于焊盘上。图 5 – 33b 表示元件在贴装时发生横向移位（规定元件的长度方向为"纵向"），合格的标准是：焊端宽度的 3/4 以上在焊盘上，即 $D_1 \geq$ 焊端宽度的 75%，否则为不合格。图 5 – 33c 表示元件在贴装时发生纵向移位，合格的标准是：焊端与焊盘必须交叠，即 $D_2 \geq 0$，否则为不合格。图 5 – 33d 表示元件在贴装时发生旋转偏移，合格的标准是：$D_3 \geq$ 焊端宽度的 75%，否则为不合格。图 5 – 33e 表示元件在贴装时与焊锡膏图形的关系，合格的标准是：元器件焊端必须接触焊锡膏图形，否则为不合格。

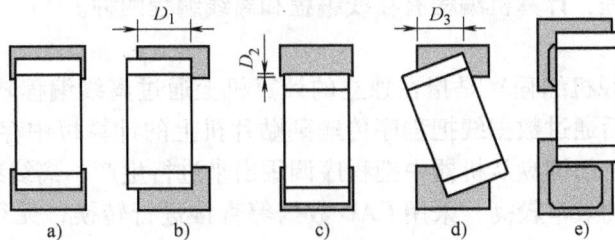

图 5 – 33 矩形元器件贴装偏差

2）小外形晶体管（SOT）允许的贴装偏差范围。允许有旋转偏差，但引脚必须全部在焊盘上。

3）小外形集成电路（SOIC）允许的贴装偏差范围。允许有平移或旋转偏差，但必须保证引脚宽度的 3/4 在焊盘上，如图 5 – 34 所示。

4）四边扁平封装器件和超小型器件（QFP，包括 PLCC 器件）允许的贴装偏差范围要保证引脚宽度的 3/4 在焊盘上，允许有旋转偏差，但必须保证引脚长度的 3/4 在焊盘上。

5）BGA 器件允许的贴装偏差范围。焊球中心与焊盘中心的最大偏移量小于焊球半径，如图 5-35 所示。

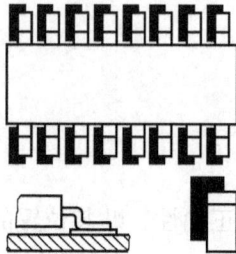

图 5-34　SOIC 集成电路贴装偏差　　　　图 5-35　BGA 集成电路贴装偏差

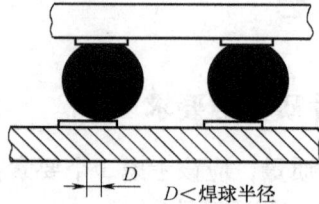

6）元器件贴片压力（贴装高度）。元器件贴片压力要合适，如果压力过小，元器件焊端或引脚就会浮放在焊锡膏表面，焊锡膏就不能粘住元器件，在印制电路板传送和焊接过程中，未粘住的元器件可能移动位置。

如果元器件贴装压力过大，焊锡膏挤出量过大，容易造成焊锡膏外溢，使焊接时产生桥接，同时也会造成器件的滑动偏移，严重时会损坏器件。

5.4.2　贴片机编程

贴片机是计算机控制的自动化生产设备，贴片之前必须编制程序。贴片机编程是指通过按规定的格式或语法编写一系列的工作指令，让贴片机按预定的工作方式进行贴片工作。一般每个工厂都有自己的编程方式，可以使用自己编写的软件，也可以购买专业的离线软件或使用设备厂家自带的编程软件。

贴片程序的编制有示教编程和计算机编程两种方式。

示教编程就是通过所设计的贴片顺序，经显示器给操作者一定的指导提示，横拟贴装一遍。精度低，编程速度慢。这种方法仅适用于缺少 PCB 数据的情况或做教学示范，一般生产中都采用计算机编程，计算机编程有在线编程和离线编程两种。

1. 离线编程

离线编程（也称脱机编程）是指在独立的计算机上通过离线编程软件把 PCB 的贴装程序编好、调试好，然后通过数据线把程序传输到贴片机上的计算机中存储起来，在需要时，随时可以通过贴片机上的键盘从机器中把程序调用出来进行生产。离线编程的速度一般相对在线编程要快，编程的效率较高，采用 CAD 数据等直接进行转换，无须手工定位，可获得更高的贴装精度，并减少产品更换时的待机时间。因此，一般贴片机均采用离线编程、在线调机的方式。

离线编程的步骤：PCB 程序数据编辑→自动编程优化并编辑→将数据输入设备→在贴片机上对优化好的产品程序进行编辑→核对检查并备份贴片程序。

1）PCB 程序数据编辑。PCB 程序数据编辑有 3 种方法：Gerber 文件的导入，CAD 文件的导入，对表面组装印制电路板图像扫描产生的坐标数据。

① Gerber 文件的导入编程。把 Gerber 文件导入到贴片机的离线编程软件中。这种方法是目前 SMT 行业普遍使用的一种方法，其特点是编程速度快，而且导入的坐标数据非常精确，一般在贴片机上不需要调整。Gerber 文件导入主要是把不同元器件的位置号、元器件规格尺寸和元器件焊盘的中心点坐标导入。目前主流贴片机一般都有离线编程软件，对 Gerber 文件的格式都是兼容的。

② CAD 文件的导入编程。把 CAD 文件直接导入到贴片机的离线编程软件中。CAD 文件导入的主要是每一个贴片步骤的元器件名、说明（包括该元器件贴装位号及型号规格）、每一步 X、Y 坐标和转角 θ、mm/in 转换、坐标方向转换、角度 θ 的转换、比率以及原点修正值。贴片机一般对 CAD 格式是不兼容的，需要把 CAD 坐标数据复制到离线编程软件中，再对数据进行编辑。

③ SMB 图像扫描编程。在贴片机中，编辑 PCB 上焊盘中心点的坐标数据，也可以通过把 PCB 的实物图像扫描到离线编程软件中，再利用鼠标的光标单击焊盘中心点的位置，这样会自动生成一个坐标数据，但此坐标数据一般在导入到贴片机中时，都需要再重新调整，鼠标单击的部位还要把相应的元器件规格尺寸编辑到相应的编辑栏内，之后对数据进行编辑。

2）自动编程优化并编辑。

① 打开程序文件。从优化软件中打开已完成 PCB 程序数据编辑的程序文件。

② 输入 PCB 数据。输入 PCB 尺寸：长度（沿贴片机的 X 方向）、宽度（沿贴片机的 Y 方向）以及厚度（T）。

输入 PCB 原点坐标：一般 X、Y 坐标的原点均为 0。当 PCB 有工艺边或贴片机对原点有特别规定时，应输入原点坐标。

输入拼板信息：分别输入 X 和 Y 方向的拼板数量、相邻拼板之间的距离，无拼板时，X 和 Y 方向的拼板数量均为 1，相邻拼板之间的距离为 0。

③ 建立元器件库。对元器件库中没有的新元件需逐个建立元器件库。建立元器件库时需输入该元器件的元器件名称、包装类型、所需要的料架类型、供料器类型、元器件供料的角度、采用几号吸嘴等参数，并在元器件库中保存。

④ 输入产品的文件名、生产小组编辑者名称以及需要说明的内容。

⑤ 自动编程优化。完成了以上工作后即可按照自动编程优化软件的操作方法进行自动编程优化。

a. 在优化软件中单击自动编程优化命令。

b. 根据提示在弹出的窗口中配置吸嘴型号和数量。

c. 确定每种元器件的使用数量和料架名称表。

d. 确认后则开始自动编程优化。

⑥ 对自动编程优化好的程序进行编辑。完成自动编程优化后对程序中不符合要求的字符应进行修改。

a. 对不符合贴片机的供料器型号进行修改。

b. 对不符合贴片机程序要求的封装名称进行修改。

c. 对不合理的贴片步骤进行人工调整，完成修改后，存盘。

3）将数据输入设备。将优化好的程序输入到贴片机中。

4）在贴片机上对优化好的产品程序进行编辑。

① 调出优化好的程序。

② 做 PCB Mark 和局部 IC Mark 的图像。

③ 对没有做图像的元器件做图像，并在图像库中登记。

④ 对未登记过的元器件在元件库中进行登记。

⑤ 如果用到托盘供料器，还需要对托盘料架以及托盘进行编程：把托盘在料架上的放置位置（放在第几层、前后位置、托盘之间的间距）；托盘中第一个器件的位置；托盘有几行、几列、每个器件之间 X、Y 方向的间距；拾取器件的路线（如从右到左一行一行拾取、或纵向一列一列拾取等）。

⑥ 排放不合理的多管式振动供料器应根据元器件体的长度进行重新分配，尽量把元器件体长度比较接近的元器件安排在同一个料架上，并将料站排放得紧凑一些。中间尽量不要有空闲的料站，这样可以缩短拾取元件的路程。

⑦ 把程序中外形尺寸较大的多引脚细间距元器件，如 160 条引脚以上的 QFP 和大尺寸的 PLCC、BGA 以及长插座等，改为单个拾片的方式，这样可提高贴装精度。

⑧ 存盘检查是否有错误细节信息，根据错误信息修改程序，直至存盘后没有错误信息为止。

5）校对检查并备份贴片程序。

① 按照工艺文件中元器件明细表，校对程序中每一步的元器件名称、位号、型号规格是否正确。对不正确的按工艺文件进行修改。

② 检查贴片机每个供料器站上的元器件与程序表是否一致。

③ 在贴片机上用主摄像头校对每一步元器件的 X、Y 坐标是否与 PCB 上的元器件中心一致，对照工艺文件中元器件位置示意图检查转角是否正确，对不正确处进行修正。

④ 将完全正确的产品程序复制到备份移动存储设备中保存。

生产时，对已经完成离线编程的产品，可直接调出产品程序，开始下一步的操作，对于没有完成离线编程的产品，需进行在线编程。

2. 在线编程

在线编程是利用贴片机中的计算机进行编程，是对 PCB 上的元器件贴装位置适时地进行坐标数据的定位，根据不同的元器件再选择吸嘴，在数据表格上填入相关的数据，如吸嘴编号、贴片头编号、元器件厚度、供料器所在的位置编号、元件的规格尺寸等。编程时贴片机要停止工作。

在线编程一般要完成下面这些内容：确定 PCB 的尺寸和进板方向，设定 PCB 的坐标原点（可以是 PCB 上任何一点），定位 Mark 点坐标，定位 PCB 上贴装元器件位置中心点坐标，选择贴装头，选择吸嘴，确定供料器的位号；编辑贴装元器件影像；建立贴装元器件库；优化程序；这些可归纳为程序数据的编辑、元器件的影像编辑、编辑程序的优化、校对检查并备份 4 大步。

1）程序数据的编辑。在贴片机中，对程序数据的编辑主要有以下内容。

① NC Data（PCB 上元器件焊盘中心点坐标数据），对此数据的编辑就是在贴片机上把 PCB 传入机器内，在 PCB 上选取一点（一般选 PCB 上左下角的 PCB Mark 点）作为相对坐标的原点，PCB 上其他焊盘中心点的坐标都是以相对坐标原点为参考，把这些数据录入到编

辑栏上的 X、Y 项即可。

② Part Data（元器件的规格尺寸、吸嘴编号、光源的选择、供料器的选择、供料器的站位号），编辑 Part 数据，首先把元器件的规格尺寸输入编辑栏，并且给元器件定义一个名称，如果系统元器件库内有此规格，可以直接调用库文件即可生成贴装元器件库。根据元器件的规格大小选择不同的吸嘴，每种贴片机中都有不同的吸嘴供选择。对于不同的元器件，照相光源的选择也很重要，它直接影响贴片机的贴装率。

③ Mark Data（标记点坐标数据），在 PCB 上，Mark 一般有两个，主要在 PCB 的对角上，利用 Mark，可以更加精确地贴装元器件，所以 Mark 的坐标也要在相对坐标系里标志出来。特别要注意的是：在贴片机中的程序编辑，要正确分清规格尺寸是公制还是英制。

2）元器件的影像编辑。贴片前要给每个元器件照一个标准图像存入图像库中，此即元器件的影像编辑。元器件影像编辑的步骤：首先输入元器件的类型、元器件外形尺寸、失真系数，然后用 CCD 的主灯光、内测光和外侧光照射，并反复调整各光源的光亮度，直到显示符合要求为止。

① 元器件影像编辑的作用就是在贴片时将拾取的每一个元器件的实际图像与影像编辑出的该元器件的标准图像比较。

a. 比较图像是否正确，如果图像不正确，贴片机则认为该元器件的型号错误，会根据程序设置抛弃元器件；

b. 将引脚变形与共面性不合格的元器件识别出来并送至程序指定的抛料位置；

c. 比较该元器件拾取后的中心坐标与标准图像是否一致，如有偏移，贴片时贴片机会自动根据偏移量来修正该元器件的贴装位置。

② 元器件影像编辑不好，视觉图像做得不好，直接影像贴装效率。如果元器件视觉图像做得失真，即元器件视觉图像的尺寸与元器件的实际差异较大时，贴片时会不认元器件，出现抛料现象，从而造成频繁停机。因此在制作元器件图像时必须注意以下要求：

a. 元器件尺寸要正确；

b. 元器件类型的图形方向和元器件的拾取方向要一致；

c. 失真系数要适当；

d. 照相时各光源的光亮度要恰当，显示清楚以后还要仔细调整，使图像黑白分明、边缘清晰；照出来的图像尺寸与元器件的实际尺寸尽量接近。

3）编辑程序的优化。编辑程序的优化主要是提高机器的运行精度和发挥机器的最大效能，全面提高贴片的速度。

① 供料器位置的优化。目前的贴片机吸嘴单元都是由多个吸嘴组成的，有线式结构和旋转式结构。根据 PCB 上贴装的元器件数量，可以把数目相近的供料器组合在一起，使得机器在贴装时一次吸取多个元器件，这样可以省下中间的吸取过程，提高机器的效率。

② 吸嘴的优化。对吸嘴进行优化，主要是让机器在执行吸取元器件指令时，一组吸嘴同时吸取元器件，而不是让单个的吸嘴只吸取一个元器件，这样机器的运行步骤将减少，缩短了机器的贴装时间，使机器的效率能最大化发挥。

③ 吸嘴高度的优化。吸嘴高度是指吸嘴的下端与 PCB 顶层的距离，不同的元器件在贴装时，由于厚度不同，有时会有部分元器件被吸嘴打裂了，造成元器件的损坏，所以在优化时对吸嘴贴装不同的元器件要进行高度的优化。

④ 影像灰度的优化。贴片机在贴装过程中，有时会错误的把吸取的元器件扔到废料盒里，造成元器件的浪费；这主要是因为元器件在照相过程中，摄像头捕捉的影像灰度没有调整到最佳状态，系统在识别时误判为问题元器件而执行抛料动作。

4）校对检查并备份贴片程序。

① 按照工艺文件中的元器件明细表，校对程序中每一步的元器件名称、位号、型号规格是否正确，对不正确的按工艺文件进行修改。

② 检查贴片机每个供料器站上的元器件与程序表是否一致。

③ 在贴片机上用主摄像头校对每一步元器件的 X、Y 坐标是否与 PCB 上的元器件中心一致，对照工艺文件中元器件位置示意图检查转角是否正确，对不正确处进行修正。

④ 将完全正确的产品程序复制备份到移动存储设备中保存。

5.4.3 全自动贴片机操作指导

1. 贴片作业工艺流程

全自动贴片机贴片工艺流程如图 5-36 所示。

2. 贴片作业准备

贴片作业准备工作主要包括：

1）贴装工艺文件准备；

2）元器件类型、包装、数量与规格稽核；

3）PCB 焊盘表面焊膏涂覆稽核；

4）料站的组件规格核对；

5）确认是否有手补件或临时不贴件、加贴件；

6）贴片编程。

3. 贴片机开机

1）操作前检查。

① 电源。检查电源是否正常。

② 气源。检查气压是否达到贴片机规定的供气需求，通常为 0.55MPa。

③ 安全盖。检查前后安全盖是否已盖好。

④ 喂料器。检查每个喂料器是否安全地安装在供料台上且没有翘起，无杂物或散料在喂料器上。

⑤ 传送部分。检查有无杂物在传送带上，各传送带部件运动时有无互相妨碍。根据 PCB 宽度调整传送轨道宽度，轨道宽度一般应大于 PCB 宽度 1cm，要保证 PCB 在轨道上运动流畅。

⑥ 贴装头。检查每个头的吸嘴是否归位。

⑦ 吸嘴。检查每个吸嘴是否有堵塞或缺口现象。

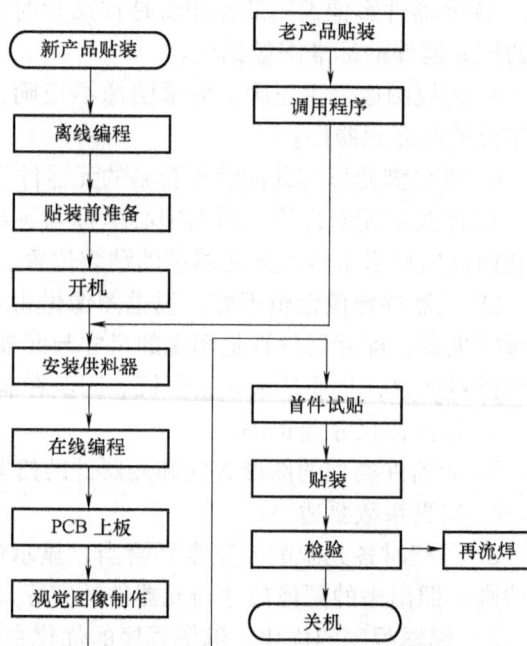

新产品贴装 → 离线编程 → 贴装前准备 → 开机 → 安装供料器 → 在线编程 → PCB 上板 → 视觉图像制作

老产品贴装 → 调用程序

首件试贴 → 贴装 → 检验 → 再流焊

关机

图 5-36　全自动贴片机贴片工艺流程

⑧ 顶针。开机前需严格检查顶针的高度是否满足支撑 PCB 的需求，根据 PCB 厚度和外形尺寸安装顶针数量和位置。

2）打开主电源开关，启动贴片机。打开位于贴片机前面右下角的主电源开关，贴片机会自动启动至初始化界面。

3）执行回原点操作。初始化完毕后，会显示执行回原点的对话框，单击"确定"按钮，贴片机开始回原点。注意：当执行回原点操作时每个轴都会移动。将身体的任一部分伸入贴片机头部移动范围内是极危险的，要确保身体处于贴片机移动范围之外。

4）预热。主要在节假日结束后或在寒冷的地方使用时，需在接通电源后立即进行预热。选择预热对象（"轴"、"传送"、"MTC"中选择一项，初始设置为"轴"）→选择预热结束条件（可选择时间或次数，按"时间（min）"或"次数"按钮即可，初始设定为"时间"→设置时间或次数→设置速度。

5）进入在线编程或调用程序准备生产。

4. 贴片机关机

1）停止贴片机运行。有 4 种方法可以停止贴片机运行。

① 紧急停止按钮。按下这个按钮触发紧急停止，在正常运行状态下不要用这种方式停止运行贴片机。

②〈STOP〉键（操作面板上）。按下〈STOP〉键立即停止贴片机运行，回到待机状态，在操作面板上按〈START〉键。

③〈Cycle Stop〉键。按下这个键，则贴片机在贴装完当前这块 PCB 后停止。

④〈Conveyout stop〉键。如果想在贴装完当前传送带的 PCB 后停止运行，按下这个键。所有在传送带上的 PCB 在贴装完后都会被传出，但新放置在入口处的 PCB 不会被传进。

注意：除紧急情况外，不要在贴片机运行状态按下紧急停止按钮。

2）复位。按下操作面板上的〈RESET〉键，贴片机会立即停止运行，回到等待生产状态。

3）按下屏幕上的〈OFF〉键

① 当检查窗口出现时按下〈YES〉键

② 当回原点对话框出现后按下〈OK〉键

③ 当关机对话框出现后按下〈OK〉键

④ 按下紧急停止按钮。当紧急停止对话框出现后，按下紧急停止按钮，然后按〈OK〉键。

4）关闭主电源开关。当显示"Ready to shut down"时，按下〈OK〉键并关闭右下方的主电源开关。

注意：如果不遵循以上步骤关机，有可能会对系统软件或数据造成损害。

由于机型不同和软件版本的关系，如果实际界面和本操作指导有区别，请以实际显示界面和该机型配套的说明书为准。

5.4.4 贴片质量分析

对贴片产品的品质要求，一般要遵循 IPC 相关验收标准。产品按照消费类电子产品、工业类电子产品、军用类和航空航天类 3 大类进行分类。不同的类别，验收的标准也是不一样的。以偏位缺陷为例,对于消费类电子产品,焊端或引脚部分落在焊盘上的面积达到50%,就能满足一级验收标准,低于50%就不合格;对于工业类电子产品,焊端或引脚部分落在焊盘上的面积达到50%到75%之间,则满足二级验收标准,若超过75%则更好;对于军用和航空航天类产品,焊端或引脚部分落在焊盘上的面积超过75%,则满足三级验收标准。

SMT贴片常见的品质问题有:漏件、侧件、翻件、偏位、损件等。

1. 导致贴片漏件的主要因素

可以考虑以下几个方面:

1)元器件供料架送料不到位。

2)元器件吸嘴的气路堵塞、吸嘴损坏、吸嘴高度不正确。

3)设备的真空气路故障,发生堵塞。

4)印制电路板产生变形。

5)印制电路板的焊盘上没有焊锡膏或焊锡膏过少。

6)元器件质量问题,同一品种的厚度不一致。

7)贴片机调用程序有错漏,或者编程时对元器件厚度参数的选择有误。

8)人为因素不慎碰掉。

2. 导致贴片时翻件、侧件的主要因素

可以考虑以下几个方面:

1)元器件供料架送料异常。

2)贴装头的吸嘴高度不对。

3)贴装头抓料的高度不对。

4)元器件编带的装料孔尺寸过大,元件因振动翻转。

5)散料放入编带时的方向弄反。

3. 导致元器件贴片偏位的主要因素

可能的原因是:

1)贴片机编程时,元器件的$X—Y$轴坐标不正确。

2)贴片吸嘴原因,使吸料不稳。

4. 导致元器件贴片时损坏的主要因素

可能的原因是:

1)定位顶针过高,使印制电路板的位置过高,元器件在贴装时被挤压。

2)贴片机编程时,元器件的Z轴坐标不正确。

3)贴装头的吸嘴弹簧被卡死。

5.5 手工贴装 SMT 元器件

手工贴装 SMT 元器件俗称手工贴片。除了因为条件限制需要手工贴片焊接以外,在具备自动生产设备的企业里,假如元器件是散装的或有引脚变形的情况,也可以进行手工贴片,作为机器贴装的补充手段。

1)手工贴片之前需要先在印制电路板的焊接部位涂抹助焊剂和焊锡膏。可以用刷子把助焊剂直接刷涂到焊盘上,并采用简易印刷工装手工印刷焊锡膏或手动滴涂焊锡膏。

2）采用手工贴片工具贴放 SMT 元器件。手工贴片的工具有：不锈钢镊子、吸笔、3～5 倍台式放大镜或 5～20 倍立体显微镜、防静电工作台、防静电腕带。

3）手工贴片的操作方法。

① 贴装 SMC 片状元器件：用镊子夹持元器件，把元器件焊端对齐两端焊盘，居中贴放在焊锡膏上，用镊子轻轻按压，使焊端浸入焊锡膏。

② 贴装 SOT：用镊子夹持 SOT 元器件体，对准方向，对齐焊盘，居中贴放在焊锡膏上，确认后用镊子轻轻按压元器件体，使浸入焊锡膏中的引脚不小于引脚厚度的 1/2。

③ 贴装 SOP、QFP：元器件 1 脚或前端标志对准印制电路板上的定位标志，用镊子夹持或吸笔吸取元器件，对齐两端或四边焊盘，居中贴放在焊锡膏上，用镊子轻轻按压元器件封装的顶面，使浸入焊锡膏中的引脚不小于引脚厚度的 1/2。贴装引脚间距在 0.65mm 以下的窄间距元器件时，可在 3～20 倍的放大镜或显微镜下操作。

④ 贴装 SOJ、PLCC：与贴装 SOP、QFP 的方法相同，只是由于 SOJ、PLCC 的引脚在元器件四周的底部，需要把印制电路板倾斜 45°来检查芯片是否对中、引脚是否与焊盘对齐。

贴装元器件以后，用手工、半自动或自动的方法进行焊接。

4）在手工贴片前必须保证焊盘清洁。新印制电路板上的焊盘都比较干净，但返修的印制电路板在拆掉旧元器件以后，焊盘上就会有残留的焊料。贴换元器件到返修位置上之前，必须先用手工或半自动的方法清除残留在焊盘上的焊料，如使用电烙铁、吸锡线、手动吸锡器或用真空吸锡泵把焊料吸走。清理返修的印制电路板时要特别小心，在组装密度越来越大的情况下，操作比较困难并且容易损坏其他元器件及印制电路板。

5.6 习题

1. 说明 SMT 装配过程中焊锡膏涂敷工序在工艺流程中的位序和工艺过程。
2. 画出全自动焊锡膏印刷工艺流程图。
3. 分析焊锡膏印刷常见的质量问题，讨论对这些质量问题的解决方法。
4. 说明粘结剂的涂敷方法和固化方法。
5. 说明 SMT 装配过程中粘结剂涂敷工序的作用及其在工艺流程中的位序。
6. SMT 点胶工艺中常见的品质缺陷有哪些？分析其产生的原因与解决方法。
7. 衡量贴片机的 3 个重要指标是什么？
8. 请对贴片机的 4 种工作类型进行分析和对比。
9. 说明贴片机的主要结构。
10. 画出全自动贴片机贴片工艺流程图。
11. 请说明手工贴片元器件的操作方法。
12. 分析贴片中常见的质量问题，讨论对这些质量问题的解决方法。

第6章 表面组装焊接工艺

本章要点

- 表面组装焊接技术原理及特点
- 波峰焊与再流焊工艺
- 波峰焊设备与再流焊设备
- SMT 的手工焊接
- SMT 焊接质量缺陷分析

6.1 焊接原理与表面组装焊接特点

6.1.1 电子产品焊接工艺

任何复杂的电子产品都是由最基本的元器件组成，通过导线将电子元器件连接起来，就能够完成一定的电气连接，实现特定的电路功能。

焊接质量是否可靠，对整机的性能指标影响很大。一些精密复杂的仪器常常因为一个焊点的虚焊造成整机报废甚至因此发生事故。对于一个电子产品来说，通常只要打开机箱，看一看它的装配结构和电路焊接质量，就可以立即判定它的性能优劣，也能够判断出生产企业的技术能力和工艺水平。

1. 焊接的分类

现代焊接技术的类型主要有以下几种：

1）加压焊。加压焊又分为加热与不加热两种方式，如：冷压焊、超声波焊等，属于不加热方式；而加热方式中，一种是加热到塑性，另一种是加热到局部熔化。

2）熔焊。焊接过程中母材和焊料均熔化的焊接方式称为熔焊。如：等离子焊、电子束焊、气焊等。

3）钎焊。所谓钎焊，是指在焊接过程中母材不熔化，而焊料熔化的焊接方式。钎焊又分为软钎焊和硬钎焊；软钎焊：焊料熔点 <450℃，硬钎焊：焊料熔点 >450℃。

软钎焊中最重要的一种方式是锡焊，常用的锡焊方式有：

① 手工烙铁焊与手工热风焊。

② 浸焊。

③ 波峰焊。

④ 再流焊。

2. 锡焊原理

在电子产品制造过程中，应用最普遍、最有代表性的是锡焊。锡焊能够完成机械的连接，对两个金属部件起到结合、固定的作用；锡焊同时实现电气的连接，让两个金属部件电气导通，这种电气的连接是电子产品焊接作业的特征，是粘合剂所不能替代的。

锡焊方法简便，只需要使用简单的工具（如电烙铁）即可完成焊接、焊点整修以及元器件拆换等工艺过程。此外，锡焊还具有成本低、容易实现自动化等优点，在电子工程技术里，它是使用最早、最广、占比重最大的焊接方法。

锡焊是将焊件和焊料共同加热到锡焊温度，在焊件不熔化的情况下，焊料熔化并润湿焊接面，形成焊件的连接。其主要特征有以下3点：

- 焊料熔点低于焊件。
- 焊接时将焊料与焊件共同加热到锡焊温度，焊料熔化而焊件不熔化。
- 焊接的形成依靠熔化状态的焊料润湿焊接面，由毛细作用使焊料进入焊件的间隙，依靠二者原子的扩散，形成一个合金层，从而实现焊件的结合。

1）润湿。焊接的物理基础"润湿"。润湿是指液体在与固体的接触面上摊开，充分铺展接触，这种现象就叫做润湿。锡焊的过程，就是通过加热，让铅锡焊料在焊接面上熔化、流动、润湿，使铅锡原子渗透到铜母材（导线、焊盘）的表面内，并在两者的接触面上形成 $Cu_6—Sn_5$ 的脆性合金层。

在焊接过程中，焊料和母材间的界面与焊料表面切线之间的夹角叫做润湿角，如图 6-1 中的 θ。图 6-1a 中，当 $\theta > 90°$ 时，焊料与母材没有润湿，不能形成良好的焊点；图 6-1b 中，当 $\theta < 90°$ 时，焊料与母材润湿，能够形成良好的焊点。仔细观察焊点的润湿角，就能判断焊点的质量。

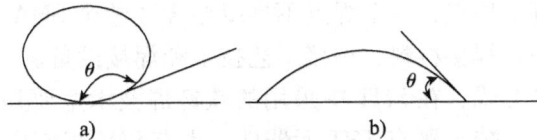

图 6-1　润湿与润湿角

如果焊接面上有阻隔润湿的污垢或氧化层，不能生成两种金属材料的合金层，或者温度不够高使焊料没有充分熔化，都不能使焊料润湿。

2）锡焊的条件。进行锡焊，必须具备以下条件：

① 焊件必须具有良好的可焊性。所谓可焊性是指在适当温度下，被焊金属材料与焊锡能形成良好结合的合金的性能。并不是所有的金属都具有好的可焊性，有些金属如铬、钼、钨等的可焊性就非常差；有些金属的可焊性比较好，如紫铜、黄铜等。在焊接时，由于高温使金属表面产生氧化膜，影响材料的可焊性。为了提高可焊性，可以采用表面镀锡、镀银等措施来防止材料表面的氧化。

② 焊件表面必须保持清洁与干燥。为了使焊锡和焊件达到良好的结合，焊接表面一定要保持清洁与干燥。即使是可焊性良好的焊件，由于储存或被污染，都可能在焊件表面产生对润湿有害的氧化膜和油污，在焊接前务必把污垢和氧化膜清除干净，否则无法保证焊接质量。金属表面轻微的氧化，可以通过助焊剂作用来清除；氧化程度严重的金属表面，则必须采用机械或化学方法清除，例如进行刮除或酸洗等；当储存和加工环境湿度较大，或焊件表面有水迹时，就要对焊件进行烘干处理，否则会造成焊点润湿不良。

③ 要使用合适的助焊剂。助焊剂也叫焊剂，助焊剂的作用是清除焊件表面的氧化膜。

不同的焊接工艺，应该选择不同的助焊剂，如镍铬合金、不锈钢、铝等材料，没有专用的特殊助焊剂是很难实施锡焊的。在焊接印制电路板等精密电子产品时，为使焊接可靠稳定，通常采用以松香为主的助焊剂。

④ 焊件要加热到适当的温度。焊接时，热能的作用是熔化焊锡和加热焊接对象，使锡、铅原子获得足够的能量渗透到被焊金属表面的晶格中而形成合金。焊接温度过低，对焊料原子渗透不利，无法形成合金，极易形成虚焊；焊接温度过高，会使焊料处于非共晶状态，加速助焊剂分解和挥发，使焊料品质下降，严重时还会导致 PCB 的焊盘脱落或被焊接的元器件损坏。

在焊接过程中，不但焊锡要加热到熔化，而且应该同时将焊件加热到能够熔化焊锡的温度。

⑤ 合适的焊接时间。焊接时间是指在焊接全过程中，进行物理和化学变化所需要的时间。它包括被焊金属达到焊接温度的时间、焊锡的熔化时间、助焊剂发挥作用及生成金属合金的时间几个部分。当焊接温度确定后，就应根据被焊件的形状、性质、特点等确定合适的焊接时间。焊接时间过长，容易损坏元器件或焊接部位；过短，则达不到焊接要求。对于电子元器件的焊接，除了特殊焊点以外，一般每个焊点加热焊接一次的时间不超过 2s。

6.1.2 SMT 焊接技术特点

焊接是表面组装技术中的主要工艺技术之一。在一块 SMA（表面组装组件）上少则有几十个，多则有成千上万个焊点，一个焊点不良就会导致整个 SMA 或 SMT 产品失效。焊接质量取决所用的焊接方法、焊接材料、焊接工艺技术和焊接设备。

根据熔融焊料的供给方式，在 SMT 中采用的软钎焊技术主要是波峰焊和再流焊。一般情况下，波峰焊用于混合组装（既有 THT 元器件，也有 SMC/SMD）方式，再流焊用于全表面组装方式。波峰焊是通孔插装技术中使用的传统焊接工艺技术，根据波峰的形状不同有单波峰焊、双波峰焊等形式之分。根据提供热源的方式不同，再流焊有传导、对流、红外、激光、气相等方式。表 6-1 比较了在 SMT 中使用的各种软钎焊方法。

表 6-1 SMT 焊接方法及其特性

焊接方法		初始投资	操作费用	生产量	温度稳定性	适应性				
						温度曲线	双面装配	工装适应性	温度敏感元件	焊接误差率
再流焊接	传导	低	低	中高	好	极好	不能	差	影响小	很低
	对流	高	高	高	好	缓慢	不能	好	有损坏危险	很低
	红外	低	低	中	取决于吸收	尚可	能	好	要求屏蔽	低注①
	激光	高	中	低	要求精确控制	要求试验	能	很好	极好	低
	气相	中—高	高	中高	极好	注②	能	很好	有损坏危险	中等
波峰焊接		高	高	高	好	难建立	注③	不好	有损坏危险	高

注：① 适当固定和夹紧；② 改变停顿时间容易，改变温度困难；③ 一面插装普通元件，SMC 装在另一面

波峰焊与再流焊之间的基本区别在于热源与钎料的供给方式不同。在波峰焊中，钎料波峰有两个作用：一是供热，二是提供钎料。在再流焊中，热是由再流焊炉自身提供的，焊锡膏由专用的设备以确定的量先行涂覆。波峰焊技术与再流焊技术是 PCB 上进行大批量焊接元器件的主要方式。虽然目前再流焊技术与设备是 SMT 组装厂商组装 SMD/SMC 的主选技术与设备，但波峰焊仍不失为一种高效自动化、高产量、可在生产线上串联的焊接技术。因此，在今后相当长的一段时间内，波峰焊技术与再流焊技术仍然是电子组装的首选焊接技术。

由于 SMC/SMD 的微型化和 SMA 的高密度化，SMA 上元器件之间和元器件与 PCB 之间的间隔很小，因此，表面组装元器件的焊接与 THT 元器件的焊接相比，主要有以下几个特点：

1）元器件本身受热冲击大；

2）要求形成微细化的焊接连接；

3）由于表面组装元器件的电极或引线的形状、结构和材料种类繁多（如图 6 - 2 所示），因此要求能对各种类型的电极或引线都能进行焊接；

4）要求表面组装元器件与 PCB 上焊盘图形的接合强度和可靠性高。

所以，SMT 与 THT 相比，对焊接技术提出了更高的要求。然而，这并不是说获得高可靠性的 SMA 是困难的，事实上，只要对 SMA 进行正确设计和执行严格的组装工艺，其中包括严格的焊接工艺，SMA 的可靠性甚至会比通孔插装组件的可靠性更高。

除了波峰焊接和再流焊接技术之外，为了确保 SMA 的可靠性，对于一些热敏感性强的 SMD 常采用局部加热方式进行焊接。

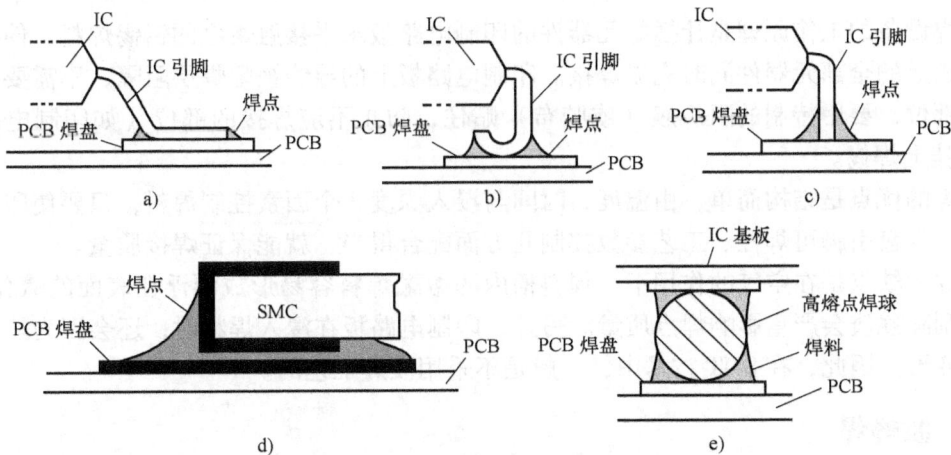

图 6 - 2 SMT 元器件的电极或引线形状
a）翼形引脚 b）J 形引脚 c）I 形引脚 d）无引脚焊点 e）BGA 引脚

6.2 表面组装的自动焊接技术

在工业化生产过程中，THT 工艺常用的自动焊接设备是浸焊机和波峰焊机，从焊接技术上说，这类焊接属于流动焊接，是熔融流动的液态焊料和焊件对象做相对运动，实现润湿而完成焊接。

再流焊接使用膏状焊料，通过模板漏印或点滴的方法涂敷在印制电路板的焊盘上，贴上元器件后经过加热，焊料熔化再次流动，润湿焊接对象，冷却后形成焊点。SMT 焊接工艺的典型设备是再流焊炉以及焊锡膏印刷机、贴片机等组成的焊接流水线。焊接 SMT 电路板，也可以使用波峰焊。

6.2.1 浸焊

浸焊是最早应用在电子产品批量生产中的焊接方法，普通浸焊设备的焊锡槽如图 6 - 3a 所示，图 6 - 3b 是一种改进型的半自动浸焊机。

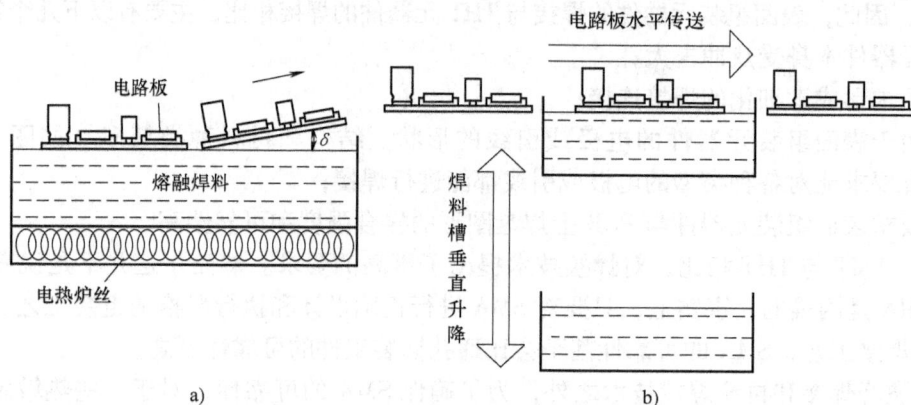

图 6 - 3 浸焊设备的工作原理示意图

浸焊设备的工作原理是让插好元器件的印制电路板水平接触熔融的铅锡焊料，使整块印制电路板上的全部元器件同时完成焊接。印制电路板上的导线被阻焊层阻隔，不需要焊接的焊点和部位，要用特制的阻焊膜（或胶布）贴住，防止不应焊接的部位（如印制电路板的插头）挂上焊锡。

浸焊的优点是结构简单，由温度、时间与浸入深度 3 个因素控制焊料，只要使印制电路板设计、焊盘引脚可焊性、工艺参数控制几方面配合得当，就能保证焊接质量。

浸焊的缺点是在空气的作用下，焊料槽内的熔融焊料容易形成漂浮在表面的氧化残渣，不及时刮除残渣会严重影响焊点质量。另外，印制电路板在浸入焊料时，还会因为热冲击大而翘曲变形。因此，在 SMT 技术中，一般是不采用浸焊工艺的。

6.2.2 波峰焊

1. 波峰焊机结构及其工作原理

波峰焊机是在浸焊机的基础上发展起来的自动焊接设备，两者最主要的区别在于设备的焊锡槽。波峰焊是利用焊锡槽内的机械式或电磁式离心泵，将熔融焊料压向喷嘴，形成一股向上平稳喷涌的焊料波峰并源源不断地从喷嘴中溢出。装有元器件的印制电路板以平面直线匀速运动的方式通过焊料波峰，在焊接面上形成润湿焊点而完成焊接。图 6 - 4 是波峰焊机的焊锡槽示意图。

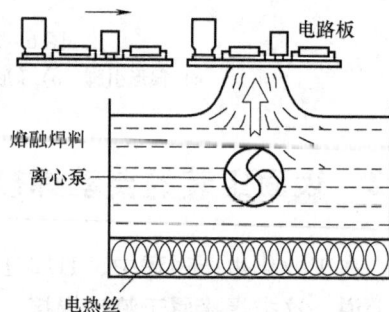

图 6 - 4 波峰焊机的焊锡槽示意图

与浸焊机相比，波峰焊设备具有如下优点：

1）熔融焊料的表面漂浮一层抗氧化剂隔离空气，只有焊料波峰暴露在空气中，减少了氧化的机会，可以减少氧化渣带来的焊料浪费。

2）印制电路板接触高温焊料时间短，可以减轻印制电路板的翘曲变形。

3）浸焊机内的焊料相对静止，焊料中不同密度的金属会产生分层现象（下层富铅而上层富锡）。波峰焊机在焊料泵的作用下，整槽熔融焊料循环流动，使焊料成分均匀一致。

4）波峰焊机的焊料充分流动，有利于提高焊点质量。

现在，波峰焊已成为应用最普遍的一种焊接印制电路板的工艺方法。这种方法适宜成批、大量地焊接一面装有分立元器件和集成电路的印制电路板。凡与焊接质量有关的重要因素，如焊料与助焊剂的化学成分、焊接温度、速度、时间等，在波峰焊机上均能得到比较完善的控制。图6-5是一般波峰焊机的内部结构示意图。

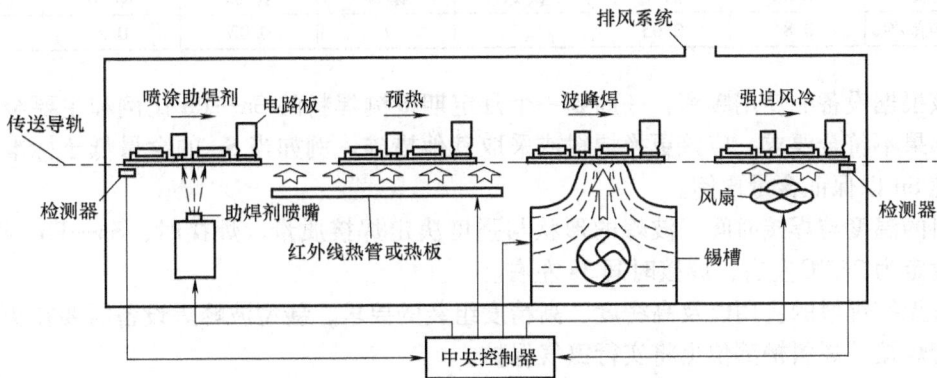

图6-5　波峰焊机的内部结构示意图

在波峰焊机内部，焊锡槽被加热使焊锡熔融，机械泵根据焊接要求工作，使液态焊锡从喷口涌出，形成特定形态的、连续不断的锡波；已经完成插件工序的印制电路板放在导轨上，以匀速直线运动的形式向前移动，顺序经过涂敷助焊剂和预热工序，进入焊锡槽上部，印制电路板的焊接面在通过焊锡波峰时进行焊接。然后，焊接面经冷却后完成焊接过程，被送出焊接区。冷却方式大都为强迫风冷，正确的冷却温度与时间，有利于改进焊点的外观与可靠性。

助焊剂喷嘴既可以实现连续喷涂，也可以被设置成检测到有印制电路板通过时才进行喷涂的经济模式；预热装置由热管组成，印制电路板在焊接前被预热，可以减小温差、避免热冲击。预热温度在90～120℃之间，预热时间必须控制得当，预热使助焊剂干燥（蒸发掉其中的水分）并处于活化状态。焊料熔液在锡槽内始终处于流动状态，使喷涌的焊料波峰表面无氧化层，由于印制电路板和波峰之间处于相对运动状态，所以助焊剂容易挥发，焊点内不会出现气泡。

为了获得良好的焊接质量，焊接前应做好充分的准备工作，如保证产品的可焊性处理（预镀锡）等；焊接后的清洗、检验、返修等步骤也应按规定进行操作。

图6-6是波峰焊机的外观照片。

2. 波峰焊的工艺因素调整

在波峰焊机工作的过程中，焊料和助焊剂被不断消耗，需要经常对这些焊接材料进行监测，并根据监测结果进行必要的调整。

1）焊料。波峰焊一般采用 Sn63—Pb37 的共晶焊料，熔点为 183℃，Sn 的含量应该保持在 61.5% 以上，并且 Sn—Pb 两者的含量比例误差不得超过 ±1%，主要金属杂质的最大含量范围见表 6 - 2。

图 6 - 6　波峰焊机的外观照片

表 6 - 2　波峰焊焊料中主要金属杂质的最大含量范围

金属杂质	铜 Cu	铝 Al	铁 Fe	铋 Bi	锌 Zn	锑 Sb	砷 As
最大含量范围/‰	0.8	0.05	0.2	1	0.02	0.2	0.5

应该根据设备的使用频率，一周到一个月定期检测焊料的 Sn—Pb 比例和主要金属杂质含量，如果不符合要求，应该更换焊料或采取其他措施。例如当 Sn 的含量低于标准时，可以添加纯 Sn 以保证含量比例。

焊料的温度与焊接时间、波峰的形状与强度决定焊接质量。焊接时，Sn—Pb 焊料的温度一般设定为 245℃ 左右，焊接时间 3s 左右。

随着无铅焊料的应用以及高密度、高精度组装的要求，新型波峰焊设备需要在更高的温度下进行焊接，焊料槽部位也将实行氮气保护。

2）助焊剂。波峰焊使用的助焊剂，要求表面张力小，扩展率大于 85%；黏度小于熔融焊料，容易被置换且焊接后容易清洗。一般助焊剂的密度为 0.82 ~ 0.84g/cm³，可以用相应的溶剂来稀释调整。

假如采用免清洗助焊剂，要求密度小于 0.8g/cm³，固体含量小于 2.0%，不含卤化物，焊接后残留物少，不产生腐蚀作用，绝缘性好，绝缘电阻大于 $1 \times 10^{11}\Omega$。

应该根据电子产品对清洁度和电性能的要求选择助焊剂的类型：卫星、飞机仪表、潜艇通信、微弱信号测量仪器等军用、航空航天产品或生命保障类医疗装置，必须采用免清洗助焊剂；通信设施、工业装置、办公设备、计算机等，可以采用免清洗助焊剂，或者用清洗型助焊剂，焊接后进行清洗；消费类电子产品，可以采用中等活性的松香助焊剂，焊接后不必清洗，也可以使用免清洗助焊剂。

应该根据设备的使用频率，每天或每周定期检测助焊剂的密度，如果不符合要求，应更换助焊剂或添加新助焊剂保证密度符合要求。

3）焊料添加剂。在波峰焊的焊料中，还要根据需要添加或补充一些辅料：防氧化剂可以减少高温焊接时焊料的氧化，不仅可以节约焊料，还能提高焊接质量。防氧化剂由油类与还原剂组成。要求还原能力强，在焊接温度下不会碳化。锡渣减除剂能让熔融的铅锡焊料与锡渣分离，起到防止锡渣混入焊点、节省焊料的作用。

另外，波峰焊设备的传送系统，即传送链、传送带的速度也要依据助焊剂、焊料等因素与生产规模综合选定与调整。传送链、传送带的倾斜角度在设备制造时是根据焊料波形设计的，但有时也要随产品的改变而进行微量调整。

3. 几种波峰焊机

以前，旧式的单波峰焊机在焊接时容易造成焊料堆积、焊点短路等现象，用人工修补焊点的工作量较大。并且，在采用一般的波峰焊机焊接 SMT 印制电路板时，有以下两个技术难点。

- 气泡遮蔽效应：在焊接过程中，助焊剂或 SMT 元器件的粘贴剂受热分解所产生的气泡不易排出，遮蔽在焊点上，可能造成焊料无法接触焊接面而形成漏焊。
- 阴影效应：印制电路板在焊料熔液的波峰上通过时，较高的 SMT 元器件对它后面或相邻的较矮的 SMT 元器件周围的死角产生阻挡，形成阴影区，使焊料无法在焊接面上漫流而导致漏焊或焊接不良。

为克服这些 SMT 焊接缺陷，除了采用再流焊等焊接方法以外，已经研制出许多新型或改进型的波峰焊设备，有效地排除了原有波峰焊机的缺陷，创造出空心波、组合空心波、紊乱波等新的波峰形式。按波峰形式分类，可以分为单峰、双峰、三峰和复合峰 4 种类型。以下是目前常见的新型波峰焊机：

1）斜坡式波峰焊机。这种波峰焊机的传送导轨以一定角度的斜坡方式安装。并且斜坡的角度可以调整，如图 6-7a 所示。这样的好处是增加了印制电路板焊接面与焊锡波峰接触的长度。假如印制电路板以同样速度通过波峰，等效增加了焊点润湿的时间，从而可以提高传送导轨的运行速度和焊接效率；不仅有利于焊点内的助焊剂挥发，避免形成夹气焊点，还能让多余的焊锡流下来。

2）高波峰焊机。高波峰焊机适用于 THT 元器件"长脚插焊"工艺，它的焊锡槽及其锡波喷嘴如图 6-7b 所示。其特点是，焊料离心泵的功率比较大，从喷嘴中喷出的锡波高度比较高，并且其高度 h 可以调节，保证元器件的引脚从锡波里顺利通过。一般，在高波峰焊机的后面配置剪腿机（也叫切脚机），用来剪短元器件的引脚。

3）电磁泵喷射波峰焊机。在电磁泵喷射空心波焊接设备中，通过调节磁场与电流值，可以方便地调节特制电磁泵的压差和流量，从而调整焊接效果。这种泵控制灵活，每焊接完成一块印制电路板后，自动停止喷射，减少了焊料与空气接触的氧化作用。这种焊接设备多用在焊接贴片/插装混合组装的印制电路板中，图 6-7c 是它的原理示意图。

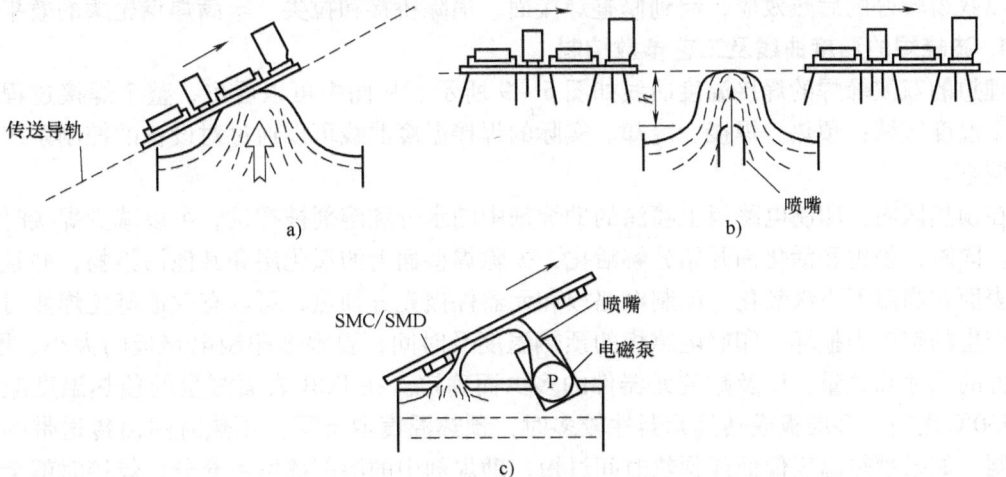

图 6-7　几种波峰焊机的特点

4）双波峰焊机。双波峰焊机是SMT时代发展起来的改进型波峰焊设备，特别适合焊接那些THT＋SMT混合元器件的印制电路板。双波峰焊机的焊料波型如图6-8所示，使用这种设备焊接印制电路板时，THT元器件要采用"短脚插焊"工艺。印制电路板的焊接面要经过两个熔融的铅锡

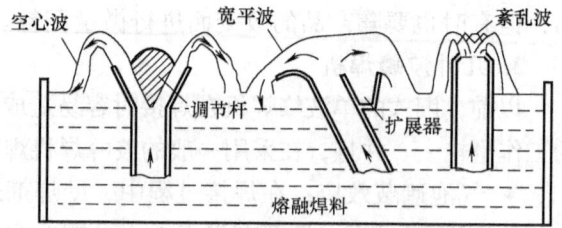

图6-8　双波峰焊机的焊料波形

焊料形成的波峰：这两个焊料波峰的形式不同，最常见的波形组合是"紊乱波"＋"宽平波"，"空心波"＋"宽平波"的波形组合也比较常见；焊料熔液的温度、波峰的高度和形状、印制电路板通过波峰的时间和速度这些工艺参数，都可以通过计算机伺服控制系统进行调整。

① 空心波。顾名思义，空心波的特点是在熔融铅锡焊料的喷嘴出口设置了指针形调节杆，让焊料熔液从喷嘴两边对称的窄缝中均匀地喷流出来，使两个波峰的中部形成一个空心的区域，并且两边焊料熔液喷流的方向相反。由于空心波产生的流体力学效应，它的波峰不会将元器件推离基板，相反使元器件贴向基板。空心波的波形结构，可以从不同方向消除元器件的阴影效应，有极强的填充死角、消除桥接的效果。它能够焊接SMT元器件和引线元器件混合装配的印制电路板，特别适合焊接极小的元器件，即使是在焊盘间距为0.2mm的高密度PCB上，也不会产生桥接。空心波焊料熔液喷流形成的波柱薄、截面积小，使PCB基板与焊料熔液的接触面减小，不仅有利于助焊剂热分解气体的排放，克服了气体遮蔽效应，还减少了印制电路板吸收的热量，降低了元器件损坏的概率。

② 紊乱波。在双波峰焊接机中，用一块多孔的平板去替换空心波喷口的指针形调节杆，就可以获得由很多小的子波构成的紊乱波。看起来像平面涌泉似的紊乱波，也能很好地克服一般波峰焊的遮蔽效应和阴影效应。

③ 宽平波。在焊料的喷嘴出口处安装了扩展器，熔融的铅锡熔液从倾斜的喷嘴喷流出来，形成偏向宽平波（也叫片波）。逆着印制电路板前进方向的宽平波的流速较大，对印制电路板有很好的擦洗作用；在设置扩展器的一侧，熔液的波面宽而平，流速较小，使焊接对象可以获得较好的后热效应，起到修整焊接面、消除桥接和拉尖、丰满焊点轮廓的效果。

4. 波峰焊的温度曲线及工艺参数控制

理想的双波峰焊的焊接温度曲线如图6-9所示。从图中可以看出，整个焊接过程被分为3个温度区域：预热、焊接、冷却。实际的焊接温度曲线可以通过对设备的控制系统编程进行调整。

在预热区内，印制电路板上喷涂的助焊剂中的水分和溶剂被挥发，可以减少焊接时产生气体。同时，松香和活化剂开始分解活化，去除焊接面上的氧化层和其他污染物，并且防止金属表面在高温下再次氧化。印制电路板和元器件被充分预热，可以有效地避免焊接时急剧升温产生的热应力损坏。印制电路板的预热温度及时间，要根据印制电路板的大小、厚度、元器件的尺寸和数量，以及贴装元器件的多少而确定。在PCB表面测量的预热温度应该在90～130℃之间，多层板或贴片元器件较多时，预热温度取上限。预热时间由传送带的速度来控制。如果预热温度偏低或预热时间过短，助焊剂中的溶剂挥发不充分，焊接时就会产生气体引起气孔、锡珠等焊接缺陷；如预热温度偏高或预热时间过长，焊剂被提前分解，使焊

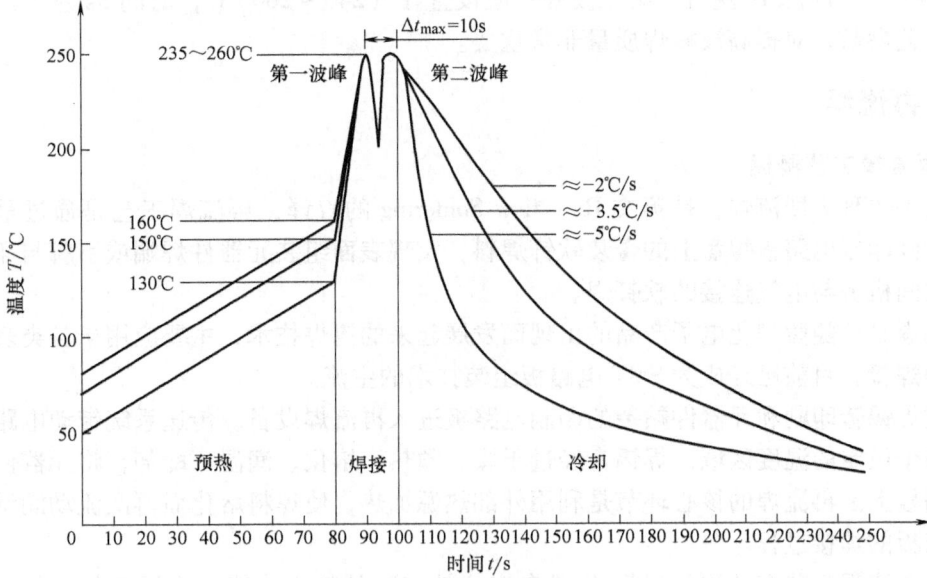

图 6 - 9　理想的双波峰焊的焊接温度曲线

剂失去活性，同样会引起毛刺、桥接等焊接缺陷。

为恰当控制预热温度和时间，达到最佳的预热温度，可以参考表 6 - 3 内的数据，也可以从波峰焊前涂覆在 PCB 底面的助焊剂是否有黏性来进行经验性判断。

表 6 - 3　不同印制电路板在波峰焊时的预热温度

PCB 类型	元器件种类	预热温度/℃
单面板	THC + SMD	90 ~ 100
双面板	THC	90 ~ 110
双面板	THC + SMD	100 ~ 110
多层板	THC	100 ~ 125
多层板	THC + SMD	110 ~ 130

焊接过程是被焊接金属表面、熔融焊料和空气等之间相互作用的复杂过程，同样必须控制好温度和时间。如果焊接温度偏低，液体焊料的黏性大，不能很好地在金属表面润湿和扩散，就容易产生拉尖、桥接、焊点表面粗糙等缺陷；如果焊接温度过高，则容易损坏元器件，还会由于助焊剂被碳化而失去活性、焊点氧化速度加快，致使焊点失去光泽、不饱满。因此，波峰表面温度一般应该在 (250 ± 5) ℃ 的范围之内。

因为热量、温度是时间的函数，在一定温度下，焊点和元器件的受热量随时间而增加。波峰焊的焊接时间可以通过调整传送系统的速度来控制，传送带的速度要根据不同波峰焊机的长度、预热温度、焊接温度等因素统筹考虑，进行调整。以每个焊点接触波峰的时间来表示焊接时间，一般焊接时间约为 2 ~ 4s。

合适的焊接温度和时间，是形成良好焊点的首要条件。焊接温度和时间与预热温度、焊料波峰的温度、导轨的倾斜角度、传输速度都有关系。双波峰焊的第一波峰一般调整为温度

（235~240）℃，时间1s左右，第二波峰一般设置在（240~260）℃，时间3s左右。综合调整控制工艺参数，对提高波峰焊质量非常重要。

6.2.3 再流焊

1. 再流焊工艺概述

再流焊也称为回流焊，是英文 Re – flow Soldering 的直译，再流焊工艺是通过重新熔化预先分配到印制电路板焊盘上的膏装软钎焊料，实现表面组装元器件焊端或引脚与印制电路板焊盘之间机械与电气连接的软钎焊。

再流焊是伴随微型化电子产品的出现而发展起来的锡焊技术，主要应用于各类表面组装元器件的焊接，目前已经成为 SMT 电路板组装技术的主流。

经过焊锡膏印刷和元器件贴装的印制电路板进入再流焊设备。传送系统带动电路板通过设备里各个设定的温度区域，焊锡膏经过干燥、预热、熔化、润湿、冷却，将元器件焊接到印制电路板上。再流焊的核心环节是利用外部热源加热，使焊料熔化而再次流动润湿，完成印制电路板的焊接过程。

由于再流焊工艺有"再流动"及"自定位效应"的特点，使再流焊工艺对贴装精度的要求比较宽松，容易实现焊接的高度自动化与高速度。同时也正因为再流动及自定位效应的特点，再流焊工艺对焊盘设计、元器件标准化、元器件端头与印制电路板质量、焊料质量以及工艺参数的设置有更严格的要求。

再流焊操作方法简单，效率高、质量好、一致性好，节省焊料（仅在元器件的引脚下有很薄的一层焊料），是一种适合自动化生产的电子产品装配技术。

再流焊技术的一般工艺流程如图6-10所示。

2. 再流焊工艺的特点

与波峰焊技术相比，再流焊工艺具有以下技术特点：

1）元器件不直接浸渍在熔融的焊料中，所以元器件受到的热冲击小（由于加热方式不同，有些情况下施加给元器件的热应力也会比较大）。

2）能在前导工序里控制焊料的施加量，减少了虚焊、桥接等焊接缺陷，所以焊接质量好，焊点的一致性好，可靠性高。

3）假如前导工序在 PCB 上施放焊料的位置正确而贴放元器件的位置有一定偏离，在再流焊过程中，当元器件的全部焊端、引脚及其相应的焊盘同时润湿时，由于熔融焊料表面张力的作用，产生自定位效应，能够自动校正偏差，把元器件拉回到近似准确的位置。

4）再流焊的焊料是商品化的焊锡膏，能够保证正确的组分，一般不会混入杂质。

5）可以采用局部加热的热源，因此能在同一基板上采用不同的焊接方法进行焊接。

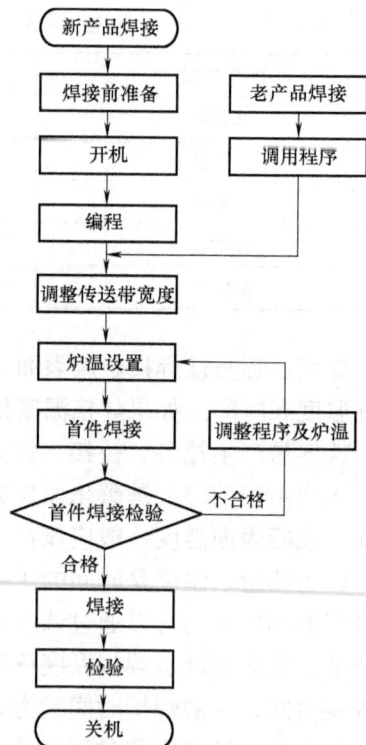

图6-10 再流焊技术的一般工艺流程

6）工艺简单，返修的工作量很小。

3. 再流焊工艺的焊接温度曲线

控制与调整再流焊设备内焊接对象在加热过程中的时间—温度参数关系（常简称为焊接温度曲线），是决定再流焊效果与质量的关键。各类设备的演变与改善，其目的也是更加便于精确调整温度曲线。

再流焊的加热过程可以分成预热、焊接（再流）和冷却 3 个最基本的温度区域，主要有两种实现方法：一种是沿着传送系统的运行方向，让印制电路板顺序通过隧道式炉内的各个温度区域；另一种是把印制电路板停放在某一固定位置上，在控制系统的作用下，按照各个温度区域的梯度规律调节、控制温度的变化。温度曲线主要反映印制电路板组件的受热状态，常规再流焊的理想焊接温度曲线如图 6 - 11 所示。

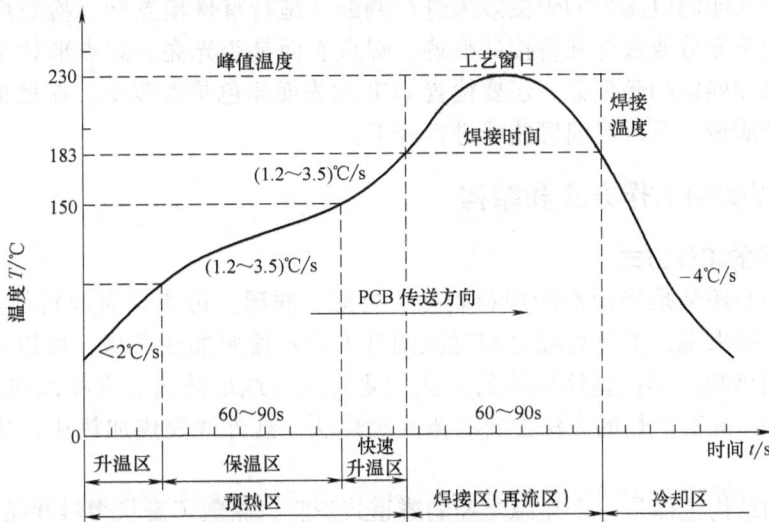

图 6 - 11　再流焊的理想焊接温度曲线

典型的温度变化过程通常由 4 个温区组成，分别为预热区、保温区、再流区与冷却区。

1）预热区：焊接对象从室温逐步加热至 150℃ 左右的区域，缩小与再流焊过程的温差，焊锡膏中的溶剂被挥发。

2）保温区：温度维持在 150 ~ 160℃，焊锡膏中的活性剂开始作用，去除焊接对象表面的氧化层。

3）再流区：温度逐步上升，超过焊锡膏熔点温度 30% ~ 40%（一般 Sn—Pb 焊锡的熔点为 183℃，比熔点高约 47 ~ 50℃），峰值温度达到 220 ~ 230℃ 的时间短于 10s，焊锡膏完全熔化并润湿元器件焊端与焊盘。这个范围一般被称为工艺窗口。

4）冷却区：焊接对象迅速降温，形成焊点，完成焊接。

由于元器件的品种、大小与数量不同以及印制电路板尺寸等诸多因素的影响，要获得理想而一致的曲线并不容易，需要反复调整设备各温区的加热器，才能达到最佳温度曲线。

为调整最佳工艺参数而测定焊接温度曲线，是通过温度测试记录仪进行的，这种记录测量仪，一般由多个热电偶与记录仪组成。5 ~ 6 个热电偶分别固定在小元器件、大元器件、BGA 芯片旁边及印制电路板边缘等位置，连接记录仪，一起随印制电路板进入炉膛，记录时间—温度参数。在炉子的出口处取出后，把参数送入计算机，用专用软件处理并描绘曲线。

4. 再流焊的工艺要求

再流焊的工艺要求有以下几点：

1）要设置合理的温度曲线。再流焊是 SMT 生产中的关键工序，假如温度曲线设置不当，会引起焊接不完全、虚焊、元件翘立（"立碑"现象）、锡珠飞溅等焊接缺陷，影响产品质量。

2）SMT 电路板在设计时就要确定焊接方向，并应当按照设计方向进行焊接。一般，应该保证主要元器件的长轴方向与印制电路板的运行方向垂直。

3）在焊接过程中，要严格防止传送带振动。

必须对第一块印制电路板的焊接效果进行判断，施行首件检查制。检查焊接是否完全、有无焊锡膏熔化不充分或虚焊和桥接的痕迹、焊点表面是否光亮、焊点形状是否向内凹陷、是否有锡珠飞溅和残留物等现象，还要检查 PCB 的表面颜色是否改变。在批量生产过程中，要定时检查焊接质量，及时对温度曲线进行修正。

6.2.4 再流焊炉的工作方式和结构

1. 再流焊炉的工作方式

再流焊的核心环节是将预敷的焊料熔融、再流、润湿。再流焊对焊料加热有不同的方法，就热量的传导来说，主要有辐射和对流两种方式；按照加热区域，可以分为对 PCB 整体加热和局部加热两大类：整体加热的方法主要有红外线加热法、汽相加热法、热风加热法、热板加热法；局部加热的方法主要有激光加热法，红外线聚焦加热法、热气流加热法、光束加热法。

再流焊炉的结构主体是一个热源受控的隧道式炉膛，涂敷了膏状焊料并贴装了元器件的印制电路板随传动机构直线匀速进入炉膛，顺序通过预热、再流（焊接）和冷却这 3 个基本温度区域。

在预热区内，印制电路板在 $100 \sim 160℃$ 的温度下均匀预热 $2 \sim 3min$，焊锡膏中的低沸点溶剂和抗氧化剂挥发，化成烟气排出；同时，焊锡膏中的助焊剂润湿，焊锡膏软化塌落，覆盖了焊盘和元器件的焊端或引脚，使它们与氧气隔离；并且，印制电路板和元器件得到充分预热，以免它们进入焊接区因温度突然升高而损坏。在焊接区，温度迅速上升，比焊料合金的熔点高 $20 \sim 50℃$，膏状焊料在热空气中再次熔融，润湿焊接面，时间大约 $30 \sim 90s$。当焊接对象从炉膛内的冷却区通过，使焊料冷却凝固以后，全部焊点同时完成焊接。

再流焊设备可用于单面、双面、多层印制电路板上 SMT 元器件的焊接，以及在其他材料的电路基板（如陶瓷基板、金属芯基板）上的再流焊，也可以用于电子元器件、组件、芯片的再流焊，还可以对印制电路板进行热风整平、烘干，对电子产品进行烘烤、加热或固化粘合剂。再流焊设备既能够单机操作，也可以连入电子装配生产线配套使用。

再流焊设备还可以用来焊接印制电路板的两面：先在印制电路板的 A 面漏印焊锡膏，粘贴 SMT 元器件后入炉完成焊接；然后在 B 面漏印焊锡膏，粘贴元器件后再次入炉焊接。这时，印制电路板的 B 面朝上，在正常的温度控制下完成焊接；A 面朝下，受热温度较低，已经焊好的元器件不会从板上脱落下来。这种工作状态如图 6 - 12 所示。

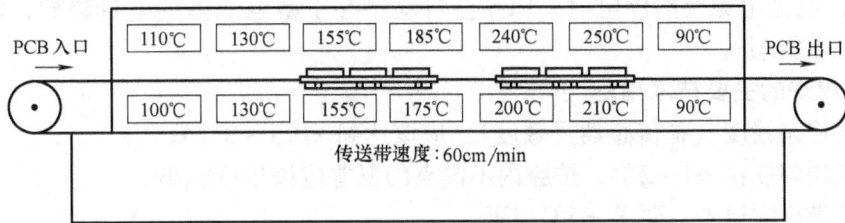

图 6 - 12　再流焊时印制电路板两面的温度不同

2. 再流焊炉的结构

热风再流焊是目前应用较广一种再流焊类型，现以此为例介绍再流焊炉的结构。

再流焊炉主要由炉体、上下加热源、PCB 传送装置、空气循环装置、冷却装置、排风装置、温度控制装置以及计算机控制系统等组成。

1）外部结构。

① 电源开关。主电源来源，一般为 380V 三相四线制电源。

② PCB 传输部件，一般有传输链和传输网两种。

③ 信号指示灯。指示设备当前状态，共有 3 种颜色。绿色灯亮表示设备各项检测值与设定值一致，可以正常使用；黄色灯亮表示设备正在设定中或尚未启动；红色灯亮表示设备有故障。

④ 抽风口。生产过程中将助焊剂烟雾等废气抽出，以保证炉内再流气体干净。

⑤ 显示器，键盘。设备操作接口。

⑥ 散热风扇。

⑦ 紧急开关。按下紧急开关，可关闭各电动机电源，同时关闭发热器电源，设备进入紧急停止状态。

2）内部结构。热风再流焊炉内部结构如图 6 - 13 所示。

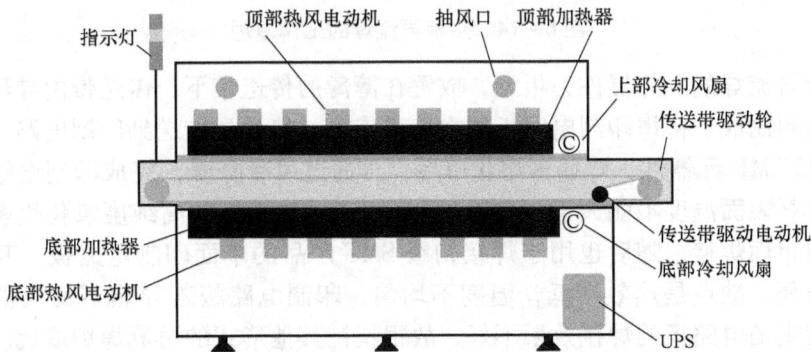

图 6 - 13　再流焊炉的内部结构

① 加热器。一般为石英发热管组，提供炉温所必需的热量。

② 热风电动机。驱动风泵将热量传输至 PCB 表面，保持炉内热量均匀。

③ 冷却风扇。冷却焊后 PCB。

④ 传输带驱动电动机。给传输带提供驱动动力。

⑤ 传输带驱动轮。传输带驱动轮起传动网链作用。

⑥ UPS。在主电源突然停电时，UPS 会自动将存于蓄电池内的电量释放，驱动网链运动，将 PCB 运输出炉。

3. 再流焊炉的主要技术指标

1）温度控制精度（指传感器灵敏度）：应该达到 ±0.1~0.2℃。

2）温度均匀度：±1~2℃，炉膛内不同点的温差应该尽可能小。

3）传输带横向温差：要求 ±5℃ 以下。

4）温度曲线调试功能：如果设备无此装置，要外购温度曲线采集器。

5）最高加热温度：一般为 300~350℃，如果考虑温度更高的无铅焊接或金属基板焊接，应该选择 350℃ 以上。

6）加热区数量和长度：加热区数量越多、长度越长，越容易调整和控制温度曲线。一般中小批量生产，选择 4~5 个温区，加热长度 1.8m 左右的设备，即能满足要求。

7）焊接工作尺寸：根据传送带宽度确定，一般为 30~400mm。

6.2.5　再流焊设备的类型

根据加热方式的不同，再流焊设备一般分为以下几种类型：

1. 热板传导再流焊

利用热板传导来加热的焊接方法称为热板再流焊。热板再流焊的工作原理如图 6-14 所示。

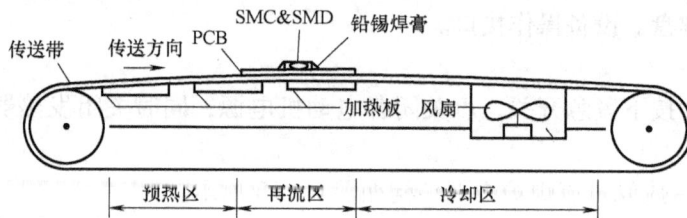

图 6-14　热板再流焊的工作原理

热板传导再流焊的发热器件为板型，放置在薄薄的传送带下，传送带由导热性能良好的聚四氟乙烯材料制成。待焊印制电路板放在传送带上，热量先传送到印制电路板上，再传至焊锡膏与 SMC/SMD 元器件，焊锡膏熔化以后，再通过风冷降温，完成印制电路板焊接。这种再流焊的热板表面温度不能大于 300℃，早期用于导热性好的高纯度氧化铝基板、陶瓷基板等厚膜电路单面焊接，随后也用于焊接初级 SMT 产品的单面印制电路板。其优点是结构简单，操作方便；缺点是热效率低，温度不均匀，印制电路板若导热不良或稍厚就无法适应，对普通覆铜箔电路板的焊接效果不好，故很快被其他形式的再流焊炉取代。

2. 汽相再流焊

这是美国西屋公司于 1974 年首创的焊接方法，曾经在美国的 SMT 焊接中占有很高比例，其工作原理是：加热传热介质氟氯烷系溶剂，使之沸腾产生饱和蒸汽；在焊接设备内，介质的饱和蒸汽遇到温度低的待焊电路组件，转变成为相同温度下的液体，释放出汽化潜热，使膏状焊料熔融润湿，从而使印制电路板上的所有焊点同时完成焊接。这种焊接方法的介质液体需要较高的沸点（高于铅锡焊料的熔点），有良好的热稳定性，不自燃。美国 3M 公司配制的介质液体见表 6-4。

表 6 – 4　3M 公司配制的介质液体

介质	FC – 70（沸点 215℃）	FC – 71（沸点 253℃）
用途	Sn/Pb 焊料的再流焊	纯 Sn 焊料的再流焊
全称	（C，F11），N 全氟戊胺	

汽相法的特点是整体加热，饱和蒸汽能到达设备里的每个角落，热传导均匀，可完成任何形状产品的焊接。

汽相再流焊能精确控制温度（取决于熔剂沸点），热转化效率高，焊接温度均匀、不会发生过热现象；并且蒸汽中含氧量低，焊接对象不会氧化；能获得高精度、高质量的焊点。

汽相再流焊的缺点是介质液体及设备的价格高，介质液体是典型的臭氧层损耗物质，在工作时会产生少量有毒的全氟异丁烯（PFIB）气体，因此在应用上受到极大限制。图 6 – 15 是汽相再流焊设备的工作原理示意图。溶剂在加热器作用下沸腾产生饱和蒸汽，图中，印制电路板从左向右进入炉膛受热进行焊接。炉子上方与左右都有冷凝管，将蒸汽限制在炉膛内。

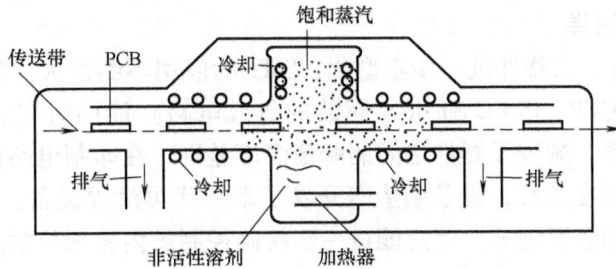

图 6 – 15　汽相再流焊设备的工作原理示意图

3. 红外线辐射再流焊

这种加热方法的主要工作原理是：在设备内部，通电的陶瓷发热板（或石英发热管）辐射出远红外线，印制电路板通过数个温区，接受辐射转化为热能，达到再流焊所需的温度，焊料润湿完成焊接，然后冷却。红外线辐射加热法是最早、最广泛使用的 SMT 焊接方法之一。其原理示意如图 6 – 16 所示。

红外线再流焊炉设备成本低，适用于低组装密度产品的批量生产，调节温度范围较宽的炉子也能在点胶贴片后固化贴片胶。炉内有远红外线与近红外线两种热源，一般，前者多用于预热，后者多用于再流加热。整个加热炉可以分成几段温区，分别控制温度。

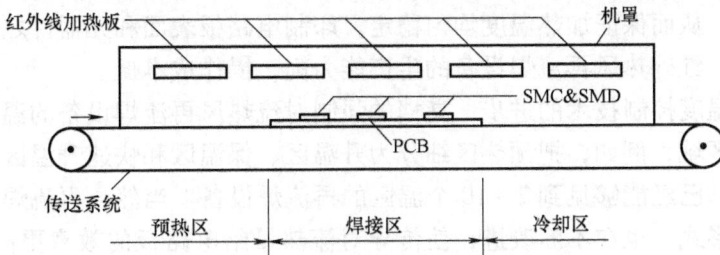

图 6 – 16　红外线辐射再流焊的原理示意图

红外线辐射再流焊炉的优点是热效率高，温度变化梯度大，温度曲线容易控制，焊接双面印制电路板时，上、下温度差别大。缺点是印制电路板同一面上的元器件受热不够均匀，温度设定难以兼顾周全，阴影效应较明显；当元器件的封装、颜色深浅、材质差异不同时，各焊点所吸收的热量不同；体积大的元器件会对小元器件造成阴影使之受热不足。

4. 激光再流焊

激光再流焊是利用激光束良好的方向性及功率密度高的特点，通过光学系统将CO_2或YAG激光束聚集在很小的区域内，在很短的时间内使焊接对象形成一个局部加热区，图6-17是激光加热再流焊的工作原理示意图。

激光再流焊的加热具有高度局部化的特点，不产生热应力，热冲击小，热敏元器件不易损坏，但是设备投资大，维护成本高。

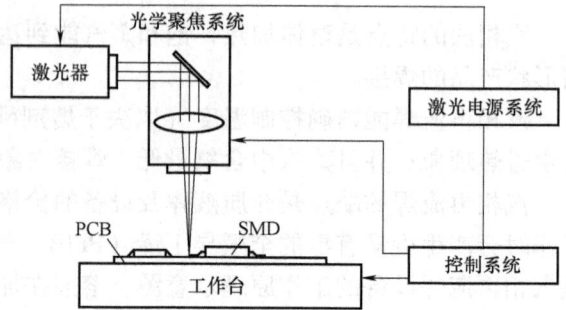

图6-17 激光再流焊

5. 红外线热风再流焊

20世纪90年代后，元器件进一步小型化，SMT的应用不断扩大。为使不同颜色、不同体积的元器件（例如QFP、PLCC和BGA封装的集成电路）能同时完成焊接，必须改善再流焊设备的热传导效率，减少元器件之间的峰值温度差别，在印制电路板通过温度隧道的过程中维持稳定一致的温度曲线，设备制造商开发了新一代再流焊设备，改进加热器的分布、空气的循环流向，增加温区划分，使之能进一步精确控制炉内各部位的温度分布，便于温度曲线的理想调节。

在对流、辐射和传导这3种热的传导机制中，只有前两者容易控制。红外线辐射加热的效率高，而强制对流可以使加热更均匀。先进的再流焊技术结合了热风对流与红外线辐射两者的优点，用波长稳定的红外线（波长约$8\mu m$）发生器作为主要热源，利用对流的均衡加热特性以减少元器件与印制电路板之间的温度差别。

改进型的红外线热风再流焊是按一定热量比例和空间分布，同时混合红外线辐射和热风循环对流加热的方式，也叫热风对流红外线辐射再流焊。目前多数大批量SMT生产中的再流焊炉都是采用这种大容量循环强制对流加热的工作方式。

在炉体内，热空气不停流动，均匀加热，有极高的热传递效率，并不依靠红外线直接辐射加温。这种方法的特点是，各温区独立调节热量，减小热风对流，还可以在印制电路板下面采取制冷措施，从而保证加热温度均匀稳定，印制电路板表面和元器件之间的温差小，温度曲线容易控制。红外热风再流焊设备的生产能力高，操作成本低。

现在，随着温度控制技术的进步，高档的强制对流热风再流焊设备的温度隧道更多地细分了不同的温度区域，例如，把预热区细分为升温区、保温区和快速升温区等。在国内设备条件好的企业里，已经能够见到7~10个温区的再流焊设备。当然，再流焊炉的强制对流加热方式和加热器形式，也在不断改进，使传导对流热量给电路板的效率更高，加热更均匀。图6-18是红外线热风再流焊炉的照片。

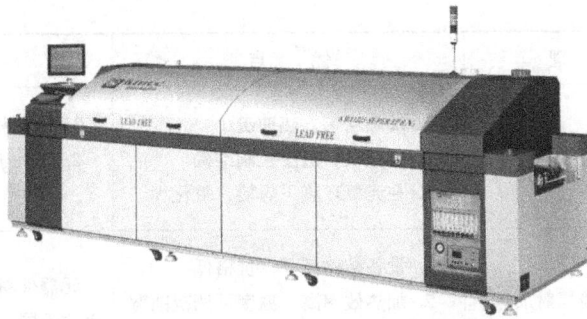

图 6 – 18　红外线热风再流焊炉的照片

6. 充氮再流焊

为适用无铅环保工艺，一些高性能的再流焊设备带有加充氮气和快速冷却的装置。惰性气体可以减少焊接过程中的氧化，采用氮气保护的焊接工艺已有很长的时间，常用于加工要求较高的产品。采用氮气保护，可以使用活性较低的焊锡膏，这对于减少焊接残留物和实现免清洗是重要的；氮气可以加大焊料的表面张力，使选择超细间距器件的余地更大；在氮气环境中，印制电路板上的焊盘与线路的可焊性得到较好的保护。快速冷却可以增加焊点表面的光亮度。

7. 简易红外线再流焊机

图 6 – 19 是简易红外线热风再流焊机的照片。它是内部只有一个温区的小加热炉，能够焊接的电路板最大面积为 400mm × 400mm（小型设备的有效焊接面积会小一些）。炉内的加热器和风扇受单片机控制，温度随时间变化，印制电路板在炉内处于静止状态。使用时打开炉门，放入待焊的印制电路板（如图所示），按下启动按钮，印制电路板连续经历预热、再流和冷却的温度过程，完成焊接。控制面板上装有温度调整按键和 LCD 显示屏，焊接过程中可以监测温度变化情况。

图 6 – 19　简易红外线热风再流焊机

这种简易设备的价格比隧道炉膛式红外线热风再流焊设备的价格低很多，适用于生产批量不大的小型企业与新产品开发试制。

8. 各种再流焊设备及工艺性能比较

各种再流焊工艺主要加热方法的优缺点见表 6 – 5。

表 6 – 5　再流焊各种加热方法的主要优缺点

加热方式	原　理	优　点	缺　点
热板	利用热板的热传导加热	1. 减少对元器件的热冲击 2. 设备结构简单，操作方便，价格低	1. 受基板热传导性能影响大 2. 不适用于大型基板、大型元器件 3. 温度分布不均匀

加热方式	原　　理	优　　点	缺　　点
汽相	利用惰性溶剂的蒸汽凝聚时释放的潜热加热	1. 加热均匀，热冲击小 2. 升温快，温度控制准确 3. 在无氧环境下焊接，氧化少	1. 设备和介质费用高 2. 不利于环保
红外	吸收红外线辐射加热	1. 设备结构简单，价格低 2. 加热效率高，温度可调范围宽 3. 减少焊料飞溅、虚焊及桥接	元器件材料、颜色与体积不同，热吸收不同，温度控制不够均匀
热风	高温加热的气体在炉内循环加热	1. 加热均匀 2. 温度控制容易	1. 容易产生氧化 2. 能耗大
激光	利用激光的热能加热	1. 聚光性好，适用于高精度焊接 2. 非接触加热 3. 用光纤传送能量	1. 激光在焊接面上反射率大 2. 设备昂贵
红外＋热风	强制对流加热	1. 温度分布均匀 2. 热传递效率高	设备价格高

除了上述几种焊接方法以外，在微电子器件组装中，超声波焊、热超声金丝球焊、机械热脉冲焊都有各自的特点。

随着计算机技术的发展，在电子焊接中使用微处理器控制的焊接设备已经普及。例如，微电脑控制电子束焊接已在我国研制成功。还有一种光焊技术，已经应用在 CMOS 集成电路的全自动生产线上，其特点是采用光敏导电胶代替焊剂，将电路芯片粘在印制电路板上用紫外线固化焊接。

6.2.6　全自动热风再流焊炉作业指导

1. 开机

1）开机前检查准备。

① 检查电源供给（三相五线制电源）是否为本机额定电源。

② 检查设备是否良好接地。

③ 检查紧急停止按钮（机器前电箱上面左右各有一个红色按钮）是否弹开。

④ 查看炉体是否关闭紧密。

⑤ 查看运输链条及网带是否有挂、碰现象。

2）合上主机电源开关。按下控制面板的电源延时开关 2s 以上，电源指示灯亮，同时听到"哗"的声音，即为开启，计算机自动进入再流焊主操作界面。

3）待机器加热温度达到设定值时 10min 后，装配好的 PCB 才能过炉焊接或固化。

2. 再流焊接编程

再流焊接编程需设定的主要参数见表 6 - 6。

表 6-6　再流焊接参数设置

项　目	参　数		功　能
设置	参数设定	炉温参数	设定各温区的炉温参数
		基板传送速度	设定基板过炉的速度
		上、下风机速度	设定风机速度大小，改善每个温区热量分布匀程度
	温度报警设定		设定各温区控温偏差上、下限值
	定时设定		设定系统在一周内每天五个时间段开关机时间
	运输速度补偿值		若运输实际速度大于显示速度，则减少运输系数；若运输实际速度小于显示速度，则增加运输系数
	机器参数设定		设定运油方向、加油周期、产量检测、自动调宽窄等参数
操作	宽度调节		手动或自动进行导轨宽度值调节
	面板操作		选择系统在自动或手动状态下运行。选择手动运行时，依次单击"开机"、"加热打开"、"打开热风机"及"运输启动"按钮；选择自动运行时，先在"定时器"按钮中设定好系统运行的开关机时间后，单击"自动"即可启动整个系统自动运行。单击加热区"开关"按钮，可单独控制每一加热区的加热状态
	I/O 检测		可进行 I/O 检测
	产量清零		清除炉子当前生产记录

3. 再流焊接首件检验

1）目的。首件检验的目的是为确保在无品质异常的情况下投入生产，防止批量性品质问题的发生。

2）内容。

① 取最先加工完成的组件（SMA）1~5 件，由检验员进行外观、尺寸、性能等方面的检查和测试。

② 依照标准对组件焊接效果进行检查。

③ 要检查 IC 和有极性的组件，判断极性方向是否正确。

④ 要检查是否有偏移、缺件、错件、多件、锡多、锡少、连锡、立碑、假焊、冷焊等缺陷。

⑤ 预检人员依外观图或样本作为首件检查及检验依据。

⑥ 从输送带上拿 1 件半成品进行目视检验，如目视不良不能判定时，在放大镜下进行确认或上报线长。

⑦ 确认 Chip set 品名、规格等是否正确，并检查有无短路、偏移，空焊等不良。

⑧ 针对 0.5Pitch 零件脚表面，利用拨棒以 45°倾角、0.7m/min 的速度、不超过 0.5~1kg 的压力，于零件四边进行轻拨动作，注意脚位不能有脱落及松动现象。

⑨ 检查板面是否有异物残留、多件、缺件、PCB 刮伤等不良现象。

⑩ 检查 SMD 组件移位是否超出了标准。

4. 关机

手动状态下，关闭加热，20min 后关闭运输风机，退出主界面，关闭电源；自动状态下，关闭自动运行，20min 后关闭冷却指示，退出主界面，关闭电源。

5. 操作注意事项

1）UPS 应处于常开状态。

2）若遇紧急情况，可以按机器两端"应急开关"。

3）控制用计算机禁止其他用途。

4）在开启炉体进行操作时，务必要用支撑杆支撑上下炉体。

5）在安装程序完毕后，对所有支持文件不要随意删改，以防止程序运行出现不必要的故障。

6）同机种的 PCB，要求一天测试一次温度曲线。不同机种的 PCB 在转线时，必须测试一次温度曲线。

6.3 SMT 元器件的手工焊接

6.3.1 手工焊接 SMT 元器件的要求与条件

在生产企业里，焊接 SMT 元器件主要依靠自动焊接设备，但在维修电子产品或者研究单位制作样机的时候，检测、焊接 SMT 元器件都可能需要手工操作。

在高密度的 SMT 电路板上，对于微型贴片元器件，如 BGA、CSP、倒装芯片等，完全依靠手工已无法完成焊接任务，有时必须借助半自动的维修设备和工具。

1. 手工焊接 SMT 元器件与焊接 THT 元器件的几点不同

1）焊接材料：焊锡丝更细，一般要使用直径 0.5 ~ 0.8mm 的活性焊锡丝，也可以使用膏状焊料（焊锡膏）；但要使用腐蚀性小、无残渣的免清洗助焊剂。

2）工具设备：使用更小巧的专用镊子和电烙铁，电烙铁的功率不超过 20W，烙铁头是尖细的锥状，如图 6 - 20 所示；如果提高要求，最好备有热风工作台、SMT 维修工作站和专用工装。

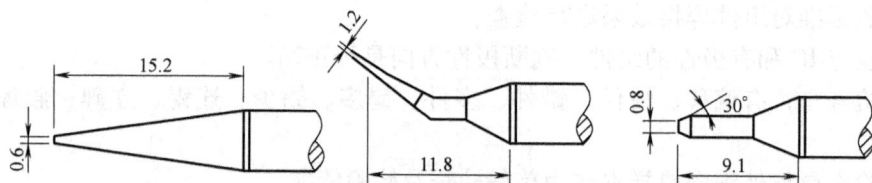

图 6 - 20　锥状烙铁头

3）要求操作者熟练掌握 SMT 的检测、焊接技能，积累一定工作经验。

4）要有严密的操作规程。

2. 检修及手工焊接 SMT 元器件的常用工具及设备

1）检测探针。一般测量仪器的表笔或探头不够细，可以配用检测探针，探针前端是针尖，末端是套筒，使用时将表笔或探头插入探针，用探针测量电路会比较方便、安全。探针外形如图 6 - 21a 所示。

2）电热镊子。电热镊子是一种专用于拆焊 SMC 的高档工具，它相当于两把组装在一起的电烙铁，只是两个电热心独立安装在两侧，接通电源以后，捏合电热镊子夹住 SMC 元器件的两个焊端，加热头的热量熔化焊点，很容易把元器件取下来。电热镊子的示意图如图 6 – 21b 所示。

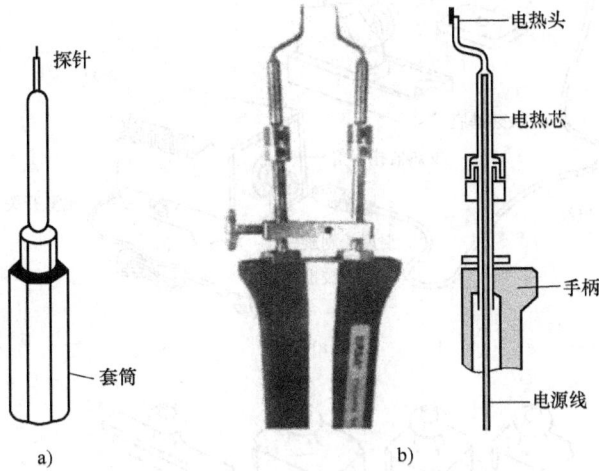

图 6 – 21 专用工具检测探针与电热镊子
a）检测探针 b）电热镊子

3）恒温电烙铁。SMT 元器件对温度比较敏感，维修时必须注意温度不能超过 390℃，所以最好使用恒温电烙铁。恒温电烙铁如图 6 – 22a 所示。

恒温电烙铁的烙铁头温度可以控制，根据控制方式不同，分为电控恒温电烙铁和磁控恒温电烙铁两种。

电控恒温烙铁采用热电偶来检测和控制烙铁头的温度。当烙铁头的温度低于规定值时，温控装置控制开关使继电器接通，给电烙铁供电，使温度上升。当温度达到预定值时，控制电路就构成反动作，停止向电烙铁供电。如此循环往复，使烙铁头的温度基本保持一恒定值。

目前，采用较多的是磁控恒温电烙铁。它的烙铁头上装有一个强磁体传感器，利用它在温度达到某一点时磁性消失这一特性，作为磁控开关，来控制加热器元器件的通断以控制温度。因恒温电烙铁采用断续加热，它比普通电烙铁节电 1/2 左右，并且升温速度快。由于烙铁头始终保持恒温，在焊接过程中焊锡不易氧化，可减少虚焊，提高焊接质量。烙铁头也不会产生过热现象，使用寿命较长。

由于片状元器件的体积小，烙铁头的尖端应该略小于焊接面，为防止感应电压损坏集成电路，电烙铁的金属外壳要可靠接地。

4）电烙铁专用加热头。在电烙铁上配用各种不同规格的专用加热头后，可以用来拆焊引脚数目不同的 QFP 集成电路或 SO 封装的二极管、晶体管、集成电路等。加热头外形如图 6 – 22b 所示。

5）真空吸锡枪。真空吸锡枪主要由吸锡枪和真空泵两大部分构成。吸锡枪的前端是中间空心的烙铁头，带有加热功能。按动吸锡枪手柄上的开关，真空泵即通过烙铁头中间的孔，把熔化了的焊锡吸到后面的锡渣储罐中。取下锡渣储罐，可以清除锡渣。真空吸锡枪的外观如图 6 – 23 所示。

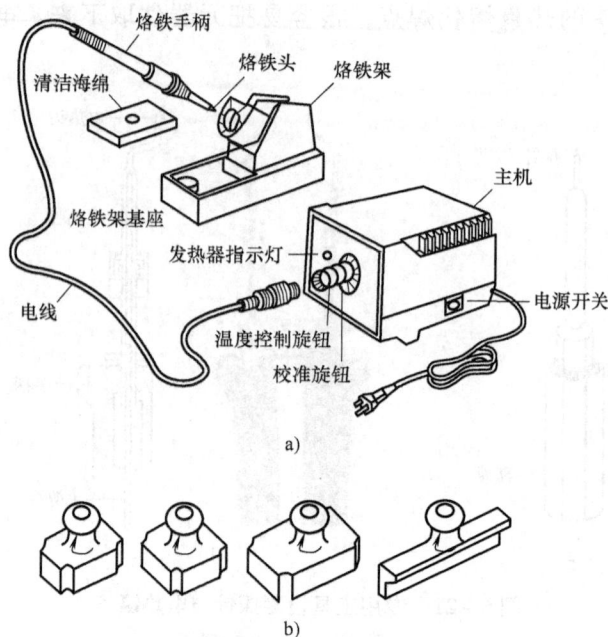

图 6 – 22　恒温电烙铁与专用加热头

a) 恒温电烙铁　b) 专用加热头

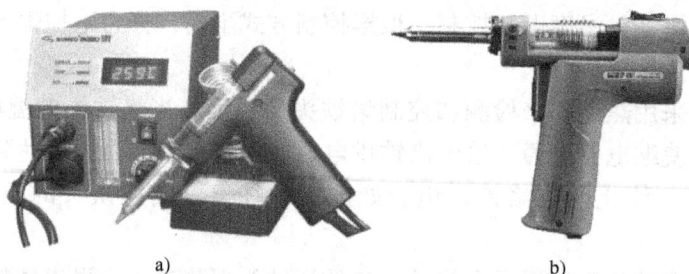

图 6 – 23　真空吸锡枪

a) 台式　b) 手持式

6) 热风工作台。热风工作台是一种用热风作为加热源的半自动设备，用热风工作台很容易拆焊 SMT 元器件，比使用电烙铁方便得多，而且能够拆焊更多种类的元器件，热风工作台也能够用于焊接。热风工作台的实物照片如图 6 – 24 所示。

热风工作台的热风筒内装有电热丝，软管连接热风筒和热风工作台内置的吹风电动机。按下热风工作台前面板上的电源开关，电热丝和吹风电动机同时开始工作，电热丝被加热，吹风电动机压缩空气，通过软管从热风筒前端吹出来，电热丝达到足够的温度后，就可以用热风进行焊接或拆焊；断开电源开关电热丝停止加热，但吹风电动机还要继续工作一段时间，直到热风筒的温度降低以后才自动停止。

热风台的前面板上，除了电源开关，还有"HEATER（加热温度）"和"AIR（吹风强度）"两个旋钮，分别用来调整、控制电热丝的温度和吹风电动机的送风量。两个旋钮的刻度都是从 1 到 8，分别指示热风的温度和吹风强度。

154

图 6 - 24　热风工作台

3. 手工焊接 SMT 元器件电烙铁的温度设定

焊接时，对电烙铁的温度设定非常重要。最适合的焊接温度，是让焊点上的焊锡温度比焊锡的熔点高 50℃左右。由于焊接对象的大小、电烙铁的功率和性能、焊料的种类和型号不同，在设定烙铁头的温度时，一般要求在焊锡熔点温度的基础上增加 100℃左右。

1）手工焊接或拆除下列元器件时，电烙铁的温度设定为 250 ~ 270℃或（250 ± 20）℃：

① 1206 以下所有 SMT 电阻、电容、电感元件。

② 所有电阻排、电感排、电容排元件。

③ 面积在 5mm × 5mm（包含引脚长度）以下并且少于 8 脚的 SMD。

2）除上述元器件，焊接温度设定为 350 ~ 370℃或（350 ± 20）℃。在检修 SMT 电路板的时候，假如不具备好的焊接条件，也可用银浆导电胶黏接元器件的焊点，这种方法避免元器件受热，操作简单，但连接强度较差。

6.3.2　SMT 元器件的手工焊接与拆焊

1. 用电烙铁进行焊接

用电烙铁焊接 SMT 元器件，最好使用恒温电烙铁，若使用普通电烙铁，烙铁的金属外壳应该接地，防止感应电压损坏元器件。由于片状元器件的体积小，烙铁头尖端的截面积应该比焊接面小一些，如图 6 - 25 所示。焊接时要注意随时擦拭烙铁尖，保持烙铁头洁净；焊接时间要短，一般不要超过 2s，看到焊锡开始熔化就立即抬起烙铁头；焊接过程中烙铁头不要碰到其他元器件；焊接完成后，要用带照明灯的 2 ~ 5 倍放大镜，仔细检查焊点是否牢固、有无虚焊现象；假如焊件需要镀锡，先将烙铁尖接触待镀锡处约 1s，然后再放焊料，焊锡熔化后立即撤回烙铁。

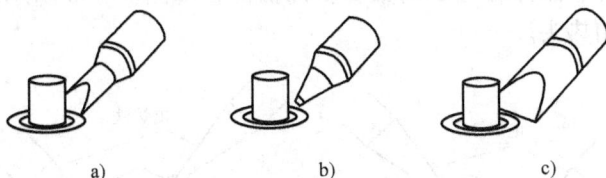

图 6 - 25　选择大小合适的烙铁头
a）合适　b）太小　c）太大

1）焊接电阻、电容、二极管一类两端 SMC 元器件时，先在一个焊盘上镀锡后，电烙铁不要离开焊盘，保持焊锡处于熔融状态，立即用镊子夹着元器件放到焊盘上，先焊好一个焊端，再焊接另一个焊端，如图 6 - 26 所示。

另一种焊接方法是，先在焊盘上涂敷助焊剂，并在基板上点一滴不干胶，再用镊子将元器件粘放在预定的位置上，先焊好一脚，后焊接其他引脚。安装钽电解电容器时，要先焊接正极，后焊接负极，以免电容器损坏。

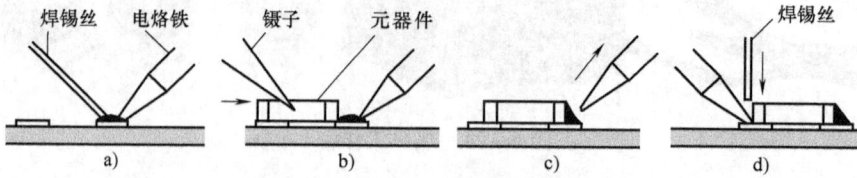

图 6-26 手工焊接两端 SMC 元器件

2）焊接 QFP 封装的集成电路，先把芯片放在预定的位置上，用少量焊锡焊住芯片角上的 3 个引脚，如图 6-27a 所示，使芯片被准确地固定，然后给其他引脚均匀涂上助焊剂，逐个焊牢，如图 6-27b 所示。焊接时，如果引脚之间发生焊锡粘连现象，可按照如图 6-27c的方法清除粘连：在粘连处涂抹少许助焊剂，用烙铁尖轻轻沿引脚向外刮抹。

有经验的技术工人会采用 H 型烙铁头进行"拖焊"——沿着 QFP 芯片的引脚，把烙铁头快速向后拖——能得到很好的焊接效果，如图 6-27d 所示。

焊接 SOT 晶体管或 SO、SOL 封装的集成电路与此相似，先焊住两个对角，然后给其他引脚均匀涂上助焊剂，逐个焊牢。

如果使用含松香芯或助焊剂的焊锡丝，也可一手持电烙铁另一手持焊锡丝，烙铁与锡丝尖端同时对准欲焊接元器件引脚，在锡丝被融化的同时将引脚焊牢，焊前可不必涂助焊剂。

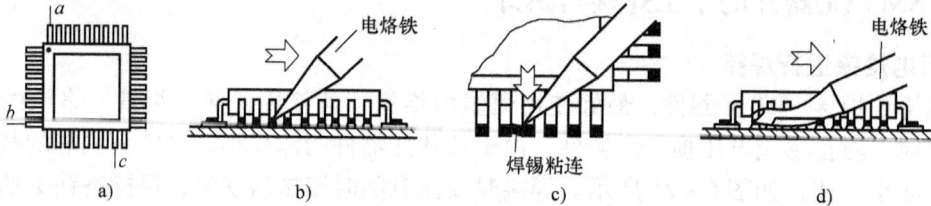

图 6-27 焊接 QFP 芯片的手法

2. 用专用加热头拆焊元器件

仅使用电烙铁拆焊 SMC/SMD 元器件是很困难的。同时用两把电烙铁只能拆焊电阻、电容等两端元件或二极管、晶体管等引脚数目少的器件，如图 6-28 所示，想拆焊晶体管和集成电路，要使用专用加热头。

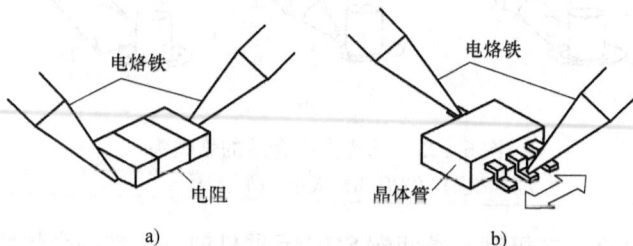

图 6-28 用两把电烙铁拆焊两端元件或晶体管

采用长条加热头可以拆焊翼形引脚的 SO、SOL 封装的集成电路，操作方法如图 6 - 29 所示。

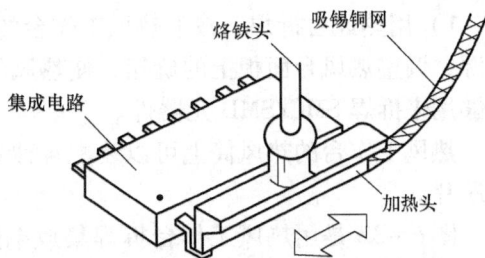

图 6 - 29　用长条加热头拆焊集成电路的方法

将加热头放在集成电路的一排引脚上，按图中箭头方向来回移动加热头，以便将整排引脚上的焊锡全部熔化。注意当所有引脚上的焊锡都熔化并被吸锡铜网（线）吸走、引脚与印制电路板之间已经没有焊锡后，用专用螺钉旋具或镊子将集成电路的一侧撬离印制电路板。然后用同样的方法拆焊芯片的另一侧引脚，集成电路就可以被取下来。但是，用长条加热头拆卸下来的集成电路，即使电气性能没有损坏，一般也不再重复使用，这是因为芯片引脚的变形比较大，把它们恢复到印制电路板上去的焊接质量不能保证。

S 型、L 型加热头配合相应的固定基座，可以用来拆焊 SOT 晶体管和 SO、SOL 封装的集成电路。头部较窄的 S 型加热片用于拆卸晶体管，头部较宽的 L 型加热片用于拆卸集成电路。使用时，选择两片合适的 S 型或 L 型加热片用螺丝固定在基座上，然后把基座接到电烙铁发热心的前端。先在加热头的两个内侧面和顶部加上焊锡，再把加热头放在器件的引脚上面，约 3 ~ 5s 后，焊锡熔化，然后用镊子轻轻将器件夹起来，如图 6 - 30 所示。

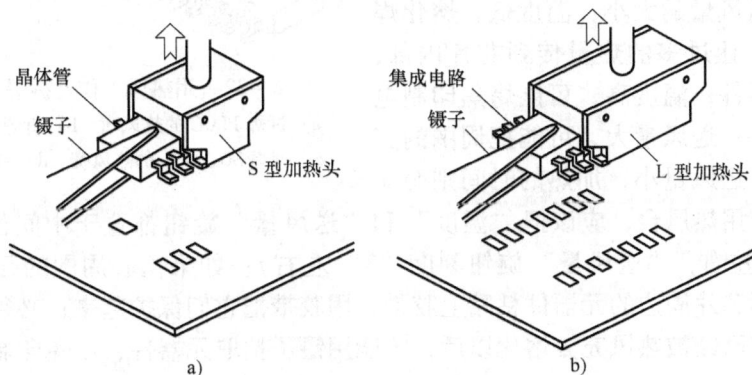

图 6 - 30　使用 S 型、L 型加热头拆焊集成电路的方法

使用专用加热头拆卸 QFP 集成电路，要根据芯片的大小和引脚数目选择不同规格的加热头，将电烙铁头的前端插入加热头的固定孔。在加热头的顶端涂上焊锡，再把加热头靠在集成电路的引脚上，约 3 ~ 5s 后，在镊子的配合下，轻轻转动集成电路并括起来，如图 6 - 31 所示。

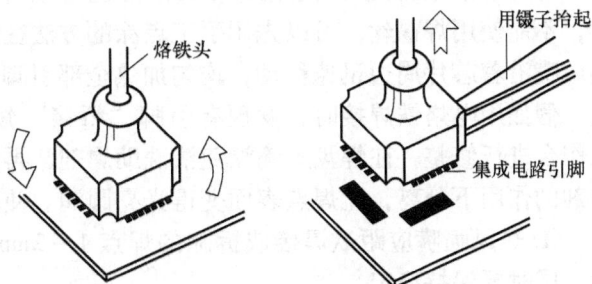

图 6 - 31　专用加热头的使用方法

3. 用热风工作台焊接或拆焊 SMC/SMD 元器件

近年来，国产热风工作台已经在电子产品维修行业普及。用热风工作台拆焊 SMC/SMD 元器件很容易操作，比使用电烙铁方便得多，能够拆焊的元器件种类也更多。

1）用热风台拆焊。按下热风工作台的电源开关，就同时接通了吹风电动机和电热丝的电源，调整热风台面板上的旋钮，使热风的温度和送风量适中。这时，热风嘴吹出的热风就能够用来拆焊 SMC/SMD 元器件。

热风工作台的热风筒上可以装配各种专用的热风嘴，用于拆卸不同尺寸、不同封装方式的芯片。

图 6-32 是用热风工作台拆焊集成电路的示意图，其中，图 6-32a 是拆焊 PLCC 封装芯片的热风嘴，图 6-32b 是拆焊 QFP 封装芯片的热风嘴，图 6-32c 是拆焊 SO、SOL 封装芯片的热风嘴，图 6-32d 是一种针管状的热风嘴。针管状的热风嘴使用比较灵活，不仅可以用来拆焊两端元件，有经验的操作者也可以用它来拆焊其他多种集成电路。在图 6-32 中，虚线箭头描述了用针管状的热风嘴拆焊集成电路的时候，热风嘴沿着芯片周边迅速移动、同时加热全部引脚焊点的操作方法。

使用热风工作台拆焊元器件，要注意调整温度的高低和送风量的大小：温度低，熔化焊点的时间过长，让过多的热量传到芯片内部，反而容易损坏器件；温度高，可能烤焦印制电路板或损坏器件；送风量大，可能把周围的其他元器件吹跑，送风量小，加热的时间则明显

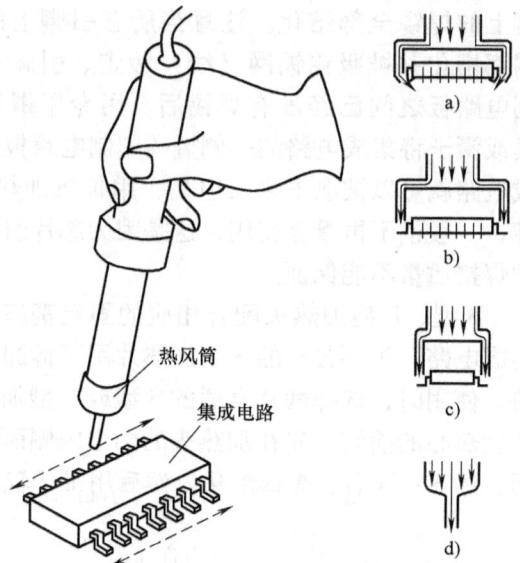

热风筒

集成电路

图 6-32　用热风工作台拆焊 SMT 元器件
a) 拆焊 PLCC 的热风嘴　b) 拆焊 QFP 的热风嘴
c) 拆焊 SO、SOL 的热风嘴　d) 针管状的热风嘴

变长，初学者使用热风台，应该把"温度"和"送风量"旋钮都置于中间位置（"温度"旋钮刻度"4"左右，"送风量"旋钮刻度"3"左右）；如果担心周围的元器件受热风影响，可以把待拆芯片周边的元器件粘贴上胶带，用胶带把它们保护起来；必须特别注意：全部引脚的焊点都已经被热风充分熔化以后，才能用镊子拈取元器件，以免印制电路板上的焊盘或线条受力脱落。

2）用热风台焊接。使用热风工作台也可以焊接集成电路，不过，焊料应该使用焊锡膏，不能使用焊锡丝。可以先用手工点涂的方法往焊盘上涂敷焊锡膏，贴放元器件以后，用热风嘴沿着芯片周边迅速移动，均匀加热全部引脚焊盘，就可以完成焊接。

假如用电烙铁焊接时，发现有引脚"桥接"短路或者焊接的质量不好，也可以用热风工作台进行修整：往焊盘上滴涂免清洗助焊剂，再用热风加热焊点使焊料熔化，短路点在助焊剂的作用下分离，让焊点表面变得光亮圆润。使用热风枪要注意以下几点：

① 热风喷嘴应距欲焊接或拆除的焊点 1~2mm，不能直接接触元器件引脚，也不要过远，同时要保持稳定。

② 焊接或拆除元器件时，一次不要连续吹热风超过 20s，同一位置使用热风不要超过 3 次。

③ 针对不同的焊接或拆除对象，可参照设备生产厂家提供的温度曲线，通过反复试验，优选出适宜的温度与风量设置。

6.4 SMT 返修工艺

通常 SMA 在焊接之后，其成品率不可能达到 100%，或多或少地会出现一些缺陷。在这些缺陷之中，有些属于表面缺陷，只影响焊点的表面外观，不影响产品的功能和寿命，但有些缺陷，如错位、桥接等，会严重影响产品的使用功能及寿命，此类缺陷必须要进行返修或返工。注意返修不是返工，不能保持原有的工艺，只是一种简单的修理。

6.4.1 返修的工艺要求与技巧

1. 工艺要求

1）操作人员应带防静电腕带。

2）一般要求采用防静电恒温电烙铁，采用普通电烙铁时必须接地良好。

3）修理片式元件时应采用 15~20W 的小功率电烙铁，烙铁头的温度控制在 265℃以下。

4）焊接时不允许直接加热片式元器件的焊端和元器件引脚的根部以上部位，焊接时间不超过 3s，同一个焊点焊接次数不能超过两次。

5）烙铁头始终保持无钩、无刺。

6）烙铁头不得重触焊盘，不要反复长时间在同一焊点加热，不得划破焊盘及导线。

7）拆取器件时，应等到全部引脚完全熔化时再取下器件，以防破坏器件的共面性。

8）采用的助焊剂和焊料要与再流焊和波峰焊时一致或匹配。

2. 操作技巧

手工焊接时应遵循先小后大、先低后高的原则分类分批进行焊接，先焊片式电阻、片式电容、晶体管，再焊小型 IC 器件、大型 IC 器件，最后焊接插装件。

焊接片式元器件时，选用的烙铁头宽度应与元件宽度一致，若太小，则装焊时不易定位。

焊接 SOP、QFP、PLCC 等两边或四边有引脚的元器件时，应先在其两边或四边焊几个定位点，待仔细检查确认每个引脚与对应的焊盘吻合后，才进行拖焊完成剩余引脚的焊接。拖焊时速度不要太快，1s 左右拖过一个焊点即可。

焊接好后可用 4~6 倍的放大镜检查焊点之间有没有桥接，局部有桥接的地方可用毛笔蘸一点助焊剂再拖焊一次，同一部位的焊接连续不超过两次，如一次未焊好应待其冷却后再焊。

焊接 IC 元器件时，在焊盘上均匀涂一层助焊膏，不仅可以对焊点起到润湿与助焊的作用，而且还方便维修员作业，提高维修速度。

成功返修的两个最关键的工艺是焊接之前的预热与焊接之后的冷却。

6.4.2 Chip 元件的返修

片状电阻、电容、电感在 SMT 中通常被称为 Chip 元件，对于 Chip 元件的返修可以使用普通防静电电烙铁，也可以使用专用的电热镊子对两个端头同时加热。Chip 元件在 SMT 中的返修是最为简单的。Chip 元件一般较小，所以在对其加热时，温度要控制得当，否则过高的温度将会使元件受热损坏。烙铁在加热时一般在焊盘上停留的时间不得超过3s。具体的返修工艺流程是：清除涂覆层→涂覆助焊剂→加热焊点→拆除元件→焊盘清理→焊接。

在上述工艺流程中，其核心流程有3部分：片式元件的解焊拆卸、焊盘清理以及元件的组装焊接。

1. 片式元件的解焊拆卸

1）元件上如有涂敷层，应先去除涂敷层，再清除工作表面的残留物。

2）在电热镊子安装形状尺寸合适的热夹烙铁头。

3）把烙铁头的温度设定在300℃左右，可以根据需要作适当改变。

4）在片式元件的两个焊点上涂上助焊剂。

5）用湿海绵清除烙铁头上的氧化物和残留物。

6）把烙铁头放置在片式元件的上方，并夹住元件的两端与焊点相接触。

7）当两端的焊点完全熔化时提起元件。

8）把拆下的元件放置在耐热的容器中。

2. 清理焊盘

1）选用凿形烙铁头，并把烙铁头的温度设定在300℃左右，可以根据需要作适当改变。

2）在印制电路板的焊盘上涂刷助焊剂。

3）用湿海绵清除烙铁头上的氧化物和残留物。

4）把具有良好可焊性的柔软的吸锡编织带放在焊盘上。

5）将烙铁头轻轻压在吸锡编织带上，待焊盘上的焊锡熔化时，同时缓慢移动烙铁头和编织带，除去焊盘上的残留焊锡。

3. 片式元件的组装焊接

1）选用形状尺寸合适的烙铁头。

2）把烙铁头的温度设定在280℃左右，可以根据需要作适当改变。

3）在电路板的两个焊盘上涂刷助焊剂。

4）用湿海绵清除烙铁头上的氧化物和残留物。

5）用电烙铁在一个焊盘上施加适量的焊锡。

6）用镊子夹住片式元件，并用电烙铁将元件的一端与已经上锡的焊盘连接，把元件固定。

7）用电烙铁和焊锡丝把元件的另一端与焊盘焊好。

8）分别把元件的两端与焊盘焊好。

6.4.3 SOP、QFP、PLCC 器件的返修

SOP、QFP、PLCC的返修，可以采用电热镊子或热风枪拆卸芯片，其操作流程是：印制电路板、芯片预热→拆除芯片→清洁焊盘→器件的安装焊接。

1. 印制电路板、芯片预热

印制电路板、芯片预热的主要目的是将潮气去除，如果印制电路板和芯片内的潮气很小（如芯片刚拆封），这一步可以免除。

2. 拆除芯片

拆除芯片的方法有很多，目前主要有热夹烙铁头（电热镊头）拆卸法或热风枪拆卸法。

1）热夹烙铁头拆卸法。

① 元件上如有涂敷层，应先去除涂敷层，再清除工作表面的残留物。

② 在热夹工具中安装形状尺寸合适的热夹烙铁头。

③ 把烙铁头的温度设定在300℃左右，可以根据需要作适当改变。

④ 在SOP、QFP、PLCC器件两侧或四周的焊点上涂刷上助焊剂。

⑤ 将电烙铁和焊锡丝放在器件的引脚上，使焊锡丝熔化并把器件的所有引脚全部短路。

⑥ 在热夹烙铁头的底部和内侧镀上焊锡。

⑦ 用热夹烙铁头轻轻夹住器件的两侧或四周的引脚，并与焊点相接触。

⑧ 当引脚的焊点完全熔化时提起器件。

⑨ 把拆下的器件放置在耐热的容器中。

2）热风枪拆卸法。

① 去除绝缘涂层（如有），清洁工作面的污物、氧化物、残留物或助焊剂。

② 切除并移离PLCC管座上的塑料底壳。

③ 将合适的热风头安装在热风枪上。

④ 设置加热器温度，大约为315℃（根据实际需要设置）。

⑤ 调节热风头的风压，以能将大约0.5cm外的薄纸烧枯为宜。

⑥ 将热风枪置于器件上方0.5cm处，热风枪绕焊盘做圆周转动，直到观察到焊锡融化。

⑦ 焊锡融化后，用吸盘或真空吸笔取下器件。

3. 清洁焊盘

清洁焊盘主要是将拆除芯片后留在PCB表面的助焊剂、焊锡清理掉。清理方法有凿形烙铁头配吸锡绳、刮刀、刮刀配吸锡绳等。

4. 器件的组装焊接

1）SOP、QFP的组装焊接。

① 选用带凹槽的烙铁头，并把温度设定在280℃左右，可以根据需要作适当改变。

② 用真空吸笔或镊子把SOP或QFP安放在印制电路板上，使器件的引脚和印制电路板上的焊盘对齐。

③ 用焊锡把SOP或QFP对角的引脚与焊盘焊接以固定器件。

④ 在SOP或QFP的引脚上涂刷助焊剂。

⑤ 用湿海绵清除烙铁头上的氧化物和残留物。

⑥ 用电烙铁在一个焊盘上施加适量的焊锡。

⑦ 在烙铁头的凹槽内施加焊锡。

⑧ 将烙铁头的凹槽面轻轻接触器件的上方并缓慢拖动，把引脚焊好。

2）PLCC的组装焊接。

① 选用刀形或铲子形的烙铁头，并把温度设定在280℃左右，可以根据需要作适当改变。

② 用真空吸笔或镊子把PLCC安放在印制电路板上，使器件的引脚和印制电路板上的焊盘对齐。

③ 用焊锡把PLCC对角的引脚与焊盘焊接以固定器件。

④ 在PLCC的引脚上涂刷助焊剂。

⑤ 用湿海绵清除烙铁头上的氧化物和残留物。

⑥ 用烙铁头和焊锡丝把 PLCC 四边的引脚与焊盘焊接好。

6.4.4 SMT 印制电路板返修工作站

对采用 SMT 工艺的印制电路板进行维修，或者对品种变化多而批量不大的产品进行生产的时候，SMT 维修工作站能够发挥很好的作用。维修工作站实际是一个小型化的贴片机和焊接设备的组合装置，但贴片、焊接元器件的速度比较慢。大多维修工作站装备了高分辨率的光学检测系统和图像采集系统，操作者可以从监视器的屏幕上看到放大的电路焊盘和元器件电极的图像，使元器件能够高精度地定位贴片；高档的维修工作站甚至有两个以上摄像镜头，能够把从不同角度摄取的画面叠加在屏幕上，操作者可以看着屏幕仔细调整贴装头，让两幅画面完全重合，实现多引脚的 SOJ、PLCC、QFP、BGA、CSP 等器件在电路板上准确定位。

SMT 维修工作站都备有与各种元器件规格相配的红外线加热炉、电热工具或热风焊枪，不仅可以用来拆焊那些需要更换的元器件，还能熔融焊料，把新贴装的元器件焊接上去。图 6-33 是一种维修工作站的照片。

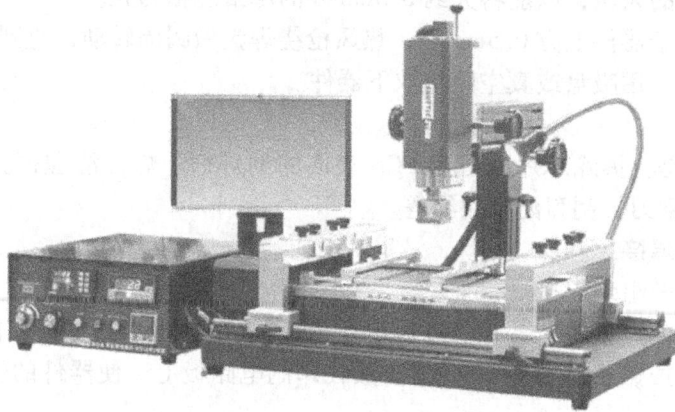

图 6-33　维修工作站

6.4.5 BGA、CSP 芯片的返修

BGA/CSP 等器件的返修设备主要是各种品牌的返修工作站。

1. BGA、CSP 芯片返修工艺

采用普通热风返修系统对 BGA、CSP 芯片进行返修的工艺流程是：拆卸 BGA、CSP→清洁焊盘→去潮处理→印刷焊锡膏→贴装→再流焊接→检验。

1）拆卸 BGA、CSP。

① 将需要拆卸 BGA、CSP 的表面组装板放在返修系统的工作台上。

② 选择与器件尺寸相匹配的喷嘴，装在加热器的连接杆上。

③ 将热风喷嘴扣在器件上，注意与元器件四周的距离均匀。如果元器件周围有影响操作的元器件，先将这些器件拆卸，待返修完毕再复位。

④ 选择适合吸着待拆卸元器件的吸嘴，调节吸取器件的真空负压吸管高度，将吸盘接

触元器件的顶面，打开真空泵开关。

⑤ 根据器件的尺寸、PCB 的厚度等具体情况设置拆卸温度曲线。

2）清洁焊盘。

拆卸掉 BGA、CSP 器件后，需要去除 PCB 焊盘上的残留焊锡并清洗这一区域。

① 用电烙铁将 PCB 焊盘残留的焊锡清理干净、平整，可采用拆焊编织带和扁铲形烙铁头进行清理。操作时注意不要损坏焊盘和阻焊膜。

② 用异丙醇或乙醇等清洗剂将助焊剂残留物清洗干净。

3）去潮处理。由于塑料封装的 BGA、CSP 对潮气敏感，因此在组装之前要检查器件是否受潮，如果已经吸湿，需要对器件进行去潮处理。

4）印刷焊锡膏。

将焊膏印在 PCB 焊盘上，可在返修台上或显微镜下进行对中印刷。

① 因为表面组装印制电路板上已经装有其他元器件，因此必须采用 BGA、CSP 专用小模板，模板厚度与开口尺寸要根据球径和球距确定。印刷完毕必须检查印刷质量，如不合格，必须进行清洗后才能重新印刷。

② 将焊膏直接印在 BGA、CSP 焊盘上。有 3 种焊锡膏可以选择：RMA 焊锡膏，非清洗焊锡膏，水剂焊锡膏。使用 RMA 焊锡膏，再流时间可略长些，使用非清洗焊锡膏，再流温度应选的低些。

5）贴装 BGA、CSP。

① 将印好焊锡膏的表面组装印制电路板安放在返修系统的工作台上。

② 选择合适的吸嘴，打开真空泵，将 BGA、CSP 器件吸起来，用摄像机顶部光源照射已经印好焊膏的 BGA 焊盘，调节焦距使监视器显示的图像最清晰。然后拉出 BGA 专用的反射光源，照射 BGA 器件底部并使图像最清晰。然后调整工作台的 X、Y 角度旋钮，使 BGA 底部焊球和 BGA 焊盘完全对应重合。

③ 焊球和焊盘完全重合后，将吸嘴向下移动，把 BGA 器件贴装到 PCB 上，然后关闭真空泵。

6）再流焊接。

① 设置焊接温度曲线。为避免损坏 BGA、CSP 器件，预热温度应控制在 $100 \sim 125℃$，升温速率和温度保持时间很关键。

② 选择与器件尺寸相匹配的四方形热风喷嘴，并将热风喷嘴安装在加热器的连接杆上，注意安装平稳。

③ 将热风喷嘴扣在 BGA 等器件上，要注意与器件四周的距离均匀。

④ 打开加热电源，调整热风量，开始焊接。

7）检验

① BGA 等元器件的焊接质量检验需要 X 光或超声波检查设备。

② 在没有检查设备的情况下，可通过功能测试判断焊接质量：

③ 在没有以上设备的情况下，可以把焊好 BGA 的表面组装印制电路板举起来，对光平视 BGA 四周，观察焊锡膏是否完全熔化、焊球是否塌陷、BGA 四周与 PCB 之间的距离是否一致等，以经验来判断焊接效果。

2. BGA植球工艺

经过拆卸的BGA器件一般情况下可以重复使用，但由于拆卸后BGA底部的焊球被不同程度的破坏，因此必须进行植球处理才能使用。根据植球工具和材料的不同，植球的方法也有所不同，不管采用什么方法，工艺过程是相同的，其工艺流程是：清洁焊盘→涂覆助焊剂→选择焊球→置球→再流焊接→清洗。

1）去除BGA底部焊盘上的残留焊锡并清洗。

①用烙铁将BGA底部焊盘残留的焊锡清洗干净、平整，可采用拆焊编织带和扁铲形烙铁头进行清理，操作时注意不要损坏焊盘和阻焊膜。

②用清洗剂将助焊剂残留物清洗干净。

2）在BGA底部焊盘上印刷助焊剂或焊膏。

①一般情况下采用涂敷（可以用刷子刷，也可以印刷）高黏度的助焊剂起到粘结和助焊作用，有时可以用焊膏代替，采用焊膏时焊膏的金属组分应与焊球的金属组分相匹配，应保证印刷后焊膏图形清晰、不漫流。

②印刷时采用BGA专用小模板。印刷完毕必须检查印刷质量，如不合格，必须清洗后重新印刷。

3）选择焊球。

①选择焊球时要考虑焊球的材料。

②焊球尺寸的选择也很重要：如果使用高黏度的助焊剂，应选择与BGA器件焊球相同直径的焊球；如果使用焊膏，应选择比BGA器件焊球直径小一些的焊球。

4）植球。通常可以采用下面两种方法进行植球：

①采用植球器植球法。

a.如果有植球器，选择一块与BGA焊盘匹配的模板，模板的开口尺寸比焊球直径大0.05~0.1mm，将焊球均匀地撒在模板上，摇晃植球器，把多余的焊球从模板上滚到植球器的焊球收集槽中，使模板表面恰好每个漏孔中保留一个焊球。

b.把植球器放置在BGA返修设备的工作台上，把印好助焊剂和焊膏的BGA器件吸在BGA返修设备的吸嘴上（焊盘面向下）。

c.按照贴装BGA的方法进行对准，使BGA器件底部图像与植球器模板表面每个焊球图像完全重合。

d.将吸嘴向下移动，把BGA器件贴装到植球器模板表面，然后将BGA器件吸起来。

e.用镊子夹住BGA器件的外边框，关闭真空泵。

f.将BGA元器件的焊球面向上放置在BGA返修设备的工作台上。

②不用植球器植球法。

a.把印好助焊剂或焊膏的BGA器件放置在工作台上。

b.准备一块与BGA焊盘匹配的模板，模板的开口尺寸比焊球直径大0.05~0.1mm；把模板四周用垫块架高，放置在印好助焊剂或焊膏的BGA器件上，使模板与BGA之间的距离等于或略小于焊球的直径，在显微镜下或在BGA返修工作台上对准。

c.将焊球均匀地撒在模板上，把多余的焊球用镊子从模板上取下来，使模板表面恰好每个漏孔中保留一个焊球。

d.移开模板，个别没有放置好的焊球，可用镊子或小吸嘴的吸笔补完整。

5）再流焊接。同 BGA 返修时的再流焊接一样进行焊球焊接，焊接时 BGA 器件的焊球面朝上，要把热风量调到最小，以防把焊球吹移位。经过再流焊处理，焊球就固定在 BGA 器件上了。

6）清洗。完成植球工艺之后，应将 BGA 清洗干净，并尽快进行贴装和焊接，以防止焊球氧化和器件受潮。

6.5　SMT 焊接质量缺陷及解决方法

SMT 是涉及多项技术的复杂系统工程，其中任何一项因素的改变均会影响电子产品的焊接质量。

元器件焊点的焊接质量是直接影响印制电路组件（PWA）乃至整机质量的关键因素。它受许多参数的影响，如焊膏、基板、元器件可焊性、丝印、贴装精度以及焊接工艺等。合理的表面组装工艺技术在控制和提高 SMT 生产质量中起到至关重要的作用。

现针对几种典型焊接缺陷的产生机理进行分析，并简要介绍相应的工艺解决方法。不同的焊接方式会产生其特有的焊接缺陷，相同的焊接缺陷也会在不同的焊接方式中都有发生，以下的分类并不是绝对的。

6.5.1　再流焊质量缺陷及解决办法

1. 立碑现象

再流焊中，片式元器件常出现立起的现象，称之为立碑，又称之为吊桥、曼哈顿现象，如图 6-34 所示。这是在再流焊工艺中经常发生的一种缺陷。

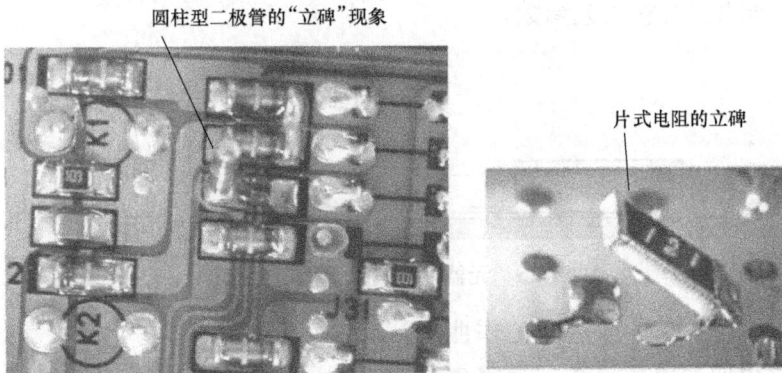

圆柱型二极管的"立碑"现象

片式电阻的立碑

图 6-34　立碑现象

产生原因：立碑现象发生的根本原因是元件两边的润湿力不平衡，因而元器件两端的力矩也不平衡，从而导致立碑现象的发生，如图 6-35 所示。若 $M_1 > M_2$，元器件将向左侧立起；若 $M_1 < M_2$，元器件将向右侧立起。

下列情形均会导致再流焊时元件两边的润湿力不平衡。

1）焊盘设计与布局不合理。如果焊盘设计与布局有以下缺陷，将会引起元器件两边的润湿力不平衡。

① 元器件的两边焊盘之一与地线相连接或有一侧焊盘面积过大，焊盘两端热容量不均匀；

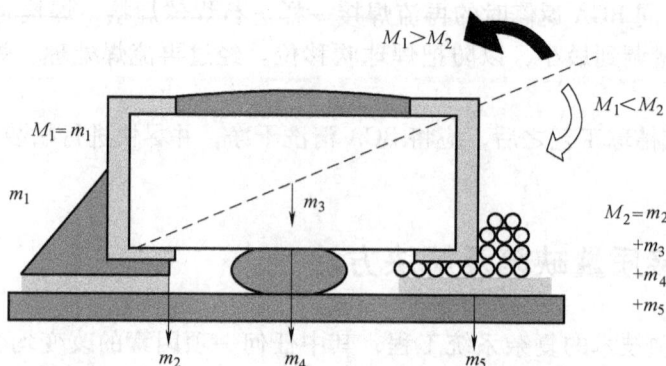

图 6 – 35　元器件两端的力矩不平衡导致立碑现象

② PCB 表面各处的温差过大以致元器件焊盘两边吸热不均匀;

③ 大型器件 QFP、BGA、散热器周围的小型片式元器件焊盘两端会出现温度不均匀。

解决办法:改善焊盘设计与布局。

2) 焊锡膏与焊锡膏印刷。焊锡膏的活性不高或元器件的可焊性差,焊锡膏熔化后,表面张力不一样,将引起焊盘润湿力不平衡。两焊盘的焊锡膏印刷量不均匀,多的一边会因焊锡膏吸热量增多,熔化时间滞后,以致润湿力不平衡。

解决办法:选用活性较高的焊锡膏,改善焊锡膏印刷参数,特别是模板的窗口尺寸。

3) 贴片。Z 轴方向受力不均匀,会导致元器件浸入到焊锡膏中的深度不均匀,熔化时会因时间差而导致两边的润湿力不平衡。如果元器件贴片移位会直接导致立碑,如图 6 – 36 所示。

解决办法:调节贴片机工艺参数。

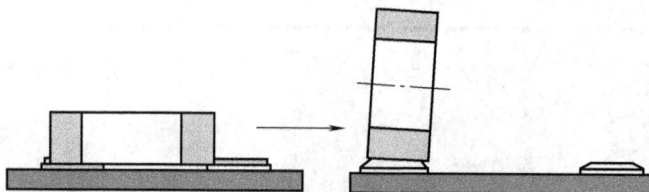

图 6 – 36　元器件偏离焊盘而产生立碑

4) 炉温曲线。对 PCB 加热的工作曲线不正确,以致板面上温差过大,通常再流焊炉炉体过短和温区太少就会出现这些缺陷,有缺陷的工作曲线如图 6 – 37 所示。

解决办法:根据每种不同产品调节好适当的温度曲线。

5) N_2 再流焊中的氧浓度。采用 N_2 保护再流焊会增加焊料的润湿力,但越来越多的报道说明,在氧含量过低的情况下发生立碑的现象反而增多;通常认为氧含量控制在 $(100 \sim 500) \times 10^{-6}$ 左右最为适宜。

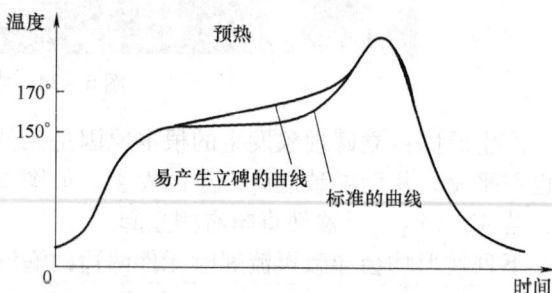

图 6 – 37　有缺陷的炉温工作曲线

2. 芯吸现象

芯吸现象又称抽芯现象，是常见焊接缺陷之一，多见于汽相再流焊中；芯吸现象是焊料脱离焊盘而沿引脚上行到引脚与芯片本体之间，通常会形成严重的虚焊现象，如图6-38所示。

产生的原因主要是由于元器件引脚的导热率大，故升温迅速，以致焊料优先润湿引脚，焊料与引脚之间的润湿力远大于焊料与焊盘之间的润湿力，此外引脚的上翘更会加剧芯吸现象的发生。

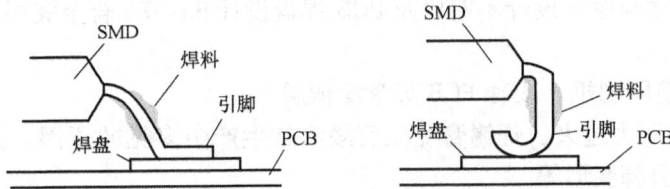

图6-38　芯吸现象

解决办法：

1）对于汽相再流焊应将SMA首先充分预热后再放入汽相炉中。

2）应认真检查PCB焊盘的可焊性，可焊性不好的PCB不应用于生产。

3）充分重视元器件的共面性，对共面性不良的元器件也不应用于生产。

在红外再流焊中，PCB基材与焊料中的有机助焊剂是红外线良好的吸收介质，而引脚却能部分反射红外线，故相比而言焊料优先熔化，焊料与焊盘的润湿力就会大于焊料与引脚之间的润湿力，故焊料不会沿引脚上升，从而发生芯吸现象的概率就小得多。

3. 桥连

桥连是SMT生产中常见的缺陷之一，它会引起元器件之间的短路，遇到桥连必须返修。桥连发生的过程如图6-39所示。

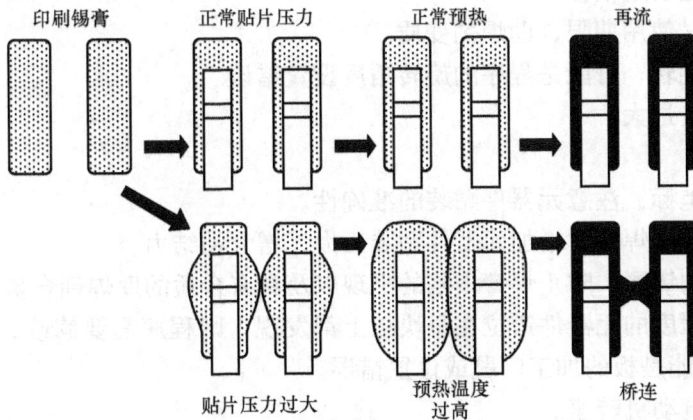

图6-39　桥连产生的过程

引起桥连的原因很多，以下是主要的4种：

1）焊锡膏质量问题。

① 焊锡膏中金属含量偏高，特别是印刷时间过久后，易出现金属含量增高，导致IC引

脚桥连。

② 焊锡膏黏度低，预热后漫流到焊盘外。

③ 焊锡膏塌落度差，预热后漫流到焊盘外。

解决办法：调整焊锡膏配比或改用质量好的焊锡膏。

2）印刷系统。

① 印刷机重复精度差，对位不齐（钢板对位不好、PCB 对位不好），致使焊锡膏印刷到焊盘外，尤其是细间距 QFP 焊盘。

② 模板窗口尺寸与厚度设计不对以及 PCB 焊盘设计 Sn—Pb 合金镀层不均匀，导致焊锡膏量偏多。

解决方法：调整印刷机，改善 PCB 焊盘涂覆层。

3）贴放。贴放压力过大，焊锡膏受压后漫流是生产中多见的原因。另外贴片精度不够元件出现移位、IC 引脚变形等。

4）预热。再流焊炉升温速度过快，焊锡膏中溶剂来不及挥发。

解决办法：调整贴片机 Z 轴高度及再流焊炉升温速度。

桥连也是波峰焊工艺中的缺陷，但以再流焊中为常见。

4. 元器件偏移

一般来说，元器件偏移量大于可焊端宽度的 50% 被认为是不可接受的，通常要求偏移量小于 25%。

产生原因：

1）贴片机精度不够。

2）元器件的尺寸容差不符合。

3）焊锡膏黏性不足或元器件贴装时压力不足，传输过程中的振动引起 SMD 移动。

4）助焊剂含量太高，再流焊时助焊剂沸腾，SMD 在液态焊料上移动。

5）焊锡膏塌边引起偏移。

6）锡锡膏超过使用期限，助焊剂变质。

7）如元器件旋转，可能是程序的旋转角度设置错误。

8）热风炉风量过大。

防止措施：

1）校准定位坐标，注意元器件贴装的准确性。

2）使用黏度大的焊膏，增加元器件贴装压力，增大粘结力。

3）选用合适的锡膏，防止焊膏塌陷的出现以及具有合适的助焊剂含量。

4）如果同样程度的元器件错位在每块板上都发现，则程序需要修改，如果在每块板上的错位不同，则可能是板的加工问题或位置错误。

5）调整热风电动机转速。

6.5.2 波峰焊质量缺陷及解决办法

1. 拉尖

拉尖是指在焊点端部出现多余的针状焊锡，这是波峰焊工艺中特有的缺陷。

产生原因：PCB 传送速度不当，预热温度低，锡锅温度低，PCB 传送倾角小，波峰不良，焊剂失效，元器件引线可焊性差。

解决办法：调整传送速度到合适为止，调整预热温度和锡锅温度，调整 PCB 传送角度，优选喷嘴，调整波峰形状，调换新的焊剂并解决引线可焊性问题。

2. 虚焊

产生原因：元器件引线可焊性差，预热温度低，焊料问题，助焊剂活性低，焊盘孔太大，印制电路板氧化，板面有污染，传送速度过快，锡锅温度低。

解决办法：解决引线可焊性，调整预热温度，化验焊锡的锡和杂质含量，调整焊剂密度，设计时减小焊盘孔，清除 PCB 氧化物，清洗板面，调整传送速度，调整锡锅温度。

3. 锡薄

产生原因：元器件引线可焊性差，焊盘太大（需要大焊盘除外），焊盘孔太大，焊接角度太大，传送速度过快，锡锅温度高，焊剂涂敷不匀，焊料含锡量不足。

解决办法：解决引线可焊性，设计时减小焊盘及焊盘孔，减小焊接角度，调整传送速度，调整锡锅温度，检查预涂焊剂装置，化验焊料含量。

4. 漏焊

产生原因：引线可焊性差，焊料波峰不稳，助焊剂失效，焊剂喷涂不均，PCB 局部可焊性差，传送链抖动，预涂焊剂和助焊剂不相溶，工艺流程不合理。

解决办法：解决引线可焊性，检查波峰装置，更换焊剂，检查预涂焊剂装置，解决 PCB 可焊性（清洗或退货），检查调整传动装置，统一使用焊剂，调整工艺流程。

5. 焊脚提升

英文称之为 Lift off，该缺陷严重时焊脚会出现撕裂，常发生在波峰焊或通孔元器件再流焊工艺中，特别是在无铅波峰焊过程中发生的概率明显较大。

1）PCB Z 方向引起的收缩应力。早期 Lift off 现象发生在厚的多层板上，这与 PCB 的 Z 方向收缩应力有关。通常 FR-4 板材的 Tg 仅有 125～130℃左右，在室温下，PCB 热膨胀系数（CTE）仅有 0.002×10^{-6}，而在焊接温度时高达 0.2×10^{-6}，即高了两个数量级。当温度下降到室温后，PCB 收缩，与此同时焊点也会造成收缩，两者的收缩应力的作用点正好落在焊脚边缘上。

2）焊料偏析会影响焊点的强度。当采用含 Bi 焊料时，在正常冷却过程中，焊点内部（包含着金属引线部分），由于热熔量大的原因，往往后冷却，该热量通过过孔孔壁传导给焊盘，因此焊点在冷却过程中会造成内部 Bi 的偏析现象。致使在焊点最后冷却的部位——焊盘边缘处含 Bi 量偏大，Bi 含量的不均匀性必会造成焊接强度下降，并会在 PCB 收缩应力的联合作用下加剧 Lift off 现象的发生。

3）含 Pb 杂质的影响。Lift off 现象也易出现在含 Pb 焊盘之中，在波峰焊过程中，PCB 焊盘涂层中含有 Sn—Pb 焊料时，含 Pb 涂层会与波峰接触而浸入到焊料之中，因含 Pb 杂质与 Bi、Sn 构成 Sn—Bi—Pb 三元低温相，从而引起焊点强度下降，造成 Lift off 现象。

解决办法：上述 3 种原因均是在极端状态下的分析，但实际生产中往往又会多种原因交错在一起，而导致焊接缺陷的发生，克服 Lift off 缺陷的根本方法仍在于降低 PCB 厚度（波峰焊时），以减少收缩应力；焊后快速冷却以防止焊料偏析发生；不使用 Bi 含量高的焊料；尽量避免含 Pb 杂质的涂层。

6.5.3 再流焊与波峰焊均会出现的焊接缺陷

1. 锡珠

锡珠是再流焊常见的缺陷之一,在波峰焊中也时有发生。不仅影响到外观而且会引起桥接。锡珠可分为两类,一类出现在片式元器件一侧,常为一个独立的大球状,如图 6-40a 所示。另一类出现在 IC 引脚四周,呈分散的小珠状。再流焊产生锡珠的原因有以下几方面。

1) 温度曲线不正确。再流焊曲线中预热、保温两个区段的目的,是为了使 PCB 表面温度在 60~90s 内升到 150℃,并保温约 90s,这不仅可以降低 PCB 及元器件的热冲击,更主要是确保焊锡膏的溶剂能部分挥发,避免再流焊时因溶剂太多引起飞溅,造成焊锡膏冲出焊盘而形成锡珠。

解决办法:注意升温速率,并采取适中的预热,使之有一个很好的平台使溶剂大部分挥发。升温速率及保温时间控制曲线如图 6-40b 所示。

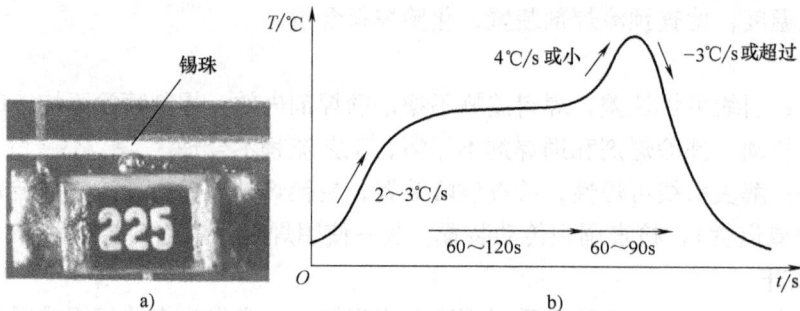

图 6-40 锡珠照片和升温速率及保温时间控制曲线
a) 锡珠照片 b) 升温速率及保温时间控制曲线

2) 焊锡膏的质量。

① 焊锡膏中金属含量通常在 (90±0.5)%,金属含量过低会导致助焊剂成分过多,因此过多的助焊剂会因预热阶段不易挥发而引起飞珠。

② 焊锡膏中水蒸气和氧含量增加也会引起飞珠。由于焊锡膏通常冷藏,当从电冰箱中取出时,如果没有确保恢复时间,将会导致水蒸气进入;此外焊锡膏瓶的盖子每次使用后要盖紧,若没有及时盖严,也会导致水蒸气的进入。

放在模板上印制的焊锡膏在完工后,剩余的部分应另行处理,若再放回原来瓶中,会引起瓶中焊锡膏变质,也会产生锡珠。

解决办法:选择优质的焊锡膏,注意焊锡膏的保管与使用要求。

3) 印刷与贴片。

① 在焊锡膏的印刷工艺中,由于模板与焊盘对中会发生偏移,若偏移过大则会导致焊锡膏浸流到焊盘外,加热后容易出现锡珠。此外印刷工作环境不好也会导致锡珠的生成,理想的印刷环境温度为 (25±3)℃,相对湿度为 50%~65%。

解决办法:仔细调整模板的装夹,防止松动现象。改善印刷工作环境。

② 贴片过程中 Z 轴的压力也是引起锡珠的一项重要原因,往往不引起人们的注意,部分贴片机 Z 轴头是依据元器件的厚度来定位的,如 Z 轴高度调节不当,会引起元器件贴到

PCB 上的一瞬间将焊锡膏挤压到焊盘外的现象，这部分焊锡膏会在焊接时形成锡珠。这种情况下产生的锡珠尺寸稍大，如图 6-41 所示。

解决办法：重新调节贴片机的 Z 轴高度。

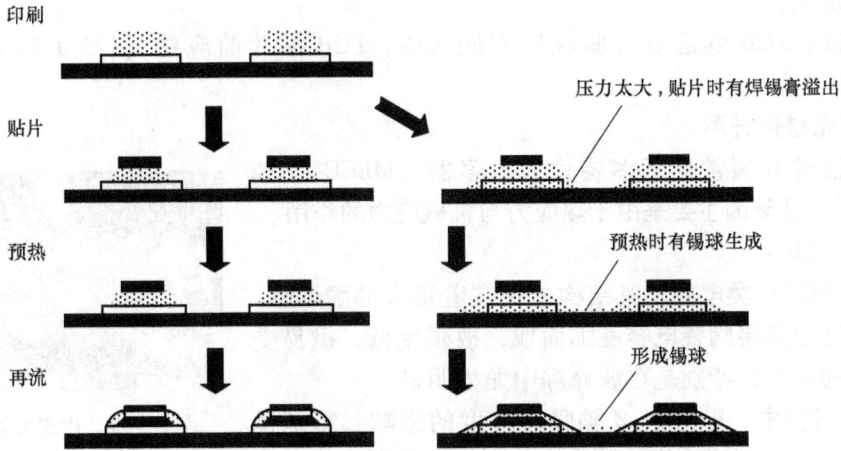

图 6-41　贴片压力过大容易产生锡珠的示意图

③ 模板的厚度与开口尺寸。模板厚度与开口尺寸过大，会导致焊锡膏用量增大，也会引起焊锡膏漫流到焊盘外，特别是用化学腐蚀方法制造的模板。

解决办法：选用适当厚度的模板和开口尺寸、开口形状的设计，一般模板开口面积为焊盘尺寸的 90%，图 6-42 所示为几种可以减少出现锡球几率的模板开口形状。

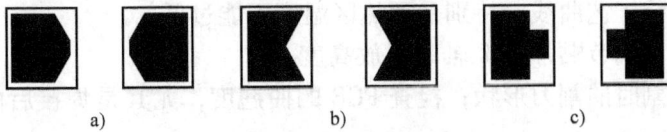

图 6-42　模板开口形状

波峰焊中出现锡球，主要原因有两方面：第一，由于焊接时印制板上通孔附近的水分受热而变成蒸汽，如果孔壁金属镀层较薄或有空隙，水汽就会通过孔壁排除，若孔内有焊料，当焊料凝固时水汽就会在焊料内产生空隙（针眼），或挤出焊料在印制电路板正面产生锡球。第二，波峰焊接中一些工艺参数设置不当。如果助焊剂涂覆量增加或预热温度设置过低，就可能影响焊剂内组成成分的蒸发，在印制电路板进入波峰时，多余的焊剂受高温蒸发，将焊料从锡槽中溅出来，在印制电路板面上产生不规则的焊料球。

针对上述两方面原因，可以采取以下相应的解决措施：第一，通孔内适当厚度的金属镀层是很关键的，孔壁上的铜镀层最小应为 25μm，而且插装后无空隙。第二，使用喷雾或发泡式涂覆助焊剂。发泡方式中，在调节助焊剂的空气含量时，应保持尽可能产生最小的气泡。第三，波峰焊机预热区温度的设置应使印制电路板顶面的温度达到至少 100℃。适当的预热温度不仅可消除焊料球，而且避免印制电路板受到热冲击而变形。

2. SMA 焊接后 PCB 基板上起泡

SMA 焊接后出现指甲大小的泡状物，主要原因也是 PCB 基材内部夹带了水汽，特别是多层板的加工，它是由多层环氧树脂半固化片预成型再热压后而成，若环氧树脂半固化片存放期过短，树脂含量不够，预烘干去除水汽去除不干净，则热压成型后很容易夹带水汽，或因半固片本身含胶量不够，层与层之间的结合力不够，而留下起泡的内在原因。此外，PCB购进后，因存放期过长，存放环境潮湿，贴片生产前没有及时预烘，以致受潮的PCB贴片后出现起泡现象。

解决办法：PCB购进后应验收后方能入库；PCB贴片前应在（125±5）℃温度下预烘4h。

3. 片式元器件开裂

片式元器件开裂常见于多层片式电容器（MLCC），如图6-43所示。其原因主要是由于热应力与机械应力的作用。

1）产生原因：

① 对于MLCC类电容，其结构上存在着很大的脆弱性，通常MLCC是由多层陶瓷电容叠加而成，故强度低，极易受热与机械力的冲击，特别是在波峰焊中尤为明显。

② 贴片过程中，贴片机Z轴吸放高度的影响，特别是一些不具备Z轴软着陆功能的贴片机，由于吸放高度是由片式元器件的厚度来决定，而不是由压力传感器来决定，因此会因为元器件厚度公差而造成开裂。

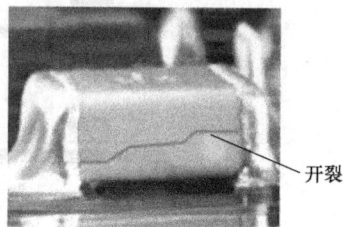

图6-43 片式元器件开裂

③ PCB的曲翘应力，特别焊接后曲翘应力很容易造成元器件的开裂。

④ 拼板的PCB在分割时，如果操作不当也会损坏元器件。

2）解决办法：

① 认真调节焊接工艺曲线，特别是预热区温度不能过低。

② 贴片中应认真调节贴片机Z轴的吸放高度。

③ 注意拼板分割时的割刀形状；检查PCB的曲翘度，尤其是焊接后的曲翘度应进行针对性校正。

④ 如是PCB板材质量问题，则需考虑更换。

4. 焊点不光亮/残留物多

通常焊锡膏中氧含量多时会出现焊点不光亮现象；有时焊接温度不到位（峰值温度不到位）也会出现不光亮现象。

SMA出炉后，未能强制风冷也会出现不光亮和残留物多的现象。焊点不光亮还与焊锡膏中金属含量低有关，介质不容易挥发，颜色深，也会出现残留物过多的现象。

对焊点的光亮度有不同的理解，多数人欢迎焊点光亮，但现在有些人认为光亮反而不利于目测检查，故有的焊锡膏中会使用消光剂。

5. PCB扭曲

PCB扭曲是SMT大生产中经常出现的问题，它会对装配以及测试带来相当大的影响，因此在生产中应尽量避免这个问题的出现。

1）产生原因。

① PCB本身原材料选用不当，如PCB的Tg低，特别是纸基PCB，如果加工温度过高，PCB就容易变得弯曲。

② MLCC设计不合理，元器件分布不均会造成PCB热应力过大，外形较大的连接器和插

座也会影响 PCB 的膨胀和收缩，以致出现永久性的扭曲。

③ PCB 设计问题。例如双面 PCB，若一面的铜箔保留过大（如大面积地线），而另一面铜箔过少，也会造成两面收缩不均匀而出现变形。

④ 夹具使用不当或夹具距离太小。例如波峰焊中，PCB 因焊接温度的影响而膨胀，由于指爪夹持太紧没有足够的膨胀空间而出现变形。其他如 PCB 太宽，PCB 预加热不均，预热温度过高，波峰焊时锡锅温度过高，传送速度慢等也会引起 PCB 扭曲。

2）解决办法：

① 在价格和利润空间允许的情况下，选用 Tg 高的 PCB 或增加 PCB 厚度；

② 合理设计 PCB，以取得最佳长宽比；双面的铜箔面积应均衡，在没有电路的地方布满铜层，并以网格形式出现，以增加 PCB 的刚度；

③ 在贴片前对 PCB 预烘，其条件是 125℃ 温度下预烘 4h；

④ 调整夹具或夹持距离，以保证 PCB 受热膨胀的空间；焊接工艺温度尽可能调低。已经出现轻度的扭曲，可以放在定位夹具中升温复位，以释放应力，一般会取得满意的效果。

6. IC 引脚焊接后开路或虚焊

IC 引脚焊接后出现部分引脚虚焊，是常见的焊接缺陷。

1）产生原因。

① 共面性差，特别是 FQFP 元器件，由于保管不当而造成引脚变形，如果贴片机没有检查共面性的功能，有时不易被发现。因共面性差而产生开路/虚焊的过程如图 6-44 所示。

② 引脚可焊性不好，IC 存放时间长，引脚发黄，可焊性不好是引起虚焊的主要原因。

③ 焊锡膏质量差，金属含量低，可焊性差，通常用于 FQFP 元器件焊接的焊锡膏，金属含量应不低于 90%。

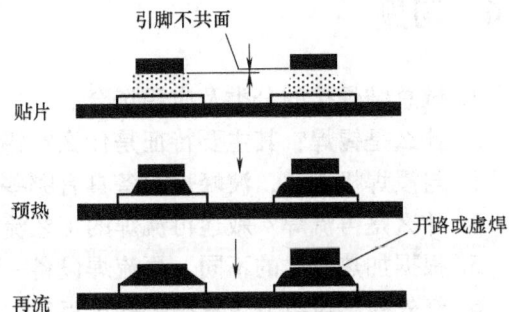

图 6-44 共面性差的元器件焊接后出现虚焊

④ 预热温度过高，易引起 IC 引脚氧化，使可焊性变差。

⑤ 印刷模板窗口尺寸小，以致焊锡膏量不够。

2）解决办法：

① 注意元器件的保管，不要随便拿取元器件或打开包装。

② 生产中应检查元器件的可焊性，特别注意 IC 存放期不应过长（自制造日期起一年内），保管时应不受高温、高湿。

③ 仔细检查模板窗口尺寸，注意与 PCB 焊盘尺寸相配套，更换不合格的模板。

7. 焊接后印制板阻焊膜起泡

SMA 在焊接后会在个别焊点周围出现浅绿色的小泡，严重时还会出现指甲盖大小的泡状物，不仅影响外观质量，严重时还会影响性能。

1）产生原因：阻焊膜起泡的根本原因在于阻焊膜与 PCB 基材之间存在气体或水蒸气，这些微量的气体或水蒸气会在不同工艺过程中夹带到其中，当遇到焊接高温时，气体膨胀而导致阻焊膜与 PCB 基材的分层，焊接时，焊盘温度相对较高，故气泡首先出现在焊盘周围。

下列原因之一，均会导致 PCB 夹带水汽：

① PCB 在加工过程中经常需要清洗、干燥后再做下道工序，一般腐刻完成应干燥后再贴阻焊膜，若此时干燥温度不够，就会夹带水汽进入下道工序，在焊接时遇高温而出现气泡。

② PCB 加工前存放环境不好，湿度过高，焊接时又没有及时干燥处理。

③ 在波峰焊工艺中，现在经常使用含水的助焊剂，若 PCB 预热温度不够，助焊剂中的水汽会沿通孔的孔壁进入到 PCB 基材的内部，其焊盘周围首先进入水汽，遇到焊接高温后就会产生气泡。

2）解决办法：

① 严格控制各个生产环节，购进的 PCB 应检验后入库，通常 PCB 在 260℃温度下 10s 内不应出现起泡现象。

② PCB 应存放在通风干燥环境中，存放期不超过 6 个月。

③ PCB 在焊接前应放在烘箱中在 (120±5)℃温度下预烘 4 小时。

④ 波峰焊中预热温度应严格控制，进入波峰焊前应达到 100~140℃，如果使用含水的助焊剂，其预热温度应达到 110~145℃，确保水汽能挥发完。

6.6　习题

1. 试总结焊接的分类及应用场合。
2. 什么是锡焊？其主要特征是什么？锡焊必须具备哪些条件？
3. 与浸焊机相比，波峰焊设备具有哪些优点？
4. 什么是再流焊？叙述再流焊的工艺流程和技术要点。
5. 根据加热方式的不同，再流焊设备一般分为哪几种类型？
6. 红外线热风再流焊具有哪些优点？
7. 叙述手工焊接 SMT 元器件与焊接 THT 元器件有哪些不同。
8. 如何对 Chip 元件进行返修？
9. 说明手工焊接贴片元器件的操作方法。
10. 手工焊接 SMT 元器件时，怎样设定电烙铁的温度？
11. 焊接片状元器件时，对焊接温度和焊接时间有什么要求？
12. 拆卸片状元器件应注意哪些问题？拆卸下来的片状元器件为什么不能再用？
13. 焊接缺陷名词解析：桥连，芯吸，立碑，偏移，锡珠，焊脚提升，虚焊，拉尖，开裂，PCB 扭曲，锡薄，漏焊。

第 7 章　表面组装清洗工艺

本章要点

- 清洗的作用与分类
- 溶剂清洗设备与工艺
- 水清洗工艺流程与设备
- 超声波清洗

7.1　清洗技术的作用与分类

　　电子产品焊接后的清洗效果，直接影响到产品的可靠性、电气指标和工作寿命。因此印制电路板的清洗方法，日益受到电子设备生产企业的重视，成为电子装联中保证可靠性的一道重要工序。为了正确选择清洗材料以及确定清洗工艺和清洗设备，必须对影响清洗的各种因素、污染物类型和有关清洗理论有全面的了解。

7.1.1　清洗的主要作用

　　清洗是一种去污染的工艺。印制电路板在焊接以后，其表面或多或少会留有各种残留污物。为防止由于腐蚀而引起的电路失效，必须通过清洗去除残留污物。SMA（表面组装组件）的清洗就是要去除组装后残留在 SMA 上影响其可靠性的污染物。组装焊接后清洗 SMA 的主要作用是：

　　1）防止电气缺陷的产生。最突出的电气缺陷就是漏电，造成这种缺陷的主要原因是 PCB 上存在离子污染物，有机残料和其他粘附物。

　　2）清除腐蚀物的危害。腐蚀会损坏电路，造成元器件脆化；腐蚀物本身在潮湿的环境中能导电，会引起 SMA 短路故障。以上这两种作用主要是排除影响 SMA 长期可靠性的因素。

　　3）使 SMA 外观清晰。清洗后的 SMA 外观清晰，能使热损伤、层裂等一些缺陷显露出来，便于进行检测和排除故障。

　　除非采用免洗工艺技术，SMA 组装后都有清洗的必要，特别是军事电子装备和空中使用电子设备（一类电子产品）等高可靠性要求的 SMA，以及通信、计算机等耐用电子产品（二类电子产品）的 SMA，组装后都必须进行清洗。家用电器等消费类产品（三类电子产品）和某些使用免洗工艺技术进行组装的二类电子产品可以不清洗。一般来说，在电路组件的制造过程中，从 PCB 上电路图形的形成直到电子元器件的组装，不可避免地要经过多次清洗。特别是随着组装密度的提高，控制 SMA 的洗净度就更加显得重要了。焊接后 SMA 的洗净度等级关系到组件的长期可靠性，所以清洗是 SMT 中的重要工艺。

7.1.2 清洗方法分类及溶剂的种类和选择

1. 清洗技术方法分类

根据清洗介质的不同，清洗技术有溶剂清洗和水清洗技术两大类；根据清洗工艺和设备不同又可分为批量式（间隙式）清洗和连续式清洗两种类型；根据清洗方法不同还可以分为高压喷洗清洗、超声波清洗等几种形式。对应于不同的清洗方法和技术有不同的清洗设备系统，可根据不同的应用和产量的要求选择相应的清洗工艺技术和设备。

2. 污染物类型

以下是污染物类型和可能的来源：

1）有机化合物。来源于助焊剂、焊接掩膜、编带、指印等。

2）无机难溶物。来源于光刻胶、PCB 处理、编带、助焊剂剩余物等。

3）有机金属化合物。来源于助焊剂剩余物、白剩余物等。

4）可溶无机物。来源于助焊剂剩余物、白剩余物、酸、水等。

5）颗粒物。来源于空气中的物质、有机物残渣等。

这些不同类型的污染物可归纳为极性和非极性两种。极性污染物的分子具有偏心的电子分布，即在分子中的原子之间"连接"的电子分布不均匀，这就叫做"极性"特征。如HCl 或 NaCl 的极性分子分离时，产生正的或负的离子。

这种自由离子是良好的导体，能引起电路故障，还能与金属发生强烈反应，导致金属腐蚀。另外，极性污染物也可以是非离子化的。当非离子化的极性污染物出现在电场中，同时又有高温或有其他应力存在时，不同的负电性分子自身就排成行形成电流。

非极性污染物是没有偏心电子分布的化合物，而且不分离成离子也不带电流。这些类型的污染物大多数是由长链的碳氢化合物或碳原子的脂肪酸组成。通常，非极性污染物是绝缘体，不产生腐蚀和电气故障，但使可焊性下降和妨碍 SMA 有效电测试。而且，极性污染物有可能夹杂在非极性污染物中，或被非极性污染物覆盖，如果极性污染物暴露在外面，就有可能出现电气故障。

3. 溶剂的种类和选择

清除极性和非极性残留污物，要使用清洗溶剂。清洗溶剂分为极性和非极性溶剂两大类：极性溶剂包括有酒精、水等，可以用来清除极性残留污物；非极性溶剂包括有氯化物和氟化物两种，如三氯乙烷、F-113 等，可以用来清除非极性残留污物。由于大多数残留污物是非极性和极性物质的混合物，所以，实际应用中通常使用非极性和极性溶剂混合后的溶剂进行清洗，混合溶剂由两种或多种溶剂组成。混合溶剂能直接从市场上购买，产品说明书会说明其特点和适用范围。

选择溶剂，除了应该考虑与残留污物类型相匹配以外，还要考虑一些其他因素：去污能力、性能、与设备和元器件的兼容性、经济性和环保要求等。

7.2 溶剂清洗设备

溶剂清洗设备按使用的场合不同，可分为连续式清洗设备和批量式清洗设备两大类，每一类清洗设备中都能加入超声波冲击或高压喷射清洗功能。

这两类清洗设备的清洗原理是相同的,都采用冷凝—蒸发的原理清除残留污物。主要步骤是:将溶剂加热使其产生蒸汽,将较冷的被清洗印制电路板置于溶剂蒸汽中,溶剂蒸汽冷凝在印制电路板上,溶解残留污物,然后,将被溶解的残留污物蒸发掉,被清洗印制电路板冷却后再置于溶剂蒸汽中。循环上述过程数次,直到把残留污物完全清除。

7.2.1 批量式溶剂清洗设备

批量式溶剂清洗适用于小批量生产的场合,如在实验室中应用。批量式清洗设备的操作是半自动的,溶剂蒸汽会有少量外泄,对环境有影响。

1. 批量式清洗系统结构特点

批量式溶剂清洗技术普遍应用于 SMA 清洗,其清洗系统有许多类型。最基本的有4种:环形批量式系统、偏置批量式系统、双槽批量式系统和三槽批量式系统,图7-1所示是双槽批量式系统的示意图。这些溶剂清洗系统都采用溶剂蒸汽清洗技术,所以也称为蒸汽脱脂机。它们都设置了溶剂蒸馏部分,并按下述工序完成蒸馏周期:

1)采用电浸没式加热器使煮沸槽产生溶剂蒸汽。

2)溶剂蒸汽上升到主冷凝蛇形管处,冷凝成液体。

3)蒸馏的溶剂通过管道流进溶剂水分离器,去除水分。

4)去除水分的蒸馏溶剂通过管道流入蒸馏储存器,从该储存器用泵送至喷枪进行喷淋。

5)流通管道和挡墙使溶剂流回到煮沸槽,以便再煮沸。

另一类批量式系统采用电转换加热器蒸发溶剂,用冷却水凝聚溶剂,该类系统也可利用可调加热致冷系统完成同样的过程。

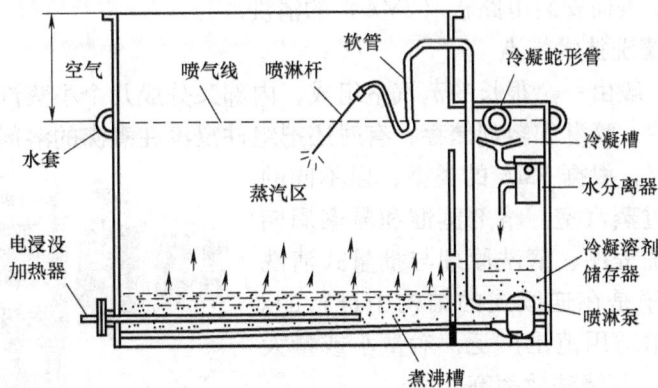

图7-1 双槽批量式清洗机示意图

2. 清洗原理

无论何种溶剂蒸汽清洗系统,其清洗技术原理基本相同:将需清洗的 SMA 放入溶剂蒸汽中后,由于其相对温度较低,故溶剂蒸汽能很快凝结在上面,将 SMA 上面的污染物溶解再蒸发,并带走。若加以喷淋等机械力和反复多次进行蒸汽清洗,其清洗效果会更好。

3. 清洗工艺要点

1)煮沸槽中应容纳足量的溶剂,以促进均匀迅速地蒸发,维持饱和蒸汽区。还应注意从煮沸槽中清除清洗后的剩余物。

2）在煮沸槽中设置有清洗工作台，以支撑清洗负载；要使污染的溶剂在工作台水平架下面始终保持安全水平，以便使装清洗负载的筐子上升和下降时，不会将污染的溶剂带进另一溶剂槽中。

3）溶剂罐中要充满溶剂并维持在一定水平，以使溶剂总是能流进入煮沸槽中。

4）当设备启动之后，应有充足的时间（通常最少15min）形成饱和蒸汽区，并进行检查，确信冷凝蛇形管达到操作手册中规定的冷却温度，然后再开始清洗操作。

5）根据使用量，周期性地用新鲜溶剂更换煮沸槽中的溶剂。

4. 操作注意事项

1）操作人员应戴上安全眼镜，以免溶剂进入眼睛导致严重人身事故。

2）清洗装载装置若是托盘框架式结构，待清洗SMA应垂直放在托盘上再装入框架中，慢慢向下移动放入煮沸槽上面的蒸汽区内，一般不应把组件浸没在煮沸槽中。

3）采用喷枪喷淋的场合，应待被清洗SMA在蒸汽中停留到溶剂停止在组件上凝聚后再进行喷枪喷淋。

4）喷淋时，溶剂蒸汽消失。当组件需继续在溶剂蒸汽中再进行一个清洗周期时，需要附加时间以重新形成饱和蒸汽区（通常为60~90s）。

5）清洗周期完毕，从清洗机中提出装载框架应缓慢。机器停机后，应盖上机盖防止溶剂损失。

7.2.2 连续式溶剂清洗设备

连续式清洗设备用于大批量生产的场合。它的操作是全自动的，它有全封闭的溶剂蒸发系统，能够做到溶剂蒸汽不外泄。连续式清洗机可以加入高压倾斜喷射和扇形喷射的机械去污方法，特别适用于表面安装电路板（SMA）的清洗。

1. 连续式溶剂清洗技术特点

连续式清洗机一般由一个很长的蒸汽室组成，内部又分成几个小蒸汽室，以适应溶剂的阶式布置、溶剂煮沸、喷淋和溶剂储存，有时还把组件浸没在煮沸的溶剂中。通常，把组件放在连续式传送带上，根据SMA的类型，以不同的速度运行，水平通过蒸汽室。溶剂蒸馏和凝聚周期都在机内进行，清洗程序、清洗原理与批量式清洗类似，只是清洗程序是在连续式的结构中进行的。连续式溶剂清洗技术适用范围广泛，对量小或量大的SMA清洗都适用，其清洗效率高。

采用连续式清洗技术清洗SMA的关键是选择满意的溶剂和最佳的清洗周期。清洗周期由连续清洗的不同设计决定。图7-2是一种连续式溶剂清洗机的照片。

图7-2　连续式溶剂清洗机

2. 连续式溶剂清洗系统类型

连续式清洗机按清洗周期可分为以下3种类型：

1）蒸汽—喷淋—蒸汽周期。这是在连续式溶剂清洗机中最普遍采用的清洗周期，组件先进入蒸汽区，然后进入喷淋区，最后通过蒸汽区排除溶剂送出。在喷淋区从底部和顶部进行上下喷淋。不论采用哪一种清洗周期，通常在两个工序之间都对组件进行喷淋。开始和最终的喷淋在倾斜面上进行，以利于提高 SMD 下面溶剂流动的速度。随着高压喷淋的采用，这种清洗周期取得了很大的改进，提高了喷淋速度。典型的喷淋压力范围为 4116 ~ 13720Pa，这种类型的清洗机常采用扁平、窄扇形和宽扇形等喷嘴相结合，并辅以高压、喷射角度控制等措施进行喷淋。

2）喷淋—浸没煮沸—喷淋周期。采用这类清洗周期的连续式溶剂清洗机主要用于难清洗的 SMA。要清洗的组件先进行倾斜喷淋，然后浸没在煮沸的溶剂中，最终再倾斜喷淋，最后排除溶剂。

3）喷淋—带喷淋的浸没煮沸—喷淋周期。采用这类清洗周期的清洗机与第 2 类清洗机类似，只是在煮沸溶剂上面附加了溶剂喷淋。有的还在浸没煮沸溶剂中设置喷嘴，以形成溶剂湍流。这些都是为了进一步强化清洗作用。这类清洗机，在煮沸浸没系统的溶剂液面降低到传送带以下时，清洗周期就变成蒸汽—喷淋—蒸汽周期。

7.3　水清洗工艺及设备

水是一种成本较低且对多种残留污物都有一定清洗效果的溶剂，特别是在目前环保要求越来越高的情况下，有时只能使用水溶液进行清洗。水对大多数颗粒性、非极性和极性残留污物都有较好的清洗效果，但对硅脂、树脂和纤维玻璃碎片等印制电路板焊接后产生的不溶于水的残留污物没有效果。在水中加入碱性化学物质。如肥皂或胺等表面活性剂，可以改善清洗效果。除去水中的金属离子，将水软化，能够提高这些添加剂的效果并防止水垢堵塞清洗设备。因此，清洗设备中一般使用软化水。水清洗技术是替代 CFC 清洗 SMA 的有效途径。

1. 水清洗特点

水清洗技术可分为以下两大类：

1）在纯水中加入皂化剂、表面活性剂的水基清洗方式，可以对松香焊剂、油污、离子污染等进行清洗。

2）使用纯水对水溶性焊料、焊剂进行清洗的纯水清洗。其清洗特点有以下几点：

① 安全性好。

② 配方组成自由度大，清洗范围广，对极性和非极性污染物都有良好的清洗效果。

③ 价格低，原料易得。

④ 配合使用超声波的情况下，洗涤效果更好。

2. 水清洗工艺设备

水清洗工艺设备主要由制纯水、清洗、废水处理 3 类设备组成。水清洗设备分为以下3 类：

1）批次式水清洗设备。在一个清洗室内完成清洗、漂洗、干燥等步骤，适合中小批量和多品种、小批量生产使用。

2）多槽式清洗设备。一般有 4 个槽，分别完成清洗、漂洗、吹干的步骤，并设有附加干燥箱完成最终干燥任务，可以手工操作或机械传送。

3）在线式多槽清洗机。PCB 由可调速大网隙传送带输送，整个机器内部一般有 4 个洗涤区域，两道风刀和热风干燥区域组成，并具有水加热功能，分别完成预洗、漂洗、切风、干燥的过程。在线式多槽清洗机可以与前面的波峰焊、再流焊组成线上清洗，也可作为独立单元对经过手工补焊的印制板进行清洗。

3. 对清洗用水的要求

由于电子设备对离子污染非常敏感，所以对清洗用水的要求非常高。具体要求是：

1）预洗和清洗可用软化水，或使用软化水配制成清洗液。

2）漂洗应用去离子水。

3）去离子水的等级应按照产品的要求来选择；一般情况下可用电阻率为 $50 \sim 100 k\Omega$ 的纯水，对质量性能要求较高和表面涂敷的产品应选用 $1 \sim 18 M\Omega$ 的纯水。

制纯水设备以自来水为原料，一般包括粗滤、细滤、去离子装置，去离子装置又分为电渗析、离子交换树脂、反渗透 3 种方法，具体使用要根据进水水质和用户要求的出水电阻率水平来设计方案。清洗废水如果达不到国家的排放标准，必须经过污水处理达标后才能进行排放。污水处理设备应根据污水的污染物组成进行设计，一般都包含以下功能：过滤或沉淀颗粒物、去除油性污染、化学法沉淀金属离子、中和等。由于使用水为清洗主要材料，所以在使用中必须注意以下几点：

① 水质要保证达标，不能在清洗过程中因水质问题而引入新的污染。

② 干燥要充分，否则对以后的保存、防护涂覆都有影响。

③ 针对焊剂、焊料不同，可选用皂化水洗、纯水洗。

④ 由于水洗不如溶剂清洗的宽容度高，因此，对工艺控制相应要求较严格，如水温、压力、走带速度、皂化剂含量等应综合考虑。同时，清洗效果与印制板的装联密度也有一定的相关性。

4. 水清洗工艺流程

图 7-3 所示为常用的两种类型水清洗技术工艺流程。一种是采用皂化剂的水溶液，在 $60 \sim 70℃$ 的温度下，皂化剂和松香型助焊剂剩余物反应，形成可溶于水的脂肪酸盐（皂），然后用连续的水漂洗去除皂化反应产物。另一种是不采用皂化剂的水清洗工艺，用于清洗采用非松香型水溶性助焊剂焊接的 PCB 组件。采用这种工艺时，常加入适当中和剂，以便更有效地去除可溶于水的助焊剂剩余物和其他污染物。

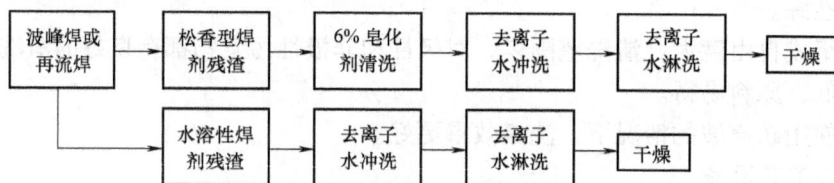

```
┌─────────┐   ┌─────────┐   ┌─────────┐   ┌─────────┐   ┌─────────┐   ┌──────┐
│ 波峰焊或 │→ │ 松香型焊 │→ │ 6% 皂化 │→ │ 去离子  │→ │ 去离子  │→ │ 干燥 │
│ 再流焊   │   │ 剂残渣   │   │ 剂清洗   │   │ 水冲洗   │   │ 水淋洗   │   └──────┘
└─────────┘   └─────────┘   └─────────┘   └─────────┘   └─────────┘
     │        ┌─────────┐   ┌─────────┐   ┌─────────┐   ┌──────┐
     └──────→ │ 水溶性焊 │→ │ 去离子  │→ │ 去离子  │→ │ 干燥 │
              │ 剂残渣   │   │ 水冲洗   │   │ 水淋洗   │   └──────┘
              └─────────┘   └─────────┘   └─────────┘
```

图 7-3　水清洗技术工艺流程图

图 7-4 示出了简单的水洗工艺流程图。这种水洗工艺适用于结构简单的通孔 PCB 组件的清洗。预冲洗部分从 PCB 组件上去除可溶的污染物，冲洗用水来自循环漂洗用过的水。预冲洗用过的水，从清洗系统排出。冲洗部分由冲洗槽和泵组成，冲洗槽内设有浸没式加热器。冲洗槽一天排污水一次，或根据 PCB 组件的污染情况酌定。漂洗部分结构和冲洗部分相同，只是不设置浸没式加热器。最后用高纯度水进行漂洗。清洗过的 PCB 组件要进行吹

干和红外加热烘干。

对于大批量电路组件的水清洗，可采用如图 7 – 5 所示的连续式水洗系统。对于结构复杂的电路组件，可采用更为完善的水洗系统进行水洗。在这种工艺流程的水洗系统中，其基本结构与简单水洗系统相同，也是由预冲洗、冲洗、漂洗、最终漂洗和干燥等 5 部分组成。但是，为了对 SMA 进行成功的水清洗，增加了强力冲洗和漂洗。另外，还采用了闭环水流系统，实现了水的循环处理和再使用，比普通水洗系统节省了水，节省热能 60% ~ 70%。该类水洗系统有的还设计了进水处理器，它不仅用来处理新水，而且还可以对来自预冲洗槽的水进行再处理和再使用。进水处理包括水的软化和去离子，通过这种

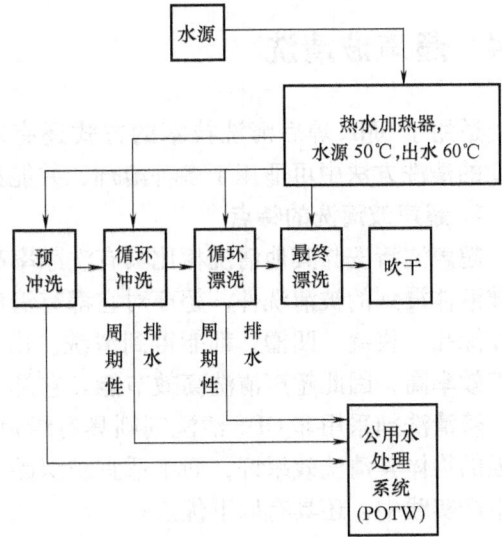

图 7 – 4　简单水清洗工艺流程图

处理去除来自水系统和预冲洗槽水中的离子污染物，其中包括钙和镁离子。这些离子污染物沉积到 SMA 上，不仅有腐蚀性，而且会造成电气故障。这种水洗系统在冲洗和漂洗之间采用了化学隔离或脱水工序，以防止冲洗工序中污染了的水被带入漂洗槽，影响漂洗效果。

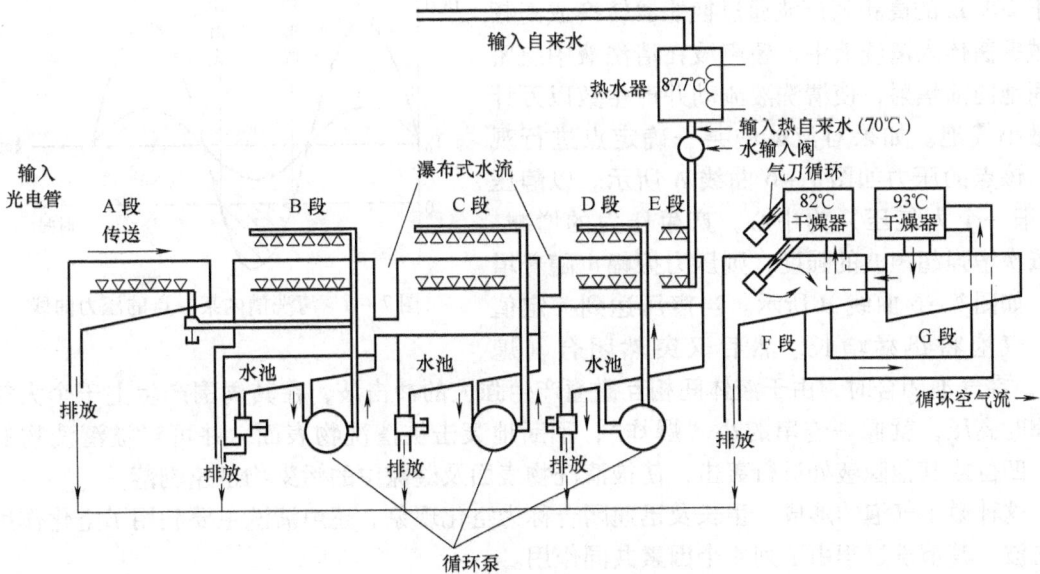

图 7 – 5　连续式水清洗系统示意图

水洗系统有 3 个十分重要的辅助部分。第 1 是一个非常纯净的水源，这是成功地进行水洗的充分条件。第 2 是水加热系统，一般要求清洗用水的温度是 54 ~ 74℃。第 3 是公用水处理。

7.4 超声波清洗

适用于 SMA 焊后清洗技术的方式还有超声清洗和离心清洗，这两种清洗技术在替代 CFC 的清洗方法中可适用于多种溶剂，并能显著地提高清洗效果。

1. 超声波清洗的特点

超声波清洗与其他清洗相比具有洗净率高、残留物少，清洗时间短，清洗效果好，凡是能被液体浸到的被清洗件，超声对它都有清洗作用。超声波清洗不受清洗件表面形状限止，例如深孔、狭缝、凹槽，都能得到清洗。由于超声波发生器采用 D 类工作放大，换能器的电声效率高，因此超声清洗高效节能。它是一种真正高速、高质量、易实现自动化的清洗技术。若清洗剂采用非 ODS 清洗剂则具有绿色环保意义及作用。超声清洗对玻璃、金属等反射强的物体其清洗效果好，而不适宜纺织品、多孔泡沫塑料、橡胶制品等声吸收强的材料。在生产实践中，还具有以下优点：

1）不损坏被清洗物表面。

2）减少了人手与溶剂的接触机会，提高工作安全度。

3）可以清洗其他方法达不到的部位，例如，可清洗不便拆开的配件的缝隙处。

4）节省溶剂、热能、工作面积、人力等。

2. 超声波清洗原理

超声波清洗的基本原理是"空化效应"，当高于 20kHz 的高频超声波通过换能器转换成高频机械振荡传入清洗液中，超声波在清洗液中疏密相间地向前辐射，使清洗液流动并产生数以万计的微小气泡。如果对液体中某一确定点进行观察，该点的压力如图 7-6 曲线 A 所示。以静压（一般一个大气压）为中心，产生压力的增减，若依次增强超声波的强度，则压力振幅也随着增加，如图 7-6 曲线 B 所示。当声压达到一定值时，气泡将迅猛增长，然后又突然闭合（熄

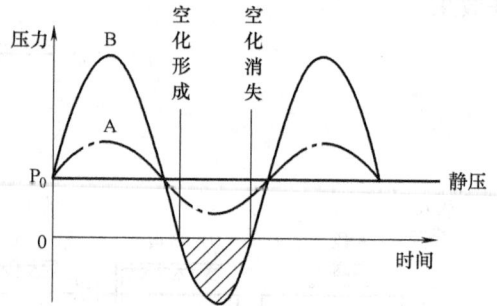

图 7-6   清洗槽内某一点的压力曲线

灭），在气泡闭合时，由于液体间相互碰撞产生强大的冲击波，在其周围产生上千个大气压的瞬时高压，就像一连串的小"爆炸"，不断地轰击被清洗物表面，并可对被清洗物的细孔、凹位或其他隐蔽处进行轰击，使被清洗物表面及缝隙中的污染物迅速剥落。

这种微小气泡的形成、生长及迅速闭合称为空化现象。超声清洗主要利用了空化作用的冲击波，其清洗过程由下列 4 个因素共同作用。

1）气泡破灭时产生强大的冲击波，污垢层在冲击波的作用下被剥离下来，分散并脱落。

2）因空化现象产生的气泡向污垢层与表面之间的间隙和空隙渗透，由于这种小气泡与声压同步膨胀，收缩，产生像剥皮那样的物理力重复作用于污垢层，污垢一层层被剥开，小气泡再继续向前推进，直到污垢层被剥下为止，称为空化二次效应，如图 7-7 所示。

3）超声清洗中清洗液的超声振动本身对清洗的作用力。超声波在清洗液中传播时，它将引起质点的振动，使清洗物表面的污垢层每秒将遭到上万次的激烈冲击。

4）清洗剂溶解污垢，产生乳化分散的化学力。

3. 超声波清洗设备

超声波清洗机的结构一般有超声电源和清洗器合为一体或分体式两种形式，一般小功率（200W以下）清洗机采用一体式结构，而大功率清洗机采用分体式结构。分体式结构超声波清洗机由3个主要部分组成：

1）清洗缸。

2）超声波发生器。超声波清洗机用的超声波发生器，

图7-7 气泡去污作用

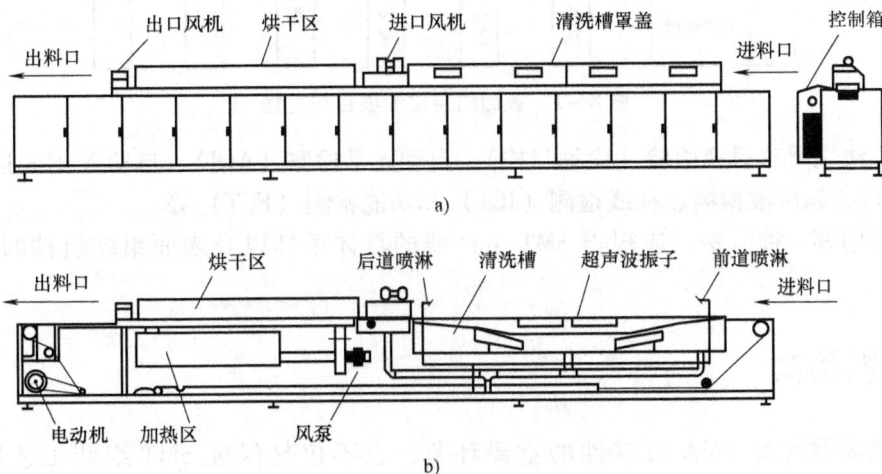

大多数采用大功率自激式反馈振荡器。一般来说，由于清洗负载变动较小，可以不要求复杂的频率自动跟踪电路。

3）超声波换能器。目前大多数超声波清洗机用的是压电式换能器，一般由两片压电陶瓷晶片组成。一台清洗机用多个换能器，经粘结剂粘结在清洗缸底部且经并联组成一台清洗机的换能器。换能器单元的间距，对于频率20kHz的超声波一般在5～10mm为佳。

大型专用超声波清洗机一般安装在SMA清洗的生产流水线上，被清洗物件从进料口可传动的不锈钢专用网带送入超声波清洗槽，其工艺过程为：进料→前喷淋→超声波清洗→后喷淋→风刀吹劈→热风烘干→冷风冷却→出料，实现被清洗物件可直接包装入库。图7-8所示是全自动超声波清洗机的结构图。

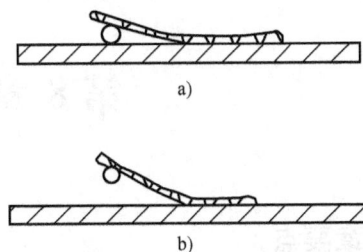

图7-8 全自动超声波清洗机
a) 外部结构　b) 内部结构

7.5 习题

1. 电子产品生产中清洗工序的作用是什么？
2. 清洗方法有哪几种？
3. 简述电子产品生产中污染物的来源。
4. 在溶剂清洗过程中，操作人员要注意哪些问题？
5. 什么是超声波清洗？简述其工作原理。

第 8 章　表面组装检测工艺

本章要点

- 焊锡膏印刷、贴片、再流焊的炉后目视检验
- AOI 工作原理、设备结构、操作指导
- X - Ray 工作原理、设备结构、操作指导
- ICT 的功能、类型、设备结构

表面组装检测工艺内容包括组装前来料检测、组装工艺过程检测（工序检测）和组装后的组件检测 3 大类，检测项目与过程如图 8 - 1 所示。

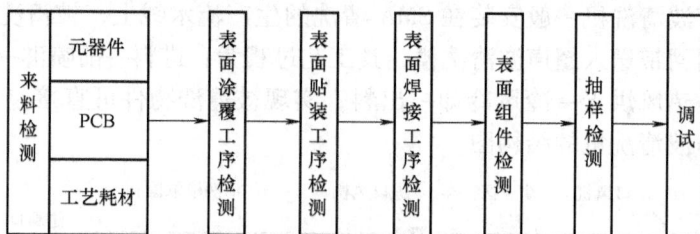

图 8 - 1　表面组装检测项目与过程

检测方法主要有目视检验（简称目检）、自动光学检测（AOI）、自动 X 射线检测（X - Ray 或 AXI）、超声波检测、在线检测（ICT）和功能检测（FCT）等。

具体采用哪一种方法，应根据 SMT 生产线的具体条件以及表面组装组件的组装密度而定。

8.1　来料检测

来料检测是保障 SMA 可靠性的重要环节，它不仅是保证 SMT 组装工艺质量的基础，也是保证 SMA 产品可靠性的基础，因为有合格的原材料才可能有合格的产品。来料检测包括元器件和 PCB 的检测，以及焊锡膏、助焊剂等所有 SMT 组装工艺材料的检测。

检测的基本内容有元器件的可焊性、引线共面性、使用性能，PCB 的尺寸和外观、阻焊膜质量、翘曲和扭曲、可焊性、阻焊膜完整性，焊锡膏的金属百分比、黏度、粉末氧化均量，焊锡的金属污染量，助焊剂的活性、浓度，粘结剂的黏性等多项。来料检测项目如表 8 - 1 所示。

表 8−1　来料检测项目

来料类别		检测项目	检测方法
元器件		可焊性	润湿平衡试验、浸渍测试仪
		引线共面性	光学平面检查、贴片机共面性测试装置
		使用性能	抽样——专用仪器检测
PCB		尺寸与外观检查	目测，专业量具
		阻焊膜质量	
		翘曲与扭曲	热应力试验
		可焊性	旋转浸渍测试、波峰焊料浸渍测试、焊料球测试
		阻焊膜完整性	热应力试验
工艺耗材	焊锡膏	金属百分比	加热分离称重法
		润湿性、焊料球	再流焊
		黏度与触变系数	旋转式黏度计
		粉末氧化均量	俄歇分析法
	焊锡	金属污染量	原子吸附测试
		活性	铜镜试验
	助焊剂	浓度	比重计
		活性	铜镜试验
		变质	目测颜色
	粘结剂	粘结强度	粘结强度试验
		黏度与触变系数	旋转式黏度计
		固化时间	固化试验
	清洗剂	组成成分	气体包谱分析仪

8.2　工艺过程检测

表面组装工序检测主要包括焊锡膏印刷工序、元器件贴装工序、焊接工序等工艺过程的检测。

目前，生产厂家在批量生产过程中检测 SMT 印制电路板的焊接质量时，广泛使用人工目视检验、自动光学检测（AOI）、自动 X 射线检测（X−Ray）等方法。

8.2.1 目视检验

目视检验是借助带照明或不带照明、放大倍数 2~5 倍的放大镜（如图 8-2 所示），用肉眼观察检验产品质量的一种工艺方式。目检简便直观，是检查评定焊锡膏印刷、元器件贴装、焊点外观质量的主要方法。再流焊接之后的目检可以对单个焊点缺陷乃至线路异常及元器件劣化等同时进行检查，是采用最广泛的一种非破坏性检查手段，但对空隙等焊接内部缺陷无法发现。该方法的优点是简单、成本低；缺点是漏检率高、效率低。同时，由于目视检验的速度和精度同检查人员对焊接有关知识和识别能力以及操作人员的经验和认真程度有关，因此很难进行定量评价。

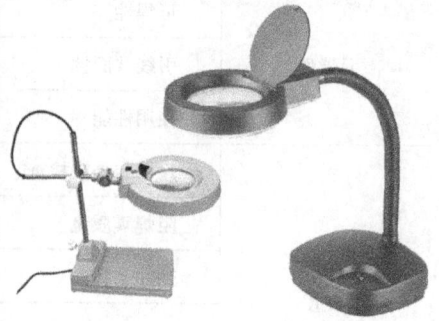

图 8-2　放大镜台灯

但无论具备什么检测条件，目视检验是基本检测方法，是 SMT 工艺和检验人员必须掌握的技能之一。

1. 印刷工艺目视检验标准

印刷工艺目视检验标准见表 8-2。

表 8-2　印刷工艺目视检验标准

序号	印刷状态	检验标准
1		焊锡膏与焊盘对齐且尺寸及形状相符；焊锡膏表面光滑不带有受扰区域或空穴；焊锡膏厚度等于钢模板厚度 ±0.03mm，为最佳
2		过量的焊锡膏延伸出焊盘、且未与相邻焊盘接触；焊锡膏覆盖区域小于两倍的焊盘面积，可判为合格
3		焊锡膏量较少，但焊锡膏覆盖住焊盘 75% 以上的面积，可判为合格
4		焊锡膏未与焊盘对齐，但焊盘 75% 以上的面积覆盖有焊锡膏，可判为合格
5		焊锡膏量太少，不合格
6		焊锡膏溢出连接在一起，不合格
7		凹形，焊锡膏量太少，不合格
8		焊锡膏边缘不清、有拉尖，不合格
9		焊锡膏有粘连，不合格
10		焊锡膏严重错位，不合格

2. 贴装工艺目视检验标准

贴装工艺目视检验标准见表8－3。

表8－3 贴装工艺目视检验标准

序号	贴片状态	检验标准
1	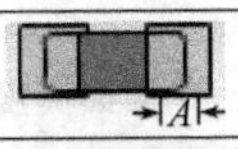	元件全部位于焊盘上居中、无偏移，为最佳
2		元件焊端与焊盘交叠后，焊盘伸出部分 A 不小于焊端高度的1/3，可判为合格
3	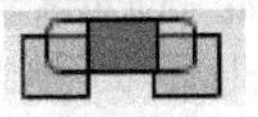	元件焊端宽度一半或以上位于焊盘上（仅在印制导线阻焊情况下适用），可判为合格
4	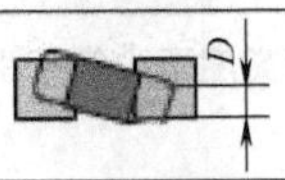	有旋转偏差，D≥元件宽度的一半，可判为合格
5	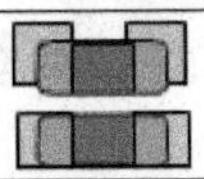	元件焊端宽度一半或以上位于焊盘上，且与相邻焊盘或元件相距0.5mm以上，可判为合格
6	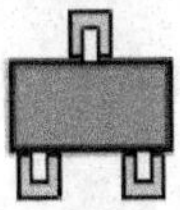	元件全部位于焊盘上居中无偏移，为最佳
7	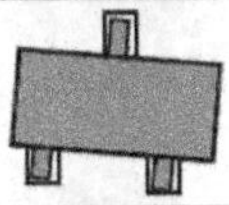	有旋转偏移，但引脚全部位于焊盘上，可判为合格
8		X、Y方向有偏移，但引脚（含趾部和跟部）全部位于焊盘上，可判为合格
9	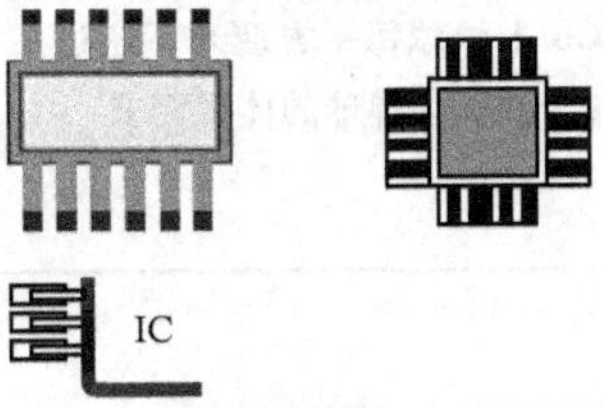	引脚趾部及跟部全部位于焊盘上，所有引脚对称居中，为最佳
10	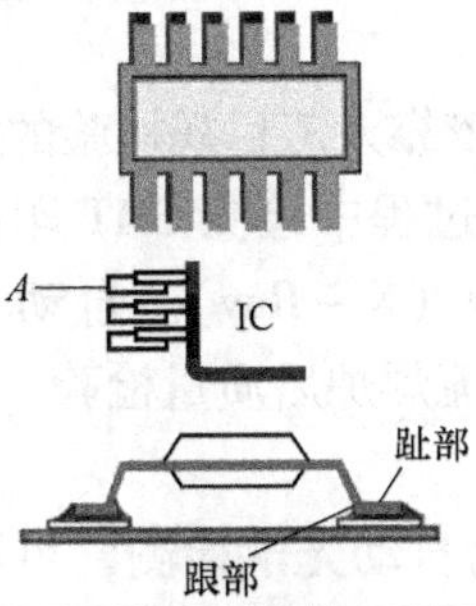	印刷时：有XY方向偏差，但A≥引脚宽度的一半且引脚跟部和趾部位于焊盘上，可判为合格
11	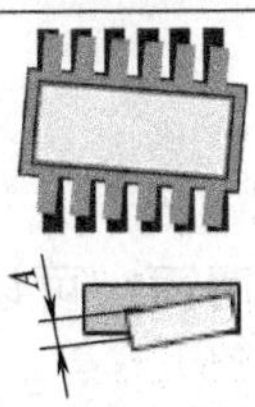	印刷时：有旋转偏差。但A≥引脚宽度的一半，且引脚跟部和趾部位于焊盘上，可判为合格

3. 再流焊工艺目视检验标准

再流焊工艺目视检验标准见表8-4。

表8-4 再流焊工艺目视检验标准

序号	再流焊状态	检验标准
1		焊接面呈弯月状，且当元件高度 >1.2mm 时，焊接面高度 $H \geqslant 0.4mm$；当元器件高度 ≤1.2mm 时，焊接面高度 $H \geqslant$ 元器件高度的 1/3，为最佳
2		当元件高度 >1.2mm 时，焊接面高度 $H \geqslant 0.4mm$；当元件高度 ≤1.2mm 时，焊接面高度 $H \geqslant$ 元件高度的 1/3，且焊接面有一端为凸圆体状，判为合格
3		SOP/QFP 器件引脚内侧形成的弯月形焊接面高度至少等于引脚的厚度，且整个引脚长度均被焊接，为最佳
4		SOP/QFP 器件引脚内侧形成的弯月形焊接面高度大于或等于引脚厚度的一半，且引脚长度的至少75%被焊接，可判为合格
5		SOJ/PLCC 器件引脚两边所形成的弯月形焊接面高度至少等于引脚两边弯度的厚度，为最佳
6		SOJ/PLCC 器件引脚两边所形成的弯月形焊接面高度至少等于引脚两边弯度厚度的一半，可判为合格
7		残存于 PCB 上孤立焊球最大直径应小于相邻导体或元器件焊盘最小间距的一半，或直径小于 0.15mm；残留在 PCB 上焊球每平方厘米不超过一个；较小直径多个焊球，总体积则不允许超过上述孤立焊球的体积要求

8.2.2 自动光学检测（AOI）

SMT 电路的小型化和高密度化，使检验的工作量越来越大，依靠人工目视检验的难度越来越高，判断标准也不能完全一致。目前，生产厂家在大批量生产过程中检测 SMT 印制电路板的焊接质量，广泛使用自动光学检测（AOI）或自动 X 射线检测（X - Ray）。自动光学检测（AOI）主要用于工序检验；包括焊膏印刷质量、贴装质量以及再流焊炉后质量检验。

1. AOI 分类

AOI 是 Automated Optical Inspection 的英文缩写，中文含义为自动光学检测，可泛指自动光学检测技术或自动光学检查设备。

AOI 设备一般可分为在线式（在生产线中）和桌面式两大类。

1）根据在生产线上的位置不同，AOI 设备通常可分为 3 种。

① 放在焊锡膏印刷之后的 AOI。将 AOI 系统放在焊锡膏印刷机后面，可以用来检测焊锡膏印刷的形状、面积以及焊锡膏的厚度。

② 放在贴片机后的 AOI。把 AOI 系统放在高速贴片机之后，可以发现元器件的贴装缺

漏、种类错误、外形损伤、极性方向错误，包括引脚（焊端）与焊盘上焊锡膏的相对位置。

③ 放在再流焊后的 AOI。将 AOI 系统放在再流焊之后，可以检查焊接品质，发现有缺陷的焊点。

图 8 - 3 是 AOI 在生产线中不同位置的检测示意图。显然，在上述每一个工位上都设置 AOI 是不现实的，AOI 最常见的位置是在再流焊之后。

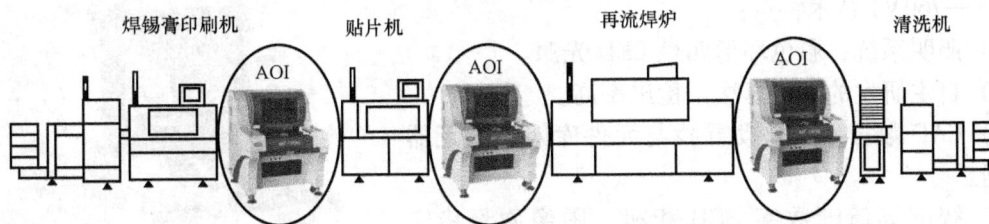

图 8 - 3　AOI 在生产线中不同位置的检测示意图

2）根据摄像机位置的不同，AOI 设备可分为纯粹垂直式相机和倾斜式相机的 AOI。

3）根据 AOI 使用光源情况的不同可分为两种：

① 使用彩色镜头的机器，光源一般使用红、绿、蓝三色，计算机处理的是色比。

② 使用黑白镜头的机器，光源一般使用单色，计算机处理的是灰度比。

2. AOI 的工作原理

AOI 的工作原理与贴片机、焊锡膏印刷机所用的光学视觉系统的原理相同，基本有设计规则检测（DRC）和图形识别两种方法。

AOI 通过光源对 PCB 板进行照射，用光学镜头将 PCB 的反射光采集进计算机，通过计算机软件对包含 PCB 信息的色彩差异或灰度比进行分析处理，从而判断 PCB 上焊锡膏印刷、元器件放置、焊点焊接质量等情况，可以完成的检查项目一般包括元器件缺漏检查、元器件识别、SMD 方向检查、焊点检查、引线检查、反接检查等。在记录缺陷类型和特征的同时通过显示器把缺陷显示/标示出来，向操作者发出信号，或者触发执行机构自动取下不良部件送回返修系统。AOI 系统还能对缺陷进行分析和统计，为调整制造过程的工艺参数提供依据。

图 8 - 4 所示为 AOI 的工作原理模型。

现在的 AOI 系统采用了高级的视觉系统、新型的给光方式、高放大倍数和复杂的算法，从而能够以高测试速度获得高缺陷捕捉率。

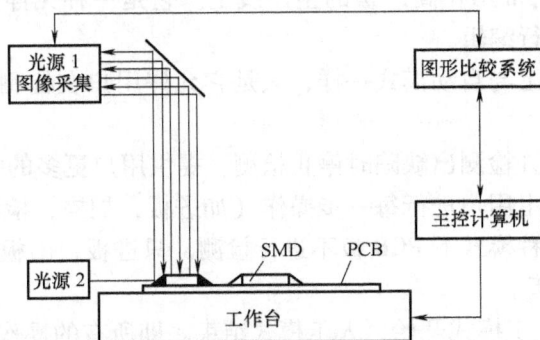

图 8 - 4　AOI 的工作原理模型

3. AOI 的基本组成

目前 AOI 设备常见的品牌有 OMRON （欧姆龙）、Agilent （安捷伦）、Teradyne （泰瑞达）、MVP （安维普）、TRI （德律）、JVC、Sony （索尼）、Panasonic （松下） 等。

AOI 设备一般由照明单元、伺服驱动单元、图像获取单元、图像分析单元、设备接口单元等组成。图 8-5 所示为国产明富 MF—760VT 型自动光学检测仪。

MF—760VT 技术特点：

1）照明系统：彩色环形四色 LED 光源。

2）自主研发的图像算法，检出率高。

3）CAD 数据导入自动寻找与元件库匹配的元器件数据。

4）智能高清晰数字 CCD 相机，图像质量稳定可靠。

5）检测速度满足 1.5 条高速贴片线的需求。

6）细小间距 0201 的检测能力，对应 01005 的升级方案。

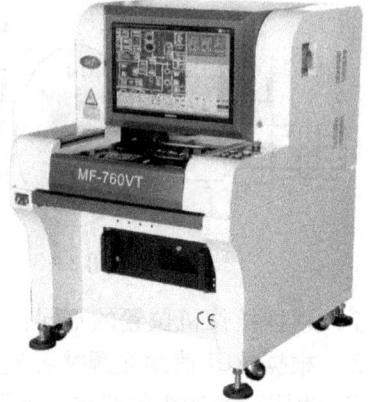

7）软件系统：操作系统 Windows 2000，中、英文可选界面。

图 8-5 MF—760VT 型自动光学检测仪

8）基板尺寸：20mm × 20mm ~ 300mm × 400mm，基板上下净高：上方 ≤30mm；下方 ≤40mm。

9）X/Y 分辨率 1μm，定位精度 8μm，移动速度 700mm/s （max）。轨道调整：手动/自动。

10）检测方法：彩色运算、颜色抽取、灰阶运算、图像比对等。检测结果输出：基板 ID、基板名称、元器件名称、缺陷名称、缺陷图片等。

MF—760VT 型自动光学检测仪适用 PCB 再流焊制程的检测，检查项目：再流炉后缺件、错件、坏件、锡球、偏移、侧立、立碑、反贴、极反、桥连、虚焊、无焊锡、少焊锡、多焊锡、元器件浮起、IC 引脚浮起、IC 引脚弯曲；再流炉前缺件、多件、错件、坏件、偏移、侧立、反贴、极反、桥连、异物。

4. AOI 的操作模式

1）自动模式，提供自动检测，也就是所有检测动作都是由系统本身完成的，不需要任何人为干预。这个模式通常用在高产量的生产线上。它是一种无停止的检测模式，当出现 NG （缺陷） 时也不能进行编辑。

2）排错模式，基本上与自动模式一样，只是它允许用户在检测到 NG 元器件时可以人工地判断及编辑。

3）监视模式，它允许检测出缺陷时停止检测，提供用户更多的关于 NG 元器件的信息。

4）人工模式，完全由用户进行每一步操作（如进板，扫描，检测，退板等）。

5）通过模式，在这种模式下 PCB 板不进行检测，只进板，出板。它特别适用于某些不需要作光学检查的 PCB 板。

每一个操作都是由人工模式开始，人工模式结束。即所有的操作都是在人工模式下从数据库中打开一个文件。然后用户可以根据检测要求（如：重新扫描、重新检测、进板、出板或者编辑 NG 的元器件数据）设置自动模式或通过模式。所有的文件必须在系统中人工地存储。

5. AOI 操作指导

1）启动系统。打开系统电源之前确认 AOI 安装完毕。启动系统分为 3 个步骤：打开电源（注意打开电源之前不可将电路板放入 AOI）；显示 Windows 界面；启动检测应用程序，关闭 AOI 的上盖及前门，然后按重启键来初始化硬件并读取最新的检测数据。注意：当硬件初始化时，AOI 的传送带会运转，LED 会闪亮几秒钟。

2）检查 AOI 轨道是否与 PCB 板宽度一致，确认 AOI 检测程序（名称和版本）是否正确。

3）接住从回流炉流出的 PCB 板，置于台面冷却后，将板的定位孔靠向 AOI 操作一侧，投入 AOI 进行检测。

4）AOI 检查结果判定。

① 若屏幕右上角显示"OK"，表明 AOI 判定此板为没问题。

② 若屏幕右上角显示 NG，表明 AOI 判定此板为不良品或 AOI 误测。AOI 测试员对 AOI 判断为 NG 的板取出对照屏幕显示红色位置逐一目检确认。无法确认交目检工位确认。若是误测则将此板按没问题处理；若为 NG，则标志不良位置并挂上不良品跟踪卡，传下一工位（AOI 后目检）。

③ 测试没问题的板，在规定的位置用箱头笔打记号。

5）注意事项。

① 每次上班前 IPQC（制程检验员）用 NG 样板确认检测程序有效性，将检测结果记录在"AOI 样板检测表"上，如有异常，及时通知 AOI 技术员调试程序。

② AOI 测试员必须戴静电腕带作业，每次下班前须清洁机器的外表面，并保持机器周围清洁。

③ AOI 测试员严禁在测试时按"ALLOK"窗口，必须对所有红色窗口认真确认，防止漏检。

④ 若发生异常情况或 AOI 漏测时，及时通知 AOI 技术员调试处理，必要时按下"EMERGENCYSTOP"（紧急停止）按钮。

⑤ AOI 误测较多时，AOI 测试员及时通知 AOI 技术员调试程序。

6）退出系统。

选择程序中"退出"命令，保存当前数据后退出系统，回到 Windows 界面，然后关闭 Windows，当 Windows 显示关闭信息后，关闭 AOI 主电源和电源开关，PC 及显示器也会自动地关闭。

8.2.3　自动 X 射线检测（X – Ray）

AOI 系统的不足之处是只能进行图形的直观检验，检测的效果依赖光学系统的分辨率，它不能检测不可见的焊点和元器件，也不能从电性能上定量地进行测试。

X – Ray 检测是利用 X 射线可穿透物质并在物质中有衰减的特性来发现缺陷，主要检测焊点内部缺陷，如 BGA、CSP 和 FC 中 Chip 的焊点检测。尤其对 BGA 组件的焊点检查，作用无可替代，但对错件的情况不能判别。

1. X – Ray 检测工作原理

X 射线透视图可以显示焊点厚度、形状及质量的密度分布；能充分反映出焊点的焊接质量，包括开路、短路、孔、洞、内部气泡以及锡量不足，并能做到定量分析。X – Ray 检测最大特点是能对 BGA 等部件的内部进行检测。X – Ray 的基本工作原理如图 8 – 6 所示。

当组装好的线路板（SMA）沿导轨进入机器内部后，位于线路板下方有一个 X 射线发射管，其发射的 X 射线穿过线路板后被置于上方的探测器（一般为摄像机）接受，由于焊点中含有可以大量吸收 X 射线的铅，照射在焊点上的 X 射线被大量吸收，因此，与穿过其他材料的 X 射线相比，焊点呈现黑点产生良好图像，使对焊点的分析变得相当直观，故简单的图像分析算法便可自动且可靠地检验焊点缺陷。

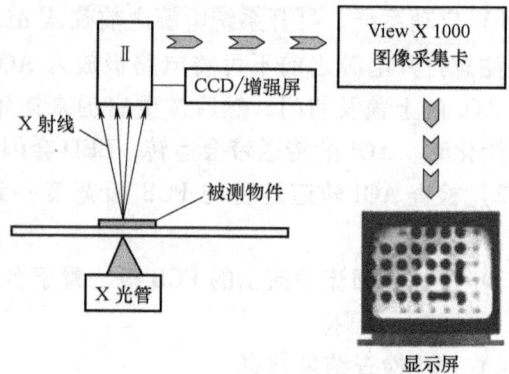

图 8 – 6 X – Ray 的基本工作原理

近几年 X – Ray 检测设备有了较快的发展，已从过去的 2D 检测发展到 3D 检测，具有 SPC 统计控制功能，能够与装配设备相连，实现实时监控装配质量。

2D 检验法为透射 X 射线检验法，对于单面板上的元器件焊点可产生清晰的视像，但对于目前广泛使用的双面贴装线路板，效果就会很差，会使两面焊点的视像重叠而极难分辨。而 3D 检验法采用分层技术，即将光束聚焦到任何一层并将相应图像投射到一高速旋转的接受面上，由于接受面高速旋转使位于焦点处的图像非常清晰，而其他层上的图像则被消除，故 3D 检验法可对线路板两面的焊点独立成像，其工作原理如图 8 – 7 所示。

3D X – Ray 技术除了可以检验双面贴装线路板外，还可对那些不可见焊点如 BGA 等进行多层图像"切片"检测，即对 BGA 焊接连接处的顶部、中部和底部进行彻底检验。同时利用此方法还可测通孔焊点，检查通孔中焊料是否充实，从而极大地提高焊点连接质量。

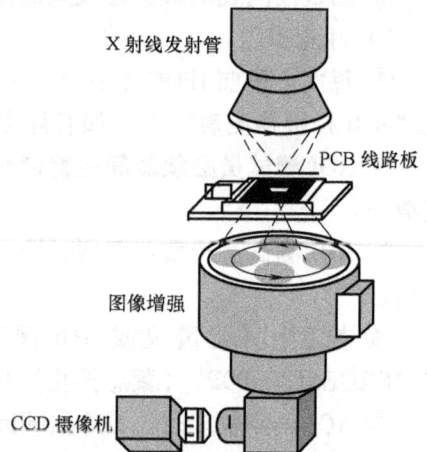

图 8 – 7 3D 检验法工作原理

2. X – Ray 检测作业指导

1）操作步骤。

① 检查机器并确认其前后门都已完全关闭。

② 打开电源。

③ 等待机器真空度达到使用标准：真空状态指示灯变绿后，开始进行机器预热。

④ 装入样板。

⑤ 扫描并调节图像。

⑥ 将图像移到要检查的部位。

⑦ 保存或打印所需的图像文件。

⑧ 移动检查部位或者更换样板进行检测，只需重复上述③～⑥步即可。

⑨ 检测完毕后，关闭全部电源。

2）注意事项。

① 每天的第一次开机必须先作一次预热（WARM UP）；两次使用间隔超过1h也必须作一次 WARM UP。

② 开启 X‑Ray 后，等 X‑Ray 功率上升到设定值并稳定后再开始做 ScanBoard。

③ 机器完成初始化设置后，不要立即关闭 X‑Ray 应用软件，不要将开关钥匙打到 POWERON，也不要连续做两次 INITIALIZATION（初始化）。

④ 关闭应用程序时，单击"关闭"按钮后请等待程序完全关闭，不要再次单击"关闭"按钮。

⑤ 在紧急情况下应及时按下紧急开关。

⑥ 放入的样品高度不能超过 50mm。

⑦ 禁止非该设备操作人员操作。

⑧ 开后门时应注意不要将手放在门轴处，防止挤伤。

⑨ 开关门时请注意轻关轻放，避免碰撞以损伤内部机构。

8.3 ICT 在线测试

ICT 是英文 In Circuit Tester 的简称，中文含义是"在线测试仪"。ICT 可分为针床 ICT 和飞针 ICT 两种。飞针 ICT 基本只进行静态的测试，优点是不需制作夹具，程序开发时间短。针床式 ICT 可进行模拟器件功能和数字器件逻辑功能测试，故障覆盖率高；但对每种单板需制作专用的针床夹具，夹具制作和程序开发周期长。

在 SMT 实际生产中，除了焊点质量不合格导致焊接缺陷以外，元器件极性贴错、元器件品种贴错、数值超过标称值允许的范围，也会导致产品缺陷，因此生产中不可避免要通过 ICT 进行性能测试，检查出影响其性能的相关缺陷，并根据暴露出的问题及时调整生产工艺，这对于新产品生产的初期就显得更为必要。

8.3.1 针床式在线测试仪

1. 针床式在线测试仪的功能与特点

针床式在线测试仪是通过对在线元器件的电性能及电气连接进行测试来检查生产制造缺陷及元器件不良的一种标准测试手段。ICT 使用专门的针床与已焊接好的线路板上的元器件焊点接触，并用数百 mV 电压和 10mA 以内电流进行分立隔离测试，从而精确地测量所装电阻、电感、电容、二极管、晶闸管、场效应晶体管、集成块等通用和特殊元器件的漏装、错装、参数值偏差、焊点连焊、线路板开、短路等故障，并将故障是哪个元器件或开路位于哪个点准确告诉用户。

由于 ICT 的测试速度快，并且相比 AOI 和 X‑Ray 能够提供较为可靠的电性能测试，所以在一些大批量生产电子产品的企业中，成为了测试的主流设备。

但随着印制电路板组装密度的提高，特别是细间距 SMT 组装以及新产品开发生产周期越来越短，印制电路板品种越来越多，针床式在线测试仪存在一些难以克服的问题：测试用针床夹具的制作、调试周期长、价格贵；对于一些高密度 SMT 印制电路板由于测试精度问题无法进行测试。图 8 - 8 是针床式在线测试仪的外观照片和内部结构图。

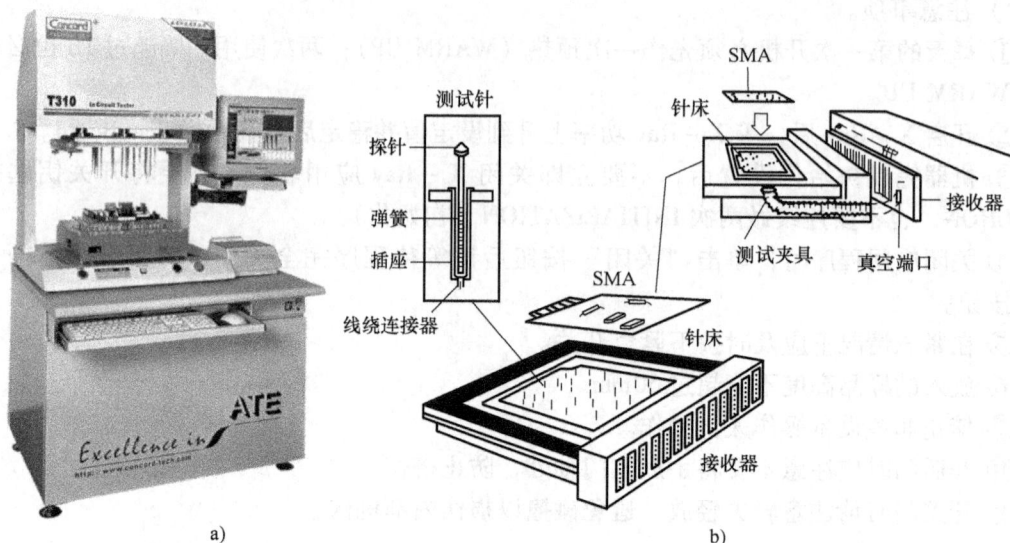

图 8 - 8　针床式在线测试仪

a）外观照片　b）内部结构

2. 针床式在线测试仪操作指导

1）操作步骤。

① 打开 ICT 电源，ICT 自动进入测试画面，打开测试程序。ICT 技术员须用 ICT 标准样件检测 ICT 的测试功能和测试程序，用 ICT 不良品样件核对 ICT 检测不良的功能，确认无误后，才可通知 ICT 测试员开始测试。测试员开始测试时须再次确认测试程序名及程序版本是否吻合。

② 取目检没问题的 SMA，双手拿住板边，放置于测试工装内，以定柱为基准，将 PCB 正确安装于治具上，定位针与定位孔定位要准确，定位针不可有松动现象。

③ 双手同时按下气动开关"DOWN"和"UP/DOWN"。

④ 气动头下降到底部后，开始自动测试。

⑤ 确认测试结果，若屏幕出现"PASSED"或"GO"为良品，则用记号笔在规定位置做标志，并转入下一道工序；若屏幕上出现"FAIL"字样或整个屏幕成红色，为不良品，打印出不良内容贴于板面上，置于不良品放置架中，供电子工程部分析不良原因后，送修理工位统一修理。同种不良出现 3 次以上必须通知生产线 PIE、ICT 技术员、品质工程师确认，并要采取相应对策。

⑥ 测试不良板经两次再测之后没问题，则判为良品；若仍为 NG，则判为不良品。

⑦ 按一下"UP/DOWN"开关，气动头上升，双手拿住板边取下 SMA，放到工作台面上。

⑧ 重复步骤② ~ ④，测试另一 SMA。

2）注意事项。

194

① 操作时必须戴上手指套及防静电环作业，拿取板边，不可碰到部品。

② 每天接班时必须先用标准测试合格板及 NG 板对测试架进行检测，没问题后方可开始测试，如发现问题则通知 ICT 技术员检修，并作好测试架的状况记录。

③ 未经 ICT 技术员允许，不可变更程序。

④ 注意 SMA 的置于方向及定位 Pin 的位置，防止放错方向损坏 SMA。

⑤ 每测试完 30 PANEL 后，应用钢刷刷一次测试针。

⑥ ICT 测试工装周围 10cm 内严禁摆放物品。

⑦ ICT 机上不可放状态纸、手套等杂物。

8.3.2　飞针式在线测试仪

现今电子产品的设计和生产承受着上市时间的巨大压力，产品更新的时间周期越来越短，因此在最短时间内开发出新产品和实现批量生产对电子产品制作来说是至关重要的。飞针测试技术是目前电气测试一些主要问题的最新解决办法，它用探针来取代针床，使用多个由电动机驱动、能够快速移动的电气探针同器件的引脚进行接触并进行电气测量。由于飞针测试不用制作和调试 ICT 针床夹具，以前需要几周时间开发的测试现在仅需几个小时，大大缩短了产品设计周期和投入市场的时间。

1. 飞针测试系统的结构与功能

飞针式测试仪是对传统针床在线测试仪的一种改进，它用探针来代替针床，在 $x - y$ 机构上装有可分别高速移动的 4～8 根测试探针（飞针），最小测试间隙为 0.2mm。

工作时在测单元（UUT）通过皮带或者其他传送系统输送到测试机内，然后固定，测试仪的探针根据预先编排的坐标位置程序移动并接触测试焊盘（test pad）和通路孔（via），从而测试在测单元的单个元件，测试探针由多路传输系统连接到驱动器和传感器，通过信号发生器、数字万用表、频率计等来测试 UUT 上的元件。当一个元件正在测试的时候，UUT 上的其他元件通过探针在电气上屏蔽以防止读数干扰，如图 8 - 9 所示。

图 8 - 9　工作中的飞针式在线测试仪

飞针测试仪可以检查电阻器的电阻值、电容器的电容值、电感器的电感值、器件的极性，以及短路（桥接）和开路（断路）等参数。

2. 飞针测试仪的特点

1）较短的测试开发周期。系统接收到 CAD 文件后几小时内就可以开始生产，因此，原型印制电路板在装配后数小时即可测试。

2）较低的测试成本。不需要制作专门的测试夹具。

3）由于设定、编程和测试的简单与快速，一般技术装配人员就可以进行操作测试。

4）较高的测试精度。飞针在线测试的定位精度（10μm）和重复性（±10μm）以及尺寸极小的触点和间距，使测试系统可探测到针床夹具无法达到的 PCB 节点。与针床式在线测试仪相比，飞针式 ICT 在测试精度、最小测试间隙等方面均有较大幅度的提高。以目前使用较多的四测头飞针测试仪为例，测头由三台步进电动机以同步轮与同步带协同组成三维运动。X 和 Y 轴运动精度达 2mil，足以测试目前国内最高密度的 PCB，Z 轴探针与板之间的距离从 160mil 至 600mil 可调，可适应 0.6～5.5mm 厚度的各类 PCB。每测针一秒钟可检测 3 到 5 个测试点。

5）飞针测试的缺点。因为测试探针与通路孔和测试焊盘上的焊锡发生物理接触，可能会在焊锡上留下小凹坑。对于某些客户来说，这些小凹坑可能被认为是外观缺陷，造成拒绝接受；因为有时在没有测试焊盘的地方探针会接触到元件引脚，所以可能会检测不到松脱或焊接不良的元件引脚。

飞针测试时间过长是另一个不足，传统的针床测试探针数目有 500～3000 只，针床与 PCB 一次接触即可完成在线测试的全部要求，测试时间只要几十秒，针床一次接触所完成的测试，飞针需要许多次运动才能完成，时间显然要长得多。

另外针床测试仪可使用顶面夹具同时测试双面 PCB 的顶面与底面元件，而飞针测试仪要求操作员测试完一面，然后翻转再测试另一面。因此飞针测试不能很好适应大批量生产的要求。

3. 飞针式在线测试仪的维护保养

1）每天检查设备的清洁程度，特别是 Y 轴。应该使用真空吸尘器进行大型部件清洁，并使用酒精浸泡小型部件。不要使用压缩空气进行清洁，以避免将灰尘吹入设备内部而影响使用。

2）周期性的检查过滤器状态。检查频率应根据设备使用的空气类型而定，空气含有杂质越多检查应越频繁，并时常更换过滤器。为评价过滤器工作状态，关闭开关并拧开外壳。过滤器应干燥并颜色一致。如有痕迹表示有油或水。如果污染痕迹比较明显，应更换过滤器并检查气源。

3）通过运行自检程序能够检查系统状态。从 VIVA 主窗口，单击 SELFTEST 图标启动该程序。将显示出左边的对话窗口。在这个窗口中，操作者可以设置不同的选项来检查设备。

4）定期检查探针及探针座的磨损情况，将其更换后，必须执行校准程序。

5）Y 轴上出现油或其他液体痕迹，表示空气过滤器出现问题。应停止设备操作并联系设备维护人员。

6）重要的计算机软件及数据应当有备份；不得在计算机内安装其他应用软件；使用外部存储设备应进行杀毒，防止计算机被病毒感染，确保计算机与主机连线正确可靠。

8.4 功能测试 (FCT)

组装阶段的测试包括：生产缺陷分析（MDA）、在线测试（ICT）和功能测试（使产品在应用环境下工作时的测试）及其三者的组合。

ICT 能够有效地查找在组装过程中发生的各种缺陷和故障，但不能够评估整个 SMA 所组成的系统在时钟速度时的性能。功能测试就是测试整个系统是否能够实现设计目标。

功能检测用于表面组装组件的电功能测试和检验。功能检测就是：将表面组装组件或表面组装组件上的被测单元作为一个功能体输入电信号，然后按照功能体的设计要求检测输出信号，大多数功能检测都有诊断程序，可以鉴别和确定故障。最简单的功能检测是将表面组装组件连接到该设备相应的电路上进行加电，看设备能否正常运行，这种方法简单、投资少，但不能自动诊断故障。

功能测试仪（Functional Tester）通常包括 3 个基本单元：加激励、收集响应并根据标准组件的响应评价被测试组件的响应。通常采用的功能测试技术有以下两种。

1. 特征分析（SA）测试技术

SA 测试技术是一种动态数字测试技术，SA 测试必须采用针床夹具，在进行功能测试时，测试仪通常通过边界连接器（Edge Cornector）同被测组件实现电气连接，然后从输入端口输入信号，并监测输出端信号的幅值、频率、波形和时序。功能测试仪通常有一个探针，当某个输出连接口上信号不正常时，就通过这个探针同组件上特定区域的电路进行电气接触来进一步找出缺陷。

2. 复合测试仪

复合测试仪是把在线测试和功能测试集成到一个系统的仪器，是近年来广泛采用的测试设备（ATE），它能包括或部分包括边界扫描功能软件和非矢量测试相关软件。特别能适应高密度封装以及含有各种复杂 IC 芯片组件板的测试。对于引脚级的故障检测可达到 100% 的覆盖率，有的复合测试仪还具有实时的数据收集和分析软件以监视整个组件的生产过程，在出现问题时能及时反馈以改进装配工艺，使生产的质量和效率能在控制范围之内，保证生产的正常进行。

8.5 习题

1. 简述电子产品的检测内容与检测方法。
2. 简述贴装工序人工目检的检测标准。
3. 简述 AOI 的基本操作过程。
4. 比较人工目检、AOI、X – Ray 3 种检测方法的优缺点。
5. 在线测试和功能测试的测试内容有什么不同？

第9章　SMT生产线与产品质量管理

本章要点

- SMT的组装方式及工艺流程
- SMT生产线的设计
- SMT产品组装中的静电防护技术
- SMT产品质量控制与管理

9.1　SMT组装方式与组装工艺流程

9.1.1　组装方式

  SMT的组装方式及其工艺流程主要取决于表面组装组件（SMA）的类型、使用的元器件种类和组装设备条件。大体上可将SMA分成单面混装、双面混装和全表面组装3种类型，共6种组装方式，如表9-1所示。不同类型的SMA其组装方式有所不同，同一种类型的SMA其组装方式也可以有所不同。

  根据组装产品的具体要求和组装设备的条件选择合适的组装方式，是高效、低成本组装生产的基础，也是SMT工艺设计的主要内容。

表9-1　表面组装组件的组装方式

序号	组装方式		组件结构	电路基板	元器件	特　征
1	单面混装	先贴法		单面PCB	表面组装元器件及通孔插装元器件	先贴后插，工艺简单，组装密度低
2		后贴法		单面PCB	同上	先插后贴，工艺较复杂，组装密度高
3	双面混装	SMD和THC都在A面	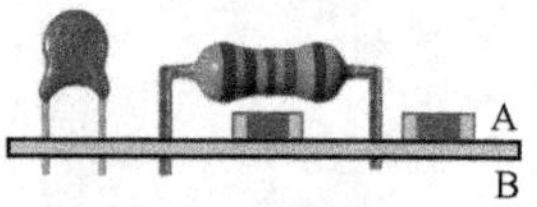	双面PCB	同上	先贴后插，工艺较复杂，组装密度高
4		THC在A面A、B两面都有SMD	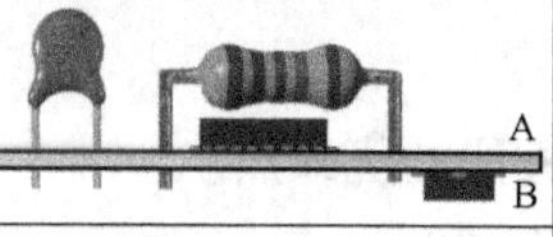	双面PCB	同上	THC和SMC/SMD组装在PCB同一侧
5	全表面组装	单面表面组装	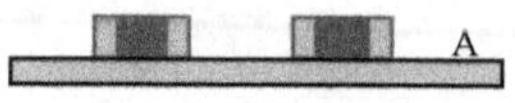	单面：PCB、陶瓷基板	表面组装元器件	工艺简单，适用于小型、薄型化的电路组装
6		双面表面组装	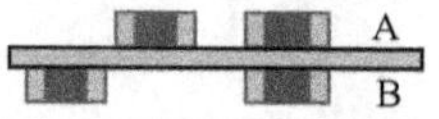	双面：PCB、陶瓷基板	同上	高密度组装，薄型化

198

1. 单面混合组装

第1类是单面混合组装，即 SMC/SMD 与通孔插装元器件（THC）分布在 PCB 不同的两个面上混装，但其焊接面仅为单面。这一类组装方式均采用单面 PCB 和波峰焊接（现一般采用双波峰焊）工艺，具体有两种组装方式。

1）先贴法。先贴法即在 PCB 的 B 面（焊接面）先贴装 SMC/SMD，而后在 A 面插装 THC。

2）后贴法。后贴法是先在 PCB 的 A 面插装 THC，后在 B 面贴装 SMC/SMD。

2. 双面混合组装

第2类是双面混合组装，SMC/SMD 和 THC 可混合分布在 PCB 的同一面，同时，SMC/SMD 也可分布在 PCB 的双面。双面混合组装采用双面 PCB、双波峰焊接或再流焊接。在这一类组装方式中也有先贴还是后贴 SMC/SMD 的区别，一般根据 SMC/SMD 的类型和 PCB 的大小合理选择，通常采用先贴法较多，该类组装常用两种组装方式。

1）SMC/SMO 和 THC 同侧方式。表 9 - 1 中所列的第 3 种，SMC/SMD 和 THC 同在 PCB 的一侧。

2）SMC/SMD 和 THC 不同侧方式。表 9 - 1 中所列的第 4 种，把表面组装集成芯片（SMIC）和 THC 放在 PCB 的 A 面，而把 SMC 和小外形晶体管（SOT）放在 B 面。

这类组装方式由于在 PCB 的单面或双面贴装 SMC/SMD，而又把难以表面组装化的有引线元件插入组装，因此组装密度相当高。

3. 全表面组装

第3类是全表面组装，在 PCB 上只有 SMC/SMD 而无 THC。由于目前元器件还未完全实现 SMT 化，实际应用中这种组装形式不多。这一类组装方式一般是在细线图形的 PCB 或陶瓷基板上，采用细间距器件和再流焊接工艺进行组装。它也有两种组装方式。

1）单面表面组装方式。表 9 - 1 所列的第 5 种方式，采用单面 PCB 在单面组装 SMC/SMD。

2）双面表面组装方式。表 9 - 1 所列的第 6 种方式，采用双面 PCB 在两面组装 SMC/SMD，组装密度更高。

9.1.2 组装工艺流程

合理的工艺流程是组装质量和效率的保障，表面组装方式确定之后，就可以根据需要和具体设备条件确定工艺流程。不同的组装方式有不同的工艺流程，同一组装方式也可以有不同的工艺流程，这主要取决于所用元器件的类型、SMA 的组装质量要求、组装设备和组装生产线的条件，以及组装生产的实际情况等。

1. 单面混合组装工艺流程

单面混合组装方式有两种类型的工艺流程，一种采用 SMC/SMD 先贴法（见图 9 - 1a），另一种采用 SMC/SMD 后贴法（见图 9 - 1b）。这两种工艺流程中都采用了波峰焊接工艺。

SMC/SMD 先贴法是指在插装 THC 前先贴装 SMC/SMD，利用粘结剂将 SMC/SMD 暂时固定在 PCB 的贴装面上，待插装 THC 后，采用波峰焊进行焊接。而 SMC/SMD 后贴法则是先插装 THC，再贴装 SMC/SMD。

SMC/SMD 先贴法的工艺特点是粘结剂涂敷容易，操作简单，但需留下插装 THC 时弯曲引线的操作空间，因此组装密度较低。而且插装 THC 时容易碰到已贴装好的 SMD，而引起 SMD 损坏或受机械振动脱落。为了避免这种现象，粘结剂应具有较高的粘结强度，以耐机械冲击。

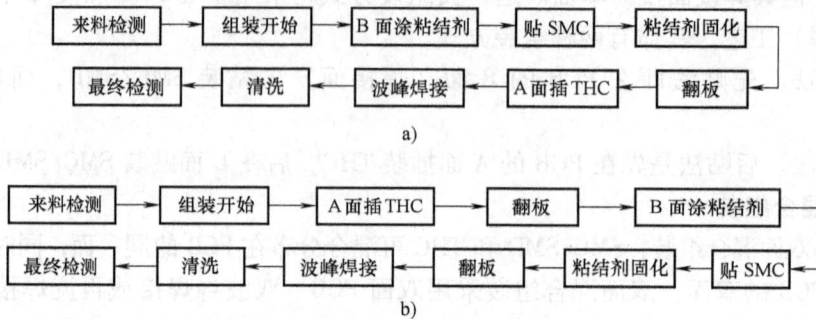

图 9-1　单面混合组装工艺流程

a) SMC 先贴法　b) SMC 后贴法

SMC/SMD 后贴法克服了 SMC/SMD 先贴法方式的缺点，提高了组装密度。但涂敷粘结剂较困难。

2. 双面混合组装工艺流程

双面 PCB 混合组装有两种组装方式：一种是 SMC/SMD 和 THC 同在印制电路板的 A 面（表 9-1 中的第 3 种方式）；另一种是 PCB 的 A 面和 B 面都有 SMC/SMD，而 THC 只在 A 面（表 9-1 中的第 4 种方式）。双面 PCB 混合组装一般都采用 SMC/SMD 先贴法。

第 3 种组装方式有两种典型工艺流程，图 9-2 表示出其中一种典型工艺流程。这种工艺流程在再流焊接 SMC/SMD 之后，在插装 THC 之前可分成两种流程。当在再流焊接之后需要较长时间放置或完成插装 THC 的时间较长时采用流程 A。因为在再流焊接期间留在组件上的焊剂剩余物若停置时间过长，在最后清洗时很难有效地清除，为此，流程 A 比流程 B 增加了一项溶剂清洗工序。另外，有些 THC 对溶剂敏感，所以再流焊接后需要马上进行清洗。但流程 B 是这两种工艺流程中路线短、费用少的一种，广泛用于高度自动化的表面组装工艺中。一般在清洗后还应进行洗净度检测，以确保电路组件能达到可接受的洗净度等级。

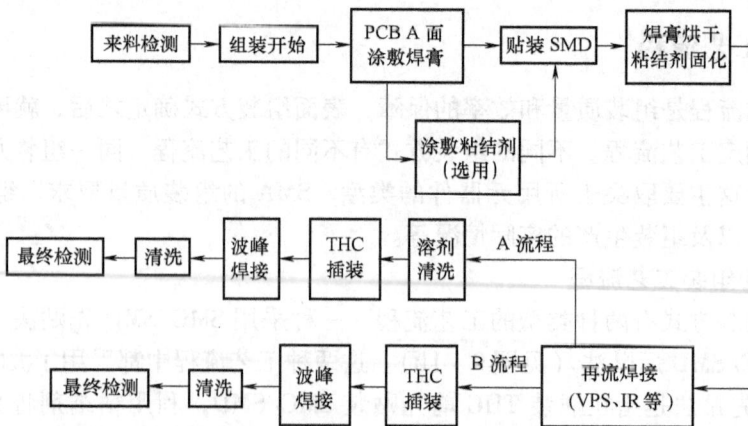

图 9-2　双面混合组装工艺流程（SMD 和 THC 在同一侧）

第 3 种组装方式的另一种工艺流程如图 9-3 所示。这种组装工艺流程用来把翼形引线的 SMD 和 THC 混合组装在同一块印制电路板上。它可以不采用焊膏，而是在印制电路板上电镀焊料，用热棒或激光再流焊接工艺焊接 SMD。在这种工艺中，常采用既能贴装 SMD 又能进行焊接的装焊一体化设备进行组装。

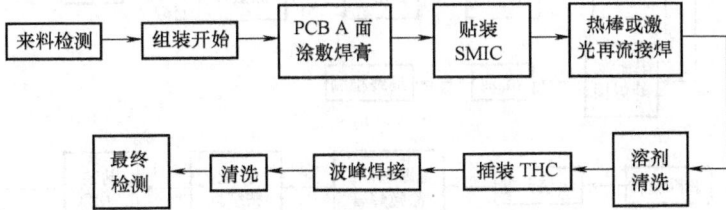

图 9-3　采用热棒或激光再流焊接的双面混合组装工艺流程

第 4 种组装方式的典型工艺流程如图 9-4 所示，SMIC 和 THC 组装在 A 面，SMC/SMD 组装在 B 面。在 A 面 SMIC 再流焊之后，紧接着在 A 面插装 THC，再在 B 面涂敷粘结剂和贴装 SMC/SMD。这就防止了由于 THC 引线打弯而损坏 B 面的 SMC/SMD，以及插装 THC 时的机械冲击引起 B 面粘结的 SMC/SMD 脱落。如果需要先在 B 面贴装 SMC/SMD 后在 A 面插装 THC，在引线打弯时应特别小心。而且贴装 SMC/SMD 的粘结剂应具有较高的粘结强度，以便经受得住插装 THC 时的机械冲击。

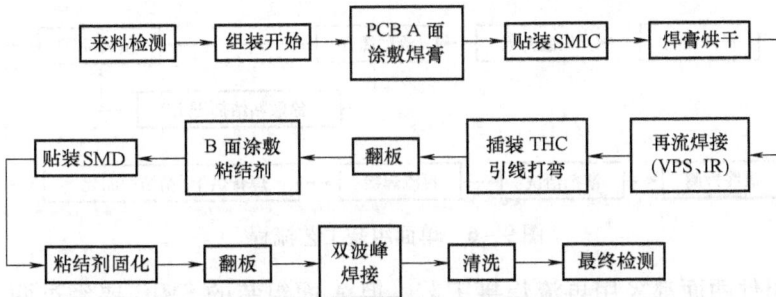

图 9-4　双面混合组装工艺流程（SMIC 和 SMD 分别在 A 面与 B 面）

图 9-5 表示出第 4 种组装方式的又一种典型工艺流程。该流程的特点是先贴装 SMIC 和 SMC，而后插装 THC。流程 A 是在 B 面贴装 SMC/SMD 和在 A 面贴装 SMIC 后，A 面先进行再流焊接。然后才在 B 面插装 THC，并进行波峰焊接的工艺流程。流程 B 是 A 面的 SMIC 和 B 面的 SMC/SMD 依次分别进行再流焊接后，再插装 THC 并进行波峰焊接的工艺流程。该工艺流程也可用手工焊接 THC。另外，对热敏感的 SMIC，如方形扁平封装芯片载体（QFP）等，也可采用激光等局部加热法进行焊接。

3. 全表面组装工艺流程

全表面组装工艺流程对应于表 9-1 所列的第 5 种和第 6 种组装方式。

单面表面组装方式的典型工艺流程如图 9-6 所示。这种组装方式是在单面 PCB 上只组装表面组装元器件，无通孔插装元器件，采用再流焊接工艺，这是最简单的全表面组装工艺流程。

双面表面组装的典型工艺流程如图 9-7 所示。在印制电路板两面组装塑封有引线芯片载体（PLCC）时，采用流程 A。由于 J 型引线和鸥翼形引线的 SMIC 采用双波峰焊接容易出

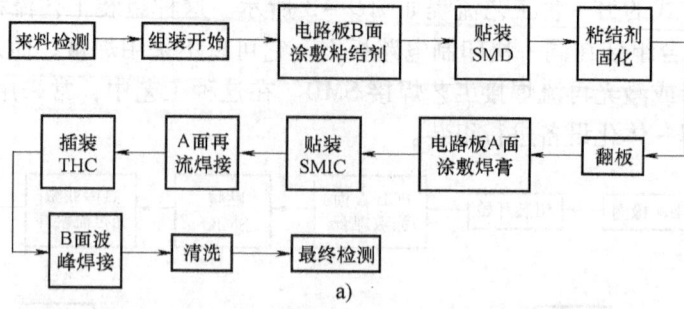

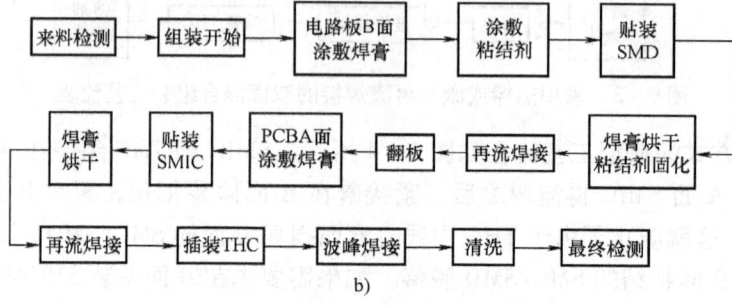

```
来料检测 → 组装开始 → 电路板B面涂敷粘结剂 → 贴装SMD → 粘结剂固化
插装THC ← A面再流焊接 ← 贴装SMIC ← 电路板A面涂敷焊膏 ← 翻板
B面波峰焊接 → 清洗 → 最终检测
```
a)

```
来料检测 → 组装开始 → 电路板B面涂敷焊膏 → 涂敷粘结剂 → 贴装SMD
焊膏烘干 ← 贴装SMIC ← PCBA面涂敷焊膏 ← 翻板 ← 再流焊接 ← 焊膏烘干粘结剂固化
再流焊接 → 插装THC → 波峰焊接 → 清洗 → 最终检测
```
b)

图 9-5 双面板混合组装工艺流程

a）流程 A   b）流程 B

```
来料检测 → 组装开始 → 涂敷焊膏 → 贴装SMD
涂敷粘结剂(选用)
最终检测 ← 溶剂清洗 ← 再流焊接 ← 焊膏烘干/粘结剂固化
```

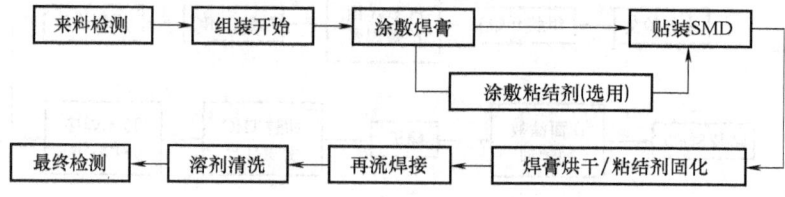

图 9-6 单面组装工艺流程

现桥接，所以组件两面都采用再流焊接工艺。但 A 面组装的 SMIC 要经过两次再流焊接周期，当在 B 面组装时，A 面向下，已经装焊在 A 面上的 SMIC 在 B 面再流焊接周期，其焊料会再熔融，且这些较大的 SMIC 在传送带轻微振动时容易发生移位，甚至脱落，所以涂敷焊膏后还需要采用粘结剂固定，防止元器件移位和 SMIC 脱落。当在印制电路板 B 面组装的元器件只是小外形晶体管（SOT）或小外形集成电路（SOIC）时，可以采用流程 B。

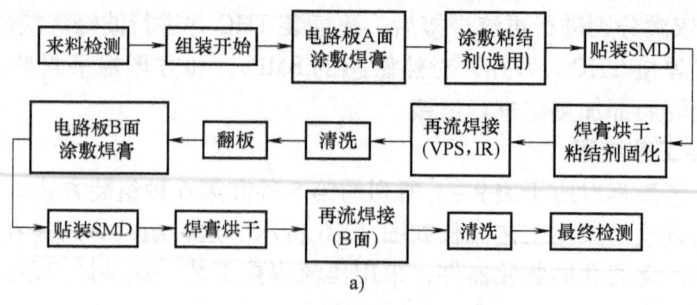

```
来料检测 → 组装开始 → 电路板A面涂敷焊膏 → 涂敷粘结剂(选用) → 贴装SMD
电路板B面涂敷焊膏 ← 翻板 ← 清洗 ← 再流焊接(VPS,IR) ← 焊膏烘干粘结剂固化
贴装SMD → 焊膏烘干 → 再流焊接(B面) → 清洗 → 最终检测
```
a)

图 9-7 双面表面组装工艺流程

a）流程 A

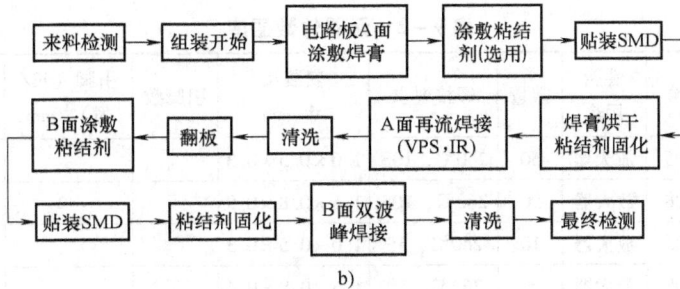

图 9-7 双面表面组装工艺流程（续）

b）流程 B

9.2　SMT 生产线的设计

SMT 生产线主要由点胶机、焊膏印刷机、SMC/SMD 贴片机、再流焊接设备、检测设备等组成，本书第 1 章图 1-4 就是一种适用于单面表面组装的 SMT 生产线组成示意图。

SMT 生产线设计涉及技术、管理、市场各个方面，如市场需求及技术发展趋势、产品规模及更新换代周期、元器件类型及供应渠道、设备选型、投资强度等问题都需考虑。

同时，还要考虑到现代化生产模式及其生产系统的柔性化和集成化发展趋势，使设计的 SMT 生产线能与之相适应等。所以，SMT 生产线的设计和设备选型要结合主要产品生产实际需要、实际条件、一定的适应性和先进性等几方面进行考虑。

在已知组装产品对象的情况下，建立 SMT 生产线前应该先进行总体设计，确定需组装元器件种类和数量、组装方式及工艺和总体设计目标，而且最好在 PCB 电路设计初步完成后，才进行 SMT 生产线设计；这样可使所设计生产投入产出比达到最佳状态。

9.2.1　生产线的总体设计

无论是仿制 SMT 产品、传统 THT 产品改进，还是 SMT 产品升级换代，在总体设计中，都应该结合产量规模和投资规模，以及对 SMT 生产工艺及设备的调研了解，合理地选择元器件类型，设计出产品组装方式和初步工艺流程。

1. 元器件（含基板）选择

元器件（含基板）选择是决定组装方式及工艺复杂性和生产线及设备投资的第一因素。例如，当 SMA 上插装元件 THC 只有几个时，可采用手工插焊，不必用波峰焊。如果插装元件多，则尽量采用单面混合组装工艺流程。元器件选择过程中必须建立元器件数据库和元器件工艺要求，并注意以下几点。表 9-2 是元器件数据库的示例。

1）要保证元器件品种齐套，否则将使生产线不能投产，为此，应有稳定的后备供应商。

2）元器件的质量和尺寸精度应有保证，否则将导致产品合格率低，返修率增加。

3）不可忽视 SMC/SMD 的组装工艺要求。注意元器件可承受的贴装压力和冲击力及其焊接要求等。如 J 型引脚 PLCC，一般只适宜采用再流焊。

表 9 - 2 元器件数据库

序号	名称	封装	性能用途	数量	焊接要求	安装尺寸/mm	引脚数	引脚（长/宽）/mm	引脚间距/mm	包装	备注
1	1/8W 电阻	1005	放大器	50	260℃，10S	$1.0 \times 0.5 \times 0.3$				8mm	715 厂
2	1/2 电阻	1608	放大器	20	260℃，10S	$1.6 \times 0.8 \times 0.9$				8mm	
3	0.1μF MLC	1005	放大器	10	260℃，5S	$1.0 \times 0.5 \times 0.3$				8mm	
4	1.5μF MLC	1608	放大器	5	260℃，5S	$1.6 \times 0.8 \times 0.4$				8mm	新元件
5	晶体管	SOT23	放大器	5	260℃，5S	$2.7 \times 2.2 \times 10$	3	0.35/0.1	1.9	16mm	
6	D/A	SOP24	D/A	2	250℃，3S	$1.68 \times 1.27 \times 3.05$	24	1.05/0.76	1.27	管式	
7	CPU	PLU84	CPU	1	230℃，2S	画图	84	1.15/0.77	1.27	散装	
8	ROM	QFP80	ROM	2	230℃，2S	画图	80	1.0/0.1	0.8	散装	
20	电阻	THC	放大器	5						带装	
21	大电容	THC	功放	5						带装	散热

4）确定元器件的类型和数量、元器件最小引脚间距、最小尺寸等，并注意其与组装工艺的关系。如 0.3mm 引脚间距的 QFP 须选用高精度贴片机，而 1.27mm 引脚间距的 QFP 则只需选择中等精度贴片机便能完成。

2. 组装方式及工艺流程的确定

组装方式是决定生产工艺复杂性、生产线规模和投资强度的决定性因素。同一产品的组装生产可以用不同的组装方式来实现。确定组装方式时既要考虑产品组装的实际需要，又应考虑发展适应性需要。在适应产品组装要求的前提下，一般优选单面混合组装或单面全表面组装方式。

一般只有产品本身是单一的全表面组装型，而且元器件供应又有保障的情况下，才选择全表面组装方式及其工艺流程。

组装方式确定之后，即可初步设计出工艺流程，并制定出相应的关键工序及其工艺参数和要求，如贴片精度要求，焊接工艺要求等，便于设备选型之用。如果不是按实际需要而盲目设计、建立一条生产线，再根据该生产线及其设备来确定可能进行的工艺流程，就有可能产生大材小用、设备闲置、或是达不到产品质量要求等不良后果。为此，应充分重视"按需设计"这一设计原则。

9.2.2 生产线自动化程度设计

现代先进的 SMT 生产线属于柔性自动化（Flexible Automation）生产方式，其特征是采用机械手、计算机控制和视觉系统，能从一种产品的生产很快地转换为另一种产品的生产，能适合于多品种中/小批量生产等。其自动化程度主要取决于贴片机、运输系统和线控计算机系统。一般根据年产量、生产线效率系数和计划投资额，来确定 SMT 生产线的自动化程度。

1. 高速 SMT 生产线

高速 SMT 生产线一般由贴片速度大于 8000～11000 片/小时的高速贴片机组成，主要用于彩色电视机调谐器等大批量单一产品的组装生产。目前也出现了数万片/小时的高速高精度贴片机，主要应用于产量大的组装产品，如通信产品等。

2. 中速高精度 SMT 生产线

细间距元器件的发展很快，在计算机、通信、数码摄像机、仪器仪表等产品中已被广泛应用。组装该类产品较适宜采用中速高精度 SMT 生产线，它不仅适用于多品种中/小批量生产，而且多台联机也适用于大批量生产，能满足生产扩展需要。在投资力度足够的情况下，应优选中速高精度 SMT 生产线，而不选普通中速线。一般认为中速贴片机的贴片速度为（3000～8000）片/小时。

3. 低速半自动 SMT 生产线

低速半自动 SMT 生产线一般只用于研究开发和试验。因其产量规模、精度和适应性难以满足发展所需，产品生产企业不宜选用。低速贴片机的贴片速度一般小于 3000 片/小时。

4. 手动生产

手动生产成本较低、应用灵活，可用于帮助了解熟悉 SMT 技术，也可用于研究开发和小批量多品种生产，或用于产品返修。为此，这种形式的生产也有一定的应用面。

上述分类并不是绝对的，同一生产线中既有高速机又有中速机的也很常见，主要还是要根据组装产品、组装工艺和产量规模的实际需要来确定设备的选型和配套。

9.2.3 设备选型

建立生产线的目的是要以最快的速度生产出优质、富有竞争力的产品，要以效率最高、投资最小、回收年限最短为目标。为此，SMT 设备的选型应充分重视其性能价格比和设备投资回收年限。在尽量争取少投资高回报的同时，又要注意不单纯地为减少投资选择性能指标差的设备或减少配置，必须考虑所选设备对发展的可适应性。

应根据总体设计中的元器件种类及数量、组装方式及工艺流程、PCB 板尺寸及拼板规格、线路设计及密度和自动化程度及投资强度等，来进行设备选型，一般应设计两个以上方案进行分析比较。

因贴片机是生产线的关键设备，其价格占全线投资的比重较大，为此，应以贴片机的选型为重点，兼顾印刷、焊接、测试等设备。要以实际技术指标、产量、投资额及回收期等为依据进行综合经济技术判断，确定最终方案。设备选型应注意以下几个问题。

1. 性能、功能及可靠性

设备选型首先要看设备性能是否满足技术要求，如果要贴焊 0.3mm 间距 QFP，则需采用高精度贴片机；其次是可靠性，有些设备新用时技术指标很高，但使用时间不长性能就降低了，这就是可靠性不良。应优选知名企业的成熟机型，或参考其他单位同类机型使用情况；再次才是功能，如果说性能主要由机械结构保证，那么功能则主要由计算机控制系统来保证。注意功能一定要适用，不应一味地追求功能齐全而实际用不上，造成投资增大和浪费。

2. 可扩展性和灵活性

设备组线扩展性和灵活性主要指功能的扩展、指标提高、生产能力的扩大，以及良好的组线接口等。如一台能贴 0.65mm 引脚间距 QFP 的贴片机，能否通过增加视觉系统等配件后用于贴 0.3mm QFP 或贴 BGA 封装元器件；能否与不同型号的设备共同组线等。

中速多功能贴片机组线是 SMT 设备组线的常用形式，具有良好的灵活性、可扩展性和可维护性，而且可减少设备的一次投入，便于少量多次地投资。

3. 可操作性和可维护性

设备要便于操作，计算机控制软件最好采用中文界面；对中高精度贴片机，一定要有自动生成贴片程序功能。设备要便于维护、调试和维修，应把售后服务作为设备选型的重要标准之一。

9.3 SMT 产品组装中的静电防护技术

随着科技进步，超大规模集成电路和微型器件大量生产和广泛应用，由于集成度迅速提高，器件尺寸的变小和芯片内部的栅氧化膜变薄，使器件承受静电放电的能力下降。摩擦起电，人体静电已成为电子工业中两大危害。在电子产品的生产中，从元器件的预处理、贴装、焊接、清洗、测试直到包装，都有可能因静电放电造成对元器件的损害，因此静电防护显得越来越重要。

9.3.1 静电及其危害

人们都知道当用丝绸摩擦玻璃棒或用毛皮摩擦硬橡胶棒，棒端上就会吸引小纸屑，这是人类最初对静电的认识，并设定玻璃棒上所带的电荷为"正电荷"，硬橡胶棒所带的电荷为"负电荷"。由于摩擦使机械能转变为电能，因此说静电是一种电能，它留存于物体表面，包含正电荷或负电荷。通常情况下，原子核所带的正电荷与电子所带的负电荷相等，原子本身不显电性，整个物质对外不显电性，当两个物体互相摩擦时，一种物体中一部分电子会转移到另一个物体上，于是这个物体失去了电子，并带上"正电荷"，另一个物体得到电子并带上"负电荷"。电荷不能创造，也不能消失，它只能从一个物体转移到另一个物体。

防静电的基本概念是防止产生静电荷或已经存在静电荷的地方如何迅速而可靠地消除。

1. 静电的产生

除了摩擦会产生静电外，接触、高速运动、温度、压电、电解也会产生静电。

1）接触摩擦起电。是最常见的产生静电的原因之一。静电能量除了取决于物质本身外，还与材料表面的清洁程度、环境条件、接触压力、光洁程度、表面大小、摩擦分离速度等有关。

2）剥离起电。当相互密切结合的物体剥离时，会引起电荷的分离，出现分离物体双方带电的现象，称为剥离起电。剥离带电根据不同的接触面积、接触面积的粘着力和剥离速度而产生不同的静电量。

3）断裂带电。材料因机械破裂使带电粒子分开，断裂两半后的材料各带上等量的异性电荷。

4）高速运动中的物体带电。物体的高速运动，其物体表面会因与空气的摩擦而带电。

最典型的案例是高速贴片机贴片过程中因元器件的快速运动而产生静电，其静电压约在600V左右，对于CMOS器件来说，有时是一个不小的威胁。与运动有关的还有如清洗过程中，有些溶剂在高压喷淋过程中也会产生静电。

2. 静电放电（ESD）对电子工业的危害

电子工业中，摩擦起电和人体带电常有发生，电子产品在生产、包装运输及装联成整机的加工、调试、检测的过程中，难免受到外界或自身的接触摩擦而形成很高的表面电位。如果操作者不采取静电防护措施，人体静电电位可高达$1.5 \sim 3kV$。静电损坏大体上分为两类，这就是由静电引起的浮尘埃的吸附以及由静电放电引起的敏感元器件的击穿。

1）静电吸附。在半导体和半导体器件制造过程广泛采用SiO_2及高分子物质的材料，由于它们的高绝缘性，在生产过程中易积聚很高的静电，并易吸附空气中的带电微粒导致半导体介质击穿、失效。为了防止危害，半导体和半导体器件的制造必须在洁净室内进行。

2）静电击穿。在生产中，人们常把对静电反应敏感的电子元器件称为静电敏感元器件（Static Sensitive Device，SSD）。这类电子器件主要是指超大规模集成电路，特别是金属氧化物半导体（MOS）器件。

超大规模集成电路集成度高、输入阻抗高，受静电的损害越来越明显。静电放电对静电敏感元器件可能造成硬击穿或软击穿。硬击穿是一次性造成元器件的永久性失效，如元器件的输出与输入开路或短路。软击穿则可使元器件的性能劣化，并使其指标参数降低而造成故障隐患。由于软击穿可使电路时好时坏（指标参数降低所致），且不易被发现，给整机运行和查找故障造成很大麻烦。软击穿时设备仍能带"病"工作，性能未发生根本变化，很可能通过出厂检验，但随时可能造成再次失效。

9.3.2 静电防护原理与方法

在现代化电子工业生产中，在一般情况下不产生静电是不可能的，但产生静电并非危害所在，真正的危险在于静电积聚以及由此而产生的静电放电。因此，静电积聚的控制和静电泄放是静电防护的核心。

1. 静电防护原理

在电子产品生产过程中，对SSD进行静电防护的基本思想有两个：一是对可能产生静电的地方要防止静电的积聚，即采取一定的措施，减少高压静电放电带来的危害，使之边产生边"泄放"，以消除静电的积聚，并控制在一个安全范围之内；二是对已存在的静电荷积聚的静电源采取措施，使之迅速地消散掉，即时"泄放"。

因此，电子产品生产中的静电防护的核心是"静电消除"。当然这里的消除并非指"一点不存在"，而是控制在最小限度之内。

2. 静电防护方法

1）静电防护中所使用的材料。对于静电防护，原则上不使用金属导体，因导体漏放电流大，会造成器件的损坏，而是采用表面电阻$1 \times 10^5 \Omega$以下的所谓静电导体，以及表面电阻为$1 \times 10^5 \sim 1 \times 10^8 \Omega$的静电亚导体。例如在橡胶中混入导电炭黑后，其表面电阻可控制在$1 \times 10^6 \Omega$以下，即为常用的静电防护材料。

2）泄漏与接地。对可能产生或已经产生静电的部位，应提供通道，使静电即时泄放，即通常所说的接地。一般防静电工程中，均需独立建立"地线"工程，并保证"地线"与大地之间的电阻小于10Ω,"地线"埋设与检测方法参见工业企业通信接地设计规范或电子产品制造防静电系统测试方法。

静电防护材料接地的方法是:将静电防护材料如防静电桌面台垫、地垫,通过1MΩ的电阻连接到通向地线的导体上,详情见SJ/T10630—1995电子元器件制造防静电技术要求。IPC – A – 6100标准中推荐的防静电工作台接地方法如图9 – 8所示。

通过串接1MΩ电阻的接法是确保对地泄放电流小于5mA,称为软接地,而对设备外壳和静电屏蔽罩通常是直接接地,则称为硬接地。

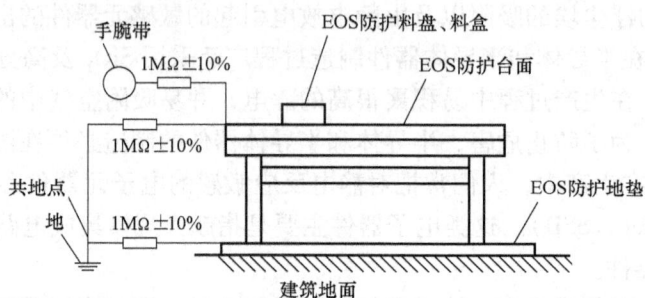

图9 – 8　IPC – A – 6100标准中推荐的防静电工作台接地方法

3. 导体带静电的消除

导体上的静电可以用接地的方法使其泄漏到大地,工程上一般要求在1s内将静电泄漏,使静电电压降至100V以下的安全区;这样可以防止因泄漏时间过短,泄漏电流过大对SSD造成损坏。在静电防护系统中通常使用1MΩ的限流电阻,将泄放电流控制在5mA以下,这也是同时考虑操作者的安全而设计的。

4. 非导体带静电的消除

对于绝缘体上的静电,由于电荷不能在绝缘体上流动,故不能用接地的方法排除其静电荷,而只能用下列方法来控制。

1)使用离子风机。离子风机可以产生正、负离子以中和静电源的静电。用于那些无法通过接地来泄放静电的场所,如空间,贴片机头附近,使用离子风机排除静电具有良好的防静电效果,如图9 – 9所示。

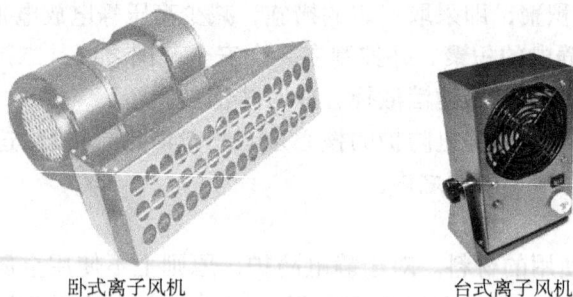

卧式离子风机　　　　　　　　台式离子风机

图9 – 9　离子风机

2)使用静电消除剂。静电消除剂是各种表面活性剂,通过洗擦的方法,可以去掉一些物体表面的静电,如仪表表面。当采用静电消除剂的水溶液擦洗后能快速地消除仪表表面的静电。

3）控制环境湿度。湿度的增加可以使非导体材料的表面电导率增加，故物体不易积聚静电。在有静电的危险场所，在工艺条件许可时，可以安装增湿机来调节环境的湿度，如在北方的工厂，由于环境湿度低容易产生静电，采用增湿的方法可以降低静电产生的可能，这种方法效果明显而且价格低廉。

4）采用静电屏蔽。采用接地的屏蔽罩把带电体（易散发静电的设备、部件、仪器）与其他物体隔离开，这样带电体的电场将不影响周围其他物体，这种屏蔽方法叫内场屏蔽。有时也用接地的屏蔽罩把被隔离物体包围起来使被隔离物免受外界电场的影响，这种屏蔽方法叫外场屏蔽。

5. 工艺控制法

目的是在生产过程中尽量少产生静电荷，为此应从工艺流程、材料选用、设备安装和操作管理等方面针对性的采取措施，控制静电的产生和积聚。

在上述的各项措施中，工艺控制法是积极的措施，其他措施作为配合手段予以综合考虑，以便达到有效防静电的目的。

9.3.3 常用静电防护器材

电子产品生产过程使用的静电防护器材可归纳为人体静电防护系统、防静电地坪、防静电操作系统和特殊用品。

1. 人体静电防护系统

人体静电防护系统，包括防静电的腕带、工作服、鞋袜、帽、手套等，这种整体的防护系统兼具静电泄漏与屏蔽功能，有关它们的技术标准与使用要求详见 SJ/T 10694 – 1996 电子产品制造防静电系统测试方法，所有的防静电用品通常应在专业工厂或商店购买。图 9 – 10 所示为防静电腕带和防静电工作服。

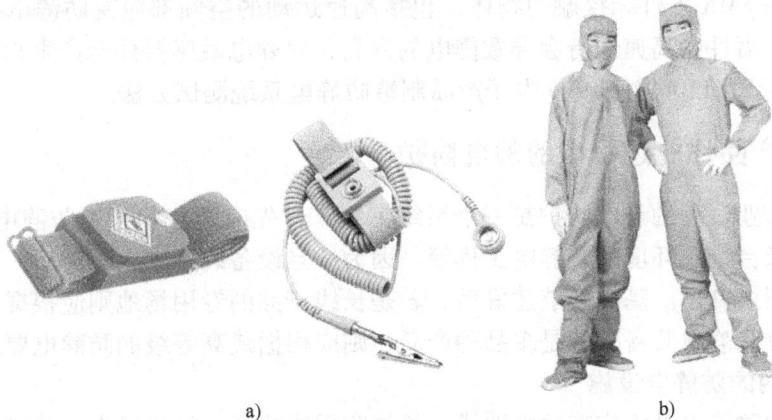

a)   b)

图 9 – 10　防静电腕带和防静电工作服

a）防静电腕带　b）防静电工作服

2. 防静电地坪

防静电地坪能够泄放设备、工装上的静电以及因移动操作而不宜使用腕带的人体静电。地面防静电性能参数的确定是既要保证在较短的时间内将静电电压降至 100V 以下，又要保证人员的安全，系统电阻要严格控制在 $10^5 \sim 10^8 \Omega$ 之间。

常用于防静电地坪的材料有下列几种。

1）防静电橡胶地面：施工简单、抗静电性能优良，但易磨损。

2）PVC防静电塑料地板：防静电效果好，持久强度高，使用广泛。

3）防静电地毯：防静电效果好，使用方便，但成本高。

4）防静电活动地板：防静电效果好，美观，但成本更高。

5）防静电水磨石地面：防静电性能稳定，寿命长，成本低，适用于新厂房。

有关防静电地坪的材料铺设方法及验收标准参见 SJ/T 10694—1996 电子产品制造防静电系统测试方法相关要求。

3. 防静电操作系统

防静电操作系统是指各工序经常会与元器件、组件成品发生接触、分离或摩擦作用的工作台面、生产线体、工具、包装袋、储运车以及清洗液等。由于构成上述操作系统所用的材料均是高绝缘的橡胶、塑料、织物、木材等，极易在生产过程中产生静电，因此都应进行防静电处理，即操作系统应具备防静电功能。

防静电操作系统包括：

1）防静电台垫。操作台面均设有防静电台垫，表面电阻在 $10^5 \sim 10^9 \Omega$ 之间，并通过 $1 M\Omega$ 电阻与地相接，周转箱、盒等一切容器应为防静电材料制作，并贴有标志。

2）防静电包装袋。一切包装 SMA 或器件的塑料袋均应为防静电袋。表面电阻为 $10^5 \sim 10^9 \Omega$，在将 SMA 放入或拿出袋中时，人手应戴防静电手腕。

3）防静电物流车。用于运送器件、组件的专用物流车，应具备防静电功能，特别是橡胶轮，应用防静电橡胶轮，表面电阻为 $10^5 \sim 10^9 \Omega$。

4）防静电工具。防静电工具，特别是电烙铁、吸锡枪等应具有防静电功能，通常电烙铁应低电压操作（24V/36V），烙铁头应良好接地。

总之一切与 SMA 器件相接触的物体，包括高速运动的空间都应有防静电措施。特别高速贴片过程中，器件的高速运行会导致静电的升高，对静电敏感器件会产生影响。防静电的操作系统应符合 SJ/T10694—1996 电子产品制造防静电系统测试方法。

9.3.4 电子产品作业过程中的静电防护

电子产品作业过程的静电防护是一个系统工程，首先应建立和检查防静电的基础工程，如地线与地垫及台垫、环境的抗静电工程等。因为一旦设备装备进入车间后，若发现环境不适合则会带来很大麻烦。基础环节建好后，若是长线产品的专用场地则应根据长线产品的防静电的要求配置防静电装备，若是多品种产品，则应根据最高等级的防静电要求配备。

1. 生产线内的防静电设施

生产线内的防静电设施应有独立地线，并与防雷线分开；地线可靠，并有完整的静电泄漏系统，车间内保持恒温，恒湿的环境，一般温度控制在（25±2）℃，湿度为65%±5%（RH）；入门处配有离子风，并设有明显的防静电警示标志，如图9-11所示。

防静电标志可以贴在设备、器件、组件及包装上，以提示人们在对这些东西进行操作的时候，可能会遇到静电放电或静电过载的危险。IPC - A - 610B 中推荐的防静电标志如图9-12所示。图9-12a是对 ESD 敏感的符号，呈三角形，里面画有一只被拉一道痕的手，用来表示该物体对 ESD（静电放电）引起的伤害十分敏感。

虽然有的元器件经过专门的设计后，具有静电防护的能力，也要在包装上张贴 ESD 防护符号（如图 9 – 12b 所示），这些都是为了加强工作人员的防静电意识。图 9 – 12b 与图 9 – 12a 的区别是在三角形外面围着一个弧圈，三角形内手上的一道痕没有了，用来表示该物体经过专门设计，具有静电防护能力。

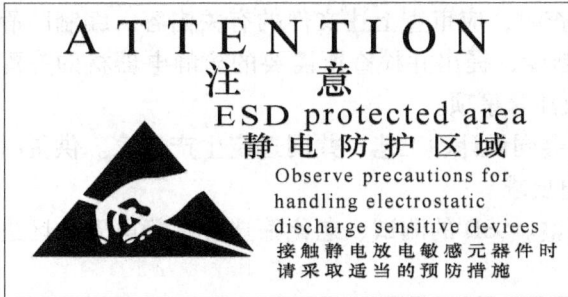

图 9 – 11　防静电警示标志（黄底黑字）

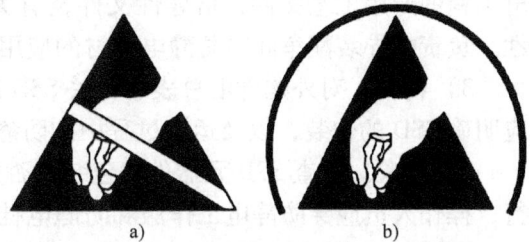

图 9 – 12　ESD 敏感符号和 ESD 防护符号

通过图 9 – 12a 和图 9 – 12b 可以识别哪些是 ESD 敏感物，哪些具有 ESD 防护能力，在操作的时候一定要区别对待。这两个标志首先由 ESD 协会提出，美国电子工业协会（EIA）已将其列入 EIA 标准 RS – 471。

需要提醒的是，没有贴标志的元器件，不一定说明它对 ESD 不敏感。在对组件的 ESD 敏感性存有怀疑时，必须将其当做 ESD 敏感器件处置，直到能够确定其属性为止。

2. 生产过程的防静电

1）车间外的接地系统每一年检测一次，电阻要求在 2Ω 以下，改线时需要重新测试。地毯/板、桌垫接地系统每 6 个月测试一次，要求接地电阻为零。若检测机器与地线之间的电阻时，要求电阻为 1MΩ，并做好检测记录。

2）车间内的温度、湿度每天测两次，并做有效记录，以确保生产区恒温、恒湿。

3）任何人员（操作人员、参观人员）进入生产车间之前必须穿好防静电工作服、防静电鞋。对于直接接触 PCB 的操作人员，要戴防静电腕带并要求戴腕带的操作人员，每天上、下午上班前各测试一次，以保证腕带与人体的良好接触。同时，每天安排工艺人员监督检查。对员工要进行防静电方面的知识培训和现场管理。

4）贴装过程中，需要手拿 PCB 时，规定只能拿在 PCB 边缘无电子元器件处，而不能直接接触电子元器件管脚或导电铜箔。贴装后的 PCB 必须装在防静电塑料袋中，然后放在防静电周转箱中，方可运到安装区。安装时，要求一次拿一块，不允许一次拿多块 PCB。

5）返工操作，必须将要修理的 PCB 放在防静电盒中，再拿到返修工位。修理过程中应严格注意工具的防静电，修理后还要用离子风机中和，方可测试。

3. 静电敏感元器件的存储

静电敏感元器件（SSD）应设有防静电区，防静电区应醒目贴防静电标志，并保持环境通风，相对湿度不低于 40%。SSD 应原包装存放，需要拆开时应严格按防静电要求处理，工作人员应穿防静电工作服、鞋、袜，在防静电工作台面工作。

SSD 在转到生产部门的过程中放在防静电周转箱中，方可移动到生产区。

4. 其他部门的防静电要求

1）设计部门。设计人员应熟悉 SSD 种类、型号、技术性能及其防护要求，应尽量选用带静电保护的 IC。在线路设计时应考虑静电抑制技术的应用，如静电屏蔽接地技术等。编制含有 SSD 的设计文件中，必须有警示符号。

涉及的主要设计文件有：使用说明书（用户手册），技术说明书，明细表，PCB 图（引出端头处理），装配图和调试、检验说明（包括 SSD 进厂检验）。

2）工艺部门。对设计文件进行工艺性审查时，应审查上述文件的有关内容。编制防静电工程的专用工艺文件，指导性文件及有关制度，提出并检查所需要的防静电器材的齐配性。负责指导装配车间对防静电器材的应用及注意事项。

3）物料。对外购件汇总表中有关 SSD 应会同设计、工艺、共同选定生产厂家。供货时应明确 SSD 的包装，以及运输过程中的防静电要求。

4）检验。检查 SSD 元器件的包装是否完整。SSD 的测试、老化筛选应在静电安全区进行，操作人员应穿防静电工作服和防静电鞋。

总之，静电防护工程在电子装配行业中是一项重要任务，特别它涉及面广，某一个环节的失误都会导致不可挽救的损失。

9.4 SMT 产品质量控制与管理

表面组装技术是一项系统工程，它技术密集、知识密集，在表面组装大生产中，设备投资大、技术难度高。由于设备本身的高质量、高精度，保证了系统的高精度并实现了自动化成线运行。正常情况下，设备故障率很低，但系统调整不佳、操作不当、供电供气不正常、生产环境不好，以及工序衔接不好均会导致设备故障率提高。在实际生产中由于工艺不当，产品更换了而焊接炉温曲线没有及时调整，元器件、PCB、焊锡膏、贴装胶储存条件不规范，导致元器件可焊性变差等均会产生焊接缺陷。因此 SMT 生产中的质量管理已愈来愈受到众多 SMT 生产厂家的重视，并把 SMT 质量管理视为 SMT 的一个组成部分，这既是前人经验教训的总结，也是对 SMT 技术的再认识。

9.4.1 依据 ISO—9000 系列标准做好 SMT 生产中的质量管理

ISO—9000 系列标准是由设在瑞士日内瓦的国际标准化组织，即由各国标准化团体组成的世界性的联合会于 1987 年制订，旨在进一步提高生产厂家质量管理水平的国际标准，这个标准每 5 年修改一次，重新发布。多年来这个标准不分国界、不分行业，越来越受到世界各国政府、团体、工厂重视和认可，并积极申报该标准的评审。

ISO—9000 系列标准中，质量管理体系明确提出了 20 个要素以及这些要素应符合的标准，20 个要素中其精华又称为"人、机、物、法、环"，它具有切实可行的操作性，又有继承和发扬的连贯性。ISO—9000 系列标准是世界各国执行全面质量管理的经验总结和升华的产物。

很多工厂形象地把 ISO—9000 系列标准称为"迈向世界经济的通行证"，它也是在不同行业之间实现联络和沟通的桥梁。不同厂家、不同部门通过这个体系得到很好的交流，相互印证、相互支持。社会大生产都有一个明确的分工，每个行业、每个工厂在向社会提供合格产品时，也都要接受社会其他工厂所提供的合格产品，而挑选购买那些通过 ISO—9000 认证的工厂所生产的产品应为首选，因为他们有一个合格的质量保证体系来保证其产品的质量，而没有通过 ISO—9000 系列标准的工厂就不足以提供这样的保证。ISO—9000 系列标准像纽带一样把不同国家、不同地区、不同工厂紧紧联系起来。这也正是越来越多的国家和工厂都来积极接受 ISO—9000 系列标准评审的原因所在。

目前，ISO—9000 系列标准是 2000 年 12 月 15 日正式发布的 2000 新版 ISO—9000 国际标准，它由以下核心标准组成，括号中为我国等同采用国际标准的国家标准。

1）ISO—9000：2000《质量管理体系——基础和术语》（GB/T19000—2000）。

2）ISO—9000：2000《质量管理体系——要求》（GB/T19001—2000）。

3）ISO—9000：2000《质量管理体系——业绩改进指南》（GB/T19004—2000）。

SMT 生产中质量要求之高，加工难度之大，这在其他行业是少见的，它与众多的行业、工厂紧密相连，各种元器件、辅助材料、焊锡膏、贴片胶、PCB、加工设备既有外购件又有外协件；产品设计者既需要本专业知识，又必须熟悉 SMT 工艺方法、工艺规范；焊接质量既需要设备的保证，又离不开人的经验；稍有差错就会造成质量事故，特别是一旦发生焊接质量问题，挽回及维修的可能性都非常小。因此，依据 ISO—9000 系列标准，做好 SMT 生产中的质量管理，逐渐形成完整的质量管理体系，是提高 SMT 生产质量的关键。

9.4.2　生产质量管理体系的建立

本节介绍的 SMT 生产质量管理体系主要是指质量保证体系，在总方针及质量方针中，主要涉及质量指标，实际生产中还应包括其他方面的内容，如企业总产值、企业精神文明、企业文化等内容。此外，该生产质量管理体系仅适应具有一定生产规模的 SMT 部门，而对小批量生产线可参考执行。

1. 总体质量目标

制订明确的质量方针和质量目标是推行 ISO—9000 管理体系的标志，其方针目标应体现出质量在不断提高，并经过努力后能够达到，并且方针目标应在各部门中认真落实和贯彻。例如，当前国际上再流焊不良焊点率 $\leqslant 10 \times 10^{-6}$，企业的 SMT 生产中心应依据世界先进目标，制订出确实可行的质量目标，例如：

1）第 1 年做到 500×10^{-6} 或 300×10^{-6}——近期目标；

2）第 2 年做到 100×10^{-6} 或 50×10^{-6}——中期目标；

3）第 3 年做到 $(20 \sim 10) \times 10^{-6}$——远期目标。

同时，应根据质量方针的要求分析影响质量的关键及生产环节中的薄弱问题，通过分析研究制订出有力的控制措施，并有相应部门和具体人员去落实解决。

2. SMT 产品设计

产品设计师除了熟悉电子线路专业知识外，还应熟悉 SMT 元器件以及各种 SMT 工艺流程，特别是中心的 SMT 生产线流程和能力，在设计的过程中始终与 SMT 工艺保持联系和沟通。设计师所设计的 PCB 应符合 SMT 工艺要求。

应有一套完善的设计控制制度，包括各种数据、试验记录，特别是 SMT 生产质量有关的记录，设计与工艺联络程序如图 9 - 13 所示。

3. 外购件及外协件的管理

1）管理办法。有一套行之有效的管理办法，如外购件按重要性分类管理，对不同的产品或分承包方采取不同的控制办法。例如，对外购设备等贵重物资应做到：购买前，应有专

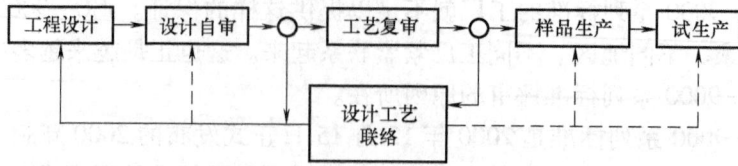

图 9 – 13　设计与工艺联络程序

业人员立项、专家组以及专业部门评审认定，购买时应采取招标制，使用后应定期评估其效益或必要性。

2）进货检验或验证。有一套严格的进货检验或验证制度，检验人员应具备良好的专业素质，设备及规程均比较正规。

3）外购与外协件的保管与存放。有正规的进货仓库，仓库条件能保证存储物品的质量不致受损，进出均有一套严格的管理制度，账、卡、物相符，保管人员受过培训。

4）外协产品。外协产品，特别是质量要求高的双面、多层印制电路板，应对委托加工单位进行评估和考察，应选择具备很强工艺技术和装备实力的专业工厂。

9.4.3　生产管理

1. 工序管理办法

1）有一套正规的生产管理办法，如规定有首件检查、自检、互检及检验员巡检的制度，工序检验不合格不能转到下道工序，SMT 生产首件产品检验现场工艺运行流程如图 9 – 14 所示。

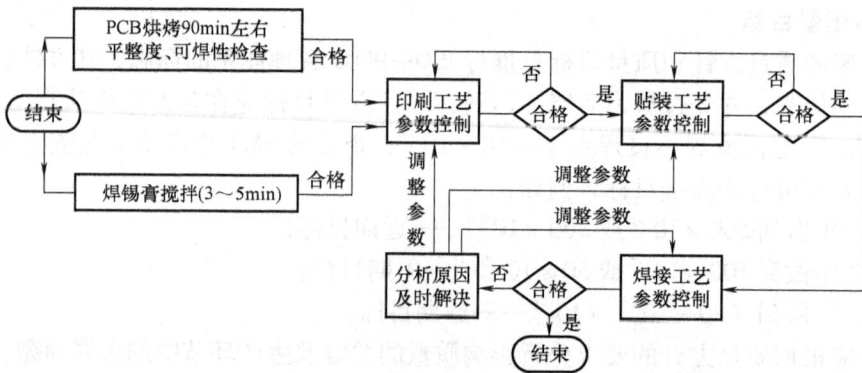

图 9 – 14　首件产品检验现场工艺运行流程

2）有明确的质量控制点。

SMT 生产中的质控点有：焊锡膏印刷、贴片、炉温调控。

对质控点的要求如下：现场有质控点标志；有规范的质控点文件；控制数据记录正确、及时、清楚；对控制数据及时进行处理；定期评估 PDCA（Plan‘计划’、Do‘执行’、Check‘检查’和 Action‘处理’的缩写）循环和可追溯性。

2. 工艺文件

主要工序都有工艺规程或作业指导书，工人严格按工艺文件操作，工艺文件处于受控状态，现场可以取得现行有效版本的工艺文件。SMT 主要工艺文件应包括下列内容：

1）焊锡膏印刷典型工艺；

2）焊锡膏、贴片胶使用与储存注意事项；

3）贴片胶涂布典型工艺；

4）贴片机编程工艺要求；

5）SMA 焊接炉温测试工艺规范；

6）波峰焊炉温测试工艺规范；

7）贴片胶固化工艺规范；

8）ICT 测试夹具制造流程；

9）SMB 设计工艺规范；

10）SMA 清洗工艺流程及工艺规范；

11）ICT 测试仪使用工艺规范；

12）焊接质量评估规范要求；

13）SMT 生产过程中防静电工艺规范；

14）维修站使用工艺规范；

15）电烙铁使用工艺规范；

16）其他相关规范。

上述工艺文件资料应做到：字体工整、填写和更改规范完整、正确、及时；工艺草卡必须盖有"草卡"印记；工艺流程所规定的方法科学合理、有可操作性；工艺资料保管有序，存档资料符合规范。

3. 关键工序和特殊工序的控制

分清关键工序和特殊工序，进行工艺参数的重点监控。在关键工序和特殊工序工作的工人要通过培训考核，对这些工序的设备、工具、量具等均应特别重视。

1）关键工序。SMT 生产中，焊锡膏印刷、贴片机的运行、再流焊炉的炉温控制等均应列为关键工序，下列有关的参数应当每天检查与记录：

① 环境的温度和湿度、印刷机稳定性；

② 锡膏的黏度、锡球试验（结合第一件产品）；

③ 模板与 PCB 间隙、离板速度、刮刀速度和压力、图像识别精度（结合第一块焊膏印刷质量）；

④ 贴片机的工作状态包括压力、运行状况，应每天记录，有记录表。

⑤ 再流焊炉的温度应每天测试一次，并做好记录，有条件的炉温做到实时控制，有记录表。操作工人应严格培训考核，持证上岗，关键岗位应有明确的岗位责任制。

2）特殊工序。SMT 生产中，焊锡膏、贴装胶等相对价格贵重，可作为特殊工序控制进行定额管理，在保证产品质量的前提下，使材料消耗不断下降，并有效地降低成本，提高效益。

4. 物料管理

材料消耗工艺定额的编制方法有实际测定法和经验统计法。实际测定法是用实际称量的方法确定每个零件或每个焊点的材料消耗工艺定额。经验统计法是根据类似元件实际消耗统计资料经分析对比，确定其工艺定额。

在批次生产中，实测每块印制电路板的标准用量（印刷前后质量差）、本批的标准用量及本批的实际用量，由此计算出焊锡膏的利用率，综合考虑其他因素，确定焊锡膏的损耗系数，最后由损耗系数计算焊锡膏的工艺定额。

总之，对物料管理要做到原材料、元器件、外协件及在制品定置管理；账、物、卡相符；在用品均为限期内的合格品或同意代用品；领用、发放制度齐全，手续完备；大件物料实行多次限额发料。

5. 产品批次管理与不合格产品的控制

成批生产的产品有批号、批量等标志可以追溯（如通过计划文件、工序卡、随工单等）。

有一套不合格品控制办法，根据不同情况由不同的人和部门对不合格品进行隔离、标志、记录、评审和处置。

通常组件板返修过程中，其厚/薄膜 PCB 返工不应超过两次再循环，SMA 的返修不应超过 3 次循环。

6. 生产设备的维护和保养

由于 SMT 设备大部分均为进口，价格昂贵，无论是操作还是用后维护均有较高的要求，因此，要有一套设备管理办法，关键设备应由专职维护人员点检，使设备始终处于完好的状态。

7. 生产环境

SMT 车间应严格执行 5S 管理制度。生产现场有定置区域线，楼层（班组）有定置图，定置图绘制符合规范要求；定置合理，定置率高，标志应用正确；库房材料与在制品分类储存，所有物品堆放整齐、合理并定区、定架、定位，与位号、台账相符；凡停滞区内摆放的物品必须要有定置标志，不得混放。

在清洁文明方面应做到：料架、运输车架、周转箱无积尘；管辖区的公共走道通畅无杂物，楼梯、地面光洁无垃圾，门窗清洁无尘；文明作业，无野蛮、无序操作行为；实行"日小扫"、"周大扫"制度。

对现场管理有制度、有检查、有考核、有记录；立体包干区（包括线体四部位、设备、地面）整洁无尘，无多余物品；能做到"一日一查"、"日查日清"。

生产线的辅助环境是保证设备正常运行的必要条件，主要有以下几方面：

1）动力因素。SMT 设备所需动力通常为电能与压缩空气，其质量好坏不仅影响设备的正常运行，而且直接影响设备的使用寿命。

① 压缩空气。SMT 生产线上，设备的动力是压缩空气，一台设备上少则几个汽缸、电磁阀，多则二十几个气缸与电磁阀。压缩空气应用统一配备的气源管网引入生产线相应设备，空压机离厂房要有一定距离；气压通常为 $0.5 \sim 0.6 MPa$，由墙外引入时应考虑到管路损耗量；压缩空气应除油、除水、除尘，含油量低于 0.5×10^{-6}。

② 采用三相五线制交流工频供电。所谓三相五线制交流工频供电是指除由电网接入 U、V、W 三相相线之外，电源的工作零线与保护地线要严格分开接入；在机器的变压器前要加装线路滤波器或交流稳压器，电源电压不稳及电源净化不好，机器会发生数据丢失及其他损坏。

2）SMT 车间正常环境。SMT 生产设备是高精度的机电一体化设备，对于环境的要求相对较高，应放置于洁净厂房中（不低于《GB73-84 洁净厂房设计规范》中的 100000 级）。

温度：20～26℃（具有焊锡膏、贴装胶专用存放冰箱时可放宽）；

相对湿度：40%～70%；

噪声：≤70dB；

洁净度：粒径≤5.0≥0.5（μm），含尘浓度≤3.5×10^5≥2.5×10^4（粒/m^2）。

对墙上窗户应加窗帘，避免日光直接射到机器上，因为SMT生产设备基本上都配置有光电传感器，强烈的光线会使机器误动作。

3）SMT现场应有防静电系统，系统及防静电地线应符合国家标准。

4）SMT机房要有严格的出入制度、严格的操作规程、严格的工艺纪律。如：凡非本岗位人员不得擅自入内，在学习期间人员，至少两人方可上机操作，未经培训人员严禁上机；所有设备不得带故障运行，发现故障及时停机并向技术负责人汇报，排除故障后方可开机；所有设备与零部件，未经允许不得随意拆卸，室内器材不得带出车间等。

8. 生产人员素质

SMT是一项高新技术，对人的素质要求高，不仅要技术熟练，还要重视产品质量，责任心强，专业应有明确分工（一技多能更好），SMT生产中必须具有下列人员：

1）SMT主持工艺师与SMT工程技术责任人。其职责是全面主持SMT工程工作；组织全面工艺设计；提出SMT专用设备选购方案；提出资金投入预算，并负责"投入保证"程序的实施；负责SMT工程"产出保证"程序的实施；组织工程文件化工作；研究新工艺，不断提高产品质量及生产效率；了解国内外SMT的发展趋势、调研市场发展动态；负责试制人员的技术培训。

2）SMT工艺师。其职责是确定产品生产程序，编制工艺流程；参与新产品开发，协助设计师做好PCB设计；熟悉元器件、PCB以及质量认定；熟悉焊锡膏、贴片胶工艺性能以及评价；能现场处理生产中出现的问题，及时做好记录；掌握产品质量动态，对引起质量波动的原因进行分析，及时报告并提出质量部门的处理意见，监督生产线工艺的执行；负责组织产品的常规试验及其他试验；参与产品的开发研制工作，提出质量保证方案。

3）SMT工艺装备工程师。熟悉SMT设备的机、电工作原理；负责设备的安装和调试工作、组织操作工的技术培训及其他有关技术工作；负责点胶、涂膏、贴片、焊接、清洗及检测系统设备的选型，编制购置计划；了解各类设备的功能、价格及发展的最新动态；选择辅助设备，提出自备工装设备的技术要求和计划；负责设备的修理、保养工作，编制设备保养计划。

4）SMT检测工程师。其职责是负责SMA的质量检验，根据技术标准编制检验作业指导书，对检验员进行技术培训，积极宣传贯彻质量法规；负责检测技术及质量控制，包括针床设计及测试软件的编制；研究并提出SMT质量管理新办法；掌握测试设备发展最新动态。

5）印制电路板布线设计工程师。PCB布线设计工程师，主要工作是能承接外协任务，对前来加工的产品，只要客户提供产品的线路原理图，就能设计出SMB。设计工程师的职责是：精通电器原理，会进行PCB的CAD设计；熟悉SMC/SMD；熟悉SMT工艺（可同工艺师共同商议产品工艺流程）。

6）质量统计管理员。其职责是负责统计、处理质量数据并及时向有关技术人员报告；掌握元器件等外购件及外协件的配料情况，能根据产品的生产日期查出元器件的生产厂家，向有关人员反映元器件的质量情况。

7）生产线线长。其职责是贯彻正确的 SMT 工艺，监视工艺参数，对生产中的工艺问题及时与工艺师沟通、及时处理。重点监控焊锡膏的印刷工艺以及印刷机的刮刀压力、速度等，确保获得高质量的印刷效果；发挥设备的最大生产能力，减少辅助生产时间，重点是元器件上料时间，小组要考核自己生产线的 SMT 生产设备的利用率。小组对产品质量负责，开展三检：首检、抽检、终检。

8）精密印刷机、贴片机、再流焊炉等各主设备责任操作员。其职责是熟练、正确操作设备（含编程）；掌握设备保养知识；熟记设备正常状态下的环境位置，例如灯光指示状态、开关存在状态、运行机械状态以及设备的其他典型状态；掌握辅助材料性能、应用及保管方法；熟悉 SMD 型号、规格、包装形式。

9.4.4 质量检验

1. 机构

质量检验部门应独立于生产部门之外，职责明确，有能力强、技术水平高、责任心强的专职检验员。SMT 中心应设有以下部门：

1）辅助材料检测部门。凡购进的各种材料都应该按标准（在国外标准/国标/厂标中最少选择一个）进行认真检测，不经过检测的材料不准使用，检测不合格的不准使用。

检测的原材料常有：焊锡膏、贴片胶、助焊剂、防氧化油、高温胶带、清洗剂、焊锡丝、PCB。

2）元器件检测部门。了解表面安装元器件的品种和规格以及国内外的发展情况，选择 SMC/SMD，并掌握其技术参数、外形尺寸和封装标准情况；向印制电路板布线设计师提供 SMC/SMD 的外形尺寸、特性参数；负责拟定元器件的检验标准；向有关人员（如计划员、库管员等）提供 SMC/SMD 分类标准及管理方法，保证 SMC/SMD 的正确性；了解和选择 THC/THD 及插件、连接器。

3）成品检验部门。成品检验必须严格，在进货检验、工序检验合格的基础上进行成品检验，合格才准放行。SMA 成品应进行下列测试：焊点质量测试、SMA 在线测试（需要时）、SMA 的功能测试（需要时），合格后方能入库或交付使用。

主要检验过程要严格控制，每批产品测试前应先检查仪器设备，检验员严格按检验文件操作，检验结果由专人校核。

要做到检验环境良好，无灰尘、电磁、振动等影响，场地设备仪表整洁，检验设备、仪表、量具等均按规定校准，能保持要求的精度，检验记录齐全、完整、清晰，可以追溯。

2. 检验依据文件

检验应依据各种产品（包括为中心提供的全部产品）的检验规程、检验标准或技术规范，且严格按此进行检验。SMT 生产关键技术检验标准：

1）SMC/SMD 可焊性测试标准（SJ/T10669—1995）。

2）PCB 系列认定标准。

3）SMC/SMD 技术文件和数据（厂家提供）。

4）表面组装件的焊点质量评定（IPC - A - 610D 或 SJ/T10669—1995）。

5）表面组装用胶粘剂通用规范（SJ/报批稿）。

6）锡铅膏状焊料（SJ/报批稿）。

7）波峰焊接技术要求。

8）电子设备制造防静电技术要求（SJ/T10533—1994）。

9）电子元器件制造防静电技术要求（SJ/T10630—1996）。

3. 检验设备

主要检验设备、仪表、量具齐全，且处于完好状态，按期校准，少数特殊项目委托专门检验机构进行。SMT 生产中常规的检验设备有：

1）元器件可焊性测试仪。

2）PCB 绝缘电阻测试系统（湿度箱、高阻测试仪等）。

3）BROOKFIELD 黏度测试仪。

4）读数显微镜。

5）精密天秤。

6）静电测试仪。

7）地阻测量仪。

8）防静电腕带测试仪。

其余的可以委托其他测试单位代做。

9.5 习题

1. SMT 生产系统有哪些组装方式？确定的原则是什么？

2. 说明双面混合组装工艺流程。画出工艺流程图。

3. 说明全表面组装工艺流程。画出工艺流程图。

4. SMT 生产线设备选型遵循的原则是什么？

5. 简述 SMT 生产系统对生产人员素质有哪些要求。

6. 对 SMT 生产现场环境有哪些要求？

7. 叙述静电产生的原因及危害。

8. 电子组装行业各部门及生产环节应如何做好静电防护。

附　录

附录 A　表面组装技术术语

中华人民共和国电子行业标准

表面组装技术术语

Terminology for surface mount technology

SJ/T 10668—2002
代替 SJ/T 10668—1995

2002 - 10 - 30 发布　　2003 - 03 - 01 实施

中华人民共和国信息产业部 发布

前　言

本标准是对 SJ/T 10668—1995《表面组装技术术语》的修订。

本标准的修订版与前版相比，主要变化如下：

——增加了部分新内容；

——对前版的部分术语进行了修改和删除。

本标准由电子工业工艺标准化技术委员会归口。

本标准起草单位：信息产业部电子第二研究所。

本标准主要起草人：李桂云、王季娥、石萍、甄元生、宋丽荣。

本标准予 1995 年首次发布。

本标准自实施之日起代替并废止 SJ/T 10668—1995《表面组装技术术语》标准。

1. 范围

本标准供电子组装行业及其他相关行业在制订国家标准、行业标准、企业标准和指导性技术文件以及编写教材、技术书籍、技术交流及论文报告时使用。

本标准界定了表面组装技术中常用的术语，本标准适用于电子工业的组装技术和其他相关行业的电子组装技术、互连技术和制造工艺。

2. 一般术语

2.1

组装 assembly

将若干元件、器件或组件连接到一起。

2.2

表面组装技术 surface mount technology（SMT）

表面安装技术

表面贴装技术

将无引线的片状元件（表面组装元器件）安放在基板的表面上，通过浸焊或再流焊等方法加以焊接的组装技术。

2.3

表面组装组件 surface mount assembly （SMA）

表面安装组件

采用表面组装技术制造的印制板组装件。

2.4

表面组装元器件 surface mount component （SMC）

表面安装元器件 surface mount device （SMD）

表面贴装元器件

外形为短形片状、圆柱形或异形，其焊端或引脚制作在同一平面内，并适用于表面组装的电子元器件。

2.5

芯片直接组装 chip on board （COB）

一种将集成电路或晶体管芯片直接安装、互连到印制电路板上的组装技术。

2.6

倒装片 flip chip

一种芯片正面焊区朝下，直接与基板或基座的相应焊区对准焊接的半导体芯片组装互连方法。倒装片互连线最短，占用面积最小，但工艺难度大，散热差。

2.7

组装密度 packaging density

单位体积内所组装的元器件数目或线路数。

2.8

封装 packaging

电子元器件或电子组件的外包装，用于保护电路元件及为其他电路的连接提供接线端。

2.9

工艺过程统计控制 statistical process control （SPC）

采用统计技术来记录、分析某一制造过程的操作，并用分析结果来指导和控制在线制程及其生产的产品，以确保制造的质量和防止出现误差的一种方法。

2.10

可制造性设计 design for manufacturing （DFM）

尽可能把制造因素作为设计因子的设计。也泛指这种方法、观念、措施。

3. 元器件术语

3.1

圆柱形元器件 metal electrode face （MELF） component cylindrical device

两端无引线，有焊端的圆柱形元器件。

3.2

矩形片状元器件 rectangular chip component

两端无引线，有焊端，外形为矩形片式元器件。

3.3

小外形二极管 small outline diode（SOD）

采用小外形封装结构的二极管。

3.4

小外形晶体管 small outline transistor（SOT）

采用小外形封装结构的晶体管。

3.5

小外形封装 small outline package（SOP）

两侧具有翼形或 J 形短引线的小形模压塑料封装。

3.6

小外形集成电路 small outline integrated circuit（SOIC）

报外引线数不超过 28 条的小外形集成电路，一般有宽体和窄体两种封装形式。其中具有翼形短引线者称为 SOL 器件，具有 J 形短引线者称为 SOJ 器件。

3.7

扁平封装 flat package

一种元器件的封装形式，两排引线从元器件侧面伸出，并与其本体平行。

3.8

薄形小外形封装 thin small outline package（TSOP）

一种近似小外形封装，但厚度比小外形封装更薄，可降低组装重量的封装。

3.9

四列扁平封装 quad flat pack（QFP）

外形为正方形或矩形，四边具有翼形短引线的塑料薄形封装形式，也指采用该种封装形式的器件。

3.10

塑封四列扁平封装 plastic quad flat pack（PQFP）

近似塑封有引线芯片载体，四边具有翼形短引线，封装外壳四角带有保护引线共面性和避免引线变形的"角耳"典型引线间距为 0.63mm，引线数为 84、100、132、164、196、244 条等。

3.11

细间距器件 fine pitch device（FPD）

细节距器件

相邻两引脚中心距（节距）≤0.5mm 的器件。

3.12

芯片载体 chip carrier

一种通常为矩形（大多为正方形）的元器件封装。其芯片腔或芯片组装区占据大部分封装尺寸，通常其四边均有引出端，分为有引线芯片载体和无引线芯片载体。

3.13

有引线芯片载体 leaded chip carrier

222

封装体周围或下面有外援引线的芯片载体。

3.14

无引线芯片载体 leadless chip carrier

封装体周围或下面无外接引线，但有外接金属端点的芯片载体。

3.15

有引线陶瓷芯片载体 leaded ceramic chip carrier

近似无引线陶瓷芯片载体，它把引线封装在陶瓷基体四边上，使整个元器件的热循环性能增强。

3.16

无引线陶瓷芯片载体 leadless ceramic chip carrier

四边无引线，有金属化焊端并采用陶瓷气密封装的芯片载体。

3.17

塑封有引线芯片载体 plastic leaded chip carrier（PLCC）

四边具有 J 形短引线，通常引线间距为 1.27mm，采用塑料封装的芯片载体，外形有正方形和矩形两种形式。

3.18

C 形四边封装载体 C – chip quad pack

C – chip carrier

不以固定的封装体引线间距尺寸为基础，而以规定封装体大小为基础制成的四边带 J 形或 I 形短引线的高度气密封装的陶瓷芯片载体。

3.19

焊接用焊端 termination

无引线表面组装元器件的金属化外电极。

3.20

引线 lead

从元器件封装体内向外引出的导线。

3.21

翼形引线 gull wing lead

从元器件封装体向外伸出的形似鸥翅的引线。

3.22

J 形引线 J – lead

从元器件封装体向外伸出并向下延伸，然后向内弯曲，形似英文字母"J"的引线。

3.23

引脚 pin

在元器件中，指引线末端的一段，通过软钎焊使这一段与基板上的焊盘形成焊点。引脚可划分为脚跟（heel）、脚底（bottom）、脚趾（toe）、脚侧（side）等部分。

3.24

引脚共面性 lead coplanarity

一个元器件诸引脚的底面应处于同一平面上。当其不在同一平面上时，引脚底面的最大垂直偏差，称共面偏差。

3.25

球栅阵列 ball grid array（BGA）

集成电路的一种封装形式，其输入输出端子是在元器件的底面上按栅格方式排列的球状焊端。

3.26

塑封球栅阵列 plastic ball grid array（PBGA）

采用塑料作为封装壳体的 BGA。

3.27

陶瓷球栅阵列 ceramic ball grid array（CBGA）

共烧铝陶瓷基板的球栅阵列封装。

3.28

柱栅阵列 column grid array（CGA）

一种类似针栅阵列的封装技术，其元器件的外连接象导线陈列那样排列在封装基体上，不同的是，柱栅阵列是用小柱形的焊料与导电焊盘相连接。

3.29

柱状陶瓷栅阵列 ceramic column grid array（CCGA）

采用陶瓷封装的 CGA。

3.30

芯片尺寸封装 chip scale package（CSP）

chip size package

封装尺寸与芯片尺寸相当的一种先进 IC 封装形式，封装体与芯片尺寸相比不大于120%。

3.31

微电路模块 microcircuit module

微电路的组合或微电路和分立元器件形成的互连组合，是一种功能上不可分割的电子电路组件。

3.32

多芯片模块 multichip module（MCM）

将多块来封装的集成电路芯片高密度安装在同一基板上构成一个完整的部件。

3.33

有引线表面组装元器件 leaded surface mount component

封装体周围和下面有外接引线的元器件。

3.34

无引线表面组装元器件 leadless surface mount component

一种无引线的封装体，靠自身的金属化端点与外部连接的元器件。

4. 材料术语

4.1

软钎焊剂 Flux

一种能通过化学和物理作用去除基体金属和焊料上的氧化膜与其他表面膜，使焊接表面

224

达到必要清洁度的活性物质。它能使熔融焊料润湿被焊接的表面，也能防止焊接期间表面的再次氧化和降低焊料与基体金属间的界面张力，简称焊剂。

4.2

无机焊剂 inorganic flux

由无机酸和盐组成的水溶性焊剂。

4.3

焊剂活性 flux activity

焊剂促进熔融焊料润湿金属表面的能力。

4.4

活性松香焊剂 activated rosin flux

一种由松香和少量有机卤化物或有机酸活化剂配制的焊剂。

4.5

非活性焊剂 nonactivatd flux

指由天然树脂或合成树脂制成的不含有提高活性的活化剂制成的焊剂。

4.6

水溶性焊剂 water – soluble flux

指焊剂和焊剂的残留物能够溶解在水中，可用水清洗的一种焊剂。

4.7

树脂焊剂 resin flux

以天然和合成树脂为基本成分的焊剂的总称。分松香基和非松香基树脂两类。

4.8

合成活性焊剂 synthetic activated flux

一种高活性的有机熄剂，其焊后残留物可溶丁卤化溶剂中。

4.9

活化剂 activator

一种可去除焊接表面氧化物，改善焊剂性能的物质。通常是有机和无机酸、胺和受热易分解的有机卤素化合物或胺类卤酸盐。

4.10

阻焊剂 solder resist

用于局部区域的耐热涂覆材料，在焊接中可避免焊料铺展到该局部区域。

4.11

焊接油（防护层）soldering oil（blanket）

在浸焊或波峰焊中，一种为了少生浮渣和降低表面张力，浮在静止槽和波峰焊槽上面的混合液体成分。

4.12

软钎料 solder

熔点温度低于 427℃（800 ℉）的钎料合金。电子工业中常称焊料。

4.13

焊膏 solder paste

solder cream

由焊料颗粒、焊剂、溶剂和添加剂均匀组成的膏状混合物。

4.14

焊料粉末 solder powder

在惰性气氛中，将熔融焊料雾化制成的微细粒状金属。一般为球形和近球形或不定形。

4.15

触变性 thixotropy

流体的黏度随着时间、温度、切变力等因素而发生变化的特性。

4.16

金属（粉末）百分含量 percentage of metal

一定体积（或重量）的焊膏中，焊前或焊后焊料合金所占体积（或重量）的百分比。

4.17

焊膏工作寿命 paste working life

焊膏从被施加到印制板上至焊接之前的不失效时间。

4.18

贮存寿命 shelf life

焊膏/贴片胶丧失其工作寿命之前的保存时间。

4.19

焊膏分层 paste separating

焊膏中较重的焊料粉末与较轻的焊剂、溶剂、各种添加剂的混合物互相分离的现象。

4.20

免清洗焊膏 no‐clean solder paste

焊后只含微量无副作用的焊剂残留物而无须清洗组装板的焊膏。

4.21

贴片胶 adhesives

能将材料通过表面附着而粘结在一起的物质。在表面组装技术中，在焊前用于暂时固定元器件的胶粘剂。

4.22

皂化剂 saponifier

含有添加剂的有机碱或无机碱的水溶液，可促进松香型焊剂和/或水溶性焊剂残留物的去除。

5. 工艺与设备术语

5.1

丝网印刷 screen printing

用刮板将焊膏/贴片胶通过制有印刷图形的丝网挤压到被印表面的工艺。

5.2

漏印板印刷 stencil printing

用刮板（刮刀）将爆膏/贴片胶通过有孔的模板挤压到被印表面的工艺。

5.3

金属漏印板 metal stencil

用金属薄板经照相蚀刻法、激光切割法或直接用电铸法制成的漏印板。

5.4

柔性金属漏印板 flexible stencil

柔性金属模版 flexible metal mask

用聚酚亚胺膜经激光切割制成的金属漏印和直接用电铸法制成的漏印板。

5.5

脱网高度 snap off distance

回弹距离

印刷时，丝网版或柔性金属网版的下表面与承印物上表面之间的静态距离。

5.6

滴涂 dispensing

表面组装时，以液滴方式往印制电路板上施加焊膏或贴片胶的一种工艺方法。

5.7

注射式滴涂 syringe dispensing

使用手动或有动力源的注射针管，往印制电路板表面规定位置施加贴片胶或焊膏的一种工艺方法。

5.8

拉丝 stringing

注射滴涂焊膏或贴片胶时，因注射嘴（针头）与焊盘表面分离欠佳而在嘴上粘连有少部分焊膏或贴片胶，并使已点胶点出现"拉丝"的现象。

5.9

贴装 pick and place

贴片

将元器件从供料器中拾取并贴放到印制电路板表面规定位置上的手动、半自动或自动的操作。

5.10

贴装头 placement head

贴装机的关键部件，是贴装元器件的执行机构。

5.11

吸嘴 nozzle

贴装头中利用负压产生的吸力来抬取元器件的零件。

5.12

定心爪 centering jaw

贴装头上与吸嘴同轴配备的用于给元器件定位的镊钳式机构。

5.13

定心台 centering unit

设置在贴装机机架上，用于给元器件定中心的机构。

5.14

供料器 feeder

向贴装头供给元器件，储存元器件、并向贴装头供料的机构。

5.15

带式供料器 tape feeder

适用于编带包装元器件的供料器。

5.16

杆式供料器 stick feeder

管式供料器

适用于杆式包装元器件的供料器。它靠元器件自重和振动进行定点供料。

5.17

盘式供料器 tray feeder

适用于盘式包装元器件的供料器。它是将引线较多或封装尺寸较大的元器件预先编放在矩阵格子盘内，由贴装头分别到各器件位置拾取。

5.18

散装式供科器 bulk feeder

适用于散装元器件的供料器。一般采用微倾斜直线振动槽，将贮放的尺寸较小的元器件输送至定点位置。

5.19

供科器架 feeder holder

贴装机中安装和调整供料器的部件。

5.20

贴装精度 placement accuracy

贴装元器件时，元器件焊端或引脚偏离目标位置的最大偏差，包括平移偏差和旋转偏差。它是一个统计概念。

5.21

平移偏差 shifting deviation

指贴装机贴片时，在 $X - Y$ 方向上所产生的偏差。

5.22

旋转偏差 rotating deviation

贴装头贴片时在旋转方向上产生的偏差。

5.23

分辨率 resolution

贴装机驱动机构平稳移动的最小增量值。

5.24

重复性 repeatability

指贴装机贴片时的重复能力。又称重复精度。

5.25

贴装速度 placement speed

贴装机在最佳条件下，单位时间内贴装的元器件的数目。也可用贴装一个元器件所需的时间表示。

5.26

贴装机 placement equipment

贴片机 pick and place equipment

完成表面组装元器件贴装功能的设备。

5.27

低速贴装机 low speed placement equipment

一般指贴装速度小于 9000 片/小时的贴装机。

5.28

中速贴装机 general placement equipment

一般指贴装速度在 9000～15000 片/小时的贴装机。

5.29

高速贴装机 high speed placement equipment

一般指贴装速度在 15000～40000 片/小时的贴装机。

5.30

顺序贴装 sequential placement

按预定贴装顺序逐个拾取、逐个贴放的贴装方式。

5.31

同时贴装 simultaneous placement

两个以上贴装头同时拾取与贴放多个元器件的贴装方式。

5.32

流水线式贴装 in - line placement

多台贴装机同时工作，每台只贴装一种或少数几种元器件的贴装方式。

5.33

贴装压力 placement pressure

贴装头吸嘴在贴放表面组装元器件时，施加于元器件上的力。

5.34

贴装方位 placement direction

贴装头主轴旋转角度。

5.35

飞片 flying

贴装头在拾取或贴放元器件时，元器件丢失的现象。

5.36

示教式编程 teach mode programming

在贴装机上，操作者根据所设计的贴片顺序，经显示器（CRT）上给予操作者一定的指导提示，模拟贴装一遍，贴装机同时自动逐条输入所设计的全部贴装程序和数据，并自动优化程序的简易编程方式。

5.37

脱机编程 off - line programming

不是在贴装机上编制贴装程序，而是在另一台计算机上进行的编程方式。

5.38

光学校准系统 optic correction system

使用光学系统摄像和图像的分析技术对贴装位置进行校准的系统。

5.39

固化 curing

在一定的温度、时间条件下，将涂覆有贴片胶的元器件加热，以使元器件与印制板暂时固定在一起的工艺过程。

5.40

焊缝 fillet

焊接的金属表面的相交处的软钎料，通常为凹形表面。

5.41

升温段 preflow

再流焊温度曲线上，预热后未达到峰值温度前的温度上升段部分。焊料会逐渐熔化并湿润铺展。

5.42

润湿 wetting

指液态焊料和被焊基体金属表面之间产生相互作用的现象。即熔融焊料在基底金属表面扩散形成完整均匀覆盖层的现象。

5.43

半润湿 dewetting

熔融焊料涂覆在基底金属表面后，焊料回缩，遗留下不规则的焊料疙瘩，但不露基底金属。

5.44

不润湿（焊料）nonwetting（solder）

指焊料在基体金属表面没有产生润湿，接触角趋向于180°，余弦值趋向于 −1。

5.45

虚焊点 cold solder connection

由于焊接温度不足，焊前清洁不佳或焊剂杂质过多，使焊接后出现润湿不良，焊点呈深灰色针孔状的表面。

5.46

弯液面 meniscus

在润湿过程中，由于表面张力的作用，在焊料表面形成的轮廓。

5.47

焊料遮蔽 solder shadowing

采用波峰焊焊接时，某些元器件受其本身或它前方较大体积元器件的阻碍，得不到焊料或焊料不能润湿其某一侧甚至全部焊端或引脚，从而导致漏焊的原因。

5.48

焊盘起翘 lifted land

焊盘本身或连同树脂全部或局部脱离基体材料。

5.49

焊料芯吸 solder wicking

因元器件引线升温过快，使焊料过多沿引线润湿铺展，导致接头焊料不足。这是一种缺陷。

5.50

空洞 void

局部区域缺少物质而形成的焊点内部的腔穴，主要因焊料再流时气体释放或固化前所包围的焊剂残留物所形成。

5.51

焊剂残留物 flux residue

焊剂残余物

焊后残存在焊接表面上或焊点周围的焊剂杂质。

5.52

浮渣 dross

焊料槽熔融焊料表面上形成的氧化物和其他杂质。

5.53

墓碑现象 tomb stone effect

再流焊接后，片式元件的一端离开焊盘表面，整个元件呈斜立或直立，状如石碑的缺陷。

5.54

塌落 slump

焊膏/贴片胶印刷后，在一定条件下，焊膏/贴片胶自然流淌或铺展。

5.55

过热焊点 overheated solder connection

焊料表面呈灰暗、颗粒状、多孔、疏松的焊点。

5.56

锡珠 solder ball

焊料在层压板、阻焊层或导线表面形成的小颗粒（一般在波峰焊接或再流焊接后出现）。

5.57

桥接 solder bridging

导线之间由焊料形成的多余导电通路，是一种缺陷。

5.58

手工软钎焊 hand soldering

使用钎料和烙铁或其他手持人工控制式焊接工具进行的焊接。在板级组装中简称"手工焊"。

5.59

群焊 mass soldering

对印制电路板上所有的待焊接的焊点同时加热进行软钎焊的操作。

5.60

浸焊 dip soldering

将装有元器件的印制电路板的待焊接面，浸于静态的熔融焊料表面，对许多端点同时进行焊接。

5.61

波峰焊 wave soldering

将熔化的软钎焊料，经泵喷流成设计要求的焊料波峰，使预先装有电子元器件的印制电路板通过焊料波峰，实现元器件焊端或引脚与印制板焊盘之间机械与电气连接的软钎焊。

5.62

再流焊 reflow soldering

通过重新熔化预先分配到印制电路板焊盘上的膏状软钎焊料，实现元器件焊端或引脚与印制电路板焊盘之间机械与电气连接的软钎焊。

5.63

热板再流焊 hot plate reflow soldering

利用热板进行传导加热的再流焊。

5.64

红外再流焊 ir reflow soldering

infrared reflow soldering

利用红外辐射热进行加热的再流焊，简称红外焊。

5.65

热风再流焊 hot air reflow soldering

以强制循环流动的热气流进行加热的再流焊。

5.66

热风红外再流焊 hot air/ir reflow soldering

按一定热量比例和空间分布：同时采用红外辐射和热风循环对流进行加热的再流焊。

5.67

激光再流焊 laser reflow soldering

采用激光辐射能量进行加热的再流焊。是局部软钎焊方法之一。

5.68

光束再流焊 beam reflow soldering

采用聚集的可见光辐射热进行加热的再流焊。是局部软钎焊方法之一。

5.69

汽相再流焊 vapor phase soldering（VPS）

利用高沸点工作液体的饱和蒸汽的气化潜热，经冷却时的热交换进行加热的再流焊。简称汽相焊。

5.70

自定位 self alignment

在表面张力作用下，元器件自动被拉回到近似目标位置。

5.71

免清洗焊接 no – clean soldering

使用专门配制的、其残余物不需清洗的低固体焊膏的一种工艺。

5.72

焊后清洗 post – soldering cleaning

印制电路板完成焊接后，用溶剂、水或其蒸汽进行清洗，以去除焊剂残留物和其他污染物的工艺过程，简称清洗。

5.73

超声波清洗 ultrasonic cleaning

在清洗介质中，利用超声波引起微振荡的一种浸入式清洗方法。

5.74

溶剂清洗 solvent – cleaning

使用极性和非极性混合有机溶剂去除有机和无机污物。

5.75

水清洗 aqueous cleaning

采用水基清洗剂进行清洗的方法，包括中和剂、皂化剂、表面活性剂、分散剂和防（消）泡剂。

5.76

半水清洗 semi aqueous cleaning

使用溶剂进行清洗，然后用热水进行漂洗，再进行干燥处理的一种工艺。

5.77

离子洁净度 ion cleanliness

以单位面积上离子数或离子量表示的表面洁净度。

6. 测试与检验及其他术语

6.1

自动光学检验 automated optical inspection（AOI）

利用光学成像和图像分析技术，自动检查目标物。

6.2

在线检测 in – circuit test（ICT）

在表面组装过程中，对印制电路板上个别的或几个组合的元器件分别输入测试信号，并测量相应输出信号，以判定是否存在某种缺陷及其所在位置的方法。

6.3

贴装检验 placement inspection

表面组装元器件贴装时或完成后，对于有否漏贴、错位、贴错、元器件损坏等情况进行的质量检验。

6.4

施膏（胶）检验 paste/adhesive application inspection

用目检或机器检验方法。对焊膏或贴片胶施加于印制板上的质量状况进行的检验。

6.5

焊后检验 post – soldering inspection

印制电路板完成后焊接后的质量检验。

6.6

目检 visual inspection

用肉眼或按规定的放大倍数对物理特征进行的检验。

6.7

机器检验 machine inspection

泛指所有利用检测设备进行组装板质量检验的方法。

6.8

返修工作台 rework station

能对组装极进行返工和修理的专用设备或系统。

6.9

拆焊 desoldering

把焊接的元器件拆卸下来进行修理或更换，方法包括：用吸锡带吸锡、真空（焊锡吸管）和热拔。

6.10

基准标志 fiducial mark

fiducial

在印制电路板照相底版或印制电路板上，为制造印制电路板或进行表面组装备工序，提供精密定位所设置的特定的几何图形。

6.11

局部基准标志 local fiducial mark

印制电路板上针对个别或多个细间距、多引线、大尺寸表面组装器件的精确贴装，设置在其相应焊盘的角部，供光学定位校准用的特定几何图形。

6.12

印制电路组件 printed circuit assembly （PCA）

印制电路板和元器件、相关材料及其他硬件组合而成的一种电路组件。

附录 B　实训——SMT 电调谐调频收音机组装

1. 实训目的

通过组装 SMT 电调谐 FM 收音机，体验 SMT 的技术特点，掌握手工 SMT 技术中的手动焊膏印刷、SMC、SMD 贴片以及再流焊接所用设备和操作方法。

2. 实训场地要求与实训器材

本实训产品共有 23 个表面贴装元器件，实训室应设有至少 23 个工位的手工 SMT 贴片操作台，操作台布置请参考图 B-1 所示。

图 B-1　实训场地——贴片操作台

1）实训产品材料清单中的所有元器件、零部件，见表 B-1。
2）焊膏印刷机（全班共用）　　　　　　　1 台
3）台式自动再流焊机（全班共用）　　　　1 台
4）手工焊接工具　　　　　　　　　　　　1 套/人
5）万用表　　　　　　　　　　　　　　　1 只/人
6）放大镜台灯（全班共用）　　　　　　　2 只
7）元件盘、镊子　　　　　　　　　　　　1 套/人

表 B-1　实训产品元器件、零部件清单

类　别	代　号	规　格	型号/封装	数　量	备　注
电阻	R_1	222	2012（2125）RJ1/8W	1	
	R_2	154		1	
	R_3	122		1	
	R_4	562		1	
	R_5	681		1	

类　别	代　号	规　格	型号/封装	数　量	备　注
电容	C_1	222	2012（2115）	1	
	C_2	104		1	
	C_3	221		1	
	C_4	331		1	
	C_5	221		1	
	C_6	332		1	
	C_7	181		1	
	C_8	681		1	
	C_9	683		1	
	C_{10}	104		1	
	C_{11}	223		1	
	C_{12}	104		1	
	C_{13}	471		1	
	C_{14}	330		1	
	C_{15}	820		1	
	C_{16}	104		1	
	C_{17}	332	CC	1	
	C_{18}	100	CD	1	
印制电路板	PCB			1	
芯片	IC		SC1088		
电感	L_1			1	
	L_2			1	
	L_3		70mH	1	8 匝
	L_4		78mH	1	5 匝
晶体管	VL		LED	1	发光
	VD		BB910	1	变容
	V_1	9014	SOT – 23	1	
	V_2	9012	SOT – 23	1	
塑料件	前盖			1	
	后盖			1	
	电位器纽（内、外）			各 1	
	开关钮（有缺口）			1	Scan 键
	开关钮（无缺口）			1	Rese 键
	卡子			1	

类　别	代　号	规　格	型号/封装	数　量	备　注
金属件	电池片			3	
	自攻螺钉			1	
	电位器螺钉			1	
其他	耳机	$32\Omega \times 2$		1	
	RP	$51k\Omega$		1	开关电位器
	SB_1、SB_2			各1	轻触开关

3. 实训步骤及要求

实训步骤按如图 B－2 所示的实训装配工艺流程图进行。

（1）安装前检查

1）印制电路板检查。对照如图 B－3 所示的 SMB 图检查：

① 图形是否完整，有无短、断缺陷。

② 孔位及尺寸是否准确。

③ 表面涂覆（阻焊层）是否均匀。

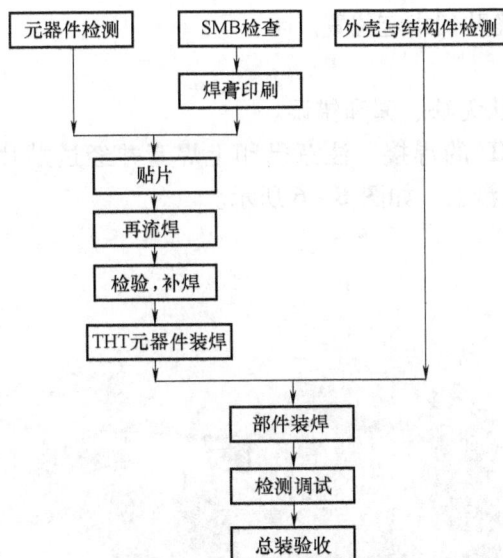

图 B－2　SMT 装配工艺流程

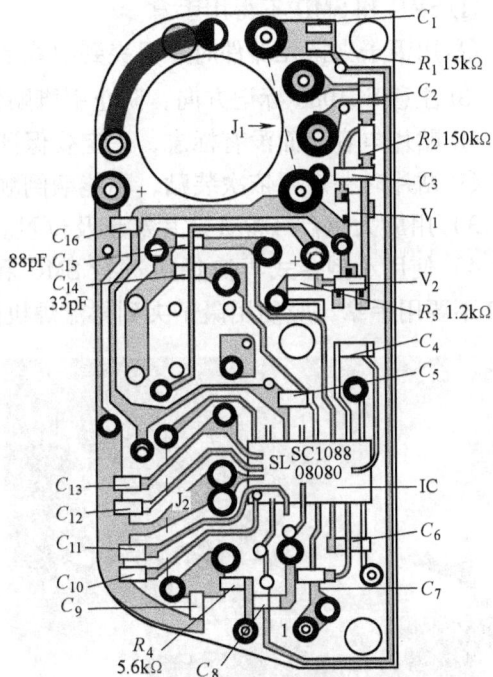

图 B－3　SMB 图

2）外壳及结构件检查。

① 按材料表清查零件品种规格及数量。

② 检查外壳有无缺陷及外观损伤。

③ 耳机是否正常。

3）THT 组件检测。用万用表检测表 B－1 中所列的 THT 组件，图 B－4 是 THT 组件在

SMB 上的安装位置图。

① 电位器阻值调节特性是否正常。

② LED、线圈、电解电容、插座、开关的好坏。

③ 判断变容二极管的好坏及极性。

（2）贴片及焊接

1）用焊膏印刷机在 SMB 上印焊膏，并检查印刷情况。印焊膏的操作方法如图 B-5 所示。将 SMB 安放在焊膏印刷机上，刮板均匀涂上焊膏，以 60°在模板上刮过。注意漏过模板孔的焊膏要均匀，防止焊膏过量或不足。

2）按工序流程贴片。模拟工厂流水作业，不同的元器件放在不同的工位，每个工位均应配有相应的工位图。将印好焊膏的 SMB 放在平底托盘上，按以下顺序在 SMB 上用真空吸笔或镊子依次装贴：

$C_1 \rightarrow R_1 \rightarrow C_2 \rightarrow R_2 \rightarrow C_3 \rightarrow VT_1 \rightarrow C_4 \rightarrow VT_2 \rightarrow C_5 \rightarrow R_3 \rightarrow C_8 \rightarrow$
$SC1088 \rightarrow C_7 \rightarrow C_8 \rightarrow R_4 \rightarrow C_9 \rightarrow C_{10} \rightarrow C_{11} \rightarrow C_{12} \rightarrow C_{13} \rightarrow C_{14} \rightarrow C_{15} \rightarrow C_{16}$。

注意：

① SMC 和 SMD 不得用手拿。

② 用镊子夹持元器件时不可夹到引线上。

③ 注意 SC1088 标记方向，防止引脚贴错位置。

④ 贴片电容表面没有标志，一定要保证准确贴到指定位置。

⑤ 贴片时一定要依次装贴，不能颠倒顺序。

3）用放大镜台灯检查贴片数量及位置。确认无缺、漏和错误。

4）使用小型台式再流焊机进行 SMC 和 SMD 的焊接。注意已印上焊膏并经过贴片的 PCB 不要用手拿，应使用镊子夹到再流焊机的托盘上，如图 B-6 所示。

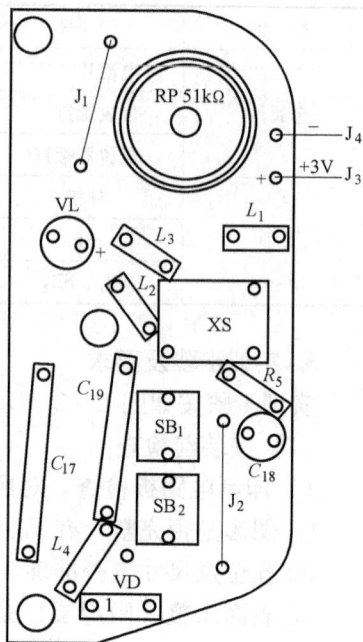

图 B-4　THT 组件安装位置图

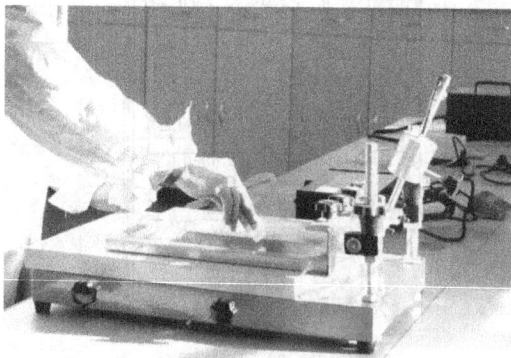

图 B-5　印刷焊膏的操作方法

图 B-6　贴片后的 PCB 使用镊子夹到再流焊机的托盘上

5）开启再流焊机，观察温度曲线变化；焊接完成，机器会有信号提示。冷却后（观察温度曲线已降至 50℃以下时）取出 SMA。

6）检查焊接质量，看有无虚焊、漏焊及桥接、飞溅、立片等缺陷并进行修补。

（3）安装 THT 元器件

检查焊接质量及修补后，在 SMA 上安装 THT 组件，安装位置如图 B-4 所示。

1）安装并焊接电位器 RP，注意电位器与印制电路板平齐。

2）安装耳机插座 XS。注意焊接时要将耳机插头插入插座帮助散热，以防塑料变形。

3）安装轻触开关 SB_1、SB_2（可用剪下的组件引线）。

4）安装变容二极管 VD（注意极性方向标记），R_5，C_{17}。

5）安装电感线圈 L_1 ~ L_4（L_1 - 磁环，L_2 - 红色，L_3 - 8 匝线圈，L_4 - 5 匝线圈）。

6）安装 R_5，C_{17}，C_{18}，C_{19}，电解电容 C_{18}（100μF）要贴板装。

7）安装发光二极管 VL，注意高度，极性。

8）焊接电源连接线 J_3、J_4，注意正负连线应采用不同颜色。

4. 调试及总装

（1）调试

1）所有元器件焊接完成后先目视检查。

① 元器件：型号、规格、数量及安装位置、方向是否与图纸符合。

② 焊点检查：有无虚焊、漏焊及桥接、飞溅等缺陷。

2）测整机总电流。

① 查无误后将电源线焊到电池片上。

② 电位器开关断开的状态下装入电池。

③ 插入耳机。

④ 万用表 200mA（数字表）或 50mA 档（指针表）跨接在电源开关（SA，关闭状态时）两端测电流，使用万用表时注意表笔极性。正常电流应为 7 ~ 30mA（与电源电压有关）并且 LED 正常点亮。当电源电压为 3V 时，电流约为 24mA。如果电流为零或超过 35mA 应检查电路。

3）搜索电台广播。如果电流在正常范围，可按 SB_1 搜索电台广播。只要元器件质量完好，安装正确，焊接可靠，不用调任何部分即可收到电台广播。如果收不到广播应仔细检查电路，特别要检查有无错装、虚焊等缺陷。

4）调接收频段（俗称调覆盖）。我国调频广播的频率范围为 87 ~ 108MHz，调试时可找一个当地频率最低的 FM 电台，适度改变 L_4 匝间距，使按过〈Reset〉键后第一次按〈Scan〉键可收到这个电台。由于 SC1088 集成度高，元器件一致性较好，一般收到低端电台后均可覆盖 FM 频段，故可不调高端而仅做检查（可用一个成品 FM 收音机对照检查）。

5）调灵敏度。本机灵敏度由电路及元器件决定，一般不用调整，调好覆盖后即可正常收听。

（2）总装

1）蜡封线圈。调试完成后将适量泡沫塑料填入线圈内（注意不要改变线圈形状及匝距），滴入适量蜡使线圈固定。

2）固定 SMB/装外壳。

① 将外壳面板平放到桌面上（注意不要划伤面板）。

② 将两个按键帽放入孔内，注意〈Scan〉键帽上有缺口，放键帽时对准机壳上凸起，〈Reset〉键帽上无缺口。

③ 将 SMB 对准位置放入机壳内，注意对准 LED 位置，若有偏差可轻轻掰动，并注意 3 个孔与外壳螺柱的配合及注意电源线不妨碍机壳装配。

④ 装上中间螺钉，注意螺钉旋入手法。

⑤ 装电位器旋钮，注意旋钮上凹点位置。

⑥ 装后盖，上两边的两个螺钉，装卡子。

3）检查，总装完毕，装入电池，插入耳机进行检查试听，要求：

① 电源开关手感良好。

② 音量正常可调。

③ 收听正常。

④ 表面无损伤。

5. 实训报告

总结安装、调试过程，并将组装步骤及出现的问题填入实训报告。

6. 实训产品工作原理简介

实训产品电路的核心是单片 FM 收音机集成电路 SC1088，它采用先进的低中频（70kHz）技术，外围电路省去了中频变压器和陶瓷滤波器，使电路简单可靠，调试方便，SC1088 采用 SOT16 脚封装，表 B-2 是 SC1088 的引脚功能，图 B-7 是电调谐 FM 收音机电原理图。如图所示调频信号由耳机线馈入，经 C_{13}、C_{14}、C_{15} 和 L_1 的输入电路进入 IC 的⑪、⑫脚混频电路。此处的 FM 信号是没有调谐的调频信号，即所有调频电台均可进入。

表 B-2　集成电路 SC1088 引脚功能

引　脚	功　　能	引　脚	功　　能
1	静噪输出	9	IF 输入
2	音频输出	10	IF 限幅放大器的低通电容器
3	AF 环路滤波	11	射频信号输入
4	V_{CC}	12	射频信号输出
5	本振调谐回路	13	限幅器失调电压电容
6	IF 反馈	14	接地
7	1dB 放大器的低通电容器	15	全通滤波电容搜索调谐输入
8	IF 输出	16	电调谐 AFC 输出

本振电路中的关键元器件是变容二极管，它是利用 PN 结的电容与偏压有关的特性制成的"可变电容"。本电路中，控制变容二极管 VD 的电压由 IC 第⑯脚给出。当按下扫描开头 SB_1 时，IC 内部的 RS 触发器打开恒流源，由⑯脚向电容 C_9 充电，C_9 两端电压不断上升，VD 电容量不断变化，由 VD、C_8、L_4 构成的本振电路的频率随之不断变化而进行调谐。当收到电台信号后，信号检测电路使 IC 内的 RS 触发器翻转，恒流源停止对 C_9 充电，同时在 AFC 电路作用下，锁住所接收的广播节目频率，从而可以稳定接收电台广播，直到再次按下 SB_1 开始新的搜索。当按下〈Reset〉键开关 SB_2 时，电容 C_9 放电，本振频率回到低端。

电路的中频放大，限幅及鉴频电路的有源器件及电阻均在 IC 内。FM 广播信号和本振电路信号在 IC 内混频器中混频产生 70kHz 的中频信号，经内部 1dB 放大器，中频限幅器，送到鉴频器检出音频信号，经内部环路滤波后由②脚输出音频信号。电路中①脚的 C_{10} 为静噪电容。③脚的 C_{11} 为 AF（音频）环路滤波电容，⑥脚的 C_6 为中频反馈电容，⑦脚的 C_7 为低通电容，⑧脚与⑨脚之间的电容 C_{17} 为中频耦合电容，⑩脚的 C_4 为限幅器的低通电容，⑬脚的 C_{12} 为限幅器失调电压电容，C_{13} 为滤波电容。

由于用耳机收听，所需功率很小，本机采用了简单的晶体管放大电路，②脚输出的音频信号经电位器 RP 调节后，由 VT_1、VT_2 组成复合管甲类放大电路放大。R_1 和 C_1 组成音频输出负载，线圈 L_1 和 L_2 为射频与音频隔离线圈。

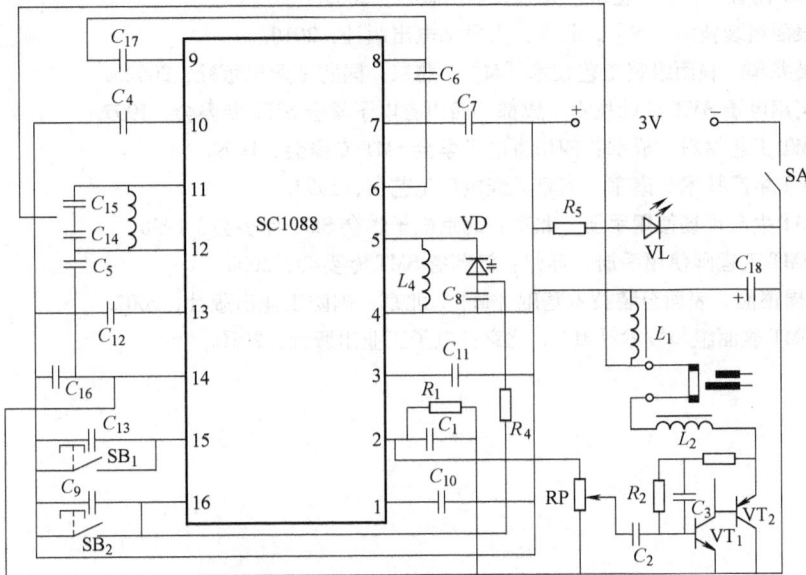

图 B-7 电调谐 FM 收音机电原理图

参 考 文 献

[1] 张文典. 实用表面组装技术 [M]. 北京：电子工业出版社，2006.

[2] 王卫平，陈粟宋. 电子产品制造工艺 [M]. 北京：高等教育出版社，2005.

[3] 李朝林. SMT 制程 [M]. 北京：天津大学出版社，2009.

[4] 韩满林. 表面组装技术 [M]. 北京：人民邮电出版社，2010.

[5] 周德俭，吴兆华. 表面组装工艺技术 [M]. 北京：国防工业出版社，2002.

[6] 龙绪明. 实用电子 SMT 设计技术. 成都：四川省电子学会 SMT 专委会，1997.

[7] 周瑞山. SMT 工艺材料. 成都：四川省电子学会 SMT 专委会，1999.

[8] 张文典. SMT 生产技术. 南京：南京无线电厂工艺所，1993.

[9] 宜大荣. SMT 生产现场使用手册. 北京：北京电子学会 SMT 专委会，1998.

[10] 宜大荣. SMT 工程师使用手册. 苏州：江苏省 SMT 专委会，2000.

[11] 吴兆华，周德俭. 表面组装技术基础 [M]. 北京：国防工业出版社，2002.

[12] 杜中一. SMT 表面组装技术 [M]. 北京：电子工业出版社，2010.